科学出版社"十四五"普通高等教育本科规划教材

环境学基础

主编 高彦征
副主编 强 虹 林 杉 郑冠宇 凌婉婷

科学出版社
北 京

内 容 简 介

环境问题是当前全球关注的热点之一,亟须完善环境科学学科体系。本书是为了适应我国高层次环境保护专业人才培养的需要而编写的,内容丰富,具有基础性、系统性、新颖性和实用性的特点。全书共分为8章,第1章主要介绍环境的基本概念及环境学学科体系、全球环境问题;第2~7章分别从土壤环境,水体环境,大气环境,物理环境,固体废物与环境,人口、资源与环境层面,论述环境问题的成因、危害及防治对策;第8章从环境管理与可持续发展的角度介绍我国应对环境问题的策略。

本书可作为高等学校环境类本科专业入门课程的教材,非环境类专业开设环境教育课程的教学用书,一般读者用于了解和学习环境科学基本知识的读物以及各级环境决策、管理和从事环境保护工作专业人员的参考书。

图书在版编目(CIP)数据

环境学基础/高彦征主编. --北京:科学出版社,2025.6. -- ISBN 978-7-03-079740-7

Ⅰ.X

中国国家版本馆CIP数据核字第2024ST4476号

责任编辑:周 丹 沈 旭/责任校对:郝璐璐
责任印制:张 伟/封面设计:许 瑞

科 学 出 版 社 出版
北京东黄城根北街16号
邮政编码:100717
http://www.sciencep.com

三河市骏杰印刷有限公司印刷
科学出版社发行 各地新华书店经销
*

2025年6月第 一 版 开本:787×1092 1/16
2025年6月第一次印刷 印张:22 1/4
字数:528 000
定价:99.00元
(如有印装质量问题,我社负责调换)

前　言

科技进步推动着社会经济快速发展，但有时伴之而来的环境问题也成为当今人类社会发展所面临的主要障碍之一，其对各国经济、文化、科技、政治等多个方面有着深远的影响，也严重威胁着人类健康和生态安全。什么是环境？环境问题有哪些？它是如何产生的？环境污染防治策略有哪些？如何实现环境可持续发展？这些问题是每位关注环境健康的人员所需要了解的，也是环境科学学科体系建设的基础内容。

环境科学作为一门综合性和交叉性较强的学科，是为解决各类环境问题而逐渐形成和发展起来的。鉴于环境问题的全球性影响，随着可持续发展理论的提出，环境科学理论与技术在人类发展进程中的重要作用也日益凸显。经过几十年的发展，国内外已逐渐形成了较为完善的环境科学学科体系，近些年来新型环境问题不断涌现，研究手段日趋先进，产生了一系列环境科学新理论与新技术成果，环境科学学科体系也不断完善。这本《环境学基础》教材在吸收近几十年来环境科学研究成果的基础上，围绕不同环境要素，以环境问题为导向，从土壤环境，水体环境，大气环境，物理环境，固体废物与环境，人口、资源与环境，环境管理与可持续发展等方面，多层次、多角度地向读者展示环境基础性概念、环境问题、问题由来及其管控策略。本书试图使读者了解环境学基本原理以及当前环境现状，启发读者思考如何解决环境问题。全书内容分为多个便于理解的主题，比较全面地覆盖了环境学基础知识点，为读者迅速了解环境学相关专业知识、深入学习后续专业课程奠定基础。

本书由高彦征主持编写，负责设计、统稿和总撰，并具体负责编写第 1 章绪论和第 2 章土壤环境；强虹负责编写第 3 章水体环境和第 5 章物理环境；林杉负责编写第 4 章大气环境和第 7 章人口、资源与环境；郑冠宇负责编写第 6 章固体废物与环境；凌婉婷负责编写第 8 章环境管理与可持续发展。另外，陈旭文、王建、胡小婕分别参与了第 1 章、第 2 章和第 8 章内容的撰写，还有其他多位老师参与了本书内容的资料收集、编写、审阅和校稿工作，在此深表谢意。

由于时间及编者水平和经验有限，书中难免存在疏漏和不足之处，敬请专家、学者及广大读者批评指正。

编　者

2024 年 10 月

目 录

前言
第1章 绪论 ··· 1
  1.1 环境及组成 ·· 1
    1.1.1 环境的概念 ··· 1
    1.1.2 环境的功能与特性 ·· 1
    1.1.3 环境的组成 ··· 3
    1.1.4 环境要素及其特性 ·· 4
  1.2 环境问题产生及发展 ··· 5
    1.2.1 环境承载力 ··· 5
    1.2.2 环境问题的概念及分类 ·· 5
    1.2.3 环境问题的发展历程 ·· 6
  1.3 全球环境问题 ·· 8
    1.3.1 全球气候变化 ·· 8
    1.3.2 臭氧层破坏 ··· 12
    1.3.3 酸雨 ··· 15
    1.3.4 危险废物越境转移 ··· 18
    1.3.5 生态退化 ·· 20
    1.3.6 海洋污染 ·· 24
    1.3.7 生物污染 ·· 26
    1.3.8 有毒有害化学品污染 ·· 27
  1.4 环境学及其学科体系 ··· 31
    1.4.1 环境学研究对象及内容 ··· 31
    1.4.2 环境学研究目标及任务 ··· 32
    1.4.3 环境学学科体系 ·· 33
  问题与习题 ·· 37
  主要参考文献 ··· 38
第2章 土壤环境 ·· 39
  2.1 土壤环境概述 ·· 39
    2.1.1 土壤的组成和性质 ··· 39
    2.1.2 土壤的结构和功能 ··· 49
    2.1.3 土壤环境背景值及环境容量 ··· 53
    2.1.4 土壤环境的自净作用 ·· 53
    2.1.5 土壤环境质量标准 ··· 54

2.2 土壤退化及改良 … 57
2.2.1 土壤退化的概念、分类及现状 … 57
2.2.2 土壤退化的成因及危害 … 60
2.2.3 退化土壤改良 … 62
2.3 土壤污染及危害 … 64
2.3.1 土壤污染的概念及特点 … 65
2.3.2 土壤污染的来源 … 66
2.3.3 土壤无机污染物及其危害 … 67
2.3.4 土壤有机污染物及其危害 … 74
2.3.5 土壤生物污染物及其危害 … 80
2.4 土壤中污染物的迁移转化 … 83
2.4.1 重金属在土壤中的迁移转化 … 83
2.4.2 有机污染物在土壤中的迁移转化 … 86
2.4.3 生物污染物在土壤中的增殖和扩散 … 88
2.5 土壤污染防治 … 89
2.5.1 土壤污染防治法规与政策 … 89
2.5.2 重金属污染土壤控制与修复技术 … 93
2.5.3 有机污染土壤控制与修复技术 … 98
2.5.4 生物污染土壤控制与修复技术 … 103
2.5.5 复合污染土壤控制与修复技术 … 104
问题与习题 … 106
主要参考文献 … 107

第3章 水体环境 … 109
3.1 水体环境概述 … 109
3.1.1 水资源 … 109
3.1.2 水循环 … 111
3.1.3 水危机 … 112
3.1.4 水体与天然水的组成 … 113
3.1.5 水质指标 … 113
3.1.6 水质标准 … 115
3.2 水体污染与危害 … 121
3.2.1 水体污染概念 … 121
3.2.2 水体污染源 … 121
3.2.3 水体污染物及其危害 … 123
3.3 水体中污染物迁移转化 … 126
3.3.1 水体自净与水环境容量 … 126
3.3.2 污染物在水体中的迁移与转化 … 128
3.4 水体污染防治 … 133

3.4.1　水环境总量控制 ··· 133
　　　3.4.2　水体污染控制对策 ··· 134
　　　3.4.3　污水控制技术 ··· 135
　问题与习题 ·· 156
　主要参考文献 ··· 157
第4章　大气环境 ·· 158
　4.1　大气环境概述 ··· 158
　　　4.1.1　大气层的结构 ··· 158
　　　4.1.2　大气的组成 ·· 161
　　　4.1.3　大气环境标准 ··· 162
　4.2　大气污染及危害 ·· 165
　　　4.2.1　大气污染及其类型 ··· 165
　　　4.2.2　大气污染源 ·· 168
　　　4.2.3　大气污染物及其危害 ·· 170
　4.3　大气中污染物迁移转化 ··· 174
　　　4.3.1　大气污染物的迁移和扩散 ·· 174
　　　4.3.2　大气污染物的转化 ··· 180
　4.4　大气污染防治 ··· 187
　　　4.4.1　大气污染防治基本原则 ··· 187
　　　4.4.2　大气污染防治对策 ··· 187
　　　4.4.3　大气污染防治技术 ··· 190
　4.5　室内空气污染与防治 ·· 201
　　　4.5.1　室内空气污染概况 ··· 201
　　　4.5.2　室内空气污染的防治 ·· 205
　问题与习题 ·· 206
　主要参考文献 ·· 207
第5章　物理环境 ·· 209
　5.1　噪声污染及防控 ·· 209
　　　5.1.1　环境噪声概述 ··· 209
　　　5.1.2　噪声危害 ··· 214
　　　5.1.3　噪声标准 ··· 215
　　　5.1.4　噪声控制技术 ··· 217
　5.2　放射性污染及防控 ··· 218
　　　5.2.1　放射性污染概述 ·· 218
　　　5.2.2　放射性污染的来源 ··· 218
　　　5.2.3　放射性的度量单位 ··· 219
　　　5.2.4　放射性对人体的危害 ·· 220
　　　5.2.5　放射性污染物的管理与处置 ·· 221

5.3 光污染及防控 ... 222
5.3.1 光污染分类及危害 ... 222
5.3.2 光污染防控 ... 223
5.4 电磁辐射污染及防控 ... 223
5.4.1 电磁辐射的来源 ... 224
5.4.2 电磁辐射的危害 ... 225
5.4.3 电磁辐射污染的防控 ... 225
5.5 热污染及防控 ... 226
5.5.1 热污染的来源 ... 226
5.5.2 热污染的危害 ... 226
5.5.3 热污染的控制 ... 226
问题与习题 ... 227
主要参考文献 ... 227

第6章 固体废物与环境 ... 229
6.1 固体废物的来源与分类 ... 229
6.1.1 固体废物的来源 ... 229
6.1.2 固体废物的分类 ... 230
6.1.3 我国固体废物的产生情况 ... 232
6.2 固体废物的污染控制及管理 ... 232
6.2.1 固体废物的污染特征 ... 232
6.2.2 固体废物的污染危害 ... 233
6.2.3 固体废物的污染控制 ... 235
6.2.4 固体废物的管理 ... 236
6.3 固体废物处理与处置 ... 238
6.3.1 一般固体废物的处理处置技术 ... 238
6.3.2 危险废物的处理处置技术 ... 245
6.4 典型固体废物资源化利用技术 ... 248
6.4.1 典型城镇有机固体废物的资源化利用技术 ... 248
6.4.2 典型农业有机固体废物的资源化利用技术 ... 252
6.4.3 工业固体废物的资源化利用技术 ... 255
问题与习题 ... 257
主要参考文献 ... 257

第7章 人口、资源与环境 ... 259
7.1 人口与环境 ... 259
7.1.1 世界和我国人口概况 ... 260
7.1.2 人口与环境的关系 ... 267
7.2 能源与环境 ... 271
7.2.1 能源概述 ... 271

目 录

	7.2.2	能源利用对环境的影响	278
	7.2.3	新能源开发与利用	280
7.3	矿产资源与环境		285
	7.3.1	矿产资源概述	285
	7.3.2	矿产资源利用对环境的影响	286
	7.3.3	矿产资源的利用与保护	287
7.4	生物资源与环境		288
	7.4.1	生物多样性与保护	288
	7.4.2	生物资源与环境保护	292

问题与习题 ··· 297
主要参考文献 ··· 297

第8章 环境管理与可持续发展 ··· 299

- 8.1 环境管理 ··· 299
  - 8.1.1 环境管理概述 ··· 299
  - 8.1.2 环境管理的基本职能 ··· 301
  - 8.1.3 环境管理的基本手段 ··· 302
- 8.2 环境标准与法规体系 ··· 306
  - 8.2.1 环境标准内涵及作用 ··· 306
  - 8.2.2 我国环境标准体系 ··· 307
  - 8.2.3 我国环境法概述 ··· 308
- 8.3 环境规划 ··· 313
  - 8.3.1 环境规划内涵及作用 ··· 313
  - 8.3.2 环境规划的类型 ··· 315
  - 8.3.3 环境规划的原则 ··· 317
  - 8.3.4 环境规划的实施 ··· 318
- 8.4 环境风险及评价 ··· 326
  - 8.4.1 环境风险 ··· 326
  - 8.4.2 环境质量评价概述 ··· 327
  - 8.4.3 环境质量现状评价 ··· 328
  - 8.4.4 环境影响评价 ··· 330
- 8.5 可持续发展 ··· 331
  - 8.5.1 可持续发展的概念及原则 ··· 332
  - 8.5.2 可持续发展的理论及指标体系 ··· 335
  - 8.5.3 经济活动与可持续发展 ··· 337
  - 8.5.4 中国可持续发展战略 ··· 341

问题与习题 ··· 344
主要参考文献 ··· 345

第1章 绪 论

社会、经济与环境的可持续发展是当今世界各国面临的重大问题。随着生产力水平不断提高,物质财富空前繁荣,人类进入了一个发达的文明社会。但是,工业的迅猛发展和经济的繁荣有时是以牺牲环境为代价的,尤其是对自然资源不合理的开发利用,造成了全球性的环境污染和生态破坏。全球气候变暖、臭氧层破坏、酸雨、危险废物越境转移、生态退化、海洋污染、生物污染、有毒有害化学品污染加剧等,使人类的生存环境受到严重威胁。

环境问题的产生有自然因素,但主要还是由人类活动造成的。环境学的出现,标志着人类开始理性地关注与之休戚相关的自然环境;必须保护好自己的生存环境,才能创造一个更加美好的未来,这是人类共同的责任。为此,必须提高环境保护意识,以可持续发展理念,增强保护和改善环境的责任感和使命感,深刻理解人类发展与环境保护的辩证关系,明确人类经济活动和社会活动对生态环境的影响,掌握其变化规律,提高对影响环境质量变化因子的识别能力,以系统化和全球化的战略方针保护环境,促进社会、经济和环境的协调可持续发展。

1.1 环境及组成

1.1.1 环境的概念

在不同学科中,"环境"一词的科学定义不尽相同,其差异源于对主体的界定。从环境科学的角度看,"环境"的定义是:以人类为主体的外部世界的总体,即人类生存与繁衍所必需的环境或物质条件的综合体(鞠美庭等,2010)。

还有一类为适应某些方面工作的需要而给"环境"下的定义,它们大多出现在世界各国颁布的环境保护法规中。例如,《中华人民共和国环境保护法》中指出:"本法所称环境,是指影响人类生存和发展的各种天然的和经过人工改造的自然因素的总体,包括大气、水、海洋、土地、矿藏、森林、草原、湿地、野生生物、自然遗迹、人文遗迹、自然保护区、风景名胜区、城市和乡村等"。

1.1.2 环境的功能与特性

1. 环境的功能

对人类而言,环境的功能是环境要素及其构成的环境状态对人类生产和生活所承担的职能和作用,环境的功能十分广泛。

1)环境的资源功能

各类环境要素都是人类生产生活所需要的资源,因此,环境的功能首先是为人类生存和繁衍提供必需的资源。例如，岩石圈为人类提供大量的矿产资源，土壤圈为人类提供生产粮食作物所需要的养分和能量，生物圈为人类提供食物和大量的生产资料等。

2）环境的调节功能

环境系统是一个复杂且具有时、空、量、序特征的动态体系和开放体系。系统内外存在着物质和能量的变化与交换。系统外部的各种物质和能量通过外部作用进入系统内部，这个过程称为输入；系统内部也对外界产生一定的作用，通过系统内部作用，一些物质和能量排放到系统外部，这个过程称为输出。在一定的时空尺度内，环境在自然状态下通过调节作用，使系统的输入等于输出，达到一种平衡，称为环境平衡或生态平衡。当外部干扰影响了环境系统的输入和输出时就易造成环境系统的失衡。

3）环境的服务功能

自然资源和自然生态环境都是生命的重要支持系统，它们除了为人类提供大量的生产和生活资料外，还有许多生态服务功能，如森林调节气候、净化空气、为人类提供休闲娱乐场所等功效和作用，生态系统提供的这些功能是人类自身所不能替代的。美国的"生物圈 2 号"科学实验证实，在人类现有的科学技术水平下，还无法模拟出一个供人类生存和繁衍的生态系统。

4）环境的文化功能

地球的演化形成了今天壮丽的名山大川，优美的自然环境使人类在精神上和人格上得到了发展和升华，不同的自然环境塑造了不同的民族性格、习俗和文化。同时，自然环境和景观也是艺术家灵感的重要源泉。

2. 环境的特性

上面阐述的人类环境的四个基本功能是其特性的反映，环境的基本特性包括环境的整体性和区域性、环境的变动性和稳定性以及环境的资源性和价值性。

1）环境的整体性和区域性

环境的整体性是指人与地球环境是一个整体，地球的任一部分或任一个系统，都是人类环境的组成部分，各组成部分之间紧密联系并相互制约。局部地区的环境污染或破坏，总会对其他地区造成一定的影响或危害。所以，从整体上看，人类生存的环境及环境保护是没有地区界线和国家界线的。

环境的区域性是指环境特性的区域差异。环境因地理位置的不同或空间范围的差异，会有不同的特性，如滨海环境与内陆环境、高原环境与盆地环境等都会明显地表现出不同的环境特性。环境的区域性不仅体现了环境在地理位置上的不同，还反映了区域社会、经济、文化和历史等的多样性。

2）环境的变动性和稳定性

环境的变动性是指在自然或人类社会行为作用下，环境的内部结构和外在状态始终处于不断地变化中。人类社会的发展历史就是人类与自然界相互作用的历史，也是人类环境的结构和状态不断变化的历史。

环境的稳定性是相对于变动性而言的。所谓稳定性是指环境系统具有一定自我调节的特性，即在自然和人类行为的作用下环境的结构和状态所发生的变化不超过一定限度时，环境可以借助自身的调节功能减轻这些变化所带来的影响。通常，环境的变动性和稳定性是相辅相成的，变动是绝对的，稳定是相对的。

3）环境的资源性和价值性

环境的资源性是指环境具有资源价值。环境提供了人类生存所必需的物质和能量，离开了这些物质和能量，人类社会就不可能生存，更谈不上发展；如果环境中的这些物质和能量供应不足或者不平衡，也会危及人类社会的生存和发展。因此，环境是人类社会存在和发展的基本物质条件。

环境的价值性源于环境的资源性。最初人们对环境价值的认识是有误区的，认为环境中的物质都是取之不尽、用之不竭的，因而也就没有对环境资源的价值性给予足够的重视。事实证明，正是这种错误的认识，导致了人类大肆攫取自然资源，并由此引发了严重的环境污染和生态破坏。

1.1.3 环境的组成

在环境科学研究中，不同的环境在功能和特征上存在着很大的差异。通常，根据特征和功能不同将人类环境划分为自然环境和人工环境（左玉辉，2010）。

1. 自然环境

自然环境是指直接或间接影响到人类的一切自然形成的物质、能量和自然现象的总体，有时简称环境，图 1-1 表述了自然环境的组成。自然环境亦可看作由地球环境和外围空间环境两部分组成。自然环境是人类发生和发展的重要物质基础，它不但为人类提供了生存和发展的空间，还提供了生命支持系统，更为重要的是为人类的生活和生产活动提供了食物、矿产、木材、能源等原材料和物质资源，因此人类的一切活动都和自然环境密不可分。

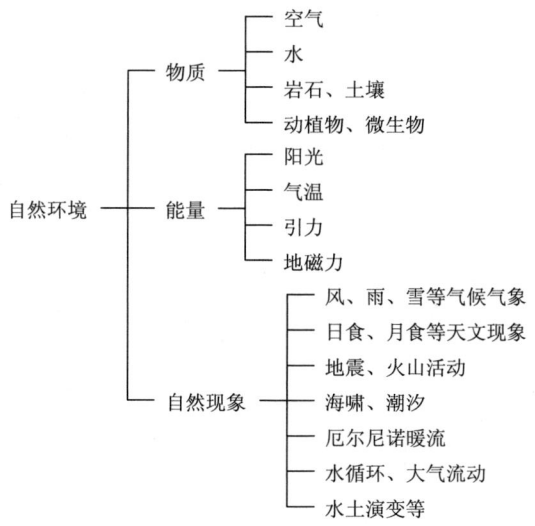

图 1-1 自然环境的组成

资料来源：鞠美庭等（2010）

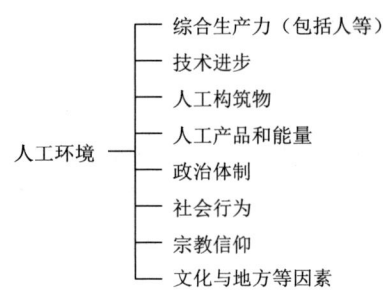

图 1-2 人工环境的组成

资料来源：鞠美庭等（2010）

2. 人工环境

人工环境是指由于人类活动而形成的环境要素，包括人工形成的物质、能量和精神产品，以及人类活动中形成的人与人之间的关系（或称上层建筑）（图 1-2）。人工环境与自然环境在形成、发展、结构与功能等方面存在着本质区别。随着人类驾驭自然能力的提高，人类对自然环境的影响力度不断增强，范围逐渐扩大。正是人类充满智慧的劳动创造，才形成了堪比自然的、丰富多彩的多样化环境，满足了人类不断增长的物质与文化需求；但是也正因为如此，人与自然的矛盾逐渐激化，从而带来了越来越严重的环境问题。

1.1.4 环境要素及其特性

1. 环境要素

环境要素又称环境基质，是指构成人类环境整体的各种性质不同而又遵循整体演化规律的基本物质组分，分自然环境要素和人工环境要素（鞠美庭等，2010）。自然环境要素指围绕人们周围的各种自然因子的总和，如大气、水、动物、植物、土壤、岩石矿物、太阳辐射等，这是人类赖以生存的物质基础，通常分为大气圈、水圈、生物圈、土壤圈、岩石圈五个自然圈层。人工环境要素指人为加工形成的生活环境，包括人类住宅、产业体系以及交通、通信、供水、供气、绿化等各种公共服务设施。

环境要素组成环境结构单元，其构成了环境整体或环境系统。例如，由水组成水体，全部水体总称为水圈；由大气组成大气层，整个大气层总称为大气圈；由生物个体组成生物群落，全部生物群落构成生物圈等。

2. 环境要素的特性

环境要素具有一些十分重要的特性。这些特性不仅体现着各环境要素间互相联系、互相作用的基本关系，而且是认识环境、评价环境和改造环境的基本依据。各环境要素之间存在如下规律。

1）最差（小）限制定律

该定律是指整体环境的质量，不由环境诸要素的平均状态决定，而是受环境诸要素中那个处于最差状态的要素所控制。

2）等值性

各个环境要素在规模或数量上会有所不同，但只要是一个独立的要素，对环境质量的限制作用并无质的差异。

3）各环境要素整体效应大于个体效应之和

环境诸要素相互联系、相互作用所产生的整体效应，是在个体效应基础上质的飞跃。

4）各环境要素相互联系

环境诸要素在地球演化史上的出现，虽然有先后之别，但它们是相互联系、相互制约和相互依赖的。某些要素孕育着其他要素，影响着地球演化的进程。例如，岩石圈的形成为大气圈的出现提供了条件，岩石圈和大气圈共存为水圈的产生提供了条件，而岩石圈、大气圈和水圈又孕育了生物圈。

1.2 环境问题产生及发展

1.2.1 环境承载力

承载力是用于限制发展的一个最常用的概念。"环境承载力"一词最初用来描述环境对人类活动所具有的支持能力。众所周知，环境是人类生产的物质条件，是人类社会存在和发展的物质载体，它不仅为人类的各种活动提供空间场所，同时也供给这些活动所需要的物质资源和能量。这一客观存在反映出环境对人类活动具有支持能力。正是在认识到环境的这种客观属性的基础上，20世纪70年代，"环境承载力"一词开始出现在文献中。

环境问题产生的原因多样，如人口过多导致环境的压力太大、生产过程资源利用率低造成资源浪费及污染物产生、毁林开荒引起生态失调等，以上均为环境问题形成和发展的重要原因。这些都可归纳为由人类社会经济活动所致，即环境问题是由人类社会经济活动超越了环境承载的限度而引起的。

1991年，北京大学等在福建省湄洲湾环境规划的研究中，科学定义了"环境承载力"的含义，即环境承载力是指在某一时期某种状态或条件下，某一地区的环境所能承受人类活动作用的阈值。这里，所谓"能承受"是指不影响环境系统正常功能的发挥。了解"环境承载力"的概念，对理解经济发展和环境保护十分重要。在不同时期和地区的环境中，人类开发活动水平会影响该地区的社会生产力和人们生活水平及其环境质量。开发强度不够，社会生产力低下，人类生活水平受限；而开发强度过大，会影响、干扰以至破坏环境，反过来又会制约社会生产力及人类生活水平的提高。因此，人类必须掌握环境系统的运动变化规律，明确发展过程中经济与环境相互制约的辩证关系，在开发活动中合理控制人类活动的强度尽可能接近但不超过环境承载力，既高速发展生产力，改善人民生活水平，又不至于破坏环境，从而实现经济与环境的协调发展（曲向荣, 2015）。

1.2.2 环境问题的概念及分类

1. 环境问题的概念

从广义上理解，环境问题是指任何由自然或人类活动引发的生态平衡破坏而直接或间接影响人类的生存和发展的一切客观存在的问题。

环境科学所研究的环境问题主要是指由人类活动引起的环境问题，即人类在利用和改造自然的过程中引起环境质量的变化，以及这种变化对人类生产、生活、健康乃至生命的影响。这也是从狭义的角度理解的环境问题。

2. 环境问题的分类

根据环境问题产生的先后和发生机制，可分为原生环境问题和次生环境问题。由自然灾害引起的环境问题称为原生环境问题，又称为第一环境问题。自然原因对环境造成的影响主要是指各种巨大的自然灾害，如地震、火山喷发、气候巨变或者是外来天体撞击地球等。目前，人类对这类问题尚不能有效防治，只能侧重于监测和预报。人为因素引起的环境问题称为次生环境问题，又称第二环境问题。人为因素对环境造成的破坏主要是指人类为了满足自己的生产和消费活动，过度地从自然环境中攫取资源，或者过度地将生产和消费活动过程所产生的废弃物向环境排放，超过环境自身的调节能力，从而对环境造成破坏，使环境质量越来越差（鞠美庭，2004）。次生环境问题又可分为环境污染和生态破坏两类。通常所说的环境问题主要是指次生环境问题（图1-3）。原生环境问题和次生环境问题是相对的，它们常常相互影响，重叠发生，形成所谓的复合效应。例如，大面积毁坏森林可导致降水量减少；大量排放二氧化碳（CO_2）可加强"温室效应"，使地球气温升高、干旱加剧。

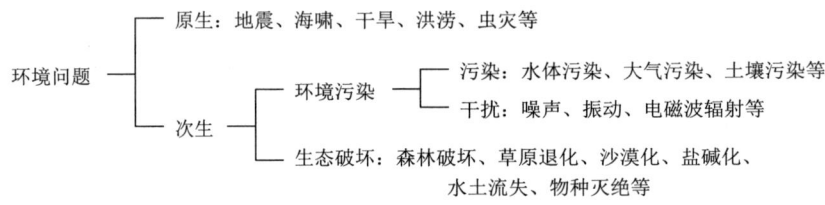

图 1-3 环境问题的分类

资料来源：赵景联和史小妹（2016）

1）环境污染

环境污染是指人类活动产生并排入环境的污染物或污染因素超过了环境容量和环境自净能力，使环境的组成或状态发生了改变，环境质量恶化，从而影响和破坏了人类正常的生产和生活。例如，工业"三废"排放引起的大气、水体、土壤污染等。

2）生态破坏

生态破坏是指人类开发利用自然环境和自然资源的活动超过了环境自我调节能力，使环境质量恶化或自然资源枯竭，影响和破坏了生物正常的发育和演化，以及可更新自然资源的持续利用。例如，砍伐森林引起的土地沙漠化、水土流失、动植物物种灭绝等。

环境污染和生态破坏都是人类不合理开发利用环境的结果。两者是互相联系的，不能截然分开。严重的环境污染会导致生物死亡从而破坏生态平衡，使生态系统遭受破坏，进而降低环境的自净能力，加剧环境污染的程度（王玉梅，2010）。

1.2.3 环境问题的发展历程

人类是地球环境演化到一定阶段的产物，环境是人类赖以生存和发展的基础。人类的生产和消费活动离不开环境，而且会对环境造成影响，也就是说环境问题自古就有，环境问题的发展与人类社会的发展是同步的。审视人类社会发展的历程，可以将环境问题的产生和发展概括为以下三个阶段（鞠美庭等，2010）。

1. 环境问题的萌芽阶段

此阶段从人类出现开始直到18世纪60年代产业革命，是一个漫长的时期。此阶段的环境问题主要是生态退化，特征是：人类利用和改造自然界的能力增强，出现局部环境问题。在该阶段，人类经历了从以采集狩猎为生的游牧生活到以耕种和养殖为生的定居生活的转变。随着种植、养殖和渔业的发展，人类社会开始第一次劳动大分工。人类从完全依赖大自然的恩赐转变到自觉利用土地、生物、陆地水体和海洋等自然资源。人类的生活资料有了较以前稳定得多的来源，人类的种群开始迅速扩大。人类社会需要更多的资源来扩大物质生产规模，便开始出现烧荒、垦荒、兴修水利工程等改造活动，引起严重的水土流失、土壤盐渍化或沼泽化等问题。但此时的人类还意识不到这样做的长远后果，一些地区因而发生了严重的生态退化等环境问题。较突出的案例是，古代经济发达的美索不达米亚，由于不合理开垦和灌溉使其变成不毛之地；中国黄河流域曾经森林广布、土地肥沃，是中华文明的发源地，而西汉和东汉时期的两次大规模开垦，虽然促进了当时农业发展，但是由于森林面积骤减，水源得不到涵养，水旱灾害频发，水土流失严重，沟壑纵横，土地日益贫瘠，给后代造成了不可弥补的损失（鞠美庭等，2010；鞠美庭，2004）。

2. 近代环境问题阶段

此阶段从工业革命开始到20世纪80年代发现南极上空的臭氧空洞为止。工业革命（从农业占优势的经济向工业占优势的经济的迅速过渡称为工业革命）是世界史上一个新时期的起点，此后的环境问题也开始出现新的特点。此阶段的环境问题主要是城市环境污染问题，主要特征是工业污染转向城市污染和农业污染、点源污染转向面源污染、局部污染转向区域污染和全球性污染，构成了第一次环境问题的高潮。18世纪后期，欧洲一系列发明和技术革新大大提高了人类社会的生产力，人类发展开始插上技术的翅膀，开始以空前的规模和速度开采与消耗能源及其他自然资源。新技术使英国、欧洲和美国等地在不到一个世纪的时间里先后进入工业化社会，并迅速向全世界蔓延，在世界范围内形成发达国家和发展中国家。工业化社会的特点是高度城市化。这一阶段的环境问题跟工业和城市同步发展。先是由于人口和工业密集，燃煤量和燃油量剧增，发达国家的城市饱受空气污染之苦，后来这些国家的城市周围又出现日益严重的水污染和垃圾污染，工业"三废"、汽车尾气更是加剧了这些污染公害的程度。在后来的20世纪六七十年代，发达国家普遍花大力气对这些城市环境问题进行治理，并把污染严重的工业搬到发展中国家，较好地解决了国内的环境污染问题。随着发达国家环境状况的改善，发展中国家却开始步发达国家的后尘，重走工业化和城市化的老路，城市环境问题有过之而无不及，同时伴随着严重的生态破坏。震惊世界的"八大公害事件"就发生在这一阶段（鞠美庭等，2010；鞠美庭，2004）。

3. 当代环境问题阶段

此阶段从 1984 年英国科学家发现和 1985 年美国科学家证实南极上空出现的"臭氧空洞"开始。此阶段的环境问题主要是全球性环境问题，特征是：在全球范围内出现了不利于人类生存和发展的征兆，主要集中在酸雨、臭氧层破坏和全球气候变暖三大全球性大气环境问题上，引发了第二次世界环境问题研究的高潮。与此同时，发展中国家的城市环境问题和生态破坏以及一些国家的贫困化愈演愈烈，水资源短缺在全球范围内普遍发生，其他资源（包括能源）也相继出现将要耗竭的信号。这一切表明，生物圈这一生命支持系统对人类社会的支撑已接近它的极限，同时也表明了环境问题的复杂性和长远性（鞠美庭等，2010）。

1.3 全球环境问题

1.3.1 全球气候变化

全球气候变化问题是世界环境、人类健康和全球经济持续发展的最大威胁之一，是最典型且最敏感的全球尺度环境问题，被列为全球十大环境问题之首。20 世纪 70 年代，气候变暖作为一个全球环境问题首次被科学家提了出来。80 年代，随着对人类活动和全球气候关系认识的深化，这一问题开始成为国际政治和外交议题。1992 年联合国环境与发展大会通过并签署了《联合国气候变化框架公约》。1997 年 12 月，170 多个国家的政府首脑在日本京都就全球气候变化问题达成了《京都议定书》，旨在气候变化导致严重后果之前采取一致的行动，控制气候变化的发展趋势。2007 年 12 月 3 日，联合国气候变化大会在印度尼西亚巴厘岛开幕，190 多个国家的代表和科学家在会上讨论气候变暖和温室气体减排问题。2021 年 10 月 31 日，二十国集团领导人第十六次峰会就控制全球平均气温升幅达成一致。气候变化问题涉及了经济发展方式及能源利用的结构与数量，正在成为一个深刻影响 21 世纪全球发展的重大国际问题。

1. 气候变化

气候变化是指气候平均状态在统计学意义上的巨大改变或者持续较长一段时间（典型为 10 年或更长）的变动。《联合国气候变化框架公约》将"气候变化"定义为"经过相当一段时间的观察，在自然气候变化之外由人类活动直接或间接地改变全球大气组成所导致的气候改变"，将人类活动改变大气组成的气候变化与自然原因的气候变率区分开来（邵超峰和鞠美庭，2021）。全球气候变化则是指全球气候平均值和离差值两者中的一个或两个同时随时间出现了统计学上的显著变化。平均值的升降，表明气候平均状态的变化；离差值增大，表明气候状态不稳定性增加，气候异常愈发明显。国际社会所讨论的气候变化问题，主要是指温室气体增加产生的全球气候变暖问题（鞠美庭等，2010）。

2. 气候变化的成因与发展

气候变化的成因主要是煤炭、石油和天然气等化石燃料的燃烧，这些化石燃料燃烧会产生温室气体造成温室效应。在地质历史上，全球气候发生过显著变化。约一万年前，最后一次冰河期结束，地球的气候相对稳定在当前人类习以为常的状态。地球的温度是由太阳辐射照到地球表面的速率和吸热后的地球将红外辐射散发到空间的速率决定的。从长期来看，地球从太阳吸收的能量必须同地球及大气层向外散发的辐射能相平衡。大气中的二氧化碳（CO_2）和其他微量气体，如甲烷（CH_4）、臭氧（O_3）、氟利昂[大多为氯氟烃（CFCs）和氢氯氟烃（HCFCs）等]，可以使太阳的短波辐射几乎无衰减地通过，但却可以吸收地球的长波辐射（陈征澳和邹洪涛，2011）。因此，这类气体有类似温室的效应，被称为"温室气体"。温室气体吸收长波辐射并再反射回地球，从而减少向外层空间的能量净排放，导致大气层和地球表面温度上升，这就是"温室效应"。大气中已经发现的能产生温室效应的气体有近 30 种，其中，CO_2 起主要作用，CH_4、CFCs 和以氧化亚氮为主的氮氧化物（NO_x）也起相当重要的作用（表 1-1）。从政府间气候变化专门委员会长期气候数据的比较来看，气温和二氧化碳之间存在显著相关关系（图 1-4），也就是二氧化碳浓度越高，气温也会越高（吴彩斌，2014）。

表 1-1 主要温室气体及其特征

气体	大气中体积分数/10^{-6}	年增长/%	存留期/a	增温效应（$CO_2=1$）	现有贡献率/%	主要来源
CO_2	355	0.4	50~200	1	55	煤、石油、天然气、森林砍伐
CFCs	0.000 85	2.2	50~102	3400~15 000	24	发泡剂、气溶胶、制冷剂、清洗剂
CH_4	1.714	0.8	12~17	11	15	湿地、稻田、化石燃料、牲畜
NO_x	0.31	0.25	120	270	6	化石燃料、化肥、森林砍伐

资料来源：全球环境基金（GEF）：Valuing the Global Environment，1998。

温室气体排放造成全球气温明显升高，进而影响全球气候（周北海，2017）。科学观测结果表明，21 世纪以来大气中各种温室气体的浓度都在增加。1750 年前，大气中 CO_2 浓度基本维持在 280 mg/L。工业革命后，随着人类活动的加剧，特别是化石燃料（煤炭、石油等）消耗的不断增长和森林植被的大量破坏，人为排放的 CO_2 等温室气体不断增加，导致大气中 CO_2 浓度以每年 1.8 mg/L（约 0.4%）的速度逐渐上升，直至近 360 mg/L。从测量结果来看，大气中 CO_2 增加部分约等于人为排放量的一半。按照政府间气候变化专门委员会的评估，在过去一个世纪里，全球表面平均温度已经上升了 0.3~0.6℃，全球海平面上升了 10~25 cm（吴彩斌，2014）。许多学者预测，世界能源消费的格局若不发生根本性改变，大气中 CO_2 的浓度在未来几十年内将达到 560 mg/L，地球平均温度将有较大幅度的增加。政府间气候变化专门委员会 1996 年发布的评估报告，再次肯定了温室气体增加会导致全球气候变化的结论。各种计算机模型预测结果表明，如果 CO_2 浓度从工业革命前的 280 mg/L 增加到 560 mg/L，全球平均温度可能上升 1.5~4℃。世界气象组织在 2025 年 1 月证实，2024 年是有记录以来最热的一年，全球气温比工业化前水

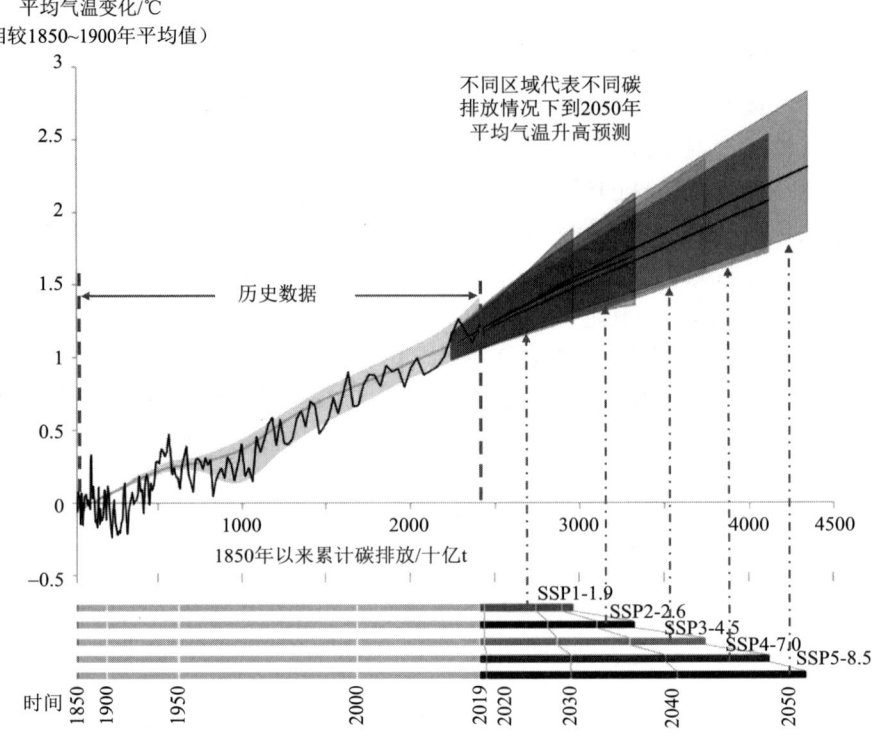

图 1-4　全球平均气温变化与二氧化碳排放量关系图

资料来源：政府间气候变化专门委员会

平高出 1.55℃。2024 年 1 月成为全球有记录以来最热的 1 月，当月全球平均地表气温达到了 13.14℃。

3. 气候变化的危害

气候变化的影响具有多尺度、全方位、多层次、正负面影响并存的特点。全球气候变暖对许多地区的生态系统造成影响（鞠美庭等，2010）。近年来，世界各国出现了几百年来历史上的最热天气。厄尔尼诺现象频繁发生，给各国造成了巨大的经济损失。按照现在的一些发展趋势，科学家预测气候变化的危害有如下几点。

1）冰川消融

冰川是地球上最大的淡水来源，全世界的冰川总面积大约为 1500 万 km²。自 20 世纪 90 年代起，全球冰川呈现出加速融化的趋势，使人类面临饮用水减少、水资源短缺的威胁。2007 年 4 月，绿色和平考察队在喜马拉雅山拍摄了冰川消融的严峻状况。政府间气候变化专门委员会报告指出，根据目前的全球变暖趋势，不到 30 年，80%面积的喜马拉雅冰川将消融殆尽；21 世纪仅山地冰川和冰帽的消融，就将使海平面上升 0.01～0.23 m（鞠美庭等，2010）。

2）海平面升高

全世界大约有一半的人口生活在沿海岸线 60 km 范围内，这些地区一般经济发达，城市密集。全球气候变暖引起的海洋热膨胀、陆地冰川和冰盖的快速融化导致全球海平面快速上升。据政府间气候变化专门委员会 2022 年预测,到 21 世纪中期,全球海平面将上升 0.15～0.23 m(SSP1-1.9)和 0.20～0.30 m(SSP5-8.5);到 21 世纪末,上升幅度将分别达到 0.28～0.55 m(SSP1-1.9)和 0.63～1.02 m(SSP5-8.5)。未来海平面的持续上升将进一步增加极值水位的高度和频率,如许多沿海地区当前百年一遇的极值水位发生频率到 21 世纪中后期将会增加 20～30 倍,变为几年一遇。未来极值水位还将进一步受到台风、风暴潮和海浪等因素变化的综合影响。每年海平面上升造成的土地减少及渔业、农业和水供应的破坏所带来的损失将达 3000 多亿美元(陈征澳和邹洪涛,2011)。

3)影响自然生态系统和农业生产安全

随着大气 CO_2 浓度增加,全球气温和降雨形势变化迅速,世界许多地区农业和自然生态系统无法适应或不能很快适应这种变化,因而遭受了很大的破坏性影响,造成了大范围的森林植被破坏和农业灾害。根据 2022 年政府间气候变化专门委员会发布的第六次评估报告,随着全球升温,越来越频繁的热浪、风暴、干旱和洪水超过了一些生物的承受极限,如暖水珊瑚等物种出现大量死亡,继而引发生态系统的改变。

全球气候变暖带来干旱、缺水、海平面上升、洪水泛滥等后果,这些都会使世界各地粮食生产受到严重影响。以稻米为例,晚间气温每上升 1℃,稻米收成便会减少 10%。此外,全球变暖还可能导致农业生产的不稳定性增加,高温、干旱、虫害等因素都可能造成粮食减产。如果不采取措施,预计到 2030 年,我国种植业生产能力总体上可能会下降 5%～10%;小麦、水稻、玉米三大农业作物产量均会下降,到 21 世纪后半期,产量最多可下降 37%;全球变暖还会造成农作物品质下降。

4)洪涝和干旱灾害加剧

全球气候变暖导致的气候灾害增多可能是一个更为突出的问题。全球平均气温略有上升,就可能带来频繁的气候灾害和大规模损失,如降水过多、大范围干旱和持续高温。科学家根据气候变化的历史数据,推测气候变暖可能破坏海洋环流,引发新的冰河期,给高纬度地区造成可怕的气候灾难。如果 CO_2 浓度达到工业革命前的两倍,每年由干旱、洪水和火灾导致的农业和林业损失最多可达 420 亿美元。

5)传染病及病虫害增加

全球气候变暖有可能增加传染病等疾病危险和死亡率。高温会增加人类循环系统负担,热浪会引起死亡率增加。由昆虫传播的疟疾及其他传染病与温度均有很大的关系,如温度的升高可能使许多国家的疟疾、淋巴丝虫病、血吸虫病、黑热病、登革热、脑炎等疾病的发病率升高或再次发生。在高纬度地区,这些疾病传播的危险性可能会更大。

6)气候带移动

人类活动导致的全球气候变暖使得南半球西风带向南极移动且强度增强,这种趋势在北半球也有体现。气候带移动会使大气运动发生相应的变化,全球降水也将会改变。气候带的移动会引起一系列的环境变化。对于大多数干旱、半干旱地区,降水的增多可以获得更多的水资源,有益于改善环境质量。但是,对于低纬度热带多雨地区,则面临着洪涝威胁。对于降水减少的地区,如北美洲中部、中国西北内陆地区等,则会因为夏季雨量的减少,变得更为干旱,造成供水紧张,严重威胁这些地区的工农业生产和人们的日常生活。气候带移动引起的生态系统改变也不容忽视。据估计，气候变暖将使森林所占土地面积从现在的 58%减到 47%，荒漠将从 21%扩展到 24%（陈征澳和邹洪涛，2011）。

7）物种灭绝

美国亚利桑那大学研究人员的新研究发现，到 2070 年，全球 1/3 的植物和动物物种可能濒临灭绝。现在已经可以确信气候变化与一些蛙类的灭绝有关，而这仅仅是冰山一角。气候变化导致的物种灭绝风险将会比地球历史上 5 次严重的物种灭绝还要严重。温室效应导致的全球气候变暖将带来全球和区域的水热条件变化，温度上升使物种向高海拔、高纬度地区迁移，向高海拔迁移的物种向上移动到山顶时，只能在当地灭绝；当向高纬度方向迁移的物种无法逾越在迁移途中遇到的大的自然障碍和人为障碍时也将面临灭绝危险。同时，由于生物在生态系统中关系复杂，一个物种的灭绝可能引起许多相关物种的灭绝（鞠美庭等，2010）。

4. 气候变化的控制对策

1）能源战略的调整

通过大幅引进清洁能源（风力、水力、核能等），并大力推行节能措施，开发利用生物能源，控制化石燃料的使用，减少 CO_2 排放。

2）控制人口与限制毁林

不发达国家人口失控和发达国家无节制消费及短期行为是造成温室效应的重要原因，因而要在全球控制人口数量，提高人口素质，使人口发展与环境和经济相适应。解决世界粮食问题，应依靠农业技术进步，发展智慧农业，提高单位面积产量，摒弃毁林从耕的落后农业生产方式。

3）绿化对策

为抑制大气 CO_2 浓度增长，应大面积植树造林，增加城镇及农村绿化面积。通过绿化措施强化植物吸收 CO_2 等调节气候的作用，达到阻滞 CO_2 增长的目的。

4）全球合作与环保意识教育

通过加强环保意识教育，使人们认识到温室效应的危害，并鼓励通过积极行动，防止气候恶化（陈征澳和邹洪涛，2011）。

1.3.2 臭氧层破坏

1. 臭氧层

在距地面 15~50 km 的大气平流层中，集中了地球上约 90%的臭氧（O_3），即臭氧层（鞠美庭等，2010）。在臭氧层中，氧气在紫外线作用下分解为氧原子，然后生成的氧原子和未分解的氧气分子发生化学反应生成臭氧；臭氧分子不稳定，在紫外线照射下又可分解为氧原子和氧气；臭氧的产生和分解平衡形成了臭氧层（邵超峰和鞠美庭，2021）。臭氧层中臭氧占这一高度空气总量的十万分之一，大气总量的一亿分之一。虽然臭氧层中臭氧含量极少，却具有非常强的紫外线吸收功能，可以吸收太阳光紫外线中对生物有害的部分。臭氧层有效挡住了来自太阳光紫外线的侵害，使得地球上各种生命能够存在、繁衍和发展。

大气臭氧层主要有三个作用。其一为保护作用。臭氧层能够吸收太阳光中波长 306.3 nm 以下的紫外线，主要是一部分 UVB（波长 290～300 nm）和全部的 UVC（波长<290 nm），保护地球上动植物免遭短波紫外线的伤害。只有长波紫外线 UVA 和少量的中波紫外线 UVB 能够穿透臭氧层辐射到地面，长波紫外线对生物细胞的伤害要比中波紫外线轻微得多。所以臭氧层犹如一把保护伞保护地球上的生物得以生存繁衍。其二为加热作用。臭氧吸收太阳光中紫外线并将其转换为热能加热大气，由于这种作用，大气温度结构在高度 50 km 左右有一个峰，地球上空 15～50 km 存在着升温层。正是由于存在着臭氧，才有平流层的存在。而地球以外的星球因不存在臭氧和氧气，所以也就不存在平流层。大气的温度结构对于大气的循环有重要的影响，这一现象的起因也来自臭氧的高度分布。其三为温室效应。在对流层上部和平流层底部，即在气温很低的这一高度，臭氧的作用同样非常重要。如果这一高度的臭氧减少，则会产生使地面气温下降的动力（鞠美庭等，2010）。因此，臭氧的高度分布及变化极其重要。

2. 臭氧层破坏现象及成因

1）臭氧层空洞

大气平流层中臭氧浓度大量减少的空域就会形成臭氧层空洞。1985 年，英国南极考察队法曼等在《自然》杂志上发文报道了南极上空出现臭氧层空洞，这一消息震惊了全世界。在 2000 年 9 月，南极上空的臭氧层破坏面积已达 2990 万 km^2，北半球中纬度地区冬季和春季的臭氧平均损失为 6%，南半球中纬度全年臭氧损失为 5%，南极大陆春季的损失为 50%，北极地区春季的损失为 1.5%。由此造成的有害紫外线照射总计分别增加 7%、6%、130%和 22%。目前，美国、加拿大、西欧国家、中国、日本等地的上空，臭氧层均开始变薄。科学家甚至警告说，地球上臭氧层被破坏的程度远比一般人想象的要严重得多。

2）破坏臭氧层的主要物质

破坏臭氧层的主要物质是氯氟烃（CFCs）、哈龙、甲基氯仿、四氯化碳、甲基溴、氢氯氟烃（HCFCs）等，其中氯氟烃是破坏臭氧层的最主要物质。它们不会在大气中自然产生，大部分是在人类社会工业生产和现代生活过程中因大量消耗化石能源所产生和扩散的。大量的氟氯烃和含溴卤化烷烃类等气体在进入大气层的对流层后，又在热带地区上空被大气环流带入平流层，然后在气流和风的作用下，从低纬度地区的平流层向高纬度地区输送，并在平流层内均匀混合。在高空的平流层内，强烈太阳紫外线照射能使氟氯烃或含溴卤化烷烃分子发生离解[化学机理见式（1-1）～式（1-3）]，释放出高活性的原子态氯或溴，二者又会使臭氧分子分解而失去氧原子，它们对臭氧的破坏主要通过催化的方式。

$$R—Cl \longrightarrow R·+Cl· \tag{1-1}$$

$$Cl·+O_3 \longrightarrow ClO·+O_2 \tag{1-2}$$

$$ClO·+O_3 \longrightarrow Cl·+2O_2 \tag{1-3}$$

3. 臭氧层破坏的危害

臭氧层破坏所产生的后果十分严重。如果平流层臭氧总量减少 1%，预计到达地面的有害紫外线将增加 1%~2%。臭氧层破坏会产生以下危害（图 1-5）。

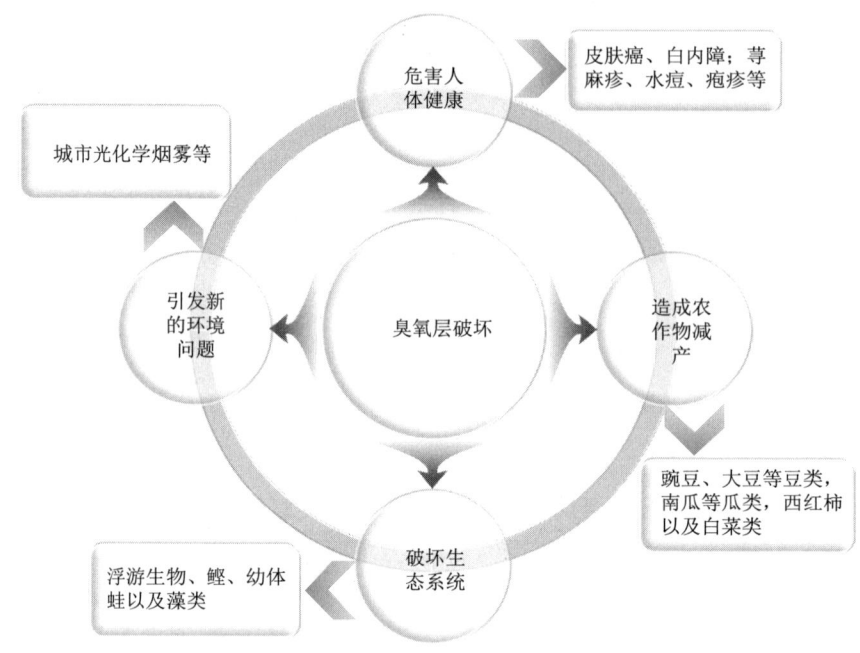

图 1-5 臭氧层破坏产生的后果
资料来源：鞠美庭等（2010）；吴彩斌（2014）

1）危害人体健康

臭氧层被破坏后，其吸收紫外线的能力大大降低。过量紫外线辐射会破坏人体免疫系统，出现免疫系统障碍，以及呼吸道系统传染性疾病人数的增加；此外，过量紫外线辐射还会增加人类皮肤癌、白内障的发病率。据统计，全世界每年大约有 10 万人死于皮肤癌，大多数病例与过量紫外线辐射有关。平流层臭氧总量每损耗 1%，皮肤癌的发病率将提高 2%~4%，白内障的患者将增加 0.2%~0.6%。已有研究还表明，长期暴露于强紫外线环境，人体免疫系统的机能减退，人体抵抗疾病的能力下降，出现细胞内 DNA 突变的情况。这将使许多发展中国家本来就不好的健康状况更加恶化，大量疾病的发病率和严重程度都会增加，包括荨麻疹、水痘、疱疹等病毒疾病，疟疾等通过皮肤传染的寄生虫病，肺结核、麻风病等细菌感染疾病以及真菌感染疾病等。

2）造成农作物减产

通过对 200 多个植物品种进行增加紫外线照射试验，结果表明，其中 2/3 的植物对紫外线敏感。试验中 90%的植物为农作物品种，其中豆类（豌豆、大豆等）、瓜类（南瓜等）以及白菜类等农作物对紫外线特别敏感。一般情况下，秧苗比有营养机能的组织（如叶片）更敏感。紫外线辐射会使植物叶片变小，因而减少了植物捕获阳光进行光合作用的有效面积,使其产量下降。对大豆的研究结果表明,紫外线辐射导致其更易受杂草和病虫害的损害,降低其产量。同时,UVB 可通过改变某些植物的再生能力及品质影响农作物产量。有研究表明,臭氧层厚度每减少 25%,大豆将会减产 20%~25%。

3) 破坏生态系统

紫外线辐射可使处于食物链底层的浮游生物生产力下降,从而损害水生生态系统。例如,平流层臭氧减少 10%,变异幼体鲣群死亡率就会增加 18%;15 天内受到比正常值高 20%的 UVB 辐射,可杀死 10 m 水深以内的幼体蛙群(吴彩斌,2014)。此外,臭氧层空洞的出现极大地抑制了南极海域的藻类生长。

4) 引发新的环境问题

过量的紫外线会加剧城市内光化学烟雾的产生,加速塑料等高分子材料的老化和分解,在高温和阳光充足的热带地区,这种破坏作用更为严重。据美国国家环境保护局估计,当臭氧减少 25%时,城市光化学烟雾发生概率将增加 30%,加剧了城市光化学大气污染风险,聚合物材料等老化的经济损失将高达 47 亿美元。

4. 臭氧层保护对策

我们已经知道氟氯烃类物质特别是 CFCs 对臭氧层的破坏最大。因此,应尽快采取有效措施,以减少其对臭氧层的破坏作用。

1) 提高燃料利用效率、促进回收与再循环

在美国,几乎 2/3 的 CFCs 来源于汽车空调,其中 30%因泄漏而损失。改进设备和装置能有效降低泄漏风险。此外,回收与再循环是降低 CFCs 排放量的最主要方法。例如,通过炭过滤器可以将在生产过程中因挥发而损失掉的 CFC-11 回收 50%;采用类似技术也可减少一半 CFC-12 排放量。CFCs 在汽车空调系统内也可以通过过滤器或干燥器进行再循环。

2) 改进或寻找 CFCs 替代品

据报道,有些 CFCs 产品对臭氧层的破坏较小或没有威胁,这些产品可以在一定程度上替代 CFC-11 和 CFC-12 冷凝剂,从而大大减少对臭氧层的威胁。例如,冰箱和冷藏箱外壳所用的泡沫塑料隔热层是用 CFC-11 制成的,目前已有几类高级隔热材料与其竞争,如含有细粉末的抽空板条组成的隔热材料、用 SiO_2 凝胶做成的真空板材或用抽真空的金属外壳构成的真空系统等。

3) 全球合作

CFCs 的使用和控制离不开全球各国的共同努力。为了使发展中国家能够有效实施控制措施,联合国环境规划署(UNEP)与全球各国签订了《关于消耗臭氧层物质的蒙特利尔议定书》,通过国际合作寻求臭氧层空洞的解决途径,进而为保护臭氧层做出积极响应。

1.3.3 酸雨

1. 酸雨的形成

酸雨通常是指 pH 小于 5.6 的雨、雪、霜、雾或其他形式的大气降水(Sun et al., 2021)。

酸雨主要是人为地向大气中排放大量酸性物质所造成的。现在，酸雨泛指以湿沉降或干沉降的形式从大气转移到地面上的酸性物质。湿沉降是指酸性物质以雨、雪形式降落到地面；干沉降是指酸性颗粒物以重力沉降、微粒碰撞和气体吸附等形式由大气转移到地面（吴彩斌，2014）。酸雨分为硝酸型酸雨和硫酸型酸雨，其主要来源于工业排放的氮氧化物（NO_x）和二氧化硫（SO_2）（图1-6）。

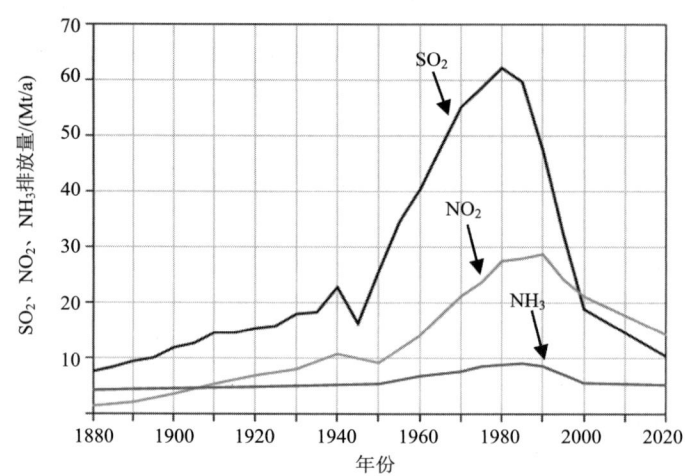

图1-6　1880~2020年欧洲二氧化硫（SO_2）、二氧化氮（NO_2）和氨气（NH_3）的排放量变化

资料来源：Schöpp等（2003）

我国的酸雨主要是由大量燃烧含硫量高的煤形成的，多为硫酸型酸雨，少为硝酸型酸雨。此外，各种机动车排放的尾气也是形成酸雨的重要原因。酸雨的长距离传输，使酸雨污染发展成为区域环境问题和跨国污染问题。

2. 酸雨的分布

世界三大酸雨区为以德、法、英等国家为中心的西北欧酸雨区，20世纪50年代后期形成的包括美国和加拿大在内的北美酸雨区，以中国和日本为代表的东亚酸雨区。前两个酸雨区的总面积已达1000多万km^2。21世纪以来，全世界的酸雨污染范围日益扩大。原本只发生在北美洲和欧洲工业发达国家的酸雨，逐渐向东亚地区一些发展中国家扩展，如印度、东南亚国家、中国等。我国在20世纪70年代中期开始形成了总面积为200万km^2的覆盖四川、贵州、广东、广西、湖南、湖北、江西、浙江、江苏和青岛等省市的酸雨区（陈征澳和邹洪涛，2011）。

我国酸雨分布存在明显的地域差异，三大酸雨区分别为：华中酸雨区，已成为全国酸雨污染范围最大、中心强度最高的酸雨污染区；西南酸雨区，是仅次于华中酸雨区的降水污染严重区域；华东酸雨区，其污染强度低于华中、西南酸雨区。

3. 酸雨的危害

酸雨的危害是多方面的，酸雨对人体健康、生态系统和建筑设施等都有直接和潜在的危害。

1) 危害人体健康

酸雨可通过直接作用危害人体健康。酸雨可引发呼吸系统疾病，如支气管炎、肺病等。酸性微粒还可引起肺水肿、肺硬化甚至癌变等。此外，酸雨可使儿童免疫功能下降，慢性咽炎、支气管哮喘发病率增加，同时可增加老人眼部、呼吸道患病率。酸雨会刺激人的眼睛，使眼睛红肿发炎。另外，酸雨还可通过间接作用影响人体健康。酸雨使土壤中的有害物质被冲刷入河流、湖泊，污染饮用水水源；还可活化土壤中的重金属，如镉、铅等，通过粮食和蔬菜的摄入进入人体，对人体健康造成威胁（鞠美庭等，2010）。

2) 破坏水生生态系统

酸雨可引起水体酸化，加速水体富营养化，导致水体生产力丧失，影响水生生物种群和数量。持续的酸性压力可导致鱼类的功能失常、组织病变、繁殖能力下降，最终导致鱼群数量减少，甚至消失。此外，酸雨引起的水体酸化可导致水生植物死亡，破坏生物间的营养结构，造成严重的水域生态系统紊乱。酸雨还可引起浮游生物死亡，导致鱼类食物来源减少，破坏水生生态系统。

3) 影响陆生植物生长

研究发现，酸雨能影响树木的生长，降低生物产量。这是由于酸雨能直接侵入树叶气孔，破坏叶面的蜡质保护层。当 pH<4 时，酸雨可抑制植物光合作用，引起植物叶片变色、皱折、卷曲，直至枯萎。当 pH<3 时，植物的阳离子从叶片中析出，从而破坏表皮组织，造成营养元素流失，使叶面腐蚀而产生斑点，甚至造成植物坏死。落入土壤的酸雨可引起土壤酸化，间接影响树木生长。酸雨还能诱发植物病虫害，使农作物大幅度减产，特别是小麦，在酸雨影响下，可减产 13%～34%。大豆、蔬菜也容易受酸雨危害，不仅导致产量下降，蛋白质含量也会下降。

4) 腐蚀建筑材料及金属结构、破坏文物古迹

酸雨对石料、水泥等建筑材料，以及金属结构和油漆均有腐蚀作用。酸雨能使非金属建筑材料（混凝土、砂浆和灰砂砖）表面硬化水泥溶解，出现空洞或裂缝，导致其强度降低，从而损坏建筑物。特别是许多以大理石和石灰石为材料的历史建筑物和艺术品，耐酸性差，容易受酸雨影响而腐蚀和变色。例如，我国杭州灵隐寺的摩崖石刻经酸雨侵蚀，佛像的眼睛、鼻子、耳朵等剥蚀严重，已面目全非；故宫里很多汉白玉石和山西大同的云冈石窟也受到了不同程度的酸雨侵蚀（吴彩斌，2014）。

5) 湖泊和土壤酸化

由于欧洲地区土壤缓冲酸性物质能力较弱，酸雨对欧洲地区危害较大。例如，欧洲 30%的林区因酸雨影响而退化。对于北欧，水体和土壤酸化特别严重。加拿大和美国的许多湖泊和河流也遭受了酸雨的影响。

4. 酸雨的防治对策

酸雨是一个国际环境问题，只有各国共同采取行动，减少硫氧化物和 NO_x 的排放，才能控制酸雨污染及其危害（陈征澳和邹洪涛，2011）。目前防治酸雨的有效措施有如下。

1) 使用低硫燃料和改进燃烧装置

减少 SO_2 污染最简单的方法是改用含硫量低的燃料。美国规定，当煤含硫量达到 1.5%以上时，应加入一道洗煤工序，可使 SO_2 排放量减少 30%~50%，灰分去除约 20%。另外，改烧固硫型煤、低硫油，或以煤气、天然气代替原煤，也是减少硫排放的有效途径。此外，使用低 NO_x 的燃烧器来改进锅炉，可以减少 NO_x 排放。

2) 烟道气脱硫脱氮

在烟道气排出烟囱前，喷以石灰或石灰石，其中的 $CaCO_3$ 与 SO_2 反应，生成 $CaSO_3$，然后由空气氧化为 $CaSO_4$，$CaSO_4$ 可用作路基填充物或制造建筑板材和水泥。

3) 控制汽车尾气排放

一般柴油车用油的含硫量达 0.4%，美国已规定柴油车用油的含硫量应低于 0.2%。另外，可通过改良发动机和使用催化剂控制汽车尾气中 NO_x 的排放量，日本要求 NO_x 的排放量控制在 0.25 g/km 以下。

4) 清洁生产

将清洁生产策略持续应用于生产过程和产品中，对生产过程与产品采取整体预防，力争从源头上控制酸性气体的产生，减少或者消除它们对人类及环境的可能危害。

5) 开展国际合作

由于大气流动没有国界，此地排放的污染空气的物质可能使彼地的无辜者受害。因此，只有采取跨国的联合行动，才能阻遏酸雨的危害。

1.3.4 危险废物越境转移

1. 危险废物

危险废物是能引起或助长死亡率上升的或严重不可恢复的疾病，可造成严重残疾，在操作、储存、运输、处理或其他管理不当时，会对人体健康或环境带来重大威胁的废物（陈征澳和邹洪涛，2011）。各国政府机构管理与处置危险废物的措施及范围差异明显，其定义也会有所不同。世界卫生组织对危险废物的定义是"根据其物理或化学性质，要求必须对其进行特殊处理或处置，以免对人体健康或环境造成影响的废物称危险废物"。联合国环境规划署把危险废物定义为"其化学反应性、毒性、易爆性、腐蚀性和其他特性引起或可能引起对人体或环境的危害的固体、污泥、液体和气体废物"。根据《中华人民共和国固体废物污染环境防治法》的规定，危险废物是指列入国家危险废物名录或者根据国家规定的危险废物鉴别标准和鉴别方法认定的具有危险特性的固体废物（邵超峰和鞠美庭，2021）。《国家危险废物名录（2025 年版）》共计列入 470 种危险废物。

2. 危险废物越境转移现状

随着工业的发展，工业生产过程排放的危险废物日益增多（陈征澳和邹洪涛，2011）。据估计，全世界每年的危险废物产生量为 3.3 亿 t。由于危险废物带来的严重污染和潜在的严重影响，在工业发达国家危险废物已称为"政治废物"，公众对危险废物问题十分敏感，反对在自己居住的地区设立危险废物处置场，加上危险废物处置费用高昂，一些国家试图向不发达国家和地区出口危险废物。危险废物的这种越境转移量逐年增加。欧盟各国之间需要经常进行废物跨境转移活动，其危险废物越境转移比例超过20%。绿色和平组织调查指出，发达国家正在以每年5000万t的规模向发展中国家转移危险废物，从1986年到1992年，发达国家已向发展中国家和东欧国家转移1.63亿t的危险废物。工业生产国的危险废物有20%被运往发展中国家。

由于危险废物的回收成本高、技术复杂以及发展中国家对部分可再生、循环回收废物的需求等，发达国家往往通过贸易形式进行危险废物越境转移来逃避其环境责任，发展中国家则成为危险废物跨境转移导致环境损害的主要受害者。自20世纪七八十年代以来，发展中国家一直是发达国家危险废物的倾倒地和出口目的地，根据联合国环境规划署于2015年6月发布的一篇名为《垃圾犯罪、垃圾风险：废物部门的差距与挑战》的报告，当前全球每年产生近4100万t电子垃圾，而其中大约90%的电子垃圾通过非法交易或倾销的方式转移到发展中国家，加纳、尼日利亚、中国、巴基斯坦、印度和越南等亚非国家沦为非法电子垃圾的回收站，中国的广东省汕头市贵屿镇更是被称为"电子垃圾之都"，一直饱受电子垃圾的侵害。此外，在2013年宁波口岸查获的西班牙进口的固体废物事件中，出口商以铜废料为名向中国出口，经检验检疫部门查验，实为废渣、砂土状固体废物且伴有难闻的刺激性气味。危险废物的大量涌入，导致当地污染事件频发，使这些发展中国家的环境和人民健康遭受严重危害。例如，2006年科特迪瓦当地的承包商将数百吨来自荷兰的毒垃圾非法倾倒在阿比让的居民区附近，造成7人死亡，3.6万人出现不良症状。

3. 危险废物越境转移的控制对策

危险废物越境转移已成为全球性环境问题之一，只有通过世界各国的共同行动才能解决。

1）加强宣传工作，提高世界各国的环境保护意识

从已发生的危险废物越境转移事件看，除了发达国家转嫁污染的直接原因外，发展中国家的国民环保意识不强，个别人只顾眼前利益也是一个重要原因。加强环保宣传工作，提高公众环保意识对于控制危险废物越境转移非常重要。

2）加强国际化的广泛交流与合作

国际化的交流与合作有利于使各国建立有效的废物管理系统，普遍推广清洁生产工艺、废物处置和综合利用技术及高水平的管理方法等。

3）建立完善的法律制度，以法律作为严格管理的依据

法律不健全是造成危险废物管理混乱的主要原因。因此，各国政府应加快国内立法，早日予以实施，做到有法可依。

4）建立并完善统一的国际公约及公约维护机构

《巴塞尔公约》是一个比较完善的控制危险废物越境转移的国际公约，目前已有一百多个国家与国际组织参与。缔约国在处理本国危险废物方面承诺禁止将危险废物输出到没有法规、行政管理与控制危险废物技术能力的国家。

1.3.5 生态退化

1. 生物多样性锐减

人与地球上多种多样的植物、动物和微生物共存。它们与其物理环境之间相互作用所形成的生态系统，调节着地球上的能量流动，保证了物质循环，从而影响着大气构成，决定着土壤性质，控制着水文状况，构成了人类生存和发展所依赖的生命支持系统（吴彩斌，2014）。据统计，全世界物种数量多达一亿种，其中仅有 200 万种已被命名。

生物多样性锐减是全球普遍关注的重大生态环境问题（陈征澳和邹洪涛，2011）。联合国在 2019 年发布的一份报告显示，自 1500 年以来，地球上约 12.5%的物种（约 100 万种）在全球范围内受到灭绝威胁或濒临灭绝。从恐龙灭绝以来，当前地球上生物多样性损失的速度比历史上任何时期都快，鸟类和哺乳动物现在的灭绝速度或许是它们在未受干扰的自然界中的 100~1000 倍。1600~1950 年，已知的鸟类和哺乳动物的灭绝速度增加了 4 倍。自 1600 年以来，大约有 113 种鸟类和 83 种哺乳动物已经消失。1850~1950 年，鸟类和哺乳动物的灭绝速度为平均每年一种。20 世纪 90 年代初，联合国环境规划署首次评估生物多样性所得结论是：在可以预见的未来，5%~20%的动植物种群可能受到灭绝的威胁。而世界自然保护联盟（IUCN）红皮书表明，目前大约 24%的哺乳动物物种（1130 种）和 12%的鸟类物种（1183 种）被认为在全球范围内受到灭绝威胁。如果目前的灭绝趋势继续下去，在下一个 25 年间，地球上每 10 年有 5%~10%的物种将要消失。而对占地球物种 50%以上的热带森林，据科学家估计，按照每年砍伐 1700 万 hm^2 的速度，在今后 30 年内，物种极其丰富的热带森林可能要毁在当代人手里，5%~10%的热带森林物种可能面临灭绝。另外，同马来西亚面积差不多大小的温带雨林也消失了。对于整个北温带，许多物种濒临灭绝。总体来看，大陆上 66%的陆生脊椎动物已成为濒危种和渐危种。海洋和淡水生态系统中的生物多样性也在不断丧失和严重退化，其中受到最严重冲击的是处于相对封闭环境中的淡水生态系统。目前岛屿上的物种依然处于高度濒危状态，大约有 74%的鸟类和哺乳动物灭绝了。在未来的几十年中，物种灭绝情况仍在加剧（杨志峰和刘静玲，2004）。

造成生物多样性锐减的原因主要有：

（1）大面积森林受到采伐、火烧和农垦，草地遭受过度放牧和垦殖而导致生物生存环境大量丧失，保留下来的生息地也支离破碎，对野生物种造成了毁灭性影响；

（2）对生物物种的高强度捕猎和采集等过度利用活动，使野生物种难以正常繁衍；

（3）工业化和城市化的发展，占用了大面积土地，破坏了大量天然植被，并造成大面积污染；

（4）外来物种的大量引入或侵入，大大改变了原有的生态系统，使原生物种的生存受到严重威胁；

（5）无节制地旅游，使一些尚未受到人类影响的自然生态系统遭到破坏；

（6）土壤、水和空气污染，危害了森林，并给相对封闭的水生生态系统带来毁灭性影响；

（7）全球变暖导致气候形态在比较短的时间内发生较大变化，使自然生态系统无法适应，可能改变生物群落的边界。

此外，化肥使用增加和化石燃料燃烧所导致的氮沉积、石油泄漏和非法贸易对生物多样性减少也有较大的影响（吴彩斌，2014）。

针对生物多样性锐减问题，国际上比较早地采取了行动，以保护各种生物物种和资源，并逐渐形成了一个国际条约体系（杨志峰和刘静玲，2004）。例如，以野生动植物的国际贸易管理为对象的《华盛顿公约》、以湿地为保护对象的《拉姆萨尔公约》、以候鸟等迁徙性动物为保护对象的《波恩公约》、以世界自然和文化遗产保护为目的的《保护世界文化和自然遗产公约》以及《生物多样性公约》等（邵超峰和鞠美庭，2021）。

2. 土地荒漠化

土地荒漠化被称为"地球的癌症"，是指在干旱、半干旱和某些半湿润、湿润地区，由于气候变化和人类活动等各种因素所造成的土地退化，它使土地生物和经济生产潜力减少，甚至基本丧失（邵超峰和鞠美庭，2021；鞠美庭等，2010；周北海，2017）。土地荒漠化威胁着全球 2/3 的国家和地区，给人民的生命和财产安全带来严重危害。全球干旱陆地中，大约有 36 亿 hm^2 或 70%发生了土地退化。土地荒漠化大致有四类：一是风力作用下的风蚀荒漠化，以风蚀地、粗化地表和流动沙丘为标志性形态；二是流水水蚀所致荒漠化，以劣地和石质坡地为标志性形态；三是物理和化学作用的冻融荒漠化，主要表现为由土壤板结、细颗粒减少、土壤水分减少所造成的土壤干化和土壤有机质的显著下降；四是不合理灌溉导致的土壤盐渍化（吴彩斌，2014）。

土地荒漠化是最为人所关注的全球重大环境问题之一，也是当今世界最严重的生态与社会经济问题（周北海，2017）。全球每年有 600 万 hm^2 的土地变为荒漠（邵超峰和鞠美庭，2021）。据联合国资料，土地荒漠化已影响到全球 1/5 的人口和 1/3 的陆地面积，荒漠化区域主要位于亚洲、非洲、南美洲等气候干旱的发展中国家，36 亿 hm^2 耕地和牧场受到荒漠化影响，每年由此造成的直接经济损失达 423 万亿美元，而且荒漠化正以每年 5 万～7 万 km^2 的速度扩展。在全球干旱和半干旱地区发生的土地荒漠化，不仅造成了长期的农业和生态退化，还曾引发过严重的环境灾难。非洲大陆有世界上最大的旱地，面积大约是 20 亿 hm^2，占非洲陆地总面积的 65%。20 世纪 80 年代非洲撒哈拉地区发生的大饥荒，就是土地荒漠化引起的最引人注目的一次环境灾难，难民的悲惨景象震惊了全世界。

土地荒漠化是自然因素和人为因素综合作用的结果（鞠美庭等，2010）。自然因素主要是指异常的气候条件，如干旱、洪水和滑坡，特别是严重干旱会造成植被退化，风蚀加快，引起荒漠化。人为因素主要指过度放牧、乱砍滥伐、开垦草地并进行连续耕作等，造成植被破坏，地表裸露，加快风蚀或雨蚀。

土地荒漠化已给许多国家和地区的农业、牧业和人民生活财产造成严重损失。其主要表现为土地生产力的下降和随之而来的农牧业减产，相应地带来巨大经济损失和一系列社会问题，当食物增长速度赶不上人口增长速度，会产生大量生态难民。20 世纪 90 年代以来，受土地沙化严重影响的农田产量普遍下降 70%～80%，全世界每年因此产生的经济损失就高达 260 亿美元。全球 105 个发展中国家中有 64 个国家的食物生产速度落后于人口增长速度。而在 1984 年和 1985 年的非洲大饥荒中，至少有 300 万人处于极度饥饿状态，1000 万人成了难民。荒漠化会对公路、铁路等基础设施产生影响，严重威胁交通安全。此外，土地荒漠化还会加剧沙尘暴、风沙、雾霾等自然灾害，每年冬春两季从沙区吹来的沙尘暴，不仅使当地出现严重雾霾，而且造成千里之外大范围内空气污浊，妨碍人类生产活动；这些由石英、微量元素、盐分等组成的沙尘物质还严重污染空气、饮用水、食物，对人畜健康与仪器设备等产生直接损害。总之，土地荒漠化破坏了土地资源，使农牧土地面积减少，土地退化，植物量减少，土地载畜力下降，作物减产。

目前，防治荒漠化的行动已涉及流域治理、水土保持、沙丘固化、造林工程、洪涝治理、盐碱地改造、森林和牧地治理及土壤肥力修复等方面。直至 2019 年 2 月，美国国家航空航天局研究结果表明，全球从 2000 年到 2017 年新增的绿化面积中，约 1/4 来自中国，中国贡献比例居全球首位。截至 2020 年 6 月 17 日，全国沙化土地面积由 1996 年年均扩展 2460 km^2，转变为年均缩减 1980 km^2。

3. 森林植被破坏

森林是陆生生态的主体，在维持全球生态平衡、调节气候、保持水土、保护生物多样性（作为动植物的栖息地、物种和基因资源）、减少洪涝等自然灾害方面都有着极其重要的作用（吴彩斌，2014）。冰河时代结束后，森林覆盖面积大约为 60 亿 hm^2，覆盖了大约 45% 的地球陆地面积。20 世纪 90 年代森林覆盖面积的净减少量大约为 9400 万 hm^2，到 2010 年，森林覆盖面积减少到大约为 40 亿 hm^2。这主要是 1460 万 hm^2/a 的森林砍伐率和仅 520 万 hm^2/a 的森林增加率共同作用的结果。森林植被破坏仍然是许多发展中国家所面临的严重问题，所导致的一系列环境恶果引起了人们的高度关注（周北海，2017）。

森林减少的主要原因有：

1）砍伐林木

温带森林的砍伐历史很长，在工业化过程中，欧洲、北美洲等地的温带森林有 1/3 被砍伐。热带森林的大规模开发只有 30 多年的历史。乌干达每年森林砍伐导致的损失按保守估计为 300 万～600 万美元，而印度每年森林砍伐导致的损失为 2.14 亿美元。此外，全世界约有一半的人口用薪材作炊事的主要燃料，每年有 1 亿多平方米的林木从热带森林中运出用作燃料。随着人口的增长，对薪材的需求量也相应增长，采伐林木的压力越来越大。

2）退林复垦

为满足人口增长对粮食的需求，发展中国家开垦了大量林地，特别是农民非法烧荒耕作，刀耕火种，对森林造成了严重破坏。据估计，热带地区半数以上的森林砍伐是烧荒开垦农田造成的。人口的增长，增加了开垦林地的强度和时间，加剧了林地土壤侵蚀，严重损害了森林植被再生和恢复的能力。

3）大规模放牧

为了满足美国等国家对牛肉的需求，中南美地区，特别是南美洲亚马孙地区，砍伐和烧毁了大量森林，使之变为大规模的牧场。联合国粮食及农业组织（FAO）2022年发布的关键报告显示，由牲畜放牧引起的相关毁林面积占全球毁林面积的38.5%。2000~2018年，仅油棕种植就占全球毁林面积的7%。报告还显示，中美洲热带地区面临的土地用途变更威胁最为突出：2000~2018年，中美洲热带湿润生态区森林的30.3%和中美洲热带雨林的25.2%都已消失。中美洲热带干旱森林和热带灌丛也有类似情况。

4）森林火灾

森林火灾也是森林急剧减少的重要原因。根据联合国环境规划署（UNEP）和全球资源信息数据库——挪威阿伦达尔中心（GRID-Arendal）最新发布的报告，预计气候变化和土地用途的变更将导致野火发生得更加频繁和猛烈。到2030年，全球范围内极端火灾的数量将增加14%，到2050年底将增加30%，至21世纪末将增加50%。

森林植被破坏的直接后果主要反映在资源减少和环境质量变差两个方面。一方面，森林植被破坏使森林生产力下降、释氧量减少、森林景观变差或消失、林内野生动物减少或消失等一系列自然资源的减少；另一方面，森林植被破坏会造成水土流失加剧、风沙危害加重、涵养水源功能减弱、气候变差、生态系统脆弱化、污染防治功能降低等环境质量的变差等。此外，森林植被破坏还会造成多种危害，如气候异常。缺少森林覆盖，地表水蒸发量将显著增加，引起地表热平衡和对流层内热分布的变化，地面附近气温上升，降雨时空分布相应发生变化，由此会产生气候异常，造成局部地区气候恶化，如降雨减少和风沙增加。森林对调节大气中CO_2浓度有重要作用。科学家认为，世界森林总体上每年净吸收大约15亿t CO_2，相当于化石燃料燃烧释放CO_2的1/4。森林砍伐降低了森林吸收固持CO_2的能力，把原本储藏在生物体及周围土壤里的碳释放入大气。据联合国粮食及农业组织估算，砍伐热带森林可导致每年向大气层释放CO_2达15亿t以上。植被破坏导致物种灭绝和生物多样性减少。森林生态系统是物种最为丰富的地区之一，由于世界范围的森林破坏，数千种动植物物种受到灭绝的威胁。热带雨林的动植物物种可能包括了已知物种的一半，但它们正在以每年460万hm^2的速度消失。大规模森林砍伐通常造成严重的水土侵蚀，加剧土地沙化、滑坡和泥石流等自然灾害。森林破坏还从根本上降低了土壤的保水能力，加之土壤侵蚀造成的河湖淤积，导致大面积洪水泛滥，加剧了洪涝灾害。

为保护森林，联合国粮食及农业组织在1985年制定了热带林行动计划。1992年，联合国环境与发展大会通过了《关于森林问题的原则声明》。目前，越来越多的国家认识到了森林在维护生物多样性和气候稳定方面的重要作用，在建立可持续森林管理的标准和指标、实施控制森林滥伐的综合政策措施等问题上达成了共识。2017年4月27日，第71届联合国大会审议通过了《联合国森林战略规划（2017—2030年）》，阐述了2030年全球林业发展愿景与使命，这是首次以联合国名义做出的全球森林发展战略，彰显了国际社会对林业的高度重视。

1.3.6 海洋污染

1. 海洋污染状况

海洋污染通常是指人类改变了海洋原来的状态，使海洋生态系统遭到破坏（邵超峰和鞠美庭，2021）。人类活动产生的大部分废物和污染物最终都进入了海洋，海洋污染越来越严重，也是海洋环境面临的最重大威胁。目前，每年都有数十亿吨的淤泥、污水、工业垃圾和化工废物等直接排入海洋，每年也有将近百亿吨的淤泥和废物被河流带入沿海水域（周北海，2017）。

从总体上看，海洋污染主要表现在以下几个方面。

（1）世界沿海水域大部分已遭受污染，公海则相对清洁；

（2）分布最广、影响最大的污染源是污水排放；

（3）污染和沿海开发对湿地、红树林、珊瑚礁和沙丘的破坏，改变了沿海生境，使动物的栖息地和繁殖地遭到破坏，威胁到许多地区鱼类和其他野生生物的生存；

（4）船舶、钻井平台原油泄漏和农药等有机合成物的倾倒，造成区域性污染；

（5）海洋垃圾中的塑料、废弃渔网和石油泄漏形成的焦油团等对海鸟和海洋哺乳动物造成很大危害。

2. 海洋污染来源与危害

1）陆源污染

陆源污染物在总体海洋污染物中的占比超过85%，主要包含磷酸盐、化学需氧物、油类物质以及氨氮等成分，这四种污染物在陆源污染中的占比超过95%，其余还包括汞、硫化物、镉、锌、氰化物、砷以及铅等污染物。

2）海洋项目不合理开发

沿海区域受到海洋生物养殖业发展以及围海造田项目的影响，各个沿海区域滨海滩涂湿地的损失面积超过120万hm^2，规模越来越大的海岸工程项目使自然滩涂遭到严重破坏。当前大部分海湾都建成了中型或者大型的港口，而小型海湾基本都拥有天然的渔港。沿海城市受到填海造地以及建港等影响，浅滩逐渐减少甚至消失，同时也缩小了湾体并且缩短了岸线，最终降低了海岸的自然程度。加之海洋生物养殖业发展充满盲目性，加剧了污染程度，导致自然生长的藻类、鱼类、贝类以及虾蟹类等数量减少。这种盲目建设的养殖场，以及人们对海洋资源的过度开垦和利用，影响了养殖户的生活垃圾、各种排泄物以及钓饵的自然分解，增加了磷、氮等元素的排放，引发了水体的富营养化问题，从而出现赤潮，且使海洋自净能力有所降低，这对海洋环境的恢复极为不利。

3）海洋倾废污染

海洋倾废污染主要指利用船舶、航空器、平台及其他载运工具，向海洋处置废弃物和其他物质；向海洋弃置船舶、航空器、平台和其他海上人工构造物，以及向海洋处置由于海底矿物资源的勘探开发及与勘探开发相关的海上加工产生的废弃物和其他物质所造成的污染，这些污染会降低海水质量、破坏海洋生物种群结构等。

4）事故污染

石油管道的泄漏、船舶行驶于海上时发生碰撞等产生的污染即事故污染。历史上最为典型的石油泄漏污染事故，即"托利·卡尼翁"号油轮触礁引发的泄漏事故，此次事故导致海洋当中流入了大量的原油，使周边约 140 km 海岸发生严重的污染，周边死亡的海鸟数量超过 25000 只，另外超过 50%的鲱鱼卵无法孵化，造成海洋生态严重失衡。此外，在 2010 年 4 月，位于美国南部墨西哥湾的"深水地平线"钻井平台发生爆炸，事故造成的原油泄漏形成了一条长达 100 多千米的污染带，严重破坏了海洋环境。

5）空源污染

空源污染，即污染物经降水以及大气交换，进入海洋当中所导致的一类污染，属于最重要的海洋污染来源之一。

海洋资源和人类生活息息相关，特别是对于沿海城市来说，海洋资源对居民生活的影响极大，如果海洋污染进一步加重，除了会引发大量海洋物种灭绝外，还会导致海洋生态环境失衡，最终影响沿海城市的生态经济。同时，污染会使海洋生物患病，导致海洋生物携带多种污染物质，人们在食用这些生物后，健康将受到严重危害。此外，海洋污染还会加重温室效应，其对全球环境都有所影响，特别是石油泄漏、核泄漏等问题，将降低海洋含氧量，提升二氧化碳的含量，随之引起的温室效应会使海平面大幅度上升，进而威胁人类的生存。所以，海洋污染有着极为严重的危害。

3. 海洋污染控制对策

1）加强监测

在海洋污染治理方面，首先需要加强监测技术的运用，以便对污染来源进行准确确认，为后续治理修复提供数据支撑。近年来，引进的物联网和传感技术，通过布置海洋传感器加强了对污染源的定位分析，为污染治理提供了技术支撑。

2）生态修复

不同于陆地，海洋污染治理受到气候、地理等因素的限制，难以通过机械清淤、抗生素投加等方式进行治理。采用生态修复技术，能够利用海洋生物（海带、紫菜、海藻等）对海洋环境进行修复。

3）集中清理

针对石油污染，可以采用活性炭吸油剂进行海洋油污清理，该方法无须采用任何添加剂就可以吸收油污，避免给海洋带来二次污染。针对海面石油，也可以采用燃烧法进行处理，但容易造成二次污染。此外，可以采用化学分散法，利用表面活性剂、溶剂等构成的分散剂对石油进行清理。

4）治理海漂垃圾

针对海漂垃圾，可集中人员对其进行日常清理。通过将渔船改造为专门的机械化自动打捞船、压缩处理船和垃圾转运船，完成海洋垃圾智能一体化垃圾处理系统的建设。

1.3.7 生物污染

1. 生物污染来源

生物污染是指由可导致人体疾病的各种生物，特别是寄生虫、细菌、真菌、病毒、抗性基因等引起的环境（大气、水体、土壤）和食品的污染。大气、水体、土壤和食品中的有害生物主要来源于生活污水、医院污水、工厂废水、未经无害化处理的垃圾和人畜粪便，以及大气中的飘浮物和气溶胶等。这些有害生物主要包括危害人与动物消化系统和呼吸系统的病原菌、寄生虫；引起创伤和烧伤等继发性感染的溶血性链球菌、金黄色葡萄球菌；污浊空气中的病菌、病毒、霉菌、虫卵等；可引起呼吸道、肠道和皮肤病变的花粉、毛虫毒毛、真菌孢子等。这些有害生物对人和其他生物的危害程度主要取决于微生物和寄生虫的致病性、人和其他生物的耐受性以及环境条件三个因素。近年来，因抗生素的滥用而导致的抗生素耐药菌（antibiotic resistant bacteria, ARB）和抗生素抗性基因（antibiotic resistance genes, ARGs）的环境扩散和积累也被归为生物污染，并成为全球关注的一个环境问题。与能够在环境中通过降解、稀释或吸附而降低浓度的传统化学污染物不同，生物污染物具有独特的性质，可在不同环境介质中转移和扩散。一旦被病原生物污染，污染地可成为疫源地，使人或动植物感染相关传染病（如非典型性肺炎、新型冠状病毒感染）。

2. 生物污染危害

1) 危害人类健康

生物污染会严重威胁人类健康，导致一系列疾病的发生。由生物污染造成的传染病包括艾滋病、流感、肝炎、霍乱和牛海绵状脑病，以及前几年全世界大规模流行的新型冠状病毒感染等。正在全球传播和蔓延的艾滋病是由人类免疫缺陷病毒造成的，根据世界卫生组织（WHO）2023 年的报告，人类免疫缺陷病毒迄今已夺去 4040 万人的生命，一些国家报告的新发感染仍呈上升趋势。此外，1991 年美洲爆发的霍乱很可能是外来船只将受霍乱弧菌污染的压舱水排放到秘鲁海港引起，感染了 100 多万人，造成了 1 万人死亡。至今，全球范围内曾经爆发 7 次霍乱，造成 1.4 亿人死亡。2019 年底到 2021 年 5 月期间，全球至少有 1.5 亿人感染新型冠状病毒，超 300 万人死亡。近年来，由抗生素耐药菌及抗生素抗性基因引起的细菌耐药性问题对人类健康的影响越发严重，若不加以控制，预计到 2050 年，全球约有 1000 万人死于抗生素耐药性问题。

2) 危害生态环境

生物污染物在水中会使有机物腐败、发臭，引起水质恶化，导致水生生态系统遭到严重破坏。

3) 阻碍经济发展

2019 年 12 月爆发的新型冠状病毒感染疫情造成了世界经济衰退的迹象日益明显，甚至有经济学家认为，全球可能会步入一个类似于 20 世纪 30 年代的大萧条时代。大自然保护协会认为，迄今美国约有 6300 多种动植物为非本地物种，虽然大多数并未造成不良影响，但是其中 79 个种类在 1906～1911 年造成了高达 970 亿美元的直接经济损失。南美洲的风信子造成的生物污染，使非洲的维多利亚湖濒临"死亡"，沿湖国家肯尼亚、乌干达和坦桑尼亚的经济遭受了巨大损失。

3. 生物污染防控

造成生物污染有大自然的因素，但更多的是人为的因素。由于人类商贸往来、旅游活动和其他交流活动的增多，增大了生物污染防治的难度，必须坚持以防为主，积极采取有效的应对措施。一要进一步严格进口货物的动植物检疫及微生物检疫工作，防止外来生物随货侵入；二要减少对外来物种的引进，引进前必须经过环境风险评估；三要加强有关生物污染的基础理论研究，建立国家级监控体系和数据库；四要提高人口的整体素质，增强环境保护、物种保护、生物多样性保护和防止生物污染的意识；五要对已经发生的生物污染积极进行治理，防止其继续传播扩散，造成更大的危害；六要严格控制污染源，加强对病原生物在环境中传播途径的研究，以便采取适当的方法（物理的、化学的或生物的）进行防治；七要注意工业的合理布局以及生产过程的消毒和检验。

1.3.8 有毒有害化学品污染

有毒有害化学品污染也是全球关注的热点环境问题之一（周北海，2017）。有毒有害化学品指的是会对生态环境产生污染、对人类健康造成威胁的化学品的总称。现代工业生产和使用或废弃的各种有毒、有害物质数量不断增长，一系列严重的污染问题也随之发生。其在局部地区危害很大，污染治理代价高。有毒有害化学品污染及其排放曾造成世界上著名的公害事件，在发达国家和发展中国家的一些地区对人体健康和生态环境造成了极为严重的危害。

现在，全世界每年产生的有毒有害化学品达 3 亿～4 亿 t，其中对生态危害很大并在地球上扩散最广的是持久性有机污染物（persistent organic pollutants, POPs），最具代表性的是多氯联苯（polychlorinated biphenyls, PCBs）和滴滴涕（DDT）。这类化学污染物从人类工业和农业活动中释放，已广泛进入空气、土地、河流和海洋。由于这类污染物能被海洋中微小的浮游生物吸收并积累，从而将其浓缩上百万倍。海中的鱼吃下这些浮游生物，又能将其浓缩，于是浓度增大到上千万倍。当大型海洋动物吞食了这些鱼之后，会使污染毒素的浓缩系数增加到上亿倍。这是因为污染毒素聚集在动物的脂肪里，很难通过躯体排出体外。通过食物链，这些毒素对海洋生态系统产生了强烈的干扰，如 PCBs 的危害之一就是损伤生殖系统。有人认为 PCBs 是导致波罗的海海豹出生率下降 60%～80%的罪魁祸首。这些毒素也引起人体健康方面的严重问题。几年前，科学家发现生活在北极地区的因纽特人的母乳里含有高浓度的 PCBs，而鲸、海豹等海生动物正是因纽特人主要的蛋白质来源。当这些动物携带了很高的污染毒素时，因纽特人的生活不再安全。同理，有毒有害化学品对陆地生态系统也有很大的干扰和危害，因而成为目前全世界关注的重大环境问题之一。

1. 有毒有害化学品特性和危害

有毒有害化学品很多能够造成致癌、致畸、致突变等健康效应，以及生殖功能失常、神经紊乱、遗传基因突变或者其他慢性健康效应，甚至是由其毒性、环境毒性和持久性、生物蓄积潜力等对环境造成严重的有害影响。这类化学品可在环境中长期留存，能够在大气环境中长距离迁移并沉积回地球。它们可以通过食物链蓄积，并逐级传递，随后进入有机体的脂肪组织里聚积，最终对生物和人体产生不利影响，主要包括多环芳烃（polycyclic aromatic hydrocarbons, PAHs）、有机氯农药（organochlorine pesticides, OCPs）、多溴联苯醚（PBDEs）、二噁英等有毒有机污染物、重金属以及一些有机金属化合物（有机汞、有机锡等）等。

有毒有害化学品的危险特性包括：

1）持久性

通常采用污染物降解一半所需的时间（即半衰期）来衡量环境中有毒有害化学品的持久性。在自然界中有毒有害化学品不容易通过生物新陈代谢、化学分解或微生物降解等方式进行分解；其在环境中的存在时间长达数年甚至是数十年之久。

2）生物蓄积性

有毒有害化学品能够在生物体内蓄积甚至在食物链内累积。通常采用生物富集系数（BCF，即生物体内污染物的平衡浓度与其生存环境中该污染物浓度的比值）来评价它们被生物富集时可能达到的程度。

3）放大性

在生态环境中，一些有毒有害化学品可以通过食物链在不同的生物体内经吸收后逐级传递，不断积聚和浓缩，造成生物富集或生物放大。例如，海水被有机汞污染时，浮游生物体内的汞含量会比海水含汞量高上百倍，小鱼体内汞含量会比海水含汞量高数千倍，大鱼体内的汞含量会比海水含汞量高数万倍。生物放大作用可使环境中低浓度的有害物质，在最后一级生物体内的含量提高几十倍甚至成千上万倍，这将对人和环境造成较大的危害。

4）半挥发性和长距离迁移性

有毒有害化学品的半挥发性使其能从大气、水体或土壤中以蒸气的形式进入大气环境或吸附在大气颗粒物上，并可在大气环境中长距离迁移，同时这一适度的挥发性又使得其不会永久停留在大气中，而会重新沉降到地球表面，且这种过程会反复多次地发生。研究表明，即使在人迹罕至的北极地区，也能检测到有毒有害化学品的存在，且浓度已经达到相当高的水平。

5）内分泌干扰性

体外实验已证实有毒有害化学品中如POPs等多种物质都是潜在的内分泌干扰物质，某些能模拟雌激素功能与雌激素受体结合后发挥类雌激素作用，有些能发挥雄激素作用，有些则能与芳香烃受体结合后引发一系列的生理化学效应。这些内分泌干扰物质与相关受体结合后又不易解离、不易被分解排出，因而扰乱内分泌系统的正常功能。

6）免疫毒性

有毒有害化学品对生物体免疫系统的影响包括抑制免疫系统正常反应的发生、影响巨噬细胞的活性、降低生物体对病毒的抵抗能力等。

7）生殖和发育毒性

生物体内脂肪组织富集的一些有毒有害化学品可通过胎盘影响胚胎发育，导致畸形、死胎、发育迟缓等现象。暴露于高浓度有毒有害化学品的鸟类的产卵率会相应降低，进而使其种群数目不断减少，甚至灭绝。有毒有害化学品如POPs同样会影响人类的生长发育，尤其会影响孩子的智力发育。对150个怀孕期间食用了受到有机氯污染的鱼的女性进行跟踪随访，发现她们的孩子与一般孩子相比，出生时体重较轻、脑袋较小，认知能力、读、写、算和理解能力都较差。

8）致癌性

实验证明，长期低剂量暴露于有毒有害化学品环境中，癌症的发病率较正常情况有明显增高。

9）其他毒性

有毒有害化学品还会引起一些其他器官组织的病变，如表皮角化、色素沉着、多汗症和弹性组织病变等。有毒有害化学品中的一些物质还可能引起焦虑、疲劳、易怒、忧郁等一系列的精神心理症状。

有毒有害化学品对生态环境和人体健康产生的具体危害如下。

第一，一些环境雌激素污染会对野生动物的生存以及繁衍产生极大影响，破坏生态平衡并威胁人体健康和生命安全。钛酸酯、三丁基锡、PCBs、二噁英、苯并呋喃等污染物会对人体和动物的内分泌系统产生直接影响，并且存在一定生殖毒性和遗传毒性。在长期受污染水域中，大多数雄鱼可能会变成雌鱼，产生雌性化趋势；在我国化工行业发展过程中，一些化工产业比较集中的区域，出现了畸形儿和弱智儿增多的情况。

第二，有毒有害化学品对环境的污染会对社会稳定产生影响。例如，砒霜、氰化钠、农药污染等突发事故会导致人们身体健康和生命财产受到威胁，对社会稳定产生极大影响。还有一些有毒有害化学品对地下水、土壤等的长期污染，通过环境介质或者食物链直接影响当地居民的身体健康，对推动和谐社会的发展十分不利。

第三，有毒有害化学品对大气和水体造成危害。在化工产品生产、销售以及使用过程中可能会存在各种问题，如对化学品进行存储时安全管理措施不到位、使用不当或者对一些废气废渣等无节制排放，会严重危害大气环境以及水资源质量。多环芳烃、二噁英、苯并呋喃以及重金属等污染物直接排放到生态环境的过程中，一些具有挥发性的污染物通过大气循环进入人类、动物体内，会导致人类或者动物产生慢性炎症、先天畸形等。此外，污染物进入水循环系统内，如汞、苯、镉等元素或物质进入鱼虾体内，会通过食物链传输到人体。有毒有害化学品除了会导致海产品死亡，还会导致人类食物中毒或者慢性癌症。

第四，有毒有害化学品对土壤环境产生危害。在农业生产过程中，如果不节制地使用农药会对土壤环境产生直接影响。例如，狄氏剂、灭蚁灵等，除了会对土壤自身的平衡和质量产生极大影响，导致土壤内的生物群落减少、一些有益生物灭绝等，还会在小麦、水稻以及蔬果中残留，进而威胁人体健康。除此之外，化工生产过程中没有严格根据我国的相关标准对废气进行有效处理后再排放会导致可溶性汞盐、多环芳烃等污染物排放量增加，很容易加剧土壤盐渍化和酸化等。

2. 有毒有害化学品污染现状

有毒有害化学品来源广泛，极难控制，其在大气、水体、土壤、农产品中均有检出，具体表现如下。

1) 有毒有害化学品对大气的污染

有毒有害化学品在大气中以气体的形式存在或吸附在悬浮颗粒物表面，由于其具有半挥发性，可以挥发进入大气后发生扩散和迁移，并随之进行长距离的迁移。有毒有害化学品的全球迁移，使一些组分在高纬度和极地地区富集。

2) 有毒有害化学品对水体的污染

POPs 在水体及沉积物中的残留及富集近年来已逐渐引起人们的重视。2011 年曾利用气相色谱-质谱联用仪定性鉴定出松花江干流 14 个位点不同季节水体和底泥样品中的 PAHs、PCBs、OCPs，其中，松花江干流水体三个季节 PCBs、OCPs 和 PAHs 的平均浓度范围分别为 1.1~14.39 ng/L、2.65~9.07 ng/L 和 152.95~2444.54 ng/L；底泥中这三类污染物的浓度范围分别为 0.26~9.72 ng/L 干重、0.70~6.01 ng/L 干重、50.12~606.92 ng/g 干重（丁晶，2008）。通过对松花江干流中 PCBs、OCPs 和 PAHs 时空分布的研究，对污染物的来源进行解析。结果发现，水中 PCBs 以四氯联苯为主，底泥中以五氯联苯为主。水体中 PCBs 的来源是国产 PCBs 产品，同时城市中 PCBs 作为工业副产物也将对水体中 PCBs 的浓度造成一定影响。松花江干流水体中六六六（HCHs）受到了工业来源的历史残留和林丹使用的综合影响。松花江底泥中的滴滴涕（DDT）主要来源于附近区域内风化较久的土壤。底泥中的 PAHs 主要来源于城市的油类污染和煤、煤气等的不完全燃烧。

3) 有毒有害化学品对土壤的污染

土壤有机质可以吸附并固持有毒有害化学品，降低其活性与迁移性，导致许多农药长期残留在土壤中，并通过农作物和食草牲畜进入人类的食物链而威胁人类健康，所以土壤的农药污染现状不容忽视。禁用 DDT 和六六六 20 年后，在我国部分地区农业土壤中仍能检测出，含量超过 1 mg/kg。

4) 有毒有害化学品对农产品的污染

在 1983 年全国粮食有机氯农药（OCPs）的调查中发现，90.9%的小麦、玉米和稻类样品中检出六六六，超标率为 74%，平均残留水平为 110 μg/kg。1991 年对我国生产的各类食品中六六六、DDT 残留量的调查表明，禁用 10 年后 DDT 在食物中的残留水平高于六六六，尤其表现在水果和蔬菜中。蛋、乳制品及植物油等脂类农产品中有机氯农药（OCPs）总量仍很高，有的水产品中残留量高达 57 μg/kg。

3. 有毒有害化学品污染防治

有毒有害化学品污染的防治措施主要包括以下几个方面。

1) 推动相关立法工作的稳定发展

在有毒有害化学品污染防治以及安全管理过程中，必须推动相关立法工作的持续稳定发展。利用科学全面的法律法规对有毒有害化学品的生产、储存、运输以及使用等进行规范管理，是降低有毒有害化学品环境污染的重要措施。

2) 大力推广清洁技术

在化工企业生产过程中，必须加强技术改造，降低生产过程中能源资源消耗量和化学污染物排放量。特别是要重视清洁生产技术的应用与创新，可以对相应的工艺设备进行改进，将"三废"消除在生产阶段，从而降低末端治理的压力。这是改变化工企业生产过程中污染大、消耗高等问题的重要途径。

3) 加强有毒有害化学品的污染监督与管理

为了对有毒有害化学品污染进行科学防治，需要加强污染监督与管理工作，尤其要提升相关部门的执法力度。

1.4 环境学及其学科体系

1.4.1 环境学研究对象及内容

1. 环境学的研究对象

环境学是研究人与环境相互作用规律的科学。近几十年来，环境学文献和教科书关于环境学的研究对象有多种表述，如"人地关系""人与环境关系""环境问题""环境污染""环境质量"等。然而，科学研究的任务在于揭示客观规律，环境学如果只注重现象和事实的描述而不能揭示其内在的客观规律，就很难被公认是一门科学，也难以持续发展。因此，环境学的准确定义应当是"研究人类与环境相互作用规律的科学"，其研究对象是"人与环境的相互作用"（左玉辉，2010）。

2. 环境学的研究内容

环境学的研究可以分为宏观和微观两个方面。从微观上讲，环境学主要研究环境中的物质，尤其是人类环境产生的污染物在环境中的产生、传输、转化、积累、归趋等过程，以及效应和运动规律，可为环境保护实践提供科学基础。从宏观上讲，环境学研究人和环境相互作用的规律，揭示社会、经济、技术和自然规律，以及环境协调发展的基本规律；研究环境污染综合防治技术和管理措施，寻求环境污染预防、控制、消除，以及环境保护、改善与建设的途径和方法，提高人与环境的和谐程度，走科学发展和可持续发展之路（左玉辉，2010）。

环境学的研究内容大体上可以概括为以下几个方面。

1) 揭示人类活动和自然环境的关系

人类通过生产和消费，不断影响自然环境质量。例如，人类对自然资源的开发活动会引起土壤、气候、地貌、水体的一系列变化。人类生产、消费过程中，物流、能流的迁移、转化过程异常复杂，环境学研究人类活动和自然环境的关系，寻求人与环境和谐和科学发展的途径；使物流、能流的输入和输出保持相对平衡；排入的废物控制在环境自净能力的阈值范围内，以免引发环境污染；合理开发、利用不可再生资源，以保障自然资源的永续利用；研究人类行为对自然环境的影响，增强人类对自然环境的保护和自然环境的恢复能力。

2）考察环境变化对人类生存的影响

环境变化是由物理、化学、生物、社会、经济、技术等多种因素相互作用引起的，环境学研究污染物在环境中的迁移、转化过程及其环境效应（如"三致"效应）等，探索污染物迁移、转化和形成环境效应的内在机理，为制定各项环境标准、环境管理规范和制度提供科学依据。

3）研究环境污染综合防治技术和对策

引起环境问题的因素有很多，需要应用多种环境保护与建设技术，集成社会、经济和技术措施，寻求解决环境问题的最佳方案。

4）加强对自然系统的研究

开发新的预测工具，考察地球承载力和生命支撑能力，研究土地、海洋、大气之间能量流动的关系，分析生物多样性、遗传物质的丧失对自然环境的影响，预防自然灾害。

1.4.2 环境学研究目标及任务

环境学的研究目标是改善环境质量，使人类与环境协调发展。环境质量一般是指在一个具体的环境内，环境的总体或环境的某些要素对人群的生存和繁衍以及社会经济发展的适宜程度，是反映人的具体要求而形成的对环境评定的一种概念。

环境学的核心任务在于揭示环境基本规律。环境基本规律可以概括为环境多样性原理、人与环境和谐原理、规律规则原理，以及五律（环境规律、自然规律、技术规律、经济规律、社会规律）协同原理。在人与环境的相互作用中，环境多样性是基础规律，认识和解读环境多样性、揭示其内在规律是环境学研究的基础科学问题。人与环境和谐是人与环境相互作用的核心规律，度量、维系和提高人与环境的和谐程度是环境学研究的核心科学问题。制定符合客观规律的环境规则，是环境管理的基本科学问题。五律解析是认知环境问题的系统分析方法，五律协同是确定解决环境问题最佳策略的综合决策方法，五律解析与五律协同是环境决策的核心科学问题（左玉辉, 2010）。

2009年出版的《中国大百科全书（第二版）》对环境科学的性质做了比较全面的概述，并指出环境学的主要任务包括：探索全球范围内环境演化的规律；揭示人类活动同自然生态系统的相互作用关系；探索环境变化对地球生命支持系统的影响；揭示环境污染物在环境中的变迁及其对人体健康与生物的影响；研究环境污染治理技术与资源循环利用技术；探索人类与环境和谐共处的途径。

1. 探索全球范围内环境演化的规律

环境总是不断演化的，认识自然环境的结构、功能、演变过程与演变规律是人类利用自然、与自然和谐共处的基础。

2. 揭示人类活动同自然生态系统的相互作用关系

自然生态系统维持地球生命支持系统，不仅为人类提供生存与生活资源，同时也为人类社会经济发展提供所需的物质资源。人类在生产和消费活动中，一是从环境中获取资源，过度开发资源会导致资源的枯竭；二是向环境排放废弃物，当废弃物超过环境自净能力时，就会造成环境污染，降低环境质量；三是改变自然过程，导致自然生态系统退化与功能丧失。因此，认识与掌握人类活动与自然生态系统相互作用的规律是规范人类活动、保护环境的科学基础。

3. 探索环境变化对地球生命支持系统的影响

人类活动引起的环境变化，如大气二氧化碳浓度的升高、平流层臭氧的损耗、生物多样性的丧失等，对地球生命支持系统与生物圈影响的研究已成为环境学的重要任务，同时环境变化机制及其引发的后果也是环境学必须研究和解决的科学问题。

4. 揭示环境污染物在环境中的变迁及其对人体健康与生物的影响

研究人类生产、生活活动向环境排放的污染物，尤其是有毒难降解污染物在环境中的形态变迁与转化及其对生物的毒理作用，是保护人类生存环境、制定各项环境标准、控制污染物排放量的依据。

5. 研究环境污染治理技术与资源循环利用技术

现代工农业生产、人类生活消费都在产生大量的废弃物，已对环境产生严重的污染，影响社会发展和人体健康。因此，研究和发展新的环境污染治理技术与受损害环境的恢复技术是环境学的重要内容。同时，研究生态产业，实现生产、消费过程资源循环利用和污染物排放最小化是当今环境学技术研究的最新课题。

6. 探索人类与环境和谐共处的途径

可持续发展被公认为人类实现与自然和谐共处的重要途径。发展环境伦理，普及环境知识，提高全民的环境意识，引导全社会形成有利于环境保护、符合可持续发展要求的生产关系、生活方式、消费行为等生态文明观，研究环境经济、环境与资源管理的政策法规和城乡可持续发展模式等是 21 世纪环境学的重要任务。

1.4.3 环境学学科体系

1. 环境学的产生与发展

人类对环境的利用和研究虽然源远流长，但是现代环境学作为一门新兴的综合性学科，从形成至今只有四五十年的历史，是当今世界发展最为迅速的学科门类之一。

1）探索时期

人们对环境问题的认识和治理可以追溯到远古时代。考古发现，我国古代烧制陶器的古窑中就有排烟的烟囱，公元前 2300 年我国就开始使用陶质排水管，公元前 2000 年古印度城市中就有地下排水通道。荀子在《王制》一文中提到："圣王之制也：草木荣华滋硕之时，则斧斤不入山林，不夭其生，不绝其长也。鼋鼍鱼鳖鳅鳝孕别之时，罔罟毒药不入泽，不夭其生，不绝其长也。春耕、夏耘、秋收、冬藏，四者不失时，故五谷不绝，而百姓有馀食也。污池渊沼川泽，谨其时禁，故鱼鳖优多，而百姓有馀用也。斩伐养长不失其时，故山林不童，而百姓有馀材也。"这体现了朴素的保护自然和可持续发展的思想。

19 世纪下半叶开始，环境问题日益凸显，逐渐受到人们的重视。来自地学、生物学、物理学、医学和工程技术科学等学科的学者，分别从各自母学科的角度出发探索环境问题的解决途径。1847 年，德国植物学家卡尔·尼古劳斯·弗拉斯（Carl Nicolaus Fraas）在《各个时代的气候和植物界》（*Klima und Pflanzenwelt in der Zeit：Ein Beitrag zur Geschichte beider*）一书中论述了人类活动影响植物和气候的变化；1864 年，美国学者乔治·珀金斯·马什（George Perkins Marsh）在《人与自然》（*Man and Nature*）一书中论述了人类活动导致的自然地理变化；1869 年，德国学者恩斯特·海因里希·黑克尔（Ernst Heinrich Haeckel）创立了"生态学"的概念；1935 年，英国学者阿瑟·乔治·坦斯利（Arthur George Tansley）提出了"生态系统"的概念。

环境因素的致癌作用很早就被人们所关注。1775 年，英国外科医生波特发现烟囱清扫工患阴囊癌的较多，并认为与接触煤烟有关；1915 年，日本学者山极胜三郎用实验证明煤焦油可诱发皮肤癌。20 世纪 20 年代以来，公共卫生学逐渐开始关注环境污染对人群健康的危害。

环境保护工程技术方面，最先发展起来的是给排水技术。1850 年，人们开始用化学消毒法杀灭水中的致病菌；1866 年，世界上第一座污水处理厂出现在英国。此外，消烟除尘技术在 19 世纪后期也逐步发展起来，20 世纪初期开始使用布袋除尘器和旋风除尘器。

这些基础学科和工程技术学科对环境问题的探索和研究，为现代环境学的形成与发展奠定了基础。

2）形成时期

现代环境学是在 20 世纪 50 年代环境问题严重化的背景下诞生的，是为了解决人类面临的环境问题，创造更适宜、更美好的环境而逐渐发展起来的。20 世纪 60 年代以后，许多学者纷纷从各自的母学科出发，对环境问题进行了大量分散的调查和研究，逐渐发展形成了环境化学、环境毒理学、环境生态学、环境物理学、环境医学、环境工程学、环境经济学、环境法学等新兴学科，在这些分支学科的基础上孕育产生了环境学。1962 年，蕾切尔·卡森（Rachel Carson）出版了《寂静的春天》（*Silent Spring*），推动了全球的环境保护运动。1964 年，国际科学联合会理事会设立国际生物学计划（International Biological Programme，IBP），研究全球各类生态系统生产力和人类福利的生物基础，呼吁科学家注意生物圈所面临的威胁。1965~1974 年的国际水文发展十年计划和 1965~1979 年的全球大气研究计划的实施，促使人们重视水环境问题和气候变化问题。1968 年，国际科学联合会理事会设立了环境问题科学委员会，标志着环境学成为一门独立的学科（左玉辉，2010）。

3）发展时期

20世纪70年代以来，环境学进入了快速发展时期。1972年，联合国人类环境会议提出"只有一个地球"，不仅从整个地球的前途出发，也从社会、经济和政治角度讨论环境问题，要求人们理智地管理地球。20世纪70年代前期的环境著作大多关注污染或公害问题，之后人们认识到环境问题不仅仅是排放污染物危害人类健康的问题，还包括生态平衡遭到破坏，以及为满足人类生存发展的资源需求不断增长的需要而产生的其他环境问题。70年代后期开始出现环境学的综合性专著。环境学初步成为一门研究领域广泛和研究内容丰富的学科，从主要侧重于揭示污染的自然机理和研发污染控制技术等方面，发展成为涉及自然科学、社会科学、经济科学、工程技术科学多个学科的一门综合性很强的庞大学科。环境学的兴起和发展，标志着人类对环境的认识、利用和改造进入了一个新的阶段。

1972年，美国麻省理工学院受罗马俱乐部委托研究出版的《增长的极限》(*Limit to Growth*)，利用数学模型和系统分析方法，提出"零增长论"，是环境悲观论的代表作；美国未来学家Herman Kahn所著的 *World Economic Development: 1979 and beyond*，认为人类总会有办法对付未来出现的问题，对世界前景持乐观态度。1984年，联合国成立世界环境与发展委员会，经过3年的研究与论证，出版了《我们共同的未来》，指出要对传统的发展方式进行反思，提出了可持续发展的理论与模式，标志着环境学从以污染治理和环境管理为基础转向以为人类可持续发展提供理论与方法为基础，从研究控制污染物排放量和末端治理技术转向研究改变人类生活方式、生产方式、价值观念的理论与方法，促使环境学的分支学科逐渐成熟和壮大。1992年，联合国召开环境与发展大会，通过了《21世纪议程》，使可持续发展的思想逐步成为各国的共识，并落实到具体的行动计划和国际合作方案上。

环境学落实到环境保护实践中，大体经历了4个阶段。第一阶段：20世纪60年代中期，许多国家颁布了一系列政策、法令，采取法律和经济手段，开展以污染源治理为主的环保工程；第二阶段：20世纪60年代末期，开始进入防治结合、以防为主的阶段（如美国1970年开始实行环境影响评价制度）；第三阶段：20世纪70年代中期以后，强调环境管理以防为主，注重全面规划、合理布局和资源的综合利用；第四阶段：20世纪90年代以后，重视和逐步落实绿色可持续发展理念（左玉辉，2010）。全球范围内能源及产业发展形成了低碳化趋势，提出了建立以可再生能源为主导、多能互补的能源体系，以技术创新引领低碳发展新格局。

2. 环境学的特点

根据研究对象和内容，环境学具有的较明显特点是整体性和综合性（王静和单爱琴，2013）。

1）整体性

环境由自然和社会综合形成，是一个整体，环境中的各种因素相互依存、相互影响，因此环境遭受破坏和污染，常常不是一个因素，而是多种因素相互影响的结果。所以，对环境的整体研究是环境学的主要特点。

2）综合性

人类活动引起环境质量的变化，这种环境变化反过来又影响人类的生存和发展。人与环境的关系包含的广泛内容，决定了环境学的综合性。无论是环境破坏问题，还是环境污染问题，都与自然科学、工程技术科学、社会科学、经济学密切相关。所以，环境学是一门综合性很强的学科。

3. 环境学的学科体系

环境系统本身就是一个包含多个子系统的复杂系统，每个子系统都可能自成一个环境学科。与此同时，环境学仅仅是在 20 世纪 70 年代新兴的一门科学，目前正处于蓬勃发展的阶段，不断有新的分支学科形成，因此对环境学的学科体系还没有成熟一致的看法。其中一种观点将环境学分为基础环境学和应用环境学两个基本的学科。图 1-7 表述了该环境学的学科体系。

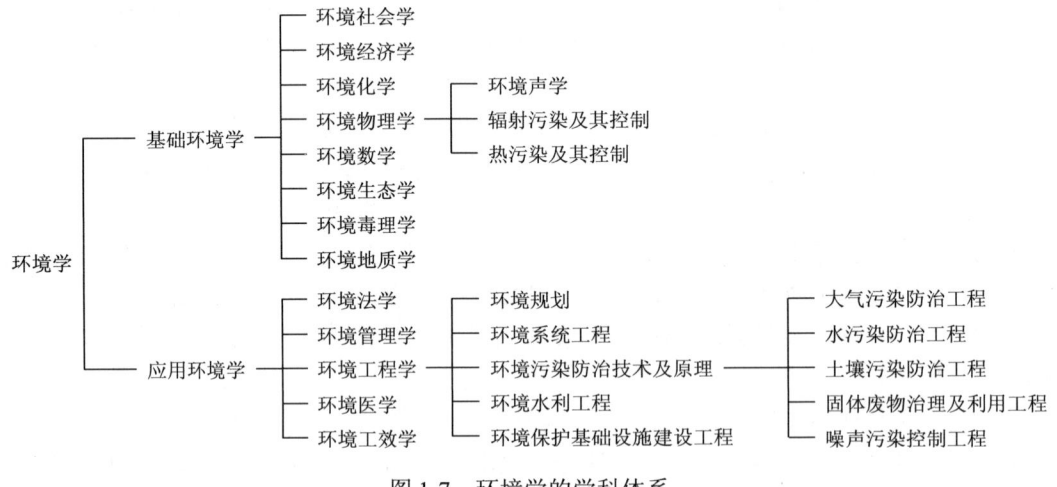

图 1-7　环境学的学科体系

1）基础环境学

基础环境学是环境学发展过程中所形成的基础学科。由于主体（国家、政府、团体、个人）对资源的开发、调拨和利用决策对环境的负面影响远远强于经济杠杆对环境污染与破坏的制约，所以把环境经济学列入基础环境学范围内。这样，基础环境学就包括环境社会学、环境经济学、环境化学、环境物理学、环境数学、环境生态学、环境毒理学、环境地质学。

2）应用环境学

应用环境学是环境学在实践应用中形成的学科，它综合运用多种工程技术措施和管理手段，从区域环境的整体出发，调节技术措施和管理手段，控制人类和环境之间的相互关系，利用系统分析和系统工程的方法寻找解决环境问题的最优方案。应用环境学主要包括环境法学、环境管理学、环境工程学、环境医学、环境工效学。其中环境管理学研究如何采用多种行政管理手段协调经济发展与环境保护之间的关系，加强环境的规划管理、质量管理和技术管理，运用现代管理学的理论、方法和技术手段，为环境管理活动提供理论指导、管理技术与管理方法；环境工程学是运用工程技术的原理和方法，防治环境污染，合理利用自然资源，保护和改善环境质量，主要研究内容有大气污染防治工程、水污染防治工程、土壤污染防治工程、固体废物治理及利用工程、噪声污染控制工程等，并研究环境污染综合防治措施，以及运用系统分析和系统工程的方法，从区域环境的整体上寻求解决环境问题的最佳方案。

总之，环境学主要是运用自然科学和社会科学等有关学科的理论、技术和方法来研究环境问题的科学。其在与相关学科相互渗透、交叉的过程中形成了许多分支学科。在环境学发展过程中，环境学的各个分支学科虽然各有特点，但又互相渗透、互相依存，是环境学这个整体不可分割的组成部分。随着人类在控制环境污染方面所取得的进展，环境学这一新兴学科也日趋成熟，并形成了自己的基础理论和研究方法。它将从分门别类研究环境和环境问题，逐步发展到从整体上进行综合研究。

问题与习题

1. 从环境科学的角度来看，"环境"的概念是什么？
2. 环境具有什么功能和特性？
3. 环境可以分为哪些类型？
4. 什么是环境要素？
5. 环境要素有哪些特点？
6. 什么是环境承载力？
7. 环境问题有哪些类型？
8. 环境问题的产生和发展分几个阶段？每一阶段的主要环境问题及特征是什么？
9. 目前值得关注的全球环境问题都有哪些？具体指什么？
10. 全球气候变化的危害有哪些？
11. 破坏臭氧层的主要物质是什么？其对人类及环境的影响有哪些？
12. 酸雨的概念是什么？酸雨是如何形成的？会产生哪些危害？如何防治？
13. 危险废物有几种类型？分别是什么？
14. 生态退化主要包含哪几个方面？应采取什么措施应对？
15. 海洋污染的主要来源是什么？
16. 生物污染物有哪些？其危害是什么？
17. 有毒有害化学品的危险特性有哪几种？其危害是什么？
18. 环境学的研究对象和内容分别是什么？
19. 环境学的研究目标和任务分别是什么？
20. 简述环境学的学科体系。

主要参考文献

陈征澳, 邹洪涛. 2011. 环境学概论. 广州: 暨南大学出版社.

丁晶. 2008. 松花江干流 PCBs、OCPs、PAHs 时空分布研究. 哈尔滨: 哈尔滨工业大学.

鞠美庭. 2004. 环境学基础. 北京: 化学工业出版社.

鞠美庭, 邵超峰, 李智. 2010. 环境学基础. 2 版. 北京: 化学工业出版社.

曲向荣. 2015. 环境学概论. 2 版. 北京: 科学出版社.

邵超峰, 鞠美庭. 2021. 环境学基础. 3 版. 北京: 化学工业出版社.

王静, 单爱琴. 2013. 环境学导论. 徐州: 中国矿业大学出版社.

王玉梅. 2010. 环境学基础. 北京: 科学出版社.

吴彩斌. 2014. 环境学概论. 北京: 中国环境出版社.

杨志峰, 刘静玲. 2004. 环境科学概论. 北京: 高等教育出版社.

赵景联, 史小妹. 2016. 环境科学导论. 2 版. 北京: 机械工业出版社.

周北海. 2017. 环境学导论. 北京: 化学工业出版社.

左玉辉. 2010. 环境学. 2 版. 北京: 高等教育出版社.

Schöpp W, Posch M, Mylona S, et al. 2003. Long-term development of acid deposition (1880–2030) in sensitive freshwater regions in Europe. Hydrology and Earth System Sciences, 7: 436-446.

Sun S, Liu S, Li L, et al. 2021. Components, acidification characteristics, and sources of atmospheric precipitation in Beijing from 1997 to 2020. Atmospheric Environment, 266: 118707.

第 2 章 土壤环境

土壤环境是以土壤为中心的地球表层系统的时空连续体,是岩石圈、水圈、生物圈、大气圈和土壤圈相互作用及物质循环和能量交换的中心,是地球环境的重要组成部分(周健民和沈仁芳,2013)。狭义的土壤环境问题主要关注土壤污染及其相关问题,但从广义上讲,土壤环境问题还包括土壤荒漠化、盐渍化和侵蚀等退化问题。当前,因各种不合理的人类活动所引起的土壤和土地退化问题,已严重威胁世界的可持续发展。本章主要介绍土壤环境、土壤退化及改良、土壤污染及危害、土壤中污染物的迁移转化和土壤污染防治等内容。

2.1 土壤环境概述

2.1.1 土壤的组成和性质

土壤是由固相、液相和气相三相物质组成的自然体。在土壤形成过程中,岩石风化后产生的矿物质构成了土壤的无机体,土壤中植物和动物残体的分解产物和再合成的物质及生活在土壤中的生物共同组成了土壤的有机质,土壤无机体和土壤有机质构成了土壤的固相物质,不同形状和大小的固相物质之间形成的孔隙中充满了空气和水分。因此,土壤由固相、液相和气相三相组成,与其他自然体一样,具有自身的组成特征和基本性质。

1. 土壤的概念及形成过程

1)土壤的概念

土壤是地球陆地表面能够生长绿色植物的疏松表层,是成土母质在不同的水热条件下,在一系列物理、化学和生物作用下所形成的独立的历史自然体(徐建明,2019)。

2)土壤的形成过程

土壤的形成过程简称成土过程,是指成土母质在地形、气候、生物和时间等自然成土因素和人类活动因素的作用下,经过一系列物理、化学和生物作用以及物质迁移、转化和能量交换作用后形成了土壤,产生了土壤剖面形态,使土壤获得各种物理、化学性质和肥力特征的过程(徐建明,2019)。

土壤形成过程是一个综合性的过程,其实质是物质的地质大循环与生物小循环作用的结果。物质的地质大循环是指地面岩石的风化、风化产物的淋溶与搬运、堆积,进而发生成岩作用,这是地球表面恒定的周而复始的大循环。生物小循环是指植物营养元素在生物体与土壤之间的循环。植物从土壤中吸收养分,形成植物体供动物利用,而动植物残体回到土壤中,在微生物的作用下转化为植物需要的养分,促进土壤肥力的形成和发展。地质大循环与生物小循环的共同作用为土壤的形成提供了基础。地质大循环产生的可溶性物质为生物小循环提供了能量，生物小循环固定的有机物开启了土壤的形成过程，二者涉及的物理、化学和生物过程及其中的能量转化为循环提供了动力。在土壤形成过程中，两种循环过程相互渗透和不可分割地同时、同地进行，它们之间通过土壤而相互联结在一起。

3）主要的成土过程

在土壤形成过程中，主导的成土过程不同，由此产生了土壤类型的分化。根据成土过程中物质交换、能量转化的特点和差异，土壤基本表现出原始成土、有机质积聚、富铝化、钙化、盐化、灰化和潜育化等主要成土过程（陈怀满，2018）。

4）土壤形成因素

土壤形成因素又称成土因素，是土壤形成和发育的基本要素（徐建明，2019）。任何可以对土壤发育起作用，决定和影响土壤形成的方向、发育程度、土壤特性的自然或人为因素统称为成土因素。成土因素可分为自然成土因素和人类活动因素。

自然成土因素：主要包括母质、气候、地形、生物和时间等。①母质因素。母质是指与土壤发生直接联系的块状固结岩体的风化物及其再积物。它是形成土壤的物质基础，是成土过程中的直接参与者。②气候因素。其对土壤形成的影响主要体现在两个方面：一是直接参与母质的分化，二是控制植物生长和微生物活动，影响营养物质的循环。气候决定了土壤的演变过程和发育方向，其中温度和湿度对成土过程的影响最大。③地形因素。在土壤形成过程中，地形对环境与土壤之间的物质能量交换有着重要的影响。地形并不提供新的物质，而是通过影响其他成土因素间接地影响土壤的形成过程，其中，通过调节水热条件可显著地影响植被和母质。④生物因素。生物因素包括动物、植物和微生物，它们是土壤形成过程中最活跃的部分，直接参与成土过程，并且起着重要的作用。生物的生命活动将无机物转变为有机物，将分散的营养元素向地表汇集，并赋予土壤肥力的特性，开启土壤形成过程。⑤时间因素。时间和空间是一切事物存在的基本形式，土壤形成后，便在母质、气候、地形和生物的共同作用下随着时间进程不断向前发展，所以时间在成土过程中是一个强度因子。

人类活动因素：人类活动是有意识、有目的的，因此在土壤形成过程中具有独特的作用，与自然成土因素有着同样的地位。人类活动对土壤的干扰主要体现在工业活动和农业活动上（龚子同和张甘霖，2003）。

2. 土壤的组成

土壤是由固相、液相和气相三相物质组成的疏松多孔体。固相部分主要包括土壤矿物质、土壤中植物和动物残体的分解产物和再合成的物质以及土壤生物。土壤固相物质之间为形状和大小不同的孔隙，孔隙中充满了水分和空气（图2-1）（陈怀满，2018）。

1）土壤固相

土壤固相主要由土壤矿物质和有机质组成。土壤矿物质是岩石经过物理和化学风化后形成的产物，是土壤固相的主体物质，构成了土壤的"骨骼"，占土壤固相总质量的90%以上。

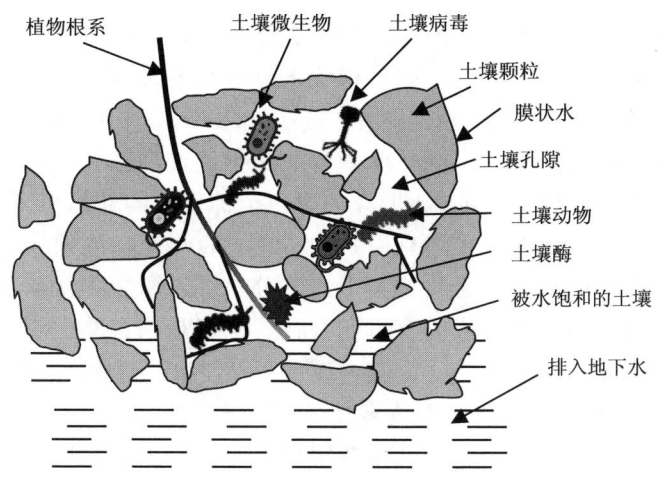

图 2-1　土壤中固相、液相、气相结构示意图

本部分主要从土壤矿物质的化学组成和矿物组成两个方面介绍土壤矿物质的组成。土壤矿物质的化学组成：土壤矿物质的组成元素有十余种，主要包括氧、硅、铝、铁、钙、镁、钛、钾、钠、磷和硫等（图 2-2）。土壤矿物质的矿物组成：土壤矿物质按其来源可分为原生矿物和次生矿物。土壤原生矿物是指那些经过不同程度的物理风化、未改变化学组成和结晶结构的原始成岩矿物。土壤中主要的原生矿物有四类：硅酸盐类矿物、氧化物类矿物、硫化物类矿物和磷酸盐类矿物。土壤次生矿物是指原生矿物经化学风化作用或生物风化作用分解转化而成的新生矿物，其化学组成和结晶结构都发生了改变。它们主要存在于土壤黏粒组分中，也称为次生黏粒矿物或黏粒矿物、黏土矿物。土壤中次生矿物根据性质与结构可分为简单盐类、三氧化物类和次生铝硅酸盐类（黄昌勇和徐建明, 2010）。土壤矿物质在土壤中污染物的迁移转化、调节全球碳循环和碳固定等方面具有重要的作用。

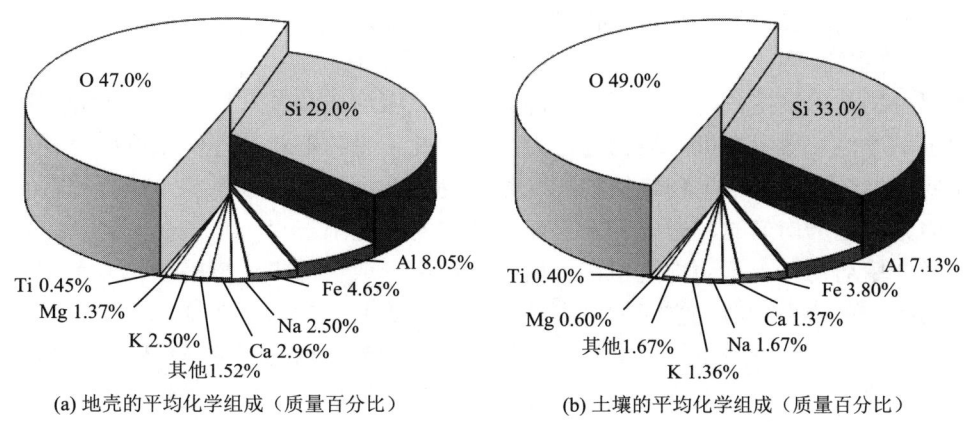

(a) 地壳的平均化学组成（质量百分比）　　(b) 土壤的平均化学组成（质量百分比）

图 2-2　地壳和土壤平均化学组成

土壤有机质是各种含碳有机化合物的总称，主要包括土壤中动植物及微生物残体不同分解、合成阶段的各种产物，以及因火灾而产生的黑炭物质。土壤有机质主要的元素

组成是碳、氢、氧、氮，其次是磷和硫，碳氮比为 10∶1～12∶1。土壤有机质的物质组成主要包括腐殖质和黑炭。土壤腐殖质是指除未分解和半分解的动植物残体及微生物体以外的土壤有机质的总称，是土壤有机质的重要组成部分，它由腐殖物质和非腐殖物质组成，通常占土壤有机质的 90%以上。腐殖物质是指经过微生物作用后，由多酚和多醌类物质聚合而成的含芳香环结构的、新形成的黄色至棕褐色的非晶形高分子有机化合物。它是土壤有机质的主体，一般占土壤有机质的 60%～80%。非腐殖物质是指具有特定物理化学性质、结构已知的有机化合物，其中一部分是经过微生物代谢后而改变的植物有机化合物，另一些则是微生物合成的有机化合物。黑炭是指自然土壤中因森林等植被发生火灾而产生的一类复杂的有机物质，其含碳量高达 70%～85%。一般土壤中有机质占土壤固相总质量的 10%以下，耕作土壤多在 5%以下，且主要分布在土壤表层。土壤中有机质含量虽然不高，但它却是土壤的重要组成部分，对土壤性质影响较大。从土壤环境角度看，土壤有机质对有机污染物、无机污染物的吸附、配位或螯合作用影响着污染物的迁移转化等过程。

2）土壤液相

土壤液相由土壤水及其所含溶质组成。土壤液相的溶质组成十分复杂，主要包括以下三类：①养分，如氮、磷、钾、钙、镁及微量元素。②盐分，如 CO_3^{2-}、HCO_3^-、SO_4^{2-}、Ca^{2+}和 K^+等。③污染物，主要包括有机污染物，如农药、多环芳烃、塑化剂和抗生素等；无机污染物以重金属为主，如 Cd、Hg 和 Pb 等（李学垣，2001）。土壤溶液中组成物质的类型、状态以及数量随土壤组成、性质、酸碱度和氧化还原状况的变化而变化。

土壤水是土壤的重要组成部分之一，它对土壤形成和发育以及土壤中物质和能量的运移都有着重要的影响。土壤水是植物生存和生长的物质基础，是作物吸水的最主要来源。土壤水也是自然界水循环的一个重要环节。水进入土壤以后，土壤颗粒表面的吸附力和微细孔隙的毛细管力，可将土壤水保持住，这决定了土壤水的保持、运动及对植物的有效性。根据水的存在状态可以分为固态水、液态水和气态水。液态水是土壤中数量最多的组分，主要包括吸湿水、膜状水、毛管水、重力水和地下水。

3）土壤生物

土壤生物是土壤生命力的重要组成部分，在土壤形成和发育过程中起主导作用。同时，它也是净化土壤中有机污染物的主力军。因此，生物群体是评价土壤质量和健康状况的重要指标之一。土壤生物包括动物、微生物、病毒、植物根系和土壤酶等，它们在土壤中的分布是不均匀的，趋向于聚集在最适宜的环境中。

（1）土壤动物。土壤动物是指在土壤中度过部分或全部生活史的动物。土壤动物按其个体大小，可分为微型动物（如原生动物和线虫等）、中型动物（如螨等）、大型动物（如蚯蚓和蚂蚁等）；按照系统分类，土壤动物可分为节肢动物、软体动物、环节动物、线形动物和原生动物等。土壤动物在促进土壤中养分循环、污染物迁移转化和改善土壤结构等方面都起着重要的作用（Luan et al., 2020）。

（2）土壤微生物。土壤微生物是指需借助光学显微镜才能看到的生活在土壤中的微小生物。土壤微生物按形态学可划分为原核微生物（如细菌、蓝细菌和放线菌等）、真核微生物（如真菌、藻类和地衣等）等。土壤微生物在土壤形成和发育、土壤肥力演变、物质转化和污染物迁移转化等方面发挥着重要作用（Lehmann et al., 2020）。

（3）土壤病毒。土壤病毒是一种个体微小、结构简单，只含有一种核酸（DNA 或 RNA），且必须在活细胞内寄生并以复制方式增殖的非细胞型生物。核酸构成病毒的核心或基因组，每种病毒只有一种核酸（DNA 或 RNA）。土壤是病毒重要的储藏库，土壤中病毒主要以侵染原核生物的噬菌体为主。病毒在土壤中的存在形式大致可归为 3 种：少部分病毒以游离状态存在于土壤溶液中；大部分病毒被吸附在土壤颗粒表面；还有一部分是温和性噬菌体，其将基因组插入寄主基因组上，以溶原状态存在于细胞内。土壤病毒数量很难准确定量，但目前普遍认为土壤病毒粒子的数量大约为 4.80×10^{31} 个，土壤中病毒宿主细胞数目和土壤理化性质均可影响病毒的数量。土壤病毒在调控微生物的死亡率和群落结构、构建健康土壤环境、调控根际微生态、促进植物生长等方面发挥着重要作用（Albright et al., 2022; Liao et al., 2022; Zheng et al., 2022）。

（4）植物根系。高等植物根系是生长在地下的营养器官，单株植物全部的根总称为根系。高等植物的根系虽然只占土壤体积的 1%，但其呼吸作用却占土壤的 1/4～1/3。高等植物的根系在土壤中呈横向和纵向生长，具有一定的水平幅度和垂直深度。它们在土壤中穿插缠绕、相互交错，形成密集的根系网，可有效地将土壤颗粒黏结在一起，因此，植物根系在改善土壤物理性质、透水性能、土壤养分循环和增强土体抵抗雨水冲刷等方面发挥着重要作用（Ling et al., 2022）。

（5）土壤酶。土壤酶是指存在于土壤中的生物催化剂，是具有加速土壤生化反应速率功能的一类蛋白质。土壤酶主要来源于微生物和高等植物，其次来自土壤动物和进入土壤的有机质。目前，在土壤中已经发现 50～60 种酶，被研究较多的有氧化还原酶、转化酶和水解酶。土壤酶主要吸附在土壤有机质和矿质胶体上，以复合物状态存在，较少游离在土壤溶液中。土壤酶在改善土壤肥力、治理土壤污染等方面均有重要作用（Chen et al., 2018; Glenn, 2020）。

4）土壤气相

土壤气相是土壤的基本物质组成之一，主要存在于未被水分占据的土壤孔隙中。土壤气相的组成受土壤通气性的影响，通气良好的土壤中空气组成与大气相近，通气不良的土壤中空气组成会与大气有明显差异（黄昌勇和徐建明, 2010）。

与大气基本组成相似，土壤气相的主要成分为 N_2、O_2 和 CO_2。土壤气相与大气在组成上的主要差异是：土壤气相中 CO_2 的含量明显高于大气，因为土壤中生物活动、有机质分解和植物根系的呼吸作用都能释放出大量 CO_2；土壤气相中 O_2 的含量略低于大气，其主要原因是微生物和植物根系的呼吸作用都要消耗大量的 O_2；土壤气相中含有较多的还原性气体（如 CH_4、H_2S 和 NH_3 等），当土壤出现厌氧情况时，微生物对有机质的厌氧分解会产生较多的还原性气体；污染土壤气相组分中还可能存在一定量的污染物。

土壤气相并非静止的，它会在土壤内部不停地运动。同时，土壤是一个开放的体系，土壤气相也会不断与外界大气进行交换，及时补充氧气并排出二氧化碳。土壤气相运动的方式主要有对流和扩散两种。土壤气相对流是指土壤气相与大气之间在总压力梯度推动下，气流从高压区向低压区进行的整体流动，也称为质流。土壤气相扩散是指土壤气相中部分组分因浓度差异产生分压梯度，从而促进它们在土壤和大气间的流动。扩散作用是土壤与大气交换的主要机制。在分压梯度的作用下，二氧化碳不断从土壤进入大气，同时氧气不断从大气进入土壤，这种土壤从大气吸收氧气以及排出二氧化碳进入大气的气体扩散作用，称为土壤呼吸。

3. 土壤的性质

1）土壤的物理性质

从物理学的角度看，土壤是一个十分复杂的由三相物质组成的分散系统。大小、性质和排列不同的土粒构成了土壤固相基质，土粒之间的相互排列和组织形成了形状和大小不同的孔隙，土壤液相和气相在孔隙中保存和传输。土壤中固-液-气三相物质之间的相互作用，使其表现出各种物理性质，主要包括土壤质地、土壤孔性和结构性、土壤水分特性、土壤通气性、土壤力学性质与耕性和土壤热性质等（周健民和沈仁芳，2013；徐建明，2019）。

土壤质地。土壤质地是指根据机械组成划分的土壤类型。土壤质地可在一定程度上反映土壤矿物组成和化学组成。因此，质地不同的土壤表现出不同的性状。该部分内容将在 2.1.2 节详细介绍。

土壤孔性和结构性。土壤孔隙性是指土壤孔隙总量及大、小孔隙分布，简称孔性。土壤结构性是由土壤结构体的种类、数量及结构体内外的孔隙状况等产生的综合性质。该部分内容将在 2.1.2 节详细介绍。

土壤水分特征。土壤水分特征主要用土壤水分特征曲线进行描述，它是土壤水的基质势或水吸力与土壤含水量的关系曲线，反映了土壤水的能量和数量之间的关系，以及土壤水的基本物理特性。

土壤通气性。土壤通气性是指气体透过土体的性能，它反映了土壤特性对土壤空气更新的综合影响。

土壤力学性质与耕性。土壤受外力作用时，显示出一系列力学特性，统称为土壤力学性质，主要包括黏结性、黏着性和塑性等。耕性是土壤在耕作时所表现出的综合性状，如耕作的难易、耕作质量的好坏和易耕期的长短等。

土壤热性质。土壤热性质是指影响热量在土壤剖面中保持、传导和分布状况的土壤性质，包括 3 个物理参数：土壤热容量，即土壤温度上升或降低 1℃时所吸收或释放的热量；土壤导热率，即在稳态条件下厚度为 1 cm 的土层，温差为 1℃，每秒通过单位断面（1 cm^2）的热量；土壤导温率，即标准状况下在土层垂直方向上，每厘米距离内有 1℃ 的温度梯度，每秒流入 1 cm^2 土壤断面面积的热量使单位体积（1 cm^3）土壤发生的温度变化。土壤导温率的单位为 cm^2/s。

2）土壤的化学性质

土壤的化学性质影响着土壤中的化学过程、物理化学过程和生物化学过程，主要包括土壤的胶体特性、酸碱性和氧化还原特性等。这些性质会对土壤的保肥性和供肥性、缓冲能力、自净能力、污染元素迁移转化和土壤养分状况及动态变化产生深刻的影响。

土壤胶体特性及吸附性。土壤胶体一般是指土壤中半径小于 1 μm 的球形颗粒，为土壤中最细小而最活跃的部分，是土壤中所有物理和化学反应的物质基础。土壤胶体具有巨大的比表面积和带电性，对土壤养分的供应、矿物的形成演化、土壤结构的稳定性、污染元素的迁移转化和生物有效性等均具有显著的影响。土壤中的胶体按照来源和成分可分为无机胶体、有机胶体和无机-有机复合胶体三类（熊毅，1990）。

无机胶体：又称矿质胶体，实际是土壤黏粒矿物，包括成分简单的晶质和非晶质的硅、铁和铝的水氧化物以及成分复杂的各种类型的层状硅酸盐矿物。硅酸盐矿物包括硅氧四面体及同氧配位的八面体（Mg^{2+}、Al^{3+}、Fe^{2+}和Fe^{3+}）以1∶1、2∶1和2∶1∶1比例结合的矿物（蒙脱石、蛭石、高岭石、水云母和间层矿物等）。黏粒氧化物包括铁、锰、铝、钛、硅等氧化物及其水合物，以及水铝英石等非晶质、非层状的硅铝酸盐。

有机胶体：又称腐殖质胶体，由新鲜的动植物残体和微生物遗体所组成，包括腐殖质、木质素、蛋白质、纤维素、树脂和其他复杂的化合物。有机胶体是由碳、氢、氧、氮、磷、硫等组成的无定形物质。腐殖质属两性胶体，其带电性由其官能团决定，但因其等电点较低，所以一般有机胶体带负电，对土壤中的无机阳离子，特别是对重金属等的吸附性能影响较大。此外，有机胶体受微生物活动影响较大，因此，不如无机胶体稳定。

无机-有机复合胶体：土壤中有机胶体很少单独存在，多与无机胶体通过表面分子缩聚、阳离子桥接和氢键缔合等作用连接在一起形成复合体。有机无机复合现象不仅能发生在矿物的外表面，而且能发生在膨胀性矿物的层间，如铁、铝氧化物及其水合物除了自身形成有机-矿物复合体外，还能充当层状硅酸盐矿物与有机质作用的"桥梁"，形成三元复合物。土壤有机质含量越低，无机-有机复合度越高，一般变动范围为50%~90%，复合度因土壤类型不同而存在差异。

土壤胶体特性。土壤胶体由微粒核和双电层两部分构成，这种构造特性使其具有表面特性和电荷特性，表现为具有较大的表面积并带有电荷，能吸持各种重金属等污染元素，有较大的缓冲能力，对土壤中元素的保持和耐受酸碱变化及减轻某些毒性物质的危害有重要作用。此外，受其结构的影响，土壤胶体还具有分散、絮凝、膨胀和收缩等特性，这些特性与土壤结构的形成及污染元素在土壤中的环境行为均有密切关系。它所带的表面电荷则是土壤具有一系列化学、物理化学性质的根本原因。土壤中的化学反应主要为界面反应，这是由于表面结构不同的土壤胶体所产生的电荷，能与溶液中的离子、质子和电子发生相互作用。土壤表面电荷的数量决定着土壤所能吸附的离子数量，而由土壤表面电荷数量与土壤表面积所确定的表面电荷密度，则影响着对这些离子的吸附强度。所以，土壤胶体特性影响着污染物在土壤固相表面或溶液中的积聚、滞留、迁移和转化，是土壤对污染物有一定自净作用和环境容量的根本原因。

土壤吸附性。土壤是永久电荷表面与可变电荷表面共存的体系，可吸附阳离子，也可吸附阴离子。土壤胶体表面能通过静电吸附的离子与溶液中的离子进行交换反应，也能通过共价键与溶液中的离子发生配位吸附。土壤吸附性是指土壤固相和液相界面上离子或分子的浓度大于整体溶液中该离子或分子浓度的现象，称为正吸附。在一定条件下也会出现与正吸附相反的现象，称为负吸附，负吸附是土壤吸附性的另一种表现。土壤吸附性是重要的土壤化学性质之一。它取决于土壤固相物质的组成、含量、形态和溶液中离子的种类、含量、形态，以及酸碱性、温度和水分状况等条件及其变化，影响着土壤中物质的形态、转化、迁移和有效性。按产生机理的不同可将土壤吸附性分为交换性吸附、专性吸附、负吸附及化学沉淀等（贺纪正等，2009；曲久辉等，2009）。

交换性吸附。交换性吸附是指带电荷的土壤表面借静电引力从溶液中吸附带异号电荷的离子或极性分子的现象。在吸附的同时，有等当量的另一种同号离子从表面上解吸进入溶液。其实质是土壤固、液相之间的离子交换反应。不同的土壤对阳离子的吸附量通常用土壤阳离子交换量来表示，即当土壤溶液为中性时，土壤所能吸附和交换的阳离子的容量，用每千克土壤吸附的一价离子的物质的量表示，即 cmol（+）/kg。当土壤胶体上吸附的阳离子全部为盐基离子时，土壤呈盐基饱和状态，称为盐基饱和土壤，反之则称为盐基不饱和土壤。土壤中交换性阳离子中盐基离子所占的百分数称为土壤盐基饱和度。

专性吸附。相对于交换性吸附而言，专性吸附是非静电因素引起的土壤对离子的吸附。

负吸附。负吸附为距土壤胶体表面越近，阴离子越受排斥，其数量也越少的现象，随土壤胶体的数量和阳离子代换量的增加而增加。

化学沉淀与土壤吸附。化学沉淀与土壤吸附是指进入土壤中的物质与土壤溶液中的离子（或固相表面）发生化学反应，形成的难溶性新化合物从土壤溶液中沉淀而出（或沉淀在固相表面）的现象，其实质为化学沉淀反应，而不是界面化学行为的土壤吸附现象，但在实践上有时很难区分。

土壤酸碱性。土壤酸碱性与土壤的固相组成、吸收性能有着密切的关系，是土壤的一个重要化学性质，对植物生长、土壤生产力及土壤污染与净化都有较大的影响。

土壤酸性。土壤酸性主要取决于土壤溶液中 H^+ 的浓度。H^+ 的来源主要有水的解离、CO_2 溶于水形成的碳酸的解离、有机质分解产生的有机酸的解离、大气酸性物质的沉降、矿物质氧化产生和无机肥料中残留的无机酸等。根据土壤中 H^+ 的存在方式，土壤酸可分为活性酸和潜性酸两大类。活性酸又称为有效酸，是与土壤固相处于平衡时的土壤溶液中的 H^+。潜性酸是指吸附在土壤胶体表面的交换性氢离子和铝离子（H^+ 和 Al^{3+}），交换性氢离子和铝离子只有转移到溶液中成为溶液中的氢离子时才会显示酸性。活性酸与潜性酸处于动态平衡，可以相互转化。土壤的酸度取决于潜性酸的数量，潜性酸含量比活性酸含量多 3~4 个数量级。土壤酸度的主要指标是 pH，它表示在土壤固相处于动态平衡时的土壤溶液中氢离子浓度数值的负对数，即 $pH = -\lg[H^+]$。pH 越小，表示土壤酸性越强，碱性越弱。大部分土壤的 pH 都在 4.5~9.5，其中中性土壤的 pH 为 6.5~7.5。

土壤碱性。土壤碱性反应及碱性土壤的形成是自然土壤形成条件和土壤内在综合作用的结果。碱性土壤中的碱性物质主要有钠、钾、钙、镁的碳酸盐和重碳酸盐，以及胶体表面吸附的交换性钠。碱性物质，如碳酸钠和碳酸钙及交换性钠的水解是碱性反应的主要机制。土壤碱性的指标除了用 pH 表示外，还可用总碱度（土壤溶液或灌溉水中碳酸根和重碳酸根的总量）和碱化度（土壤胶体吸附的交换性钠离子占阳离子交换量的比例）表示。

土壤酸碱性对土壤微生物活性，矿物质和有机质分解，土壤养分元素的释放、固定、迁移等起着重要作用，因而影响元素的生物有效性和毒性。

土壤氧化还原性。与土壤酸碱性一样，土壤氧化性和还原性是土壤的又一个重要化学性质。电子在物质之间的传递引起氧化还原反应，表现为元素价态的变化。土壤中参与氧化还原反应的元素有碳、氢、氮、氧、硫、铁、锰、砷、铬及其他一些变价元素，较为重要的是氧、铁、锰、硫和某些有机化合物，并以氧和有机还原性物质较为活跃，铁、锰和硫等的转化则主要受氧和有机质的影响。土壤中的氧化还原反应在干湿交替下进行得最为频繁，其次是有机质的氧化和生物机体的活动。土壤氧化还原反应影响着土壤形成过程中物质的转化、迁移和土壤剖面的发育，控制着土壤元素的形态和有效性，制约着土壤环境中某些污染物的形态、转化和归趋。因此，氧化还原性在环境土壤学中具有十分重要的意义。

土壤氧化还原性常用氧化还原电位（Eh）表示，单位为 V 或 mV，是指由溶液中氧化态物质和还原态物质的浓度关系变化而产生的电位，其大小受土壤通气性、微生物活动、易分解有机质含量、植物根系的代谢作用和土壤酸碱度等多方面因素的影响。一般旱地土壤的 Eh 为 400~700 mV，水田的 Eh 为 –300~–200 mV。

土壤具有氧化还原性的主要原因在于土壤中多种氧化还原物质的共存。土壤空气中的氧和高价金属离子都是氧化剂，而土壤有机质及其在厌氧条件下形成的分解产物和低价金属离子等为还原剂。由于土壤成分众多，各种反应可同时进行，其过程十分复杂。常见的氧化还原体系如表 2-1 所示。

表 2-1　土壤中常见的氧化还原体系（李学垣，2001）

体系		$E^{\ominus}$/V (pH=0)	$E^{\ominus}$/V (pH=7)	$Pe^{\ominus}=\lg K$
氧体系	$\frac{1}{4}O_2+H^++e^- \rightleftharpoons \frac{1}{2}H_2O$	1.23	0.84	20.8
锰体系	$\frac{1}{2}MnO_2+2H^++e^- \rightleftharpoons \frac{1}{2}Mn^{2+}+H_2O$	1.23	0.40	20.8
铁体系	$Fe(OH)_3+3H^++e^- \rightleftharpoons Fe^{2+}+3H_2O$	1.06	−0.16	17.9
氮体系	$\frac{1}{2}NO_3^-+H^++e^- \rightleftharpoons \frac{1}{2}NO_2^-+\frac{1}{2}H_2O$	0.85	0.54	14.1
	$NO_3^-+10H^++9e^- \rightleftharpoons NH_4^++3H_2O$	0.88	0.36	14.9
硫体系	$\frac{1}{8}SO_4^{2-}+\frac{5}{4}H^++e^- \rightleftharpoons \frac{1}{8}H_2S+\frac{1}{2}H_2O$	0.30	−0.21	5.1
有机碳体系	$\frac{1}{8}CO_2+H^++e^- \rightleftharpoons \frac{1}{8}CH_4+\frac{1}{4}H_2O$	0.17	−0.24	2.9
氢体系	$H^++e^- \rightleftharpoons \frac{1}{2}H_2$	0	−0.41	

注：$E^{\ominus}$ (pH=0) 指 pH 为 0 时，反应式的标准氧化还原电位；$E^{\ominus}$ (pH=7) 指 pH 为 7 时，反应式的标准氧化还原电位；Pe^0 指氧化剂与还原剂的活度相等时，电子活度的负对数；$\lg K$ 指反应平衡常数 K 的对数值。

3）土壤生物学性质

土壤生物是栖居在土壤中的有机体的总称，主要包括土壤微生物、土壤动物及高等植物根系等。土壤生物对岩石风化、原始土壤形成与发育、养分循环和环境保护等具有十分重要的作用。本小节主要从土壤动物特性、土壤微生物特性、土壤酶特性、植物的根际效应和土壤病毒特性五个方面介绍土壤的生物学性质。

土壤动物特性。土壤动物特性主要表现在动物直接或间接地参与土壤中物质和能量的转化，从而影响植物生长和土壤健康。土壤动物是土壤生态系统中不可或缺的组成部分。在陆地生态系统中，土壤动物是除土壤微生物外种类最为丰富、数量最多的生物类群。土壤动物种类繁多、数量庞大，通常依据其体型大小可分为以下三类：微型土壤动物，指平均体宽小于 0.2 mm 的原生动物和线虫类土壤动物，原生动物可通过取食细菌或真菌改变土壤微生物的群落结构，控制病原微生物群落，影响土壤有机质的分解，从而影响养分周转及植物生长；中型土壤动物，指平均体宽在 0.2~10 mm、生存于土壤和枯枝落叶等充气孔隙中的土壤动物，主要以螨类、弹尾目等小型无脊椎动物为主，它们通常以分解的植物残体和真菌为食物，可软化大量的残落物，并以粪粒形态将这些残落物分散，促进土壤有机质的形成和养分的循环；大型土壤动物，指平均体宽大于 10 mm 的土壤动物，以白蚁、蚯蚓和大型节肢动物等为主，它们可通过穿梭、掘穴等非取食活动改变土壤结构，产生的生物孔隙可以增加土壤透气性，影响土壤有机质分布、腐殖质的形成及污染物的迁移转化过程等。

土壤微生物特性。土壤微生物驱动着土壤生态系统物质和能量的流动，调控养分元素在生态系统中的循环，是陆地生态系统中最重要的生命组分之一。土壤微生物多样性是重要的土壤微生物特性之一，主要包括以下四个方面：①土壤微生物的功能多样性，是指土壤微生物群落所能作用的功能范围以及这些功能的作用过程，如分解功能、营养传递功能、降解土壤中残留的有机污染物及促进或抑制植物生长的功能等，这些功能对土壤生态功能及自然界元素循环具有重要意义。②土壤微生物的物种多样性，是指土壤生态系统中微生物的物种丰富度和均一度，这是微生物物种多样性最直接的表现形式。细菌和真菌通常是土壤中的优势微生物，它们的生物量通常是土壤微生物中其他部分（原生生物、古细菌和病毒）的 $1 \times 10^2 \sim 1 \times 10^4$ 倍。③土壤微生物的遗传多样性，是指土壤微生物在基因水平上所携带的各类遗传物质和遗传信息的总和，是微生物物种多样性的本质和最终反映。遗传多样性包括三个方面，即基因大小和基因数目的多样性、遗传物质化学组成和 DNA 序列的多样性、rRNA 基因序列的差异以及由基因序列所揭示的遗传背景的多样性等。从本质上讲，生物物种多样性源于遗传多样性。④土壤微生物的结构多样性，是指土壤微生物群落在细胞结构组成上的多样化程度，这是微生物代谢方式和生理功能多样化的直接原因（Achtman and Wagner, 2008）。

土壤酶特性。土壤酶是指土壤中的积聚酶，包括游离酶、胞内酶和胞外酶（陈怀满，2018）。在土壤成分中，酶是最活跃的有机成分之一，驱动着土壤的代谢过程。土壤酶参与土壤中各种化学反应和生物化学过程，与有机质的矿化分解、矿质营养元素循环、能量转移、环境质量等密切相关。土壤酶活性受多种土壤环境因素的影响，如土壤质地、pH、土壤结构、有机质含量、水分等土壤理化性质会对土壤酶活性产生不同程度的影响，小团聚体的土壤酶活性比大团聚体的强；此外，植物根系在生长过程中释放的根系分泌物使根际土壤酶活性产生很大的变化。一般来讲，根际土壤酶活性要比非根际土壤酶大；外源污染物，如重金属、有机污染物等均可抑制土壤酶活性，外源污染物对土壤酶活性的影响取决于土壤有机质、黏粒等的含量高低，以及它们对土壤酶的保护容量和对重金属的缓冲容量的大小。

植物的根际效应。高等植物根系虽然在土壤中占比较低，但植物根系分泌的根表细胞或组织脱落物、根系分泌物增加了土壤有机物质含量，这些有机质可促进土壤养分循环、积累土壤腐殖质和改良土壤结构，从而影响土壤的物理和化学性质。根际是指受植物根系活动的影响，在物理、化学和生物学性质上不同于土体的那部分微域环境，一般是指土壤与植物的根直接接触的微域（仅几毫米），它是土壤-植物生态系统物质交换的活跃界面，也是土壤微生物发育的一个特殊生境，是物理、化学和生物学性质上不同于土体本身的微域土区。根际效应是指根际对微生物的影响，植物根系释放的分泌物是产生根际效应的主要原因。根系分泌物在土壤养分循环和污染物迁移转化等方面具有重要的作用。植物根系分泌物中包含许多低分子量有机酸，它们可以以多种作用方式，如竞争或掩蔽吸附位点、增加土壤胶体表面负电荷等，影响根际土壤胶体表面的重金属离子的迁移转化等过程（凌婉婷等，2002；贺纪正等，2009）。一方面，根际分泌的低分子量有机酸能够通过螯合无机离子来瓦解部分土壤结构，提高有机污染物的生物有效性，为有机污染物生物降解奠定基础；另一方面，根系分泌物还可以通过影响一些与有机污染物降解相关的酶的活性，进而影响土壤有机污染物的降解。

土壤病毒特性。土壤病毒特性主要表现在形态多样性、种类多样性和功能多样性三个方面。土壤中古菌病毒和细菌病毒多以具有头尾结构的有尾噬菌体为主。有尾噬菌体是双链 DNA 病毒（dsDNA 病毒），按其尾部形态特征可划分为短尾、长尾和肌尾噬菌体。土壤中其他病毒形态还有丝状、杆状、棒状、瓶状、水滴状、球状和二十面体状等。真核生物病毒没有头尾结构，形态更加多样，有的蛋白质外壳上还有修饰成分，与原核生物病毒有很大的区别。病毒不能独立繁殖和大量环境微生物的不可培养性，限制了人们对病毒多样性的认知。土壤中到底有多少种病毒尚无确切的答案。最新的研究结果表明，据估计，每克土壤中含有 $10^7 \sim 10^{10}$ 个病毒。虽然土壤病毒数量巨大且广泛存在，但土壤病毒是微生物"暗物质"的一部分，与土壤中的其他微生物相互作用，影响着养分循环、污染物转化、植物健康，乃至气候变化（Ma et al., 2024）。

2.1.2 土壤的结构和功能

1. 土壤颗粒

土壤颗粒简称土粒，是指土壤中形状和大小不同且成分和性质迥异的各种颗粒。根据组成成分，可将其分为矿质颗粒和有机质颗粒。在大多数土壤中，矿质颗粒占土壤固相质量的 95% 以上，能够在土壤中长期稳定地存在，构成土壤固相骨架，通常所说的土壤颗粒专指矿质颗粒。土壤颗粒的大小差别很大，为了便于研究不同大小颗粒的特性，人们将一系列大小不同的土壤颗粒划分为若干组，称为粒级。不同国家和部门所采用的粒径分级制度有所差异，但各种粒径分级制度都把土粒分为砂粒（0.02～2.00 mm）、粉粒（0.002～0.020 mm）和黏粒（<0.002 mm）三组。目前国内外常见的土壤粒级制有中国制、卡钦斯基制、美国农业部制和国际制（表 2-2）。

表 2-2 常见的土壤粒级制（徐建明，2019）

当量粒径/mm	中国制	卡钦斯基制		美国农业部制	国际制
3～2	石砾	石砾		石砾	石砾
2～1				极粗砂粒	
1～0.5	粗砂粒	物理性砂粒	粗砂粒	粗砂粒	粗砂粒
0.5～0.25			中砂粒	中砂粒	
0.25～0.2	细砂粒		细砂粒	细砂粒	
0.2～0.1					
0.1～0.05				极细砂粒	细砂粒
0.05～0.02	粗粉粒		粗粉粒	粉粒	
0.02～0.01					
0.01～0.005	中粉粒		中粉粒		粉粒
0.005～0.002	细粉粒	物理性黏粒	细粉粒		
0.002～0.001	粗黏粒		黏粒	粗黏粒	黏粒
0.001～0.0005				细黏粒	
0.0005～0.0001	细黏粒				
<0.0001			胶体		

2. 土壤的结构

土壤结构是土粒（单粒和复粒）的排列、组合形式。它包含两重含义：结构体和结构性。通常所说的土壤结构多指结构性。

土壤结构体又称为土壤结构单位，它是指土壤颗粒互相排列和团聚成为一定形状和大小的土团或土块（徐建明，2019）。土壤结构体依据形态、大小和特征可分为：块状结构体、核状结构体、棱柱状结构体、柱状结构体、片状结构体、团粒结构体。

土壤中不同粒级的相对含量称为土壤机械组成，根据土壤机械组成划分的土壤类型称为土壤质地。不同质地组反映不同的土壤性质，一般可将土壤分为砂土、壤土和黏土三组。最常见的土壤质地分类有国际制、美国农业部制、卡钦斯基制和中国制四种。中国制比较符合我国国情，但实际应用中还需进一步补充与完善。中国土壤质地分类方案见表 2-3。

表 2-3 中国土壤质地分类（徐建明，2019）

质地组	质地名称	颗粒组成/%		
		砂粒（粒径为1～0.05 mm）	粗粉粒（粒径为0.05～0.01 mm）	细黏粒（粒径<0.001 mm）
砂土	极重砂土	>80	—	<30
	重砂土	70～80		
	中砂土	60～70		
	轻砂土	50～60		

续表

质地组	质地名称	颗粒组成/%		
		砂粒(粒径为1～0.05 mm)	粗粉粒(粒径为0.05～0.01 mm)	细黏粒(粒径<0.001 mm)
壤土	砂粉土 粉土	≥20	≥40	<30
	砂壤 壤土	<20	<40	
黏土	轻黏土 中黏土 重黏土 极重黏土	—	—	30～35 35～40 40～60 >60

3. 土壤的功能

土壤圈处于大气圈、岩石圈、水圈和生物圈之间的过渡地带，连接有机界和无机界，是地理环境各要素的置换中心，是人类、动植物赖以生存、生活和生产的最重要的物质基础。土壤自身具有极大的稳定性和包容性，可以说土壤起着巨大的生态、环境和经济功能，维系着整个人类的生存与发展。土壤的主要功能如下。

1）土壤的生态、环境功能

土壤的生态功能。土壤生态系统是陆地生态系统中最活跃的生命层，是生物与环境之间进行物质和能量交换的场所。土壤在陆地生态系统中的作用主要体现在稳定陆地生态平衡和维持生物活性及多样性两方面。一方面，土壤中营养元素会被植物吸收利用，再以植物的残体和枯枝落叶回到土壤，完成一个完整的土壤元素循环。而元素循环过程会伴随着物质与能量的迁移转化、输入输出，其必然引起陆地生态系统结构、功能的变化，进而促进陆地生态系统的稳定平衡发展。另一方面，土壤是覆盖于地球陆地表面能够支持生命的一层疏松物质，为陆地丰富多样的植物、微生物、动物提供了栖息地，而健康的土壤环境是保持土壤生物多样性平衡稳定的基石。此外，土壤生态系统在更新废物的再循环利用、调控水分循环、缓解和消除有害物质等方面也发挥着重要作用。

土壤的环境功能。土壤的环境功能主要体现在土壤环境的缓冲净化体系。土壤作为地球陆地上污染物最大的"汇"，滞留了全球陆地50%～90%的污染物（徐建明，2019）。更为重要的是，土壤污染往往不直观，很难得到广泛的关注和重视。这主要是因为污染物进入土壤后，在土壤中发生着一系列物理的、化学的和生物的迁移转化过程。其中的部分污染物经过淋洗、渗滤、挥发等途径离开土体，而有些则经过沉淀、吸附等作用被土壤矿物质钝化、锁定进而降低其活性，另一些则在土壤生物（特别是微生物）的作用下经过生物降解其毒性降低甚至消除。土壤利用自身结构特性、物理化学特性及生物学特性使滞留在土壤中的污染物具有一定的生态抗衡、缓冲能力，称为缓冲自净作用。从全球角度看，土壤是全球最大的环境缓冲净化系统。

2）土壤生态系统固碳功能

当进入土壤的光合作用同化固定的碳量大于呼吸作用消耗的碳量时，即发生碳在土壤中的固定。土壤碳库是陆地生态系统最大的碳库，对全球气候变化和人类生存环境有着重要的影响（Lal, 2018）。增强土壤生态系统碳汇功能是减缓大气 CO_2 浓度上升和全球气候变暖的有效途径。

提高土壤生态系统固碳主要从碳库和碳流两个方面考虑，可以通过人为干预，调控土壤碳库和碳流向着有利于土壤碳积累的方向发展。从碳库来看，可通过调控土壤理化性质及微生物指标，提高土壤最大碳储量；从碳流来看，关键在于提高碳库的输入速率，降低碳的消耗速率，增加碳在土壤中的保留时间和积累速率。我国农业耕作强度高，但农田土壤有机碳含量偏低，仍有很大的土壤增碳空间。目前，我国陆地生态系统碳汇强度为 $0.20\sim0.25$ Pg C/a（1 Pg = 1×10^{15} g = 10 亿 t），预计到 2060 年可能为 $0.15\sim0.60$ Pg C/a（杨元合等，2022）。土壤固碳涉及一个非常重要的土壤成分，即土壤有机质。土壤有机质是土壤的关键组分和肥力基础，构成了巨大的有机碳库，对气候变化有重要的调节作用。提升土壤固碳潜力对农业可持续发展具有重要的意义。我国一直重视土壤有机质的增加，已开展了有机肥替代化肥行动，实施了东北黑土地保护性耕作行动计划以及秸秆综合利用行动等项目，但目前仍迫切需要发展气候友好型的农业土壤固碳技术，规避传统固碳措施的短板，以达到有效发挥土壤生态系统的固碳作用，提升土壤生态系统碳汇增量的目标（Tiessen et al., 1994; Terrer et al., 2021）。

3）土壤的生产功能

俗话说"万物土中生"，土壤是植物生产的介质。植物生产是指植物通过光合作用把太阳能转化为生物有机质的化学能的过程，是动物及人类维持生命活动所需能量和营养物质的唯一来源，是人类从事农业生产的最基本任务。而土壤在植物生长繁育过程中发挥了生物支撑、营养供给、稳定环境变化等作用。一方面，植物之所以能立足于自然界，并经受风雨的袭击而不倒，是因为根系在土壤中伸展，获得了土壤的机械支撑；另一方面，良好的土壤环境为植物生长提供了充足的养分和水分。狭义的农业生产包括植物生产和动物生产两部分。土壤不仅是植物生产的基地，也是动物生产的基地。因为，没有植物生产，就不可能有动物生产以及整个农业生产。

4）土壤的其他功能

工程功能。土壤的工程功能体现在以下三个方面：土壤是公路、铁路、机场、桥梁和隧道等一些建筑物的地基；土壤又是工程建筑的原始材料，90%以上的建筑材料是由土壤提供的；土壤还是陶瓷工业的基本原材料，陶瓷制品总是由特定的土壤加工而成。

社会功能。土壤是人类社会经济发展的物质基础，在人类生存的基础生活中，人类消耗的 80%以上的热量、75%以上的蛋白质和大部分纤维都直接来自土壤。此外，土壤在文物保存方面也发挥着重要的作用，许多珍贵的书画、纺织品等文物在适宜的温度、含水量、通气性的土壤环境中得以保存。

2.1.3 土壤环境背景值及环境容量

土壤环境是以土壤为中心的地球表层系统的时空连续体,是大气圈、岩石圈、水圈、生物圈和土壤圈相互作用及物质循环和能量交换的中心,是地球环境的重要组成部分。土壤环境由土壤内部环境、外部环境及界面环境三部分组成,是具有生命力的相互关联、相互作用和相互影响的活系统,包含地下生态系统和以其为支撑的地上生态系统。土壤内部环境是岩石经过物理、化学、生物的侵蚀和风化作用,以及地貌、气候等诸多因素长期作用形成的多相、多功能非均质体系;土壤外部环境是一个与土壤内部环境相连的水、气、生和人的多介质系统;土壤界面环境是在不同时间和空间上,土壤内外部环境之间物质循环与能量交换的剧烈作用层(周健民和沈仁芳,2013)。

1. 土壤环境背景值

土壤环境背景值为土壤环境背景含量的统计特征值,是指在一定时间条件下,仅受地球化学过程和非点源输入影响的土壤中元素或化合物的含量。土壤环境背景值一般包括两类:一是区域尺度土壤环境背景值,即某区域土壤的环境背景含量;二是地块尺度土壤环境背景值,即具体地块附近未受生产活动污染,与具体地块土壤理化、地质等特性相同或相似背景参考区域的土壤物质含量。土壤环境背景值是一个相对的概念,其数值因时间和空间因素而有差异。

2. 土壤环境容量

土壤环境容量被定义为"一定土壤单元在一定时限内遵循环境质量标准、维持土壤生态系统的正常结构和功能、保证农产品的生物学产量与质量以及人体健康时,土壤环境所能容纳污染物的最大允许量",可简述为:在保证土壤圈物质良性循环的条件下,土壤所能容纳污染物的最大允许量(周健民和沈仁芳,2013)。由于影响因素的复杂性,土壤环境容量不是一个固定值,而是一个范围值。

土壤环境容量属于一种控制指标,其可随环境因素的变化以及人们对环境目标期望值的改变而变化。影响土壤环境容量的因素主要包括以下几种:土壤类型,如土壤元素组成、机械组成、有机质和矿物质的成分与含量、酸碱度、氧化还原电位等;化学元素或化合物的存在形态及其物理、化学性质;区域自然环境条件,如气候、植被、地形和水文等;土壤与大气、水、植被等环境要素间元素迁移的通量;社会技术因素,尤其是改善土壤性质、提高肥力水平等可能对容量水平有影响的方面。土壤环境容量可以用于制定土壤环境质量标准,也可用于制定农田灌溉水质标准和污泥施用标准等。

2.1.4 土壤环境的自净作用

1. 土壤环境自净作用的概念

土壤环境自净作用是指进入土壤的污染物在土壤矿物质、有机质和土壤微生物的作用下,经过一系列的物理过程、化学过程及生物过程,其浓度降低或形态改变,从而使其毒性降低甚至消除的现象（徐建明，2019）。土壤环境自净作用可有效地降低土壤中污染物的毒性，在维持土壤生态平衡等方面具有重要的作用。一方面，由于土壤的这种特殊功能，少量有机污染物进入土壤后，经微生物降解可降低其毒性甚至变为无毒物质；另一方面，进入土壤的重金属元素通过吸附、沉淀、络合、氧化、还原等化学作用可变为固定态或不溶性化合物，降低其毒性或生物有效性，使其暂时退出生物循环。

2. 土壤环境自净作用的类型

土壤环境自净作用的机理既是土壤环境容量的理论依据，又是优选土壤污染控制与防治措施的理论基础。按照其作用机理可划分为以下几种类型（徐建明，2019）。

1）物理自净作用

土壤溶液中的污染物可以随土壤水进行水平或垂直迁移，通过土壤孔隙经渗滤作用排出土体。渗滤作用对污染物的净化效能与土壤颗粒组成和吸附容量密切相关。此外，某些具有挥发性的有机污染物也可通过挥发、气体交换和扩散的方式离开土壤进入大气，其过程主要受蒸气压、浓度梯度和温度等因素的影响。但是物理自净作用只能暂时降低土壤中污染物的浓度，并不能使其彻底消失。

2）化学和物理化学自净作用

土壤溶液中污染物经过一系列吸附、沉淀、络合、氧化、还原等化学或物理化学作用使其浓度降低的过程，称为化学和物理化学自净作用。与其他土壤固相物质相比，土壤黏粒、土壤有机质因具有巨大的表面积和表面能，对污染物有较强的吸附能力，是发生化学和物理化学自净作用的主要载体。酸碱反应和氧化还原反应在土壤环境自净过程中起着主要作用，许多重金属离子在碱性土壤中容易沉淀，同样在还原条件下，大部分重金属离子能与S^{2-}形成难溶性硫化物沉淀，而降低污染物的毒性。值得注意的是，化学和物理化学自净作用只是改变了重金属离子的存在形态，降低了它们的生物有效性及生物毒性，重金属并未彻底离开土壤环境，在一定条件下仍能被活化并产生毒性。

3）生物自净作用

有机污染物在微生物及其酶的作用下，通过生物降解，被分解为简单的无机物而消散的过程，称为生物自净作用。从净化作用机制来看，生物自净作用是真正的净化。但不同分子结构的化学物质在土壤中的降解历程不同。污染物在土壤中的半衰期长短悬殊，而且有的降解中间产物的毒性可能比母体更大。

总之，土壤环境的自净作用是各种物理过程、化学过程和生物过程共同作用、互相影响的结果，但土壤环境自净能力是有限的，与土壤环境容量密切相关。

2.1.5 土壤环境质量标准

1. 土壤环境质量标准概述

土壤环境质量是指在一定的时间和空间范围内，土壤自身性状对其持续利用，以及对其他环境要素，特别是对人类或其他生物的生存、繁衍和社会经济发展的适宜性，是环境"优劣"的一个概念，它与土壤遭受外源物质的侵袭、累积或污染程度密切相关，是"特定需要之环境条件"的量度。这种"优劣"和"特定需要",充分体现了土壤环境质量的相对性,适用于某一种需求的良好环境条件,不一定适用于其他需要;对土壤环境质量的概念性解释有可能随土地的实际使用状况而变化,对农业和非农业土壤来说也并非总是相同的(陈怀满,2018)。从中华人民共和国成立至今,我国土壤环境质量管理大致可分为四个阶段(胡文友等,2021)(图2-3)。

第一阶段:1949~1978年	第二阶段:1979~1994年	第三阶段:1995~2015年	第四阶段:2016年至今
土壤肥力质量	土壤环境质量与污染	土壤污染防控与管理	土壤污染风险管控及分级分类管理
该阶段着重关注如何耕作以带来更高的粮食产量问题。为了保障粮食产量,有机磷和有机氯农药的大量使用带来了环境污染问题,随后采取了一系列如全国重点区域污染源调查、环境质量评价等措施并形成了一系列环境管理制度,但是这些保护工作更多针对水、气、固废污染防治,土壤污染问题并未受到关注。	随着国民经济和社会迅速发展,我国的土壤环境保护也开始受到越来越多的重视。第二、三次全国环境保护会议总结了环境保护工作的经验,提出向环境污染宣战,1989年12月《中华人民共和国环境保护法》正式颁布,环境保护法中正式提出关于土壤污染的相关规定,土壤环境质量和污染防治问题开始得到关注。	1995年我国出台了《土壤环境质量标准》(GB 15618—1995),该标准在我国土壤环境保护和管理上发挥了重要作用;2014年国家发布《全国土壤污染状况调查公报》,调查结果表明我国土壤环境质量堪忧;第十二届全国人民代表大会常务委员会于2014年4月修订通过了《中华人民共和国环境保护法》,开始关注土壤污染防治及风险管理。	国务院于2016年5月发布了《土壤污染防治行动计划》;2018年,我国正式实施《土壤环境质量 农用地土壤污染风险管控标准(试行)》(GB 15618—2018)和《土壤环境质量 建设用地土壤污染风险管控标准(试行)》(GB 36600—2018)。同年,《土壤污染防治法》正式颁布,以上标准和法律提出了土壤污染风险管控和分类管理制度,开始关注土壤污染的风险管控及分级分类管理。

图2-3 我国土壤环境质量管理发展历程

土壤环境质量标准是国家为防止土壤污染、保护生态系统、维护人体健康所制订的土壤中污染物在一定的时间和空间范围内的最高容许含量值,是对土壤环境中有害物质的限制性规定,是评价土壤环境质量优劣的尺度和依据,也是土壤环境质量管理的一个重要组成部分。土壤环境质量标准的建立是一个十分复杂的系统工程,它具有独立性和依存性。依据土壤背景状况建议的土壤自然质量保护标准值,视为赋值的独立性;而将土壤作为资源利用或在健康与生态风险评估时所规定的限量值,称为赋值的依存性。

2. 我国的土壤环境质量标准体系

土壤环境质量标准是环境部门进行土壤环境质量管理的重要手段,也是土壤环境质量管理目标的具体体现。我国土壤环境质量标准体系虽然建立较晚,但一直与时俱进,不断顺应时代的发展。我国土壤环境质量标准体系由土壤环境背景值、土壤污染风险筛选值和土壤污染风险管控值三个方面组成。本书主要介绍我国土壤环境质量标准的更替及其意义。

我国第一部《土壤环境质量标准》(GB 15618—1995)于1995年发布,1996年3月起正式实施。该标准在考虑土壤主要性质的基础上,规定了三大类土地功能区的8种重金属(Cd、Hg、As、Cu、Pb、Cr、Zn、Ni)以及六六六、滴滴涕的最高允许浓度,即当土壤中上述污染物浓度低于标准浓度时具备相应的应用功能,符合保护目标。在该标准的制定中,第一级采用地球化学法,主要依据土壤环境背景值。有机食品生产基地的土壤多采用第一级标准；一般农田和菜地等采用第二级标准。该标准的制定反映了我国多年来的土壤科研成果，统一了全国土壤环境质量标准，使土壤环境污染研究、土壤环境质量评价和预测等有法可依，促进了土壤资源的保护、管理、利用和监控，对提高土壤环境质量起到了积极的作用。但随着我国土壤环境形势的变化，该标准已经不能适应实际需求，存在的问题也暴露了出来，即适用范围小，仅适用于农田、蔬菜地、果园、牧场、林地和自然保护区等地的土壤；项目指标少，仅规定了8种重金属指标和六六六、滴滴涕2项农药指标；该标准的实施效果并不理想，部分指标存在争议，如镉偏严格、铅偏宽松等。

针对上述问题，环境保护部于2009年9月发布了《关于修订国家环境保护标准〈土壤环境质量标准〉公开征求意见的通知》，并启动了标准的修改，经四次修改，生态环境部和国家市场监督管理总局于2018年6月22日发布了《土壤环境质量 农用地土壤污染风险管控标准（试行）》（GB 15618—2018 代替 GB 15618—1995），以及《土壤环境质量 建设用地土壤污染风险管控标准（试行）》（GB 36600—2018），上述两个标准自2018年8月1日起实施。

新标准的实施，对我国开展农业用地分类管理和建设用地准入管理意义重大（陈樯，2019）。在农用地标准领域，新标准遵循风险管控的思路，取消了原有的土壤环境质量分类体系（Ⅰ类土壤执行一级标准、Ⅱ类土壤执行二级标准、Ⅲ类土壤执行三级标准），建立了以农用地使用性质及土壤酸碱度为基本构架的标准指标体系（邵超峰和鞠美庭，2021），提出了风险筛选值和风险管制值的概念，不再是简单类似于水、空气环境质量标准的达标判定，而是用于风险筛查和分类。新标准制定的原则是立足国情、问题导向、创新思路、科学合理，其中最主要的是创新思路，考虑土壤污染与农产品质量安全之间关系的复杂性，提出了划分"两条线"的修订思路，即风险筛选值和风险管制值，服务于《土壤污染防治行动计划》（称为"土十条"）关于农用地分类管理的要求。风险筛选值的基本内涵是：农用地土壤中污染物含量等于或者低于该值的，对农产品质量安全、农作物生长或土壤生态环境的风险低，一般情况下可以忽略；超过该值的，对农产品质量安全、农作物生长或土壤生态环境可能存在风险，应当加强土壤环境监测和农产品协同监测，原则上应当采取安全利用措施。风险管制值的基本内涵是：农用地土壤中污染物含量超过该值的，食用农产品不符合质量安全标准等农用地土壤污染风险高，原则上应当采取严格管控措施。对于介于二者之间的，应当采取农艺调控、替代种植等安全种植措施，降低农产品污染物超标风险。新的《土壤环境质量 农用地土壤污染风险管控标准（试行）》（GB 15618—2018）更加符合土壤环境质量管理的内在规律，更能科学合理地指导农用地安全利用，保障农业生产安全。

在建设用地标准领域，国际上对于建设用地的土壤环境质量管理已经形成了一定的共识。其是以管控土壤污染风险为目标，因此不能像水体环境、大气环境一样，画一条线，全部治理到标准以内，这不现实，也不经济。新的标准结合我国国情，根据保护对象暴露出的不同情况，将城市建设用地分为第一类用地和第二类用地：第一类用地，对儿童和成人均存在长期暴露的风险，主要是指居住用地，考虑到社会敏感性，将公共管理与公共服务用地中的中小学用地、医疗卫生用地和社会福利用地，以及公园绿地中的社区公园或儿童公园用地也列入一类用地；第二类用地主要是对成人存在长期暴露的风险，主要是工业用地、物流仓储用地等。建设用地标准制定的四个基本原则与农用地一致，即立足国情、问题导向、创新思路、科学合理，其中的问题导向是以保护人体健康为目标，让国民住得安心，也是通过划定风险筛选值和风险管制值两条线来进行"双线管理"。低于风险筛选值时，健康风险可以忽略；超过该值时，可能存在健康风险，应当开展详细调查和风险评估。调查和风险评估的结果如果超过风险管制值，则判定存在不可接受的健康风险，需要采取风险管控或修复措施。

2.2 土壤退化及改良

土壤作为重要的自然资源，在维系人类生存、发展以及生态系统稳定性方面发挥着巨大作用。随着现代化工业进程的发展，进入土壤环境的污染物大大增加，远远超过土壤环境自身净化能力；同时，人类不合理的耕作等活动也会对土壤造成严重的破坏。当前，人们正面临着严重的土壤污染、土壤荒漠化和沙漠化、土壤侵蚀等土壤退化问题。土壤退化会导致可利用的耕地、草地、林地等不断减少，影响人类的粮食安全和生存环境；同时，土壤退化也会降低生物多样性和生态系统的稳定性，对生态环境造成难以估量的破坏。土壤退化已成为土壤环境中的突出问题。本节重点介绍土壤退化的分类、现状、成因及危害，并针对不同退化类型的土壤提出改良措施。

2.2.1 土壤退化的概念、分类及现状

1. 土壤退化的概念

土壤退化是指在各种自然因素特别是人为因素的影响下，土壤的农业生产能力或土壤利用和环境调控潜力下降（包括暂时性的和永久性的），即土壤质量及其可持续性下降，甚至完全丧失其物理、化学和生物学特征的过程，包括过去的、现在的和将来的退化过程。对农业而言，土壤退化的标志是土壤肥力和生产力的下降；对环境而言，土壤退化的标志是土壤质量的下降。

2. 土壤退化的分类

1）土壤退化的分类

当前，国际上对土壤退化尚未有一个统一的标准。1971 年联合国粮食及农业组织（FAO）在《土壤退化》一书中将土壤退化分为 10 大类，即侵蚀、盐碱、有机废料、传染性生物、工业无机废料、农药、放射性、重金属、肥料和洗涤剂。后来又增补了旱涝障碍、土壤养分亏缺和耕地非农业占用 3 类。

在我国，中国科学院南京土壤研究所借鉴国外分类标准并结合我国实际国情，将我国的土壤退化分为土壤侵蚀、土壤沙化、土壤盐化、土壤污染、土壤性质恶化和耕地的非农业占用 6 类，并在这 6 类的基础上进一步进行二级细分，详情如表 2-4 所示。

2）土壤退化的主要类型

当前，世界范围内土壤退化的主要类型有土壤荒漠化和沙化、土壤侵蚀、土壤盐渍化或盐碱化、土壤酸化、土壤潜育化和次生潜育化、土壤肥力衰退和土壤污染等。

表 2-4 中国土壤退化分类（黄昌勇和徐建明，2014）

I 级	II 级
A 土壤侵蚀	A_1 水蚀，A_2 冻融侵蚀，A_3 重力侵蚀
B 土壤沙化	B_1 悬移风蚀，B_2 推移风蚀
C 土壤盐化	C_1 盐渍化和次生盐渍化，C_2 碱化
D 土壤污染	D_1 无机物（包括重金属和盐碱类）污染，D_2 农药污染，D_3 有机废物（工业及生物废弃物中生物易降解有机毒物）污染，D_4 化学肥料污染，D_5 污泥、矿渣和粉煤灰污染，D_6 放射性物质污染，D_7 寄生虫、病原菌和病毒污染
E 土壤性质恶化	E_1 土壤板结，E_2 土壤潜育化和次生潜育化，E_3 土壤酸化，E_4 土壤养分亏缺，E_5 土壤生物活力下降
F 耕地的非农业占用	—

土壤荒漠化和沙化。土壤荒漠化是指由气候因素和人类活动等因素引起的湿润指数在 0.05～0.65 的土地退化。土壤沙化是指在自然因素和人为干扰下，沙质土壤上的植被遭受破坏后，在风力作用下产生扬尘、沙尘暴或者类似沙漠的土壤堆积等退化。

土壤侵蚀。土壤侵蚀是指土壤及其母质在水力、风力、冻融和重力等外营力作用下，被破坏、剥蚀、搬运和沉积的过程。土壤侵蚀依据外力性质可以划分为水力侵蚀、重力侵蚀、冻融侵蚀和风力侵蚀等，其中水力侵蚀是最重要的一种形式，习惯上称为水土流失。

土壤盐渍化或盐碱化。土壤盐渍化或盐碱化是指由于自然或者人为因素，气候干旱、蒸发增强、地下潜水水位升高、矿化度增加等导致的土壤表层盐化或碱化过程增强的现象。

土壤酸化。土壤酸化是指在自然或人为条件下土壤 pH 下降的过程。土壤酸化过程主要包括盐基的淋溶和铝的活化。

土壤潜育化和次生潜育化。土壤潜育化是指土壤长期滞水，严重缺氧，在 1 m 深度内的土体中某些层段氧化还原电位（Eh）< 200 mV，并出现因 Fe、Mn 还原而生成灰色斑纹层，或腐泥层，或青泥层，或泥炭层的土壤形成过程。土壤次生潜育化是指因耕作或灌溉等人为因素，使得土壤从非潜育型转变为高位潜育型的过程。潜育化和次生潜育化的土壤一般还原性有害物质较多，土性冷，养分转化慢。

土壤肥力衰退。土壤肥力衰退是指土壤中养分贫瘠化，不能满足作物正常生长所需的养分。

土壤污染。土壤污染是指人类活动或自然过程输送的污染物进入土壤并积累到一定程度，超出土壤的自净能力，引起土壤环境质量恶化，降低农产品产量和质量，并对生物、水体、空气质量或（和）人体健康产生危害或潜在危害的现象（周健民和沈仁芳，2013）。

3. 土壤退化的现状

1)全球土壤的退化现状

根据联合国粮食及农业组织(FAO)发布的研究报告,全球已有超过30%的土地正在或者已经发生退化。土壤退化问题在干旱地区尤为严重。《联合国防治荒漠化公约》资料显示,全球70%的干旱地区都面临着不同程度的土壤退化问题,干旱地区土壤退化面积达 $3.6×10^7$ km^2,约占全球土壤退化总面积的60%。

从全球区域来看,亚洲和非洲地区土壤退化最为严重。联合国环境规划署的调查数据表明,非洲有超过3/4的土地正在面临土壤退化威胁,3/4的农业耕地已经出现不同程度的退化。由于土壤沙化、荒漠化日益严重,非洲撒哈拉沙漠每年都在扩大,南部沙漠地带每年有超过15 000 km^2的土地变为荒漠,而尼日利亚每年有超过3500 km^2的土地变为黄沙。亚洲有超过70%的土地发生退化,其中35%的农业耕地正在遭受荒漠化的影响,土壤退化问题比较严重的国家有蒙古国、阿富汗、巴基斯坦和印度等。欧洲17%的表层土壤已经发生了退化,主要集中在波兰、德国、匈牙利及瑞典南部地区。北美洲的土壤退化也较为严重,经过200年的大规模农业耕作,美国各地已经失去了25%的表土,同时由于化肥和农药的过度使用,美国土壤退化的速度是其自然恢复速度的10倍以上。

2)我国土壤的退化现状

首先,我国土壤退化面积广、强度大、类型多。据统计,我国土壤退化总面积为 $4.6×10^6$ km^2,占全国土地总面积的40%。就地区来看,华北地区主要是盐碱化,西北地区主要是沙漠化,黄土高原和长江中、上游区域主要是水土流失,西南地区主要是石质化,东部地区主要为土壤肥力衰退和环境污染(黄昌勇和徐建明,2010)。

首先,当前土壤退化已经影响到我国60%以上的耕地土壤。全国耕地按照质量等级划分,一~三级的耕地面积近 $3.32×10^8$ hm^2,占耕地总面积的27.3%;四~六级的耕地面积为 $5.45×10^8$ hm^2,占耕地总面积的44.8%;而七~十级的明显存在障碍因素的耕地面积为 $3.40×10^8$ hm^2,占耕地总面积的27.9%。目前,我国现有耕地中,中低产田占耕地总面积的70%,耕地退化面积占耕地总面积的40%。根据农业部2014年统计数据,全国因水土流失、贫瘠化、次生盐渍化、酸化导致的土壤地力下降、耕地退化面积已占耕地总面积的40%以上。根据2014年《全国土壤污染状况调查公报》,全国土壤总的超标率为16.1%,其中中度和重度污染点位比例共计2.6%,耕地点位超标率达到了19.4%。在占全国耕地总面积68%的 $8.79×10^8$ hm^2耕地样本中,受污染耕地的面积占比约为8%,其中重金属中度、重度污染或超标的点位占2.5%,覆盖面积为 $2.32×10^6$ hm^2,轻微、轻度污染或超标的点位占5.7%,覆盖面积为 $5.27×10^6$ hm^2。根据全国农业技术推广服务中心《测土配方施肥土壤基础养分数据集(2014—2015)》,与发达国家比,我国基础地力偏低20%~30%。目前,我国土壤有机质平均含量在2.5%左右,且存在明显分布不均的现象。

其次,我国土壤退化速度正在加快。仅耕地占用一项,在20世纪80年代这十年间就达到 $2.30×10^6$ hm^2,近年来仍在加快。其中国家和地方建设占地为20%左右,农民建房为5%~7%。此外,在1985~1995年的十年间,我国土壤酸化不断扩展,如长江三角洲地区的宜兴市水稻土 pH 平均下降了 0.2～0.4 个单位，Cu、Zn、Pb 等重金属有效态含量升高了 30%～300%。总体而言，耕地占用、耕地剥离、土壤流失、土壤沙化和草地退化的发展速度分别为 15 hm²/a、10 hm²/a、30～40 hm²/a、490 hm²/a 和 1.30×10⁶ hm²/a。

2.2.2 土壤退化的成因及危害

1. 土壤退化的成因

土壤退化发生的原因复杂，既有自然因素，也有人为因素。整体来看，自然因素是引发土壤退化的基础性因素，主要与降水、温度、地形、蒸发、植被、地表和地下径流等有关；而人为因素是当前土壤退化发生的首要因素，主要与过度放牧、乱砍滥伐、不合理施肥等有关。

1）土壤荒漠化和沙化的成因

土壤荒漠化和沙化主要是干旱气候和人类活动导致的。干旱气候下雨水稀少，风大沙多，使得土壤荒漠化和沙化逐渐发展。相较于干旱气候，人类活动是土壤荒漠化和沙化的主导因素。人类活动使得水资源短缺，同时农垦和过度放牧，进一步导致植被覆盖率低，加剧了干旱和风蚀。

2）土壤侵蚀的成因

人为因素是土壤侵蚀的主要原因，表现为植被破坏（如滥垦、滥伐和滥牧），坡耕地垦殖（如陡坡开荒、顺坡耕作和过度放牧），开矿、修路未采取必要的预防措施等，这些人类活动使土壤极易受到外营力（尤其是水力）的侵蚀而流失。此外，自然因素（如气候、地形、土壤和植被）对土壤侵蚀也有较大的影响。例如，我国长江流域、江南丘陵、黄土高原土壤流失与季风性气候的影响有关，季风性气候区降水量大且集中，多暴雨，加重了水土流失。

3）土壤盐渍化或盐碱化的成因

土壤盐渍化或盐碱化按照成因可以分为原生（自然）、次生（人为活动）和气候及其变化等几种。自然原因引起的土壤盐渍化称为原生盐渍化，主要是大气沉降、海水侵蚀、表层成土母岩的地球化学风化、低洼地区含盐地下水位的上升等因素使土壤中盐类物质积累。人类活动引起的土壤盐渍化主要是使用含盐水进行灌溉、使用土壤改良剂、施用化肥等造成盐分在土壤中积累。气候及其变化也是土壤盐渍化的重要成因之一，常与人类活动相伴。全球变暖引起水文循环的变化，温度上升，海平面升高，使得土壤盐渍化程度增加。滨海农田因为海平面上升，内陆下沉，更易发生盐渍化。温度升高还使农业灌溉用水需求量进一步加大，加剧了含盐污水的使用。此外，气候变化还可能引发山洪、洪水泛滥等，使得更易释放盐分的地质基底向土壤中释放可溶性盐分。

4）土壤酸化的成因

土壤酸化的成因可以分为自然和人为两个方面。自然酸化是自然界普遍存在且不可避免的，是伴随土壤形成和发育的一个自然而缓慢的过程，而人为因素则很大程度上加剧了这个过程。土壤的自然酸化主要是剧烈的风化作用、自然降雨导致土壤母质中碱性阳离子流失等因素引起的。人类活动导致的土壤酸化主要是由城市化和工业化进程导致酸雨频发及不合理的农业措施引起的。工业生产产生的废气、废渣和废水的任意排放，直接或者间接地导致了土壤酸化。煤炭、天然气、石油的燃烧，汽车尾气的排放，经氧化后形成含有硝酸或者硫酸的酸雨，会导致土壤中酸性物质含量的增加。不合理的耕作，使得土壤养分过度消耗，导致土壤越发贫瘠、酸化。长期施用化学肥料，尤其是生理酸性肥料，如氯化钾和硫酸铵等，作物吸收后剩余的酸根离子与土壤中的氢离子结合成酸，导致酸性物质在土壤中出现沉积。此外，除草剂和农药的不合理使用会污染土壤，影响土壤微生物的种类和活性，进而影响微生物对有机质的分解，加速了土壤酸化。

5) 土壤潜育化和次生潜育化的成因

土壤潜育化和次生潜育化主要与土壤本身的排水不良、水分过多以及耕作利用不当有关。排水不良是导致土壤潜育化和次生潜育化的根本原因。处于洼地、山谷涧等地区的土壤通常容易发生土壤潜育化和次生潜育化。沟渠、水库等水利工程周边土壤可能由于漏水等，土壤长期处于浸泡状态。过度开垦，如我国南方20世纪六七十年代大力推广三季稻，复种指数大大提高，干湿交替时间缩短，犁底层加厚并更加紧实，阻碍了土壤透水、透气，极易诱发土壤次生潜育化。此外，次生潜育化也与土壤质地较黏、有机质含量较高有关。

6) 土壤肥力衰退的成因

土壤肥力衰退主要是人为因素引起的。人们对土壤肥力缺乏正确的认识，长期以来的农业生产多采取掠夺式生产方式，土壤种植作物种类单一，对某种土壤营养元素过度消耗，重用地、轻养地，肥料施用比例失调、施肥结构不合理、施肥方法不科学、施肥利用率较低，造成土壤结构发生改变、养分比例失调，最终导致土壤肥力下降。

7) 土壤污染的成因

土壤污染主要是人类生产和生活活动产生的各种污染物大量进入土壤，其输入数量和速度远远超过了土壤自身净化能力，使得污染物在土壤中不断积累，最终导致土壤正常功能失调。

2. 土壤退化的危害

土壤作为生态系统的重要组成部分以及人类生存和发展的重要物质基础，一旦遭到破坏，将对地球生态系统和人类社会产生多种危害，如粮食危机、生态系统退化和空气污染等。综合来看，土壤退化的危害主要有以下几个方面。

土壤退化导致覆盖其上的植被大量减少，裸露的土壤更容易在雨水的冲刷下发生泥石流、滑坡等自然灾害。此外，被冲刷进入河道的泥土也会引发水坝淤泥堆积，一方面降低了水坝的蓄水和发电功能；另一方面增加了水坝的维护成本、影响航运等。而土壤沙化容易在风力作用下产生沙尘暴，沙尘暴不仅影响环境质量，还会诱发多种呼吸道疾病等。

随着土壤沙化和水土流失的加剧，草原被破坏，草原植被稀疏、矮小，草场干物质生产能力急剧下降，导致畜牧业生产能力降低。一般而言，每公顷草场每年能稳定产出干物质 1000~2000 kg，部分高质量草场产量可超过 2000 kg。以我国为例，严重的过度放牧，加剧了土壤沙化和水土流失，导致草场遭到严重破坏。20世纪90年代，我国有超过60%的草场干物质生产能力低于每公顷1000 kg/a,高质量草场占比也下降至10%左右。

区域生态系统破坏。土壤是地球植被赖以生存的基础,而绿色植物又是大量动物摄取能量、维持生存的基础,一旦发生土壤退化,草原和林地将加速减少,同时栖息地和生存环境遭受破坏,会进一步导致区域内生物多样性水平的降低。以我国内蒙古自治区为例,20世纪50年代,该地区草原生存着500多万只蒙古瞪羚,但随着草场被破坏,现存的蒙古瞪羚已不足30万只,狐狸、狼等数量也出现了明显下降,且野牛、野生骆驼等物种几乎灭绝。

土壤酸化、盐碱化、沙漠化及土壤污染等使土壤中的养分流失、耕地质量下降,导致粮食产量和质量降低,全球粮食安全隐患进一步加剧。

土壤退化还可能增加碳排放量。地球的土壤中储藏了大量二氧化碳,随着土壤沙化、水土流失的发生,原先储藏在土壤中的二氧化碳将被释放出来,成为全球气候变暖的原因之一。

2.2.3 退化土壤改良

不同土壤退化类型的成因不同,需要根据成因有针对性地采取单一或多种措施联合对土壤进行改良,具体改良措施如下(陈怀满,2018)。

1. 荒漠化和沙化土壤的改良

荒漠化和沙化土壤可采取如下措施改良:营造防沙林带,实施生态工程,建立生态复合经营模式;增强节水意识,合理开发水资源,对地下水、降水及高山冰雪融水采取不同利用方式,积极引进以色列的沙漠农业节水技术,发展坎儿井农业等,提高水资源的利用效率;控制农垦,完善法制,严禁破坏草地,对已经造成荒漠化的地方还应退耕还林、退耕还牧。

2. 侵蚀土壤的改良

国内外学者通过大量的生产实践和科学研究,总结出了水利工程、生物工程和农业技术措施相结合的水土保持综合治理经验。

水利工程措施。水利工程措施按作用具体可划分为梯田工程、坡面蓄水工程和截流防冲工程。梯田工程是治坡工程的有效措施,可以拦蓄90%以上的水土流失量。坡面蓄水工程主要是为了拦蓄坡面的地表径流,解决人畜和灌溉用水。截流防冲工程主要指山坡截水沟,可以改变坡长、拦蓄暴雨,将雨水排至蓄水工程中,起到截、缓、蓄、排等调节径流的作用。

生物工程措施。生物工程措施是指为了防治土壤侵蚀、保持和合理利用水土资源而采取的造林种草、绿化荒山、农林牧综合经营的措施。该措施可以增加地面覆被率、改良土壤、提高土壤生产力等。生物工程措施一般可分为两种,一种是以防护林为目的的生物防护经营型,如丘陵护坡林、固沙林等;另一种是以林木生产为目的的林业多种经营型,如林粮间作、果树林、油料林、用材林、放牧林和薪炭林等。

农业技术措施。以横坡耕作、沟垄种植等方式改变地面微小地形、增加地面粗糙率为主的措施，能够拦截地表水，减少土壤冲刷；以间作套作、利用秸秆杂草等方式增加地面覆盖率为主的措施，能够保护地面，减缓径流，增强土壤抗侵蚀能力；以增施有机肥、深耕改土等方式增加土壤入渗为主的措施，可以疏松土壤，改善土壤的理化性状，增加土壤抗蚀、渗透和蓄水能力，减少降水损失，控制水土流失。

防治土壤侵蚀，必须根据土壤侵蚀的运动规律和条件，采取必要的具体措施。往往单一防治措施很难获得理想的效果，需要以小流域为单元，坡沟兼治，治坡为主，只有遵循水利工程措施、生物工程措施、农业技术措施相结合的集中综合治理的方针才可以收到持久稳定的效果。

3. 盐渍化或盐碱化土壤的改良

盐渍化或盐碱化土壤可通过如下措施改良：调控水位，通过水利工程进行改良，合理灌溉等；翻耕土壤，疏松土层，通过切断土壤毛细管来减少土壤水分蒸发，抑制土壤返盐；多施有机肥或生物菌肥，增加土壤有机质含量，促进土壤团粒结构的形成，增加土壤通气性和透水性，促进土壤盐分的淋洗；对碱土增施石膏，利用石膏与土壤溶液中的碳酸钠和碳酸氢钠，生成易溶于水的硫酸钠并随水淋洗掉，从而消除耕层土壤的碱性；因地制宜，建立生态农业结构或选择耐盐、耐碱性作物品种种植或通过基因工程手段选育耐盐、耐碱性新品种进行种植。

4. 酸化土壤的改良

增施有机肥，增加土壤有机质含量。有机质含量增加可以促进土壤团粒结构的形成，增加土壤通气性和透水性，保蓄土壤养分。

施用石灰，中和土壤中的酸性。需要注意的是，石灰的施入会影响土壤微生物的数量和活性，施用时必须注意用量。此外，长期施用石灰会导致土壤板结，所以用石灰改良酸化土壤时应该增施有机肥。

增施微生物菌剂，调节土壤中有益微生物的数量和比例，提高有机质含量，活化酸化土壤中被固定的养分，疏松土壤，培养地力。

测土配方施肥，按照作物需求进行测土配方施肥，降低化肥的施用量，能够有效防治土壤酸化。

5. 潜育化和次生潜育化土壤的改良

潜育化和次生潜育化土壤的改良应从环境治理开始，治本清源、因地制宜、综合利用，主要措施如下。开沟排水，消除渍害：在潜育化和次生潜育化稻田周围开沟，排灌分离，防止串灌；多种经营，综合利用：采用稻田养殖系统，如稻田-鱼、稻田-鸭-鱼系统，或者开辟荸荠等经济作物田，有条件的可以实施水旱轮作；合理施肥：潜育化和次生潜育化稻田氮肥的效益会大大降低，宜施磷、钾、硅肥以获增产；开发培育耐潜育化水稻良种，以达到增产效果。

6. 肥力衰退土壤的改良

增施有机肥及推广秸秆还田技术。有机质是土壤肥力高低的重要指标之一，直接影响土壤的肥沃程度。可通过施用人畜粪尿、堆肥、绿肥等有机质含量较高的有机肥来增加土壤的有机质含量。同时，秸秆堆沤或粉碎后犁耕还田可以有效地提高土壤肥力。

合理实施大田倒茬轮作。农田连续多年种植同种农作物会导致土壤供给养分逐渐减少，同时大量土传病虫害逐年累积，严重影响作物的产量和质量。通过合理倒茬轮作，穿插种植豆科作物可以增加土壤中氮素含量，克服连作障碍，有效改善土壤肥力。

施用土壤改良剂。土壤改良剂可以有效地改善土壤质量，使土壤结构破坏等原因导致肥力下降的土壤恢复生产活力，克服耕地连作障碍，提高土壤保水性，有效促进土壤环境的良性循环等。

7. 污染土壤的改良

污染土壤的改良可以通过物理、化学和生物等修复技术实现。由于污染物种类繁多，针对不同性质的污染物，采取的修复技术也不完全相同。本小节简要概述污染土壤的修复技术，详尽的污染土壤修复技术及原理在2.5节具体介绍。

重金属污染土壤的改良。重金属污染土壤的物理修复技术包括工程措施技术（客土、换土、深耕和翻耕等）、玻璃化技术、电动力修复技术等；化学修复技术包括土壤淋洗技术、纳米材料修复技术等；生物修复技术是通过微生物代谢改变重金属价态或吸附重金属，或通过重金属超积累植物、土壤动物（主要是蚯蚓）富集重金属，以减轻土壤重金属污染。

有机污染土壤的改良。有机污染土壤的物理修复主要是通过蒸汽浸提、热解吸等技术手段来实现的；化学修复技术是利用加入土壤中的化学修复剂与污染物发生化学反应，降解污染物和降低或去除毒性的修复技术；生物修复技术利用具有降解功能的微生物或通过植物、动物富集污染物或改变污染物的生物有效性，实现污染土壤的改良。

生物污染土壤的改良。针对土壤抗生素和抗生素抗性基因污染问题，可从源头控制和土壤修复两方面开展相关工作。源头控制方面，主要是通过好氧堆肥、厌氧消化等方法对粪便、污泥或废水进行处理，减少或切断抗生素和抗生素抗性基因向土壤中的输入。针对已污染土壤，可通过化学氧化降解、光催化降解、微生物降解等方式去除抗生素；将生物炭添加进土壤，有利于细菌群落的演替，对土壤抗生素耗散、生物有效性和抗生素抗性基因丰度具有显著影响；此外，噬菌体修复法也具有一定的应用潜力。对于被病原微生物污染的土壤，则可以通过翻耕、日晒、干湿交替、厌氧土壤灭活等方式进行改良。

2.3 土壤污染及危害

土壤作为重要的自然资源，是人类赖以生存的基础。现代工农业生产的发展使越来越多的污染物进入土壤环境。土壤污染已经成为当今社会普遍存在的问题，与大气污染、水体污染相比，土壤污染更为持久、影响更为深远。此外，土壤中污染物能够在食物链中传递并逐级富集,进而影响农产品安全和人类健康。本节主要介绍土壤环境中出现的典型污染问题。

2.3.1 土壤污染的概念及特点

1. 土壤污染的概念

土壤污染是指人类活动或自然过程输送的污染物进入土壤并积累到一定程度,超出土壤的自净能力,引起土壤环境质量恶化,降低农产品产量和质量,并对生物、水体、空气质量或(和)人体健康产生危害或潜在危害的现象(周健民和沈仁芳,2013)。在正常情况下,土壤环境中污染物的输入、积累和土壤环境的自净作用处于一定的动态平衡状态。但是,如果污染物输入土壤的数量和速度超过了土壤环境自净作用的速度,就会打破这种自然动态平衡,使污染物的积累过程占据优势,导致土壤环境正常功能的失调和土壤环境质量的下降,从而影响土壤动物、植物、微生物的生长发育以及农副产品的产量和质量。因此,判断土壤污染时,不仅要考虑土壤环境背景值,而且要考虑土壤生态的变化,包括土壤微生物区系(种类、数量和活性等)、土壤酶活性的变化,土壤动植物体内有害物质含量、生物反应和其对人体健康的影响等。

2. 土壤污染的特点

土壤在构成上的特殊性和土壤污染途径的多样性,使土壤污染具有不同于其他环境体系污染的特点,主要分为以下几点(陈怀满,2018)。

1) 隐蔽性和滞后性

不同于大气污染和水体污染,土壤污染不能通过感官直接察觉,往往要通过对土壤进行化验分析,对农作物残留进行检测,甚至对摄食的人体或动物的健康检查才能确定,从遭受污染到产生后果有一个逐步积累的过程,因此具有隐蔽性和滞后性。例如,日本镉中毒造成的"痛痛病"在一二十年之后才被人们所认识。

2) 累积性和地域性

土壤环境中的污染物并不像在水体和大气中那样容易扩散和稀释,反而容易不断积累而超标,同时也使土壤污染呈现很强的地域性。

3) 不可逆性和长期性

污染物进入土壤环境后,自身可以在土壤环境中迁移、转化,同时与复杂的土壤环境组成物质发生一系列吸附、置换、化学和生物作用,其中许多作用为不可逆过程。例如,被某些重金属污染的土壤可能要 100~200 年才能够恢复。

4) 难治理性

土壤环境中积累的污染物很难靠稀释和自身净化作用消除,所以土壤污染一旦发生,仅仅依靠切断污染源的方法很难恢复,有时要靠换土、淋洗等方法才能解决,治理成本较高且周期较长。

5) 危害的严重性

土壤受到污染后,生物多样性、生物循环和水循环等过程必然受到相应的影响。由于土壤污染的隐蔽性和不可逆性，污染物往往通过食物链危害动物和人体健康。土壤污染导致的安全事件频频发生，如江西某地"镉大米"事件、甘肃某地"血铅"事件等。

3. 土壤污染物

土壤污染物指的是进入土壤中并影响土壤正常功能的物质，即会改变土壤成分、降低农作物数量或质量、于人体健康有害的那些物质。土壤污染物的类型目前并无严格的划分，从物质的属性来考虑，可分为化学污染物、物理污染物、生物污染物和放射性污染物四大类（表2-5）（黄昌勇和徐建明，2010；董玉瑛和白日霞，2019）。

表2-5 土壤中的主要污染物

污染物类型				主要来源
化学污染物	无机污染物	重金属	汞（Hg）	氯碱工业、含汞农药、仪器仪表工业
			镉（Cd）	冶炼、电镀、染料等工业，肥料杂质
			铬（Cr）	冶炼、电镀、制革、印染等工业
			铅（Pb）	颜料、冶炼等工业，农药，汽车排气
		非金属	砷（As）	硫酸、化肥、农药、医药、玻璃等工业
			硒（Se）	电子、电器、油漆、墨水等工业
			氟（F）	冶炼、磷酸和磷肥、氟硅酸钠等工业
		其他	酸、碱、盐	化工、电镀、酸雨、造纸等企业
			过量营养元素	化肥、生活废水、食品加工、制革等
	有机污染物		有机农药	农药的生产和使用
			多环芳烃	化工排放、垃圾焚烧、火山喷发等
			多氯联苯	垃圾焚烧、工业"三废"、变压器油
			酞酸酯	农膜残留、废塑料制品
			石油烃类	油田、炼油、输油管道漏油
物理污染物			尾矿	工厂、矿山的固体废弃物
			废石	
			粉煤灰	
			工业垃圾	
生物污染物			细菌	城市污水、医院污水、制药厂、畜禽养殖场、厩肥
			真菌	
			病毒	
			寄生虫	
			抗生素抗性基因	
放射性污染物			铯（^{137}Cs）	原子能、核工业、同位素生产、核爆炸
			锶（^{90}Sr）	

2.3.2 土壤污染的来源

土壤污染源是土壤环境污染物的产生源头，通常把能产生物理的、化学的、生物的有害物质（能量）的设备、装置、场所统称为土壤污染源。土壤是一个开放的体系，土壤与其他环境要素间不断地进行着物质与能量的交换，导致土壤中污染物来源十分广泛。土壤污染源可分为以下几个方面。

1. 农业源

农业源主要是指由于农业生产需要而施入土壤的化肥、农药以及其他农用化学品和残留于土壤中的农用薄膜等。牲畜排出的废弃物长期以来被看成是土壤肥料的主要来源，对农业增产有重要作用，但这些废弃物容易传播疾病，从而引起公共卫生问题。此外，利用城市污水、工业废水或混合污水进行农田灌溉也可引起土壤污染。在一个相当长的时间内，我国污水的处理率和排放达标率较低，用这样的污水灌溉后，一些灌区土壤中有毒有害物质的含量明显增加。

2. 工业源

工矿企业、化工企业、钢铁冶炼企业等排放的废水、废气和废渣等是土壤环境中污染物最重要的来源之一。工业废气通过大气沉降（包括干沉降和湿沉降）的方式进入土壤，工业废渣作为肥料施入农田，工业废水以污水灌溉的形式进入土壤。工业"三废"中污染物的浓度一般较高，一旦进入土壤，在短时间内即对土壤和作物产生危害。此外，随着城市化进程的加快，在各地产业结构和城市布局调整中，许多化工、冶金、钢铁、轻工和机械制造等行业的企业或生产经营单位搬出城镇中心，原有工业场地的土壤存在不同程度的污染。

3. 生活源

城市生活污水、医院污水中含有各种病原菌和寄生虫等，这些生活污水通过排水系统进入土壤环境，导致城镇及其周边地区的土壤污染。生活垃圾、电子废弃物的堆放，是城镇及其周边地区土壤局部污染的原因。

4. 交通源

交通源主要表现为汽车尾气排放，滴漏的汽油、机油，被剥蚀的沥青，磨损的轮胎，以及油罐运输过程中的泄漏等，这些污染物可以通过大气沉降、水迁移和机械迁移等途径进入土壤，对公路周边较大范围内的土壤造成一定程度的污染。

5. 战争源

随着各种现代化武器的大规模使用，战争对战区土壤的污染也越来越严重，主要表现为武器包装物和残留物直接进入土壤，炸药爆炸产生的大气污染物通过沉降进入土壤，以及遭受轰炸的化工厂、炼油厂等泄漏物对土壤的污染。

2.3.3　土壤无机污染物及其危害

重金属是指相对密度等于或大于 5.0 的金属，如铅（Pb）、镉（Cd）、铬（Cr）、汞（Hg）、铜（Cu）、锌（Zn）、镍（Ni）、钴（Co）、铁（Fe）、锰（Mn）等，砷（As）是一种非金属，但由于其化学行为与重金属多有相似之处，通常也归属于重金属范畴进行讨论。土壤中 Fe、Mn 含量较高，因而一般不太关注它们的污染问题，但在强还原条件下，Fe 和 Mn 所引起的毒害亦应引起足够的重视。

1. 土壤无机污染物污染概况

由于人类活动，微量重金属元素在土壤中的含量超过背景值，这种过量沉积而引起的含量过高，统称为土壤重金属污染。

为了掌握土壤环境质量的基本情况，我国政府先后开展了两次全国性的土壤普查。第一次普查于 20 世纪 70 年代中期由原农牧渔业部研究部门、中国科学院、环保部门和大专院校多个单位协同合作完成。在全国范围内采集了 4095 个剖面样品，11 500 个土壤样本，检测了土壤基本理化性质、多种常量及微量元素，最终编辑出版了《中国土壤元素背景值》。第二次是在 2006~2013 年，环境保护部和国土资源部联合开展了全国土壤污染状况专项调查，这次调查在全国范围内共布设点位 67 615 个，采集样品 213 754 个，基本查明了全国土壤环境质量状况。

《全国土壤污染状况调查公报》显示，全国土壤总的超标率为 16.1%，污染类型以无机型为主，无机污染物超标点位数占全部超标点位的 82.8%（图 2-4）。污染较重的 Cd、Hg、As、Cu、Pb、Cr、Zn、Ni 八种无机污染物点位超标率分别为 7.0%、1.6%、2.7%、

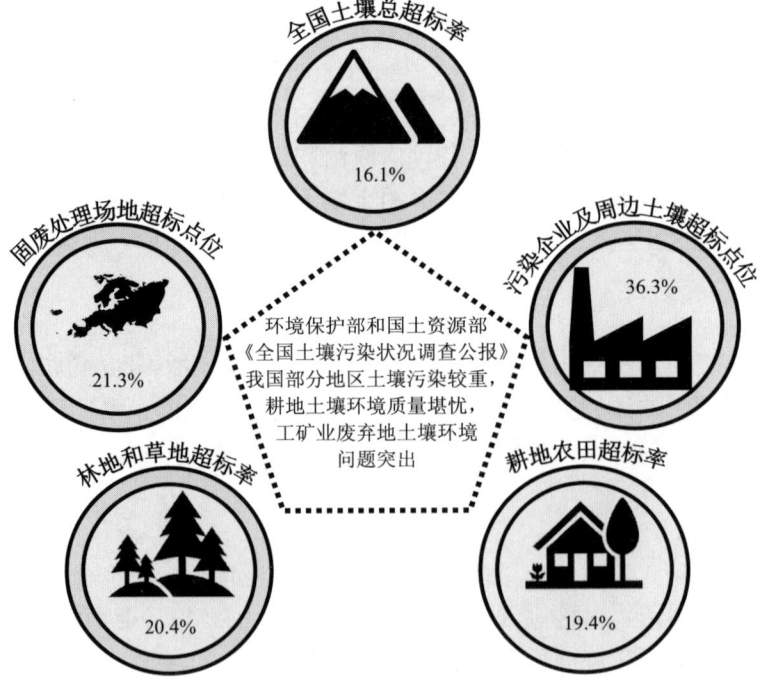

图 2-4　我国土壤污染状况

资料来源：《全国土壤污染状况调查公报》，2014

2.1%、1.5%、1.1%、0.9%、4.8%（表 2-6）。从污染分布情况来看，我国西南、中南地区土壤重金属超标范围较大，Cd、Hg、As、Pb 四种无机污染物含量分布呈现从西北到东南、从东北到西南方向逐渐升高的态势。

表 2-6 我国土壤无机污染物超标情况

污染物类型	点位超标率/%	不同程度污染点位比例/%			
		轻微	轻度	中度	重度
Cd	7.0	5.2	0.8	0.5	0.5
Hg	1.6	1.2	0.2	0.1	0.1
As	2.7	2.0	0.4	0.2	0.1
Cu	2.1	1.6	0.3	0.15	0.05
Pb	1.5	1.1	0.2	0.1	0.1
Cr	1.1	0.9	0.15	0.04	0.01
Zn	0.9	0.75	0.08	0.05	0.02
Ni	4.8	3.9	0.5	0.3	0.1

资料来源：《全国土壤污染状况调查公报》，2014。

城市土壤重金属污染概况。城市土壤重金属污染问题受到学者们的极大关注始于 1955 年以来日本工业园区报道的"水俣病"（Hg 污染）和"痛痛病"（Cd 污染）等公害病事件。1970 年，英国对城市土壤中 Pb、Cu 和 Zn 等多种重金属的含量进行了研究，结果表明其含量与工业、交通因素存在密切的关联，进而将城市土壤重金属纳入反映城市污染状况的评定指标之一。我国于 20 世纪 90 年代中期开展了城市土壤的相关研究，之后许多学者陆续在北京、上海、长春、广州和杭州等 20 多个城市开展了土壤重金属污染研究，结果表明，土壤重金属 Cr、Cu、Pb、Zn 和 Ni 的平均质量分数显著高于当地的重金属含量背景值。我国城市土壤重金属污染空间分布特征呈现三大规律：一线超特大城市土壤重金属污染较周边中小城市污染更为严重；工业发达城市污染程度大于非工业城市；以长江划分南北区域，长江以南的城市土壤重金属污染程度较长江以北的城市更为严重。

矿区土壤重金属污染概况。在矿山开采和矿石冶炼过程中，采矿和选矿废水的直接排放，废渣和尾矿等固体废弃物的堆放和淋滤，使矿区土壤中富集大量的重金属。矿山废弃物中常含有 As、Pb、Zn、Hg、Cd、Cu、Co 和 Ni 等多种化学元素，因此矿区土壤重金属污染都是几种甚至是十几种重金属元素交织的复合污染。研究人员对贝加尔湖钨钼矿周围土壤进行调查后发现，矿山废弃地周围土壤存在 Cd、Cu、As、Pb、Zn 和 Mo 等重金属元素不同程度的交织污染状况。我国重金属矿产资源丰富，矿山废弃物的排放和堆存所造成的土壤污染量大、面广。总体来看，我国矿区土壤重金属的空间分布有以下特征：高浓度的 Pb 散布在华南地区，如福建、广东和广西等；较高浓度的 Cd 主要分布在广西、湖南和贵州的部分地区；Cr 主要分布在贵州和广西，浙江、安徽及河南和甘肃西北部也有高浓度的 Cr 分布；贵州作为重要的 Hg 矿开采地，通过对 Hg 开采对环境造成的影响进行评估发现，贵州部分地区 Hg 污染严重，含 Hg 矿山的废弃物中都含有较高浓度的 Hg（Li et al., 2012）。

农田土壤重金属污染概况。对近几十年来农田土壤重金属污染的研究结果进行整理后发现，全国 83.9% 的省份和 22.5% 的地级市都存在不同程度的重金属污染问题。2015 年，国土资源部开展的中国耕地地球化学调查结果显示，重金属中度-重度污染或超标的点位比例占 2.5%，覆盖面积 $2.32×10^6\ hm^2$，轻微-轻度污染或超标的点位比例占 5.7%，覆盖面积 $5.27×10^6\ hm^2$；污染或超标耕地主要分布在西南区、闽粤琼区和湘鄂赣皖区，分别占调查耕地总面积的 22.3%、21.1% 和 17.9%。

黄颖（2018）以通过 Meta 分析得到的加权平均值代表全国农田土壤重金属含量的平均值，并与我国土壤重金属污染的其他研究结果、其他国家农田土壤重金属含量的研究结果进行比较（表 2-7）。可以看出，与我国城市土壤、矿区土壤相比，农田土壤重金属污染状况较轻。与全球土壤重金属含量平均值相比，除了 Cr、Ni、Hg 和 As 以外，我国农田土壤中其他四种元素的含量均低于全球平均值。基于 Meta 分析的结果表明，我国农田土壤重金属污染程度与国际上其他国家相比处于正常水平。但是，重金属在土壤中积累所造成的危害仍不可忽视。

表 2-7 我国与其他国家（地区）土壤重金属污染状况（黄颖，2018）

地区	重金属元素/（mg/kg）								综述/样品数量
	Cd	Cr	Hg	As	Pb	Cu	Zn	Ni	
我国农田土壤（Meta 分析）	0.24	62.2	0.13	10.7	32.1	28.3	83.3	28.2	综述（336 篇）
	0.43	58.9	0.24	10.2	37.6	31.7	117.2	27.5	综述（12 篇）
我国农田土壤	0.25	65.3	0.16	9.5	34.9	30.7	85.3	30.7	样品（138 个）
	0.17	60.7				26.6	85.6	29.5	样品（131 个）
我国土壤	0.23	68.5	0.09	12.1	31.2	27.1	79.0	29.6	样品（38 393 个）
我国城市土壤	0.39	68.5	0.31	12.2	55.2	40.4	109.0	24.9	城市（21 座）
我国矿区土壤	3.76	67.3	0.18	20.6	196.4	88.8	241.9	45.4	矿区（72 个）
全球	0.35	40	0.07	7.2	2～300	30	90	20	综述
英国	0.33	68		15	49	19	76	21	样品（5691 个）
欧洲	0.18	64		7	21	15	62	21	样品（2211 个）
澳大利亚	0.04	48		3	13	11	31	15	
美国	0.34			15	30	75.8		27.1	样品（3045 个）
马来西亚	0.12	25.9	0.15	16.8	26.4	16.4	38.0	13.7	样品（241 个）
泰国	0.03	25.2	0.04	7.5	17.5	14.1	23.9	13.5	样品（318 个）

2. 土壤无机污染物污染的危害

研究表明，各种重金属元素在生物体内的正常含量均小于体重的 0.01%，属于微量元素。有些重金属元素是动植物生长所必需的，如 Fe、Mn、Cu 和 Zn 等；有些则是非必需的，如 Hg、Cd、Cr、Pb 和 As 等。当某些地区土壤中某种重金属元素含量过高时，生长在重金属污染土壤上的作物可食部位的重金属含量也会较高，最终通过食物链逐级转移富集，以"土壤/水-植物-动物（肉、内脏、蛋和乳等）-人"的方式进入人体，在人体中逐渐积累，增大了人体中毒的危险性。同时，受重金属污染的土壤还可经扬尘和人体暴露等途径进入人体。重金属进入人体后不易排出，会逐渐积累，当超过人体自身生理负荷时，就会引起生理功能改变，导致急性、慢性或长期危害。

1）汞的危害

汞（Hg），俗称水银，是室温下唯一呈液态并易流动的金属，它在自然界中广泛分布，但含量较低。人类利用 Hg 的历史可追溯至公元前 1000 多年前颜料辰砂（HgS）的使用，或将其作为药物用于治疗疾病，直到 1934 年 Stock 和 Cucuel 从植物和动物体中检出 Hg，由此确认 Hg 在生物圈中是普遍存在的。20 世纪 50 年代，在日本熊本县水俣市发现了由 Hg 中毒而引起的疾病——水俣病，该病的出现引起了人们对 Hg 的关注，环境学家开始关注环境中 Hg 及其与人体健康关系方面的研究。

Hg 的植物毒性。Hg 进入植物体内主要有两条途径：一是通过根系吸收土壤中的 Hg^{2+}，在某些情况下也可以吸收甲基汞（CH_3Hg）或 Hg；二是喷施在叶面的含 Hg 药剂、大气含 Hg 飘尘或含 Hg 雨水等通过植物叶片进入植物体内。由叶片进入植物体内的 Hg 被转运到植株的其他部位，而被根系吸收的 Hg 常与根系中的蛋白质发生反应而沉积于根部，较少向上迁移。Hg 对植物生长发育的影响主要有：一是影响植物光合作用。土壤 Hg 污染对植物光合作用产生不良影响的原因是降低了叶绿素含量，在幼叶期主要是 Hg^{2+} 直接干扰叶绿素的合成，使叶绿素含量减少；在成叶期则主要是 Hg^{2+} 使细胞膜结构发生了变化，破坏了叶绿素的完整结构。二是影响植物根系生长和养分吸收。Hg 进入植物后，改变细胞膜上的磷脂，从而改变了细胞膜的透性，抑制了水分的吸收和输导，导致植物体内的 Mg、Na 和 K 等含量下降，进而影响植物对其他元素的渗透吸收。三是影响酶的活性。CH_3Hg 与蛋白质中的巯基（—SH）结合，从而破坏植物中某些酶的功能，干扰细胞的生理生化过程，轻则使植物体内代谢过程发生紊乱，生长发育受阻，重则造成植物枯萎，甚至衰老死亡。

Hg 的人体毒性。Hg 及其化合物可通过呼吸道、消化道和皮肤三种途径进入人体内。Hg 对人体的危害主要分为以下几种：一是对呼吸道的影响。金属 Hg 主要以蒸气形式经呼吸道吸收，蒸气 Hg 易溶于脂肪，经由肺泡吸收的量很高，并可通过肺泡壁进入血液。吸入 Hg 蒸气后在数分钟内即可引起腐蚀性气管炎、支气管炎、毛细支气管炎、间质性肺炎、腐蚀性口腔炎和胃肠炎等，表现为剧烈咳嗽、呼吸急促、发热，还伴有神经系统症状，如头痛、头晕、多梦和失眠等。二是对消化道的影响。消化道对无机 Hg 的吸收率很低，约为摄入量的 15%，而对有机 Hg 的吸收率很高，CH_3Hg 在小肠内的吸收率约为 90%。误服 Hg 可造成急性腐蚀性胃肠炎、坏死性肾病和周围循环衰竭，表现为口腔、咽部、上腹部显著灼痛，继有腹泻、便血及胃肠道穿孔，治疗不及时可导致周围循环衰竭而休克死亡。三是对皮肤的影响。皮肤接触 Hg 及其化合物后可引起接触性皮炎，具有变态反应性质，皮疹为红斑丘疹，可融合成片或形成水疱，愈后遗有色素沉着。

2）砷的危害

砷（As）在自然界中普遍存在。早在 4000 多年前我国就了解并使用了雄黄（As_2S_2）、雌黄（As_2S_3）等 As 化合物。虽然人类对 As 的认识已有很长的历史，但关于 As 的环境污染及其对人体健康的影响是近几十年来才开始关注的。元素形态的 As，因其不溶于水，几乎没有毒性，有毒性的主要是 As 的化合物，其中三氧化二砷（As_2O_3）即砒霜是剧毒物。

As 的植物毒性。植物体内的 As 主要来自根和叶的吸收，植物可以从污染的土壤中通过根系主动吸收；喷施到植物叶片上的含 As 农药和化肥也可被叶片吸收，并从叶鞘向根、茎和其他部位转移。植物发生 As 中毒的症状，首先表现在叶片上，受害的叶片最初是卷起或者枯萎，最后脱落；其次是阻碍根部生长，抑制根系活性，阻碍根系对水分和养分的吸收，致使作物的生长受到显著的抑制。As 对植物的危害原因有，一是 As 抑制水分由根部向地上部分输送，进而破坏叶绿素的合成，使叶片枯萎，地上部分生长缓慢甚至枯死；二是 As 能影响植物对磷的吸收和代谢，如通过干扰糖酵解过程中三磷酸腺苷（ATP）的形成，降低植物体内的能量供应，最终阻碍植物正常生长和代谢。

As 的人体毒性。As 不是人体的必需元素，膳食中各种 As 都很容易被吸收进入人体内。As 经消化道可吸收 60%～90%，经呼吸道能吸收 60%～90%。As 中毒分为慢性和急性中毒。慢性 As 中毒主要表现为神经衰弱、消化系统障碍等，并有致癌风险；急性 As 中毒的症状有麻痹型和胃肠型，以胃肠型较为常见。麻痹型 As 中毒表现为四肢疼痛性痉挛、意识模糊、血压下降、呼吸困难等症状，数小时内会因毒物抑制中枢神经而死亡。胃肠型 As 中毒患者，在摄入 1～2 h 甚至 15～30 min 时即发生剧烈的恶心、呕吐、腹泻等症状，酷似霍乱或重症胃肠炎，可伴随脱水和休克，一般中毒者在一两天内即死亡。

3）镉的危害

镉（Cd）作为一种重金属元素，在自然界一般无单独的 Cd 矿石，主要以硫镉矿的形式存在，并常与 Zn、Pb、Cu 和 Mn 等矿物共存。1817 年，F. Stromeyer 于 Zn 矿的硫化物中首次发现镉；1847 年在植物中也检出了 Cd；1931 年 Ramage 和 Fox 首次在动物体内检出了 Cd。Cd 在生物圈中普遍存在，但不是生物必需的元素，常常会给生物体带来毒性效应。

Cd 的植物毒性。植物体内的 Cd 主要来自根部的吸收，通过共质体和质外体两个途径进入木质部，在吸收过程中，大部分 Cd 在皮层细胞间沉积，少部分抵达中柱后转移到地上部分。Cd 对植物的危害主要有：一是影响植物的正常生长。Cd 的累积会抑制植物细胞乃至整个植株的生长，降低根系活力，使幼苗生长缓慢、叶片缩卷甚至枯黄等，同时还会抑制硝酸还原酶活性，降低根部对硝酸盐和其他养分的吸收。二是影响植物的生理活动。主要表现为影响植物的光合作用、抑制植物保护酶的活性，以及改变细胞膜通透性等。Cd 对植物生理特性产生毒害的原因主要有两种：一是 Cd 影响植物体内叶绿素的生物合成，使叶片叶绿素含量下降，影响植物的光合作用；二是破坏保护植物免受氧化伤害的保护酶系统。

Cd 的人体毒性。Cd 对人体的毒害作用是复杂的、多方面的，涉及人体的各种内脏器官，主要包括：一是 Cd 与羧基（—COOH）、氨基（—NH_2）、巯基（—SH）的蛋白质分子结合，使许多酶系受到抑制，从而影响肝、肾器官中酶系统的正常功能；二是损伤肾小管，干扰肾脏对蛋白质的重吸收作用，使人出现糖尿、蛋白尿和氨基酸尿等症状，并使尿钙和尿酸的排出量增加；三是 Cd 在肠道内阻碍铁的吸收，从而使尿铁增加，同时又抑制血红蛋白的合成，于是 Cd 中毒就出现贫血症状。此外，Cd 属于易蓄积性元素，引起慢性中毒的潜伏期可达 10~30 年之久。Cd 的长期摄入可以引起"痛痛病"，日本富山县神通川流域由 Cd 污染引起的"痛痛病"是轰动世界的公害事件之一。

4）铬的危害

铬（Cr）元素是由法国化学家 N-L Vauquelin 在 1797 年发现的；1900 年 Demarcay 在植物中检出了 Cr；1930 年 Zbinden 从动物体内检出了 Cr。自然界中不存在单质的 Cr，其以多价态存在，通常是 Cr（Ⅱ）、Cr（Ⅲ）和 Cr（Ⅵ），Cr（Ⅱ）在空气中迅速被氧化成 Cr（Ⅲ），Cr（Ⅲ）最稳定，Cr（Ⅲ）与 Cr（Ⅵ）在一定条件下可以相互转化。所有 Cr 的化合物都有毒性，Cr（Ⅵ）的毒性最大，Cr（Ⅲ）次之，Cr（Ⅱ）毒性最小，其中 Cr（Ⅵ）的毒性比 Cr（Ⅲ）几乎大 100 倍。

Cr 的植物毒性。Cr 由根系进入植物体内，其中一部分会随营养物质一起向植物地上部分输送，根部 Cr 含量一般比地上部分高 100 倍，但 Cr 超积累植物可将大量 Cr 转运到地上部分并积累。Cr 对植物的危害主要包括：一是抑制种子萌发、阻碍植物代谢生长。Cr 会影响植物根尖细胞的有丝分裂，抑制其萌发与生长。一般而言，高浓度的 Cr 对种子萌发具有抑制作用，而低浓度的 Cr 对种子萌发无显著影响。二是损伤植物细胞结构、影响抗氧化酶系统的动态平衡。Cr 会引起植物细胞永久性的质壁分离，使细胞膜透水性变化而失水，从而损害细胞内部结构。在 Cr（Ⅲ）胁迫下，植物叶绿素含量下降，过氧化物酶和过氧化氢酶活性降低，植物细胞氧化还原平衡遭到破坏，活性氧含量增加，进而影响植物的正常生长。

Cr 的人体毒性。环境中的 Cr 及其化合物可通过呼吸道、消化道、皮肤及黏膜等途径，随空气和食物等介质进入人体内。按照 Cr 进入人体的途径，Cr 对人体的危害主要分为以下三种：一是对呼吸道的影响。Cr（Ⅵ）易被呼吸道吸收，Cr（Ⅲ）易沉积于肺，大部分为不溶性，不能为组织利用，Cr 化合物对呼吸道的损害主要表现为鼻中隔溃疡、鼻中隔穿孔及呼吸系统癌症等。二是对消化道的影响。胃肠道吸收 Cr（Ⅲ）的能力很低（3%），但 Cr（Ⅵ）比 Cr（Ⅲ）易吸收，在胃中 Cr（Ⅵ）与胃酸作用还原为 Cr（Ⅲ），人食入 Cr（Ⅵ）化合物可引起口黏膜增厚、反胃呕吐、剧烈腹痛、肝肿大，并伴有头痛、头晕、呼吸急促、肌肉痉挛等症状，严重时失去知觉甚至死亡。三是对皮肤的影响。Cr 化合物并不损伤完整皮肤，但当皮肤擦伤而接触 Cr 化合物时即可发生伤害作用，多发生 Cr 性皮肤溃疡，俗称铬疮。

5）铅的危害

铅（Pb）是人类最早使用的金属之一，人类在 7000 年前就已经认识了 Pb，早在公元前 3000 年，人类已会从矿石中熔炼 Pb。污染环境介质中的 Pb 随各种途径进入农产品中，动物体内的 Pb 有 90% 来自农产品或食物。由于 Pb 的蓄积作用，进入人畜体内的 Pb 主要分布在肝、肾、脾、胆和脑中，并且逐渐转移至骨骼，以不溶性磷酸铅 [$Pb_3(PO_4)_2$] 形式沉积下来。

Pb 的植物毒性。Pb 主要通过根系和叶片吸收进入植物体内。根是 Pb 的主要集中部位，至于 Pb 能否被植物吸收和输送到地上部分，取决于植物种类和环境条件。Pb 对植物的危害主要包括：一是影响种子的萌发和植物生长。Pb 对种子内蛋白酶、淀粉酶和酸性磷酸酯酶的活性有抑制作用，直接影响种子内储藏的淀粉和蛋白质的分解，从而影响种子萌发所需的物质和能量，使种子萌发受到抑制，影响植物生长。二是影响植物光合作用。植物长时间遭受 Pb 胁迫会造成光合色素减少、叶绿体结构改变及 CO_2 同化酶活性降低，此外还可以通过阻碍叶绿素的生物合成使叶绿素含量减少，进而影响光合作用的正常进行。三是影响水分代谢及矿质元素的吸收。高浓度的 Pb 可引起植物水分亏缺，降低蒸腾速度、细胞液渗透压、木质部水分以及相对含水量。此外，还会导致气孔阻力增大或气孔关闭，堵塞营养元素进入通道等，从而影响植物对矿质元素的吸收。更为严重的是，Pb 胁迫还会导致植物体内酶的失活、变性，甚至酶的损坏。

Pb 的人体毒性。Pb 是一种慢性和积累性毒物，许多儿童体内血铅水平虽然偏高，但却未表现出特别不适和轻度智力及行为上的改变，因此 Pb 被称为"隐形杀手"。Pb 对人体的危害主要分为急性中毒和慢性中毒。急性 Pb 中毒目前研究得较为透彻，表现为胃疼、头疼、颤抖和贫血等症状，严重时可能人事不省，甚至死亡。慢性 Pb 中毒的主要症状为贫血、面色呈黄色或灰白色（"铅容"）、心悸气短、疲劳，早期患神经衰弱综合征，小儿可见多动症，严重时会出现中毒性脑病、周围神经系统病等。Pb 的毒性作用机理主要在于：一是影响卟啉代谢。Pb 抑制血红素合成，出现低色素贫血，同时抑制红细胞膜上的腺嘌呤核苷三磷酸（ATP），引起红细胞 Na^+、K^+、H_2O 流失，出现溶血现象。二是损害神经系统。Pb 抑制肌酸激酶，使磷酸肌酸含量下降或神经和脊髓前角细胞变性，产生伸肌麻痹。三是引起脑部损伤。损伤血脑屏障，引起毛细血管内皮细胞肿胀，导致脑水肿和脑出血。四是损害消化系统。可能使肠壁碱性磷酸酶和 ATP 酶活性受抑制，引起 K^+、谷氨酸代谢紊乱，从而出现典型症状——腹绞痛。

2.3.4 土壤有机污染物及其危害

有机污染物是指可以造成人体中毒或者引起环境污染的有机物质。工业污染物的过度排放、农药的过度使用、电子垃圾拆卸以及地膜农用等，都会导致土壤有机污染加重。与重金属污染相比，土壤有机污染呈现出更广泛、更复杂的特点。常见的有机污染物包括有机氯农药、多环芳烃、多氯联苯、酞酸酯（phthalate acid esters，PAEs）、总石油烃（total petroleum hydrocarbons, TPH）等，多数具有致癌、致畸、致突变的三致效应。

1. 土壤有机污染物污染概况

1979 年，美国国家环境保护局根据有机污染物的毒性、自然降解能力等，提出了在环境中需优先控制的有机污染物黑名单，列出了 129 种污染物。1990 年，我国环境监测站根据国内有机污染物的污染特征，结合国外的文献资料，提出了反映我国环境特征的中国优先控制的有机污染物黑名单，其中有机化合物占总数的 85%。随着工农业的发展，长时间、大面积地施用农药化肥，污水回用灌溉，薄膜覆盖等农艺措施都加重了土壤污染，土壤污染已由点发展到面。据统计，全国 OCPs、PAHs、PCBs 的平均浓度分别为（58.9±51.5）μg/kg、（772±895）μg/kg、（9.31±15.4）μg/kg，这些有机污染物在全国范围内因地域不同呈现出显著的差异（表 2-8）。

表 2-8 全国主要地区土壤有机污染物平均浓度（吴翔，2018）

	地点	DDT/(μg/kg)	OCPs/(μg/kg)	PAHs/(μg/kg)	PCBs/(μg/kg)	PAEs/(μg/kg)
长三角	浙江/上海/江苏	56.2	59.3	266.6	15.2	782
珠三角	广东	26.9	113.4	514.4	66	21 030
京津冀	北京	64.44	15.77	3.51	3.1	630
	天津	16.08	140.07	509.9	4.02	754
华中	湖北	68	88	72.4	1.3	19 330
	河南	16.35	1.66	195	6.75	1430
东北	黑龙江	5.84	17.5	527.91	0.54	109.2
	吉林	13.19	29.69	590.5	111	
西南	西藏	1.73	1.95	176.1	185.6	
	四川	1.85	5.36	752.6	0.94	2220
西北	甘肃/新疆/青海	12.52	6.98	1742	0.45	2810

2001 年 5 月包括中国在内的世界绝大多数国家在瑞典斯德哥尔摩签署了《关于持久性有机污染物的斯德哥尔摩公约》，公约决定禁止或限制使用 12 种持久性有机污染物，包括 8 种有机氯杀虫剂以及工业化学品和副产品。2014 年《全国土壤污染状况调查公报》显示，我国土壤有机污染物污染状况不容乐观，其中六六六（HCHs）、滴滴涕（DDT）、PAHs 三类有机污染物点位超标率分别为 0.5%、1.9%、1.4%（表 2-9）。

表 2-9 有机污染物超标情况

污染物类型	点位超标率/%	不同程度污染点位占比/%			
		轻微	轻度	中度	重度
HCHs	0.5	0.3	0.1	0.06	0.04
DDT	1.9	1.1	0.3	0.25	0.25
PAHs	1.4	0.8	0.2	0.2	0.2

资料来源：《全国土壤污染状况调查公报》（2014）。

1) 土壤有机氯农药污染概况

有机氯农药（OCPs）是氯代烃类化合物，主要用作杀虫剂，在 20 世纪 50~70 年代曾一度为保障农业、林业和畜牧业的增产发挥过巨大作用。从海底的沉积物到青藏高原地区的表层土壤中都发现了 OCPs 的存在。我国曾广泛使用 OCPs，有超过 450 万 t HCHs 和 44 万 t DDT 被生产和使用。据统计，全国有超过 19.33×10^7 hm² 农田土壤存在农药污染的问题（吴翔，2018）。自从禁止使用 OCPs 以来，土壤中 OCPs 的含量逐年下降，但是 OCPs 的检出点位数仍维持在一个较高的水平。例如，在长三角农田土壤中，DDT 的平均浓度为 56.2 μg/kg，污染比较严重的点位主要分布在上海、上海-江苏及上海-浙江交界处等蔬菜种植业较为发达的地区。

2）土壤石油烃类污染概况

石油是人类进行生产生活的主要能源物质之一。随着对石油需求量的增长，大量的石油烃类污染物随着工农业生产活动进入土壤，特别是在开采、使用和运输等过程中所发生的石油泄漏对土壤环境造成了严重的污染。土壤中石油烃类污染主要来源于落地油的污染，呈放射状分布在以油井为中心的一定范围内，且多集中于地表下 20 cm 左右的土壤表层，距油井越近油污残存率越高，距油井越远则残存率越低。目前，我国约有 500 万 hm^2 的土地受到石油污染。2014 年发布的《全国土壤污染状况调查公报》表明，在调查的 13 个采油区的 494 个土壤点位中，超标点位占 23.6%，主要污染物是石油烃和多环芳烃。

3）土壤多环芳烃污染概况

随着我国工业化、城市化的快速发展，尤其是钢铁、煤炭及石化等高污染行业的快速发展，大量多环芳烃（PAHs）通过污水灌溉、大气沉降等途径进入土壤。由于 PAHs 具有致畸、致癌、致突变的三致效应，易对人类健康造成严重威胁，美国国家环境保护局（EPA）在 1976 年将 16 种 PAHs 列入优先控制的有机污染物名单，我国也于 1990 年将其中 7 种列入中国环境优先控制污染物黑名单。通过对已发表的文章进行分析汇总，发现我国土壤 PAHs 污染较为严重的地区主要分布在东北三省、华北平原和东南沿海地区。整体来看，我国土壤中 PAHs 分布呈现从北向南逐渐降低的趋势，16 种 PAHs 平均浓度由高到低分别为东北地区（1467 μg/kg）、华北地区（911 μg/kg）、华东地区（737 μg/kg）、华南地区（349 μg/kg）和西部地区（209 μg/kg）（Zhang and Chen, 2017）。

4）土壤多氯联苯污染概况

多氯联苯（PCBs）因其具有良好的化学惰性、抗热性、不可燃性、低蒸气压和高介电常数等优点，广泛应用于电力工业、塑料加工业、化工及印刷领域。由于早期 PCBs 的大量生产和应用，而且在废弃过程中没有防治措施，已造成了全球性的环境污染。从 20 世纪 50 年代到 70 年代，从日本、法国、德国等一些发达国家进口的电容器、变压器等设备是我国境内 PCBs 污染的一个重要来源。受气候、水文地质、生物等多种因素的影响，PCBs 会在不同环境介质间迁移转化，其中土壤中 PCBs 的含量占环境中的 93.1%，因此土壤是 PCBs 最大的汇。土壤中 PCBs 含量在不同地区存在明显差异，在西藏未受 PCBs 直接污染的土壤中其含量较低，为 0.11~5.93 μg/kg；而受 PCBs 直接污染的地区其检出浓度较高。在浙江台州废旧电器拆解场地，电子垃圾废弃电容器的堆放导致的土壤 PCBs 污染尤为突出，浓度为 11~100 μg/kg。华南地区电子制造业发展迅速，电子废物的焚烧和填埋，导致大量 PCBs 进入农田土壤。长三角地区和广东省农田土壤 PCBs 的平均浓度分别为 20.2 μg/kg 和 66 μg/kg。

5）土壤酞酸酯污染概况

酞酸酯（PAEs）又名邻苯二甲酸酯，因其能够增加塑料的可塑性和柔韧性，自 20 世纪以来，被广泛应用于塑料、涂料和橡胶的合成工艺，此外还用于起泡剂、农药载体、化妆品和驱虫剂等的生产。全球每年 PAEs 的使用量在 800 万 t 以上，其中至少 1% 会进入各种环境介质中，导致 PAEs 普遍性污染。对我国 31 个省份及地区农田土壤中 15 种 PAEs 含量的研究结果表明，几乎所有样点的土壤样本中均有 PAEs 检出，平均值高达

1088 μg/kg，以邻苯二甲酸二（2-乙基己基）酯（DEHP）含量最高，福建省采集的土壤样本中所含的 PAEs 最高，其次为广东和新疆等省区。PAEs 的污染状况随着土壤的用途不同而存在差异。新疆地区的 PAEs 含量偏高是由于农业上大量使用塑料薄膜，而广东和福建土壤中 PAEs 的主要来源是农药化肥的使用以及污水灌溉等。

2. 土壤有机污染物污染的危害

目前，世界范围内市场上销售的化学品达 7 万～8 万种，且每年有 1000～1600 种新化学品进入市场，这些化学品都有可能进入土壤，并可通过土壤-根系系统进入植物体内，从而影响农产品安全及人体健康。已有研究表明，有机污染物大多具有三致效应和遗传毒性，可干扰、抑制或破坏动物和人体的神经系统、免疫系统以及内分泌系统，导致基因突变和遗传缺陷，对人类健康和生态环境造成长期的影响及危害。

1）有机氯农药的危害

有机氯农药（OCPs）因其具有积累性、疏水性、难降解性和长距离迁移性等特点，可通过多种暴露途径进入动物和人体各个器官及组织，从而威胁动物和人类的健康。1962 年，美国生物学家蕾切尔·卡森在《寂静的春天》一书中就对使用某些化学农药的危害做了非常生动的描述，特别是 DDT 导致鸣禽大量死亡。因此，从 20 世纪 60 年代起，OCPs 在许多发达国家陆续被禁止使用，我国在 80 年代也开始停止 HCHs 等农药的生产。然而，出于生产和使用成本及杀虫效果的考虑，许多非洲国家仍在使用 DDT。

OCPs 的植物毒性。OCPs 进入土壤后能够长时间持留，农作物通过土壤获取养分的同时也吸收土壤中的 OCPs。土壤污染程度、植物种类和土壤性质等都是影响植物被 OCPs 污染的重要因素。有研究表明，不同蔬菜在同样的土壤中生长相同时间后，其对 HCHs 和 DDT 的富集程度有较大差异，不同土壤中 OCPs 的生物有效性也不相同。然而，植物也具有一定的自净能力，能将体内的污染物通过呼吸作用散发或进行分解，从而减少自身的污染物含量。

OCPs 的人体毒性。OCPs 可通过口腔摄入、呼吸摄入和皮肤接触三条途径进入人体。进入人体的 OCPs 能在肝、肾和心脏等组织中蓄积，高残留的 OCPs 中以 HCHs 和 DDT 残留危害最为严重，它们在人体内可出现浓缩、累积及胚胎转移的现象。OCPs 对人体的危害主要表现在：一是影响神经系统和侵害肝脏，引起肌肉震颤、肝肿大、肝细胞变性和中枢神经系统等的病变；二是影响内分泌系统的功能，使女性患乳腺癌、子宫癌等疾病；三是影响机体的免疫功能。

2）石油烃的危害

石油烃包括汽油、煤油、柴油、润滑油和沥青等，是一类由烷烃、环烷烃、芳香烃和烯烃等烃类物质，以及含 O、S、N 化合物等非烃组分组成的一类高毒性、难降解有机污染物。其性质稳定，具有低反应性、抗降解性，以及高疏水性等特性，同时，由于其长链部分分子量大，结构更为紧密，难以乳化，在土壤中的滞留性较强。

石油烃的植物毒性。石油烃类污染物可经叶片、根系吸收的方式进入植物体内，进入植物体内的污染物一是可以阻碍植物摄入水和矿物质，导致植物代谢过程紊乱、叶绿素和营养物质缺乏、根部发育畸形、叶片褪绿和坏死；二是低浓度的石油烃类污染物会降低植物的发芽率、生长发育和抗病虫害能力,导致植物发生病害,同时,石油烃类污染物会在植物生长发育过程中逐渐累积到各个组织中,从而降低植物品质;三是高浓度的石油烃类污染物会黏附在植物根系表面,阻碍根系的呼吸和对水分、养分的吸收,引起根系腐烂,影响植物根系的生长,甚至造成植物的死亡。

石油烃的人体毒性。石油烃类污染物可经皮层渗透、摄食和呼吸等方式进入人体内。长时间接触石油烃类污染物,可能会对人体呼吸系统、神经系统等造成危害。石油烃类污染物中具有挥发性的化学物质会与氧气发生作用从而形成一些有毒气体,严重危害人体呼吸系统,刺激人体呼吸道,引起咽痛、咽干和咳嗽等症状。一些具有脂溶性的化学物质还可能会直接侵蚀中枢神经系统,造成神志模糊、头痛和头晕等,甚至会导致记忆力减退、精神不集中等症状。此外,石油组分中的多种杂环和异芳烃类的化学物质不仅会直接破坏人体心血管循环系统的正常生理功能,还会直接引起细胞癌变,威胁人类生命健康。

3)多环芳烃的危害

多环芳烃(PAHs)是最早发现并且数量最多的一类化学致癌物,目前已经发现的具有致癌性的 PAHs 及其衍生物已超过 400 种。PAHs 进入土壤后极易被有机质吸附并积累,土壤已经成为 PAHs 在环境中重要的储藏库之一。由于 PAHs 的亲脂疏水性,它们会在作物中积累,从而在食物链中层层聚集。

PAHs 的植物毒性。植物可以以主动或者被动的方式吸收 PAHs,土壤中的 PAHs 进入植物体内主要有两种途径:一是 PAHs 从土壤挥发到大气后,植物地上部分吸收空气中的 PAHs(高彦征等,2016);二是根系从土壤中吸收 PAHs,并随蒸腾流沿木质部向茎叶部传输。PAHs 对植物的危害可以按照其摄取 PAHs 的途径分为空气中 PAHs 对地上部分的影响和根系吸收土壤中 PAHs 后对根系及地上部分的影响。空气中 PAHs 对植物叶片的污染会导致叶片出现萎黄、坏死及叶肉坍塌等症状,叶片表面变成银色和棕色。此外,紫外线辐射与 PAHs 发生相互作用,导致产生毒性更强的 PAHs 产物或者生成植物表面活性氧,从而会产生更进一步的毒性效应;根系吸收土壤 PAHs 对植物造成的危害同样会产生类似大气污染的症状,在叶片上形成白色的坏死区,同时造成叶毛数量和尺寸的锐减。

PAHs 的人体毒性。有报道指出,人类接触 PAHs 的最主要方式是通过饮食摄入体内,有 88%~98%的 PAHs 是通过食物链进入人体内的。进入人体内的 PAHs 会在人体细胞内通过代谢活动形成有毒的中间产物,并对脂肪、蛋白质和 DNA 等细胞大分子物质造成严重损伤,从而引起消化系统、呼吸系统和生殖系统等的病变。PAHs 进入人体后可以造成两类 DNA 损伤:第一类是 PAHs 在生物体内转化时产生大量的活性氧,造成氧化性 DNA 损伤;第二类是中间活性代谢产物与 DNA 共价结合,形成 DNA 加合物,PAHs-DNA 加合物会影响 DNA 聚合酶活性,从而抑制 DNA 体外合成,是 PAHs 损害 DNA、致癌及致畸作用的重要因素。

4)多氯联苯的危害

多氯联苯(PCBs)进入环境后可在各个介质中迁移转化,其亲脂性和难降解性使环境中的 PCBs 通过食物链逐级传递、浓缩,从而对整个生态环境,特别是食物链顶端的物种造成严重的健康威胁。1968 年日本九州及 1979 年中国台湾地区的米糠油事件均造成了数千人严重中毒的恶果,引起了社会各界的广泛关注。

PCBs 的植物毒性。一般来说土壤中的 PCBs 进入植物体内有两种途径:一是被植物根部吸收,然后通过木质部在植物体内迁移;二是土壤 PCBs 吸附到植物表面,然后穿透表皮进入植物体内。植物的不同部位对 PCBs 的富集能力不同,大多数植物根部的污染物浓度高于茎、叶、果实等。此外,植物的种类、含脂质量、环境状态等都会影响植物对 PCBs 的吸收。例如,亲脂性很强的 PCBs 缓慢地扩散到植物组织中后,很可能滞留在根茎类蔬菜的皮层中,如只能扩散到胡萝卜果皮中,而果肉中化学物质浓度则较低。

PCBs 的人体毒性。自 1966 年瑞典科学家 S. Jensen 首次报道了在人体血液样品中检测到 PCBs 后,世界各国逐渐展开了对 PCBs 的研究,发现 PCBs 广泛存在于动物与人体器官中,并会对其生长发育及各类代谢活动产生极大的影响。PCBs 的人体毒性大都表现为亚急性或是慢性毒害。PCBs 的致毒机理大致有以下三种:一是 PCBs 与芳香烃受体(AHR)结合,影响下游功能基因的表达;二是 PCBs 诱导氧化应激反应,生成大量的活性氧自由基;三是大多 PCBs 及其羟基降解产物都具有环境雌性激素作用,进入机体后可干扰生殖系统和内分泌系统的稳定。

5)酞酸酯的危害

酞酸酯(PAEs)作为增塑剂,通过氢键、范德瓦耳斯力等非共价形式连接到塑料的高分子聚合物结构上,以增强塑料制品的塑性。这种键合方式较化学键来说很不稳定,使得 PAEs 保持了相对独立的化学性质,且很容易从塑料制品中释放到周围环境中。由于 PAEs 结构复杂,分子量大,进入作物体内不易发生代谢,从而表现出强烈的生物富集性。

PAEs 的植物毒性。植物对 PAEs 的积累表现出较为明显的物种差异,根系、叶片气孔等都是 PAEs 吸收的有效通道。当土壤中 PAEs 污染较为严重时,植物(尤其是浅根系类)主要通过根系吸收耕层中的 PAEs。在大气 PAEs 污染严重的环境中,PAEs 可通过叶片气孔、茎表皮细胞等通道优先进入植物体,同时还可能存在根系对 PAEs 的同步吸收。蔬菜极易积累 PAEs,如北京某设施菜地的蔬菜样品中,15 种 PAEs 总含量为 150~6940 μg/kg。

PAEs 的人体毒性。PAEs 进入人体后可被快速代谢掉,对人体并不是急性的致命危害,总体上表现为中低度的毒性危害。但由于 PAEs 在自然环境中的广泛、长期残留,作物对其具有较强的富集作用,人类不论通过饮食方式(食物链)还是非饮食方式(呼吸、皮肤接触等),都存在着持续摄入 PAEs 的风险。研究表明,长期接触 PAEs 可能导致人体内分泌紊乱、代谢紊乱和生殖毒性,引发中枢系统类疾病、心血管类疾病,造成体细胞、机体器官的损伤,情况严重时,甚至产生三致效应。此外,PAEs 具有类雌激素作用,对于男性来说,过量摄入可导致男性精子形态异常以及运动能力低下等;对于女性而言,会增加乳腺癌的诱发概率、增加生育期女性不孕的可能性以及妊娠期女性早产的风险;对于儿童而言,过量摄入容易导致肥胖、性早熟等问题。

2.3.5 土壤生物污染物及其危害

土壤生物污染是指有害的微生物种群从外界环境侵入土壤，并大量繁殖，破坏固有的生态系统平衡，对人类或生态系统造成严重不良影响的现象（徐建明，2019）。按照物种的不同，生物污染可以分为动物（主要为有害昆虫、寄生虫、原生动物和水生动物等）污染、植物（最常见的物种是各种杂草、某些树种和海藻等）污染和微生物（包括病毒、细菌和真菌等）污染。近年来，因抗生素的滥用而导致的抗生素耐药菌和抗生素抗性基因（ARGs）的环境扩散及积累也被归为生物污染。自 2006 年 ARGs 被提出作为一种新型污染物以来，国内外越来越关注土壤中 ARGs 的污染状况。与能够在环境中通过降解、稀释或吸附而降低浓度的传统化学污染物不同，生物污染物能够在环境中持久残留并在不同环境介质中转移和扩散。本小节主要介绍与土壤生物污染有关的主要病原微生物及其危害。

1. 土壤生物污染物污染概况

土壤生物污染主要是未经处理的生活污水、医院污水、工厂废水、垃圾和人畜粪便等进入土壤环境，导致土壤环境中生物污染物积累和扩散。此外，大气中携带病原体的飘浮物和生物气溶胶等也可以通过沉降方式进入土壤。病畜尸体随意掩埋或处理不当，也易引起土壤生物污染。有些病原体由于对土壤环境的不适应性可以自然净化消失，有些则可在土壤中长期存活，并大量繁殖。

1）土壤病原微生物污染概况

土壤病原微生物污染可分为土壤动物病原微生物污染和土壤植物病原微生物污染。近年来，由污水、污泥或畜禽粪便排放堆积等导致的土壤动物病原微生物污染的负面报道已是屡见不鲜。据调查，污水在处理前后总大肠杆菌数量有明显变化，处理前总数为 $1\times10^5 \sim 1\times10^8$ 个/mL，处理后为 $1\times10^4 \sim 1\times10^6$ 个/mL，处理后总数虽明显下降，但仍具有很大的危险性。污灌后土壤中大肠杆菌的检出率高达 93.9%、沙门氏菌的阳性率为 7.8%。对人畜粪便施入土壤后病原菌数量的研究表明，随着粪肥施用量的增加，表层土壤中大肠杆菌和沙门氏菌的数量均呈增加趋势。污灌后，土壤中生物污染物可随雨水渗透污染地下水，1974 年美国佛罗里达州圣彼得堡的试验证明，经二级处理的加氯污水喷灌在含沙甚少的沙土上，在地表下 1.5 m 处可检出脊髓灰质炎病毒和埃可病毒。农田生态系统中，长期连作土壤中因病原微生物增加而导致的土传病害和作物连作障碍问题，便是典型的土壤植物病原微生物污染。例如，某些植物致病细菌污染土壤后能引起番茄、茄子、辣椒、马铃薯、烟草等 100 多种植物的青枯病，亦可引起果树的细菌性溃疡和根癌病。某些致病真菌污染土壤后能引起大白菜、油菜、萝卜、甘蓝和荠菜等 100 多种蔬菜的根肿病，茄子、棉花、黄瓜和西瓜等多种植物的枯萎病，以及小麦、大麦、燕麦、高粱、玉米、谷子的黑穗病等。甘薯茎线虫、黄麻根结线虫、花生根结线虫、烟草根结线虫、大豆胞囊线虫、马铃薯线虫等都能经土壤侵入植物根部引起线虫病。

2）土壤寄生虫污染概况

目前，世界有一半以上的人口受到一种或多种寄生虫的感染，尤其是热带地区。不良的生产方式和生活习惯以及使用未经妥善处理的粪便做肥料,都会导致大量的虫卵进入土壤,是土源性寄生虫病流行最主要的原因。1949 年以来,我国土源性线虫病防控工作取得了显著成绩。2016~2018 年,国家监测点人群土源性线虫总感染率分别为 2.46%、1.78%和 1.29%,总体上呈现下降趋势。2019 年国家监测点人群土源性线虫总感染率为 1.40%,我国土源性线虫的感染率已维持在低水平。2019 年全国有 23 个省(直辖市、自治区)开展了土壤污染情况监测,结果表明全国有 13 个省(直辖市)存在蛔虫卵污染状况,7 个省(直辖市)监测点存在钩蚴污染情况。蛔虫卵的检出率为 5.79%(119/2056),其中山东省检出率为 36.00%(9/25),重庆市检出率为 18.00%(18/100);钩蚴的检出率为 3.45%(71/2056),其中重庆市检出率为 34.00%(34/100),江西省阳性样品中单位样品中的钩蚴数目最多(11 条/样品)。

3)土壤抗生素抗性基因污染概况

抗生素抗性基因(ARGs)是指可使微生物在暴露于一种或多种抗生素的环境中得以生存的基因(朱永官等,2015)。抗生素本是某些微生物的代谢产物,多数天然抗生素来源于土壤微生物,因此 ARGs 在抗生素被发现前就已在土壤微生物中存在。例如,D'Costa 等(2011)在北极冻土中提取到 3 万年前的古生物 DNA,从中发现了多样性较高的 ARGs,此类古生物固有的 ARGs 即为内在抗性。但是,抗生素的滥用加速了 ARGs 的传播,使其他环境介质中的 ARGs 通过外源输入土壤。从 20 世纪 40 年代到 21 世纪初,土壤中 ARGs 的丰度增加了 15 倍以上(Knapp et al., 2010)。世界范围内土壤 ARGs 丰度在 $1\times10^{-7} \sim 1\times10^{-2}$ copies/16S rRNA copies。我国土壤 ARGs 的相对丰度在 $1\times10^{-8} \sim 1\times10^{-2}$ copies/16S rRNA copies。粪肥施用是导致土壤 ARGs 污染的一个重要途径,ARGs 丰度随粪便施用次数的增加而增加。研究表明,与森林(Hu et al., 2018)(北方森林、温带针叶林、温带落叶林、亚热带阔叶林和热带雨林)土壤相比,农田土壤中可检测到数量更多、丰度更高的 ARGs。此外,商品有机肥的施用在增加土壤中 ARGs 的同时,还会增加 *intl-1* 的丰度,作为介导 ARGs 传播的可移动遗传元件(mobile genetic elements, MGEs),*intl-1* 丰度的增加提高了 ARGs 传播的风险。

2. 土壤生物污染物污染的危害

土壤在农业生态系统中居于核心地位,一旦被病原微生物污染,将会成为生物污染物驻留与传播的媒介。土壤生物污染会降低土壤环境质量,使土壤透气性、透水性下降,从而改变土壤组成与性状,破坏土壤原有功能,继而引起农作物的倒伏、晚熟或不熟和大面积腐烂等现象,造成农作物减产。此外,植物中的病原微生物还可以通过食物链途径进行传播,威胁人类健康。

1)病原微生物的危害

病原(体)指可引起生物体疾病的一类生物的总称,包括细菌、真菌、病毒、螺旋体、支原体、衣原体、立克次体和寄生虫等。而病原微生物主要指能引发人类、动物或者植物病害的细菌、真菌和病毒等,由于其所引起的感染性疾病发病率高、传染性强,目前在世界范围内,病原微生物污染已经成为各界关注的热点。

病原微生物对植物的危害。土壤病原微生物对植物的危害主要是发生土传病害,病原微生物以土壤为传播媒介,侵染植物根茎部分,寄生于植物组织中,使植物不能正常生长,出现叶绿素消失、植株枯萎等现象,造成农产品品质下降与大面积减产甚至绝收,最终导致巨大的经济损失。引起植物土传病害的病原菌很多,如青枯劳尔氏菌(*Ralstonia solanacearum*)引起的番茄、茄子、辣椒、马铃薯和烟草等植物的青枯病,尖孢镰刀菌(*Fusarium oxysporum*)引起的茄子、棉花、黄瓜和西瓜等作物的枯萎病,链格孢属(*Alternaria* sp.)真菌引起的早疫病等。此外,还有土传植物病毒,如烟草花叶病毒(tobacco mosaic virus, TMV)、烟草坏死病毒(tobacco necrosis virus, TNV)、小麦梭条斑花叶病毒(wheat spindle streak mosaic virus, WSSMV)和莴苣巨脉病毒(lettuce big vein virus, LBVV)等,也能引起一系列土传病害。

病原微生物对人体的危害。土壤中的病原微生物可以直接通过土壤危害人体健康。在生物性污染的病原微生物中,致病性大肠杆菌、沙门菌属等主要能引起肠道传染病,这些病原微生物在肠道内繁殖且产生毒素,破坏肠黏膜组织,引起肠道功能紊乱。病原真菌通常能侵入人体、引起浅表组织(如皮肤、毛发和指甲等)和深部组织(如脑及神经系统、肺及呼吸系统、骨髓、内脏和五官等)的疾病。与人类健康相关的土壤病毒主要有肠道病毒,以及某些动物媒介传播病毒等。脊髓灰质炎病毒属于肠道病毒属,会侵犯脊髓的前角运动神经细胞,导致弛缓性肢体麻痹,多见于儿童,亦称小儿麻痹症。汉坦病毒则是一种动物媒介传播病毒,主要引起肾综合征出血热(hemorrhagic fever with renal syndrome, HFRS),又称流行性出血热。

2)寄生虫的危害

寄生虫是指具有致病性的低等真核生物,可作为病原体,也可作为媒介传播疾病。土壤是一些寄生虫虫卵和幼虫生长发育过程所必需的一个环境,在被含有虫卵的粪便污染后即可成为传播蛔虫、钩虫和鞭虫等肠道寄生虫病的载体,土壤中的寄生虫可在土壤-植物系统之间迁移,对植物和人类健康构成一定的危害。

寄生虫对植物的危害。植物寄生虫种类多,目前全世界已记载的植物线虫就有200多属5000余种。寄生虫对植物的危害,除吸取植物的营养和对植物组织造成机械损伤外,寄生虫产生的分泌物和唾液等能引起植物一系列病变,从而破坏植物的正常代谢和机能,影响植物的生长和发育,致使植物产量降低,品质下降,甚至死亡和绝产。例如,甘薯茎线虫,黄麻、花生、烟草根结线虫,大豆胞囊线虫,马铃薯线虫等都能侵入植物根部引起线虫病,而剑线虫属、长针线虫属和毛细线虫属亦能在土壤内传播一些植物病毒。此外,寄生虫还能与一些真菌、细菌和病毒相互作用,共同致病造成复合病害,或以刺激、诱导和传代等不同方式,促进和加重危害。

寄生虫对人体的危害。寄生虫虫卵通常随粪肥的施用进入土壤,人们日常生活中接触被污染的土壤,或生吃污染蔬菜、水果等而感染寄生虫病。隐孢子虫已被公认是一种免疫功能损伤者或免疫功能正常人(特别是儿童)的胃肠炎病原体。隐孢子虫通常寄生在宿主肠道内,偶尔在呼吸道、胰管和胆管及胆囊内也可发现。隐孢子虫持续不断地感染引起肠道细胞受损,会使胃肠道营养吸收功能出现障碍。似蚓蛔线虫的成虫寄生于人的小肠,引起蛔虫病。蛔虫的致病作用主要由幼虫在体内移行及成虫对宿主的损害所致,主要表现为机械性损伤、变态反应以及宿主肠道功能障碍。钩虫的成虫和幼虫都可对人体造成损害。感染期幼虫侵入皮肤后引发钩蚴性皮炎，皮肤局部出现充血性斑点或丘疹，继而形成脓疮，最后结痂、蜕皮而自愈。成虫以其锐利的钩齿/板齿咬附肠壁，摄取血液和肠黏膜，使患者长期慢性失血，引发贫血。

3）抗生素抗性基因的危害

ARGs 的主要危害是其在环境介质中的广泛传播。与传统的化学污染物不同，ARGs 是具有遗传信息的 DNA 片段，并由活菌携带，位于染色体上的 ARGs 能通过染色体的自我复制遗传到下一代，即通过细菌亲代之间的分裂生殖进行垂直传播，这一过程被称为垂直基因转移（vertical gene transfer，VGT）。此外，ARGs 还可以利用 MGEs 在同菌种或不同菌种之间转移，即水平基因转移（horizontal gene transfer，HGT）。

ARGs 对植物的危害。污水处理厂和粪肥中含有大量 ARGs，污泥农用、再生水灌溉或粪肥施用等在提高土壤生态系统中农作物产量的同时，也会通过土壤向植物输入大量的 ARGs。ARGs 在植物体内的富集不会影响植物产量，但会影响农产品的品质和安全。学者对施用污泥和粪肥土壤中种植的作物、蔬菜样品进行取样分析后发现，玉米叶表富集了 124 种 ARGs，且长期施用污泥显著增加了叶表 ARGs 的丰度（Chen et al., 2018），在生菜和莴苣的不同部位也均检测到了丰富且多样的 ARGs。此外，对传统生菜和有机生菜中 ARGs 的对比发现，有机培养的生菜叶中 ARGs 的绝对丰度是传统培养的 8 倍。因此，生食被 ARGs 污染的蔬菜和水果可能是 ARGs 从植物传播到人体的主要途径。

ARGs 对人体的危害。人体可以通过多种不同的暴露途径接触并在体内蓄积环境中的 ARGs，而 ARGs 一旦进入人体，将对人体健康产生巨大的威胁。ARGs 在致病菌间的传播已成为全球关注的问题。万古霉素曾被认为是最强大的抗生素，被称为对抗病原菌的"最后一道防线"，然而近年来发现美国范围内耐万古霉素肠球菌比例由 0%升至 25%。青霉素是在 20 世纪 50 年代使人类健康发生彻底改变的抗生素，在南非分离出的肺炎葡萄球菌中的耐药性比例已高达 79%。此外，曾经可被根治的疾病，现因 ARGs 的传播扩散而变得难以治愈，如肺结核等。我国研究人员基于宏基因组学技术，在人体肠道微生物中发现了高丰度、高多样性的 ARGs，证实了抗生素的滥用已经造成细菌耐药性的增加（Hu et al., 2013; Hu et al., 2020）。有研究表明，如果还不采取控制抗生素耐药性发展的有效措施，截至 2050 年，全世界每年因抗生素耐药性而死亡的人数将高达 1000 万，远远超过因癌症而死亡的人数。因此，作为 21 世纪威胁人类健康的重大挑战之一，土壤 ARGs 的污染风险应该引起足够的重视。

2.4 土壤中污染物的迁移转化

2.4.1 重金属在土壤中的迁移转化

重金属在土壤中的迁移转化十分复杂，按照作用原理，可分为物理性迁移、物理化学性迁移和转化以及生物性迁移和转化。同时，重金属性质和土壤条件等因素会影响重金属的迁移转化过程。

1. 土壤中重金属的物理性迁移

重金属的物理性迁移是指重金属随土壤溶液、颗粒和空气扬尘等介质的机械搬运。在降雨或灌溉过程中，土壤溶液中的重金属离子或络合离子可以随水迁移至地表/地下水体，重金属也可通过多种途径吸附于土壤胶体表面或包含于土壤颗粒中，并随土壤溶液的流动而迁移。在干燥条件下，负载了重金属的矿物颗粒和土壤胶体会以扬尘形式随风迁移（李学垣，2001）。

2. 土壤中重金属的物理化学性迁移和转化

土壤中的重金属可以通过吸附、络合-螯合等作用与土壤胶体结合，或发生氧化和还原、溶解和沉淀等物理化学反应实现迁移和转化。

1）土壤中重金属的吸附和解吸作用

在一定的条件下，重金属在土壤中的吸附与解吸作用处于动态平衡之中。依据不同的作用原理，土壤对重金属的吸附作用可分为表面吸附、非专性吸附和专性吸附。土壤矿物表面的分子与内部分子所处的条件是不同的：内部分子在各局部都与它相同的分子接触，受到的吸引力相同；而处于表面的分子所受到的吸引力是不相等的，表面分子具有一定的自由能，即表面能。土壤矿物可通过表面能吸附重金属颗粒或离子，称为表面吸附作用。

非专性吸附。土壤溶液中的重金属离子可以和土壤胶体扩散双电层中带相同电荷的离子做等价交换（李学垣，2001）。该过程是可逆的，交换到土壤胶体表面的金属离子又能重新解吸至土壤溶液中，故也称非专性吸附。因所带电荷电性和数量的不同，土壤胶体吸附金属离子的种类和交换量也有差别。

专性吸附。重金属离子能进入土壤氧化物中金属原子的配位壳中，与—OH、—OH_2等配位基或土壤有机胶体等重新配位，并通过共价键结合在土壤表面，这种作用称为专性吸附或化学吸附（李学垣，2001）。

专性吸附与非专性吸附有显著的区别。专性吸附过程含有价键的形成，并伴随有吸热或放热现象，重金属离子一旦被专性吸附在土壤矿物上，就很难被钠离子和钙离子等金属盐离子交换下来，只能被性质相似、亲和力更强的元素置换。土壤中铁、铝和锰等氧化物是专性吸附重金属的主要组分，它们在土壤中的含量很高，对某些重金属离子的富集能力较强，影响重金属在土壤与植物中的迁移和积累。土壤 pH 及各种胶体的含量是影响重金属离子专性吸附的重要因素。

2）土壤中重金属的配合和解离作用

金属离子与电子给予体（配体）以配位键结合而成的化合物，称为配合物（络合物）。只能提供一对孤对电子与金属离子形成配位键的配体，称为单齿配体；能与金属原子形成两个及以上配位键的配体，称为多齿配体。含有多齿配体的络合物称为螯合物。土壤组分复杂，含有大量的有机和无机配体，重金属离子配合与解离作用处于动态平衡中，并受到土壤 pH 等条件的影响。土壤中的羟基和氯离子是主要的无机配体，羟基与重金属的配合作用可显著提高重金属的溶解度；同样，氯络重金属离子的形成也可提高重金属在土壤中的迁移性。腐殖质是土壤中主要的有机配体，它与重金属的螯合作用明显降低了土壤溶液中重金属离子的浓度。土壤腐殖质等有机胶体对重金属离子的交换吸附和配合作用是同时存在的。一般而言，当土壤中重金属离子浓度较高时，以吸附作用为主；而在低浓度时，以配合作用为主（李学垣，2001）。

3）土壤中重金属的氧化还原作用

重金属能在一定条件下发生氧化还原反应而出现价态转化。土壤矿物等非生物物质、植物和微生物等生物体都能介导重金属氧化还原反应。重金属的价态不同，其活性和毒性也有所差异。通常情况下，重金属以高价离子化合物存在时，溶解度较低，不易迁移；而以低价离子形态存在时，溶解度较大，易迁移（黄昌勇和徐建明，2010）。

4）土壤中重金属的溶解和沉淀作用

溶解与沉淀作用是土壤中重金属元素迁移和转化的重要途径。土壤组分极其复杂，溶解和沉淀过程实际上是各种重金属及难溶电解质在土壤固相和液相之间的离子多相平衡，并受吸附和配合等作用的影响。需依据土壤具体环境条件，结合重金属其他迁移转化行为，综合研究土壤中重金属的溶解与沉淀作用。

3. 土壤中重金属的生物性迁移和转化

1）土壤环境中重金属的生物性迁移

土壤环境中重金属的生物性迁移主要是指植物、微生物或动物吸收某些化学形态的重金属，在体内累积、转化并通过某些途径在其他环境中释放的过程。植物吸收促进土壤中重金属迁移转化的效果明显，该过程一方面可以看作是植物体对土壤重金属污染的净化；另一方面也是重金属通过土壤对作物的污染，并可能通过食物链，威胁到人体健康。除植物吸收外，土壤微生物吸收、土壤动物直接取食也是重金属生物性迁移的重要途径。

根际微域是植物吸收重金属的主要活性区域。影响植物根系从土壤中吸收重金属的因素主要有重金属性质和形态、土壤环境状况和植物类型等。一般而言，水溶性的简单离子和络合离子最容易被植物吸收，吸附交换、络合在土壤颗粒中的重金属较难被吸收，难溶态则一般不被植物吸收。在土壤环境条件方面，酸碱度、氧化还原电位、土壤胶体的种类和数量等能直接影响重金属在土壤环境中的赋存形态，从而影响植物对重金属的吸收；共存金属离子也能影响植物对某种重金属离子的吸收，如土壤氧化还原电位较高时，共存 Zn（Ⅱ）可促进植物对 Cd（Ⅱ）的吸收。

2）土壤环境中重金属的生物性转化

土壤环境中重金属的生物性转化是指生物体通过自身及代谢物使重金属发生的转化。微生物可分泌多糖、糖蛋白和脂多糖等胞外聚合物，也可代谢产生草酸等小分子酸，这些产物含有大量的阴离子基团，能与金属离子发生络合或沉淀反应。例如，某些微生物代谢产生的柠檬酸是有效的金属螯合剂，硫酸盐还原菌及其他微生物产生的 H_2S 能与重金属离子形成不溶性的硫化物沉淀。微生物还能通过氧化、还原、甲基化和去甲基化作用转化重金属。细菌、放线菌及某些真菌中的汞还原酶能够催化 Hg（Ⅱ）还原为 Hg，形成的 Hg 从土壤环境中挥发出去或以沉淀形式存在。有机汞化合物首先被有机汞裂解酶降解为 Hg（II），再被汞还原酶还原为元素汞。汞及铅、硒、碲、锡和锑等重金属/类金属都可被微生物甲基化，不同重金属甲基化产物的毒性不同。例如，硒的甲基化产物毒性降低，但汞的甲基化产物毒性很强。变价金属 Cr（VI）能被细菌中的铬还原酶还原为 Cr（III），高毒的 As（III）可被微生物的砷酸盐氧化酶氧化为 As（VI），更易被 Fe（III）沉淀。

类似于微生物，重金属胁迫也会导致植物根系分泌可溶性和不溶性物质，对重金属起区隔化作用。可溶性分泌物包括有机酸、单糖和氨基酸等根系代谢物质，它们或通过改变根际 pH 和氧化还原状态，或通过螯合作用和还原作用提高元素的溶解性和移动性（高彦征等，2002）。不溶性化合物，有多糖、脱落的细胞和组织等，它们在抵御重金属毒害方面起重要的作用。过量重金属进入植物细胞后，往往聚集在液泡中，并诱导金属硫蛋白、络合素、谷胱甘肽等物质的大量合成，与重金属离子结合，从而减轻重金属毒害；重金属在动物和植物体内可发生氧化、还原、甲基化和去甲基化反应，将重金属转化为无毒、低毒或易排出体外的形态。

2.4.2 有机污染物在土壤中的迁移转化

有机污染物进入土壤后，一方面能够溶解在土壤溶液中或吸附在土壤颗粒上，并随土壤水和土壤空气移动，或从土壤直接挥发到大气中；另一方面可与土壤中的物质发生一系列化学、物理化学和生物化学反应而降解或转化为其他物质。有机污染物在土壤中迁移转化的主要过程有挥发、扩散、吸附和降解等。

1. 土壤中有机污染物的挥发、扩散和机械性迁移

挥发是指物质分子自由散发和移动，直接由液态或固态转变为气态的过程。土壤中有机污染物的挥发作用的强弱主要取决于有机污染物的饱和蒸气压、土壤温度、湿度、有机质含量以及土壤质地条件等（朱利中，2011）。污染物饱和蒸气压越低、土壤温度越高、土壤孔隙条件越好，有机污染物的挥发作用越强。土壤水分、有机质含量可通过影响有机污染物在土壤颗粒上的吸附，间接影响有机污染物的挥发。有机质含量高的干土表面对有机污染物的吸附作用强，减缓了有机污染物的挥发；反之，则有利于有机污染物的挥发。

扩散是由于分子不规则运动使分子由高浓度区域移动到低浓度区域，逐渐均匀地分布在系统中的净运动。扩散可以是气态形式，也可以是非气态形式。非气态扩散发生于溶液中，或气-液、固-固等界面。土壤中挥发、淋溶和溶解相有机污染物的稀释过程都被认为是扩散的具体形式。常用有机污染物在等体积水和空气中溶解量的比值作为衡量其扩散性能的指标，如当比值小于 1×10^4 时，农药以气体挥发的形式扩散；当比值大于 3×10^4 时，以水体扩散为主。

有机污染物除直接溶解于水并随之迁移外，也能吸附在土壤固体颗粒上并随水流进行机械迁移（或物理性迁移）。水溶性强的有机污染物易发生淋溶作用而向下层土壤迁移，但大部分有机污染物会被土壤有机质和黏土矿物强烈吸附，不易随水向下淋移，积累在 0～30 cm 深度的土层内。

除上述迁移方式外，有机污染物还能被植物吸收。有研究表明，马铃薯、胡萝卜和萝卜等根菜类作物的根表皮可直接吸收有机污染物，并在体内积累。黄瓜和莴苣等吸收有机污染物后，在其叶、茎和果实等食用部分均可检测到有机污染物的残留。从对农药的吸收能力看，一般根菜类>叶菜类>果实类（徐建明，2019）。

2. 土壤中有机污染物的吸附和解吸

土壤是一个由矿物（黏土矿物）、有机质（腐殖酸类）以及其他物质所组成的复杂体系，对有机污染物具有极强的吸附能力，主要吸附原理包括物理吸附、离子交换吸附、氢键吸附和配位键结合等。土壤不同组分对有机污染物的吸附机理有较大差异：土壤有机质对有机污染物的吸附作用类似于溶质分子在有机质中的溶解，而矿物吸附有机污染物主要借助于表面吸附（物理吸附）、氢键、配位键或与矿物形成的复合体（朱利中，2011）。此外，许多农药类有机污染物能够在土壤中解离为有机阳离子，通过离子交换作用吸附于电负性的土壤胶体。土壤有机质和各种黏土矿物对有机污染物吸附作用的强弱顺序为有机质>蛭石>蒙脱石>伊利石>绿泥石>高岭石。除土壤性质外，影响土壤对有机污染物吸附的因素还有有机污染物自身的性质，包括有机污染物分子结构和水溶性等。有机污染物中—OH、—NH$_2$、—NHR、—CONH$_2$和—COOH等基团都可增强吸附强度。在同一类型的污染物中，分子越大、溶解度越小，越易被土壤吸附。

被土壤吸附后，有机污染物的形态改变，其迁移转化能力和生物毒性也随之变化。例如，农药滴滴涕和百草枯被黏土矿物强烈吸附后，其溶解度和活性显著降低。因此，土壤对有机污染物的吸附，在某种意义上就是对有机污染物的净化和解毒。土壤的吸附能力越强，有机污染物在土壤中的有效浓度就越低，净化效果越好（戴树桂，2006）。然而，这种净化作用是有限度的，也是不稳定的。对超过吸附能力的有机污染物，土壤将不再具有净化效果；而被吸附的有机污染物重新解吸回到土壤溶液中时，仍将恢复其原有的性质，导致土壤污染。

3. 土壤中有机污染物的转化和降解

有机污染物在土壤中的转化和降解途径包括光化学降解、化学降解和生物降解等。

1）光化学降解（光解）

许多有机污染物在光照下可吸收光辐射发生衰变和降解。在降解过程中，首先是有机污染物分子中的化学键在光辐射下断裂形成自由基，这种自由基具有极高的反应活性，可进一步与溶剂或其他反应物发生反应，生成光解产物。有机污染物，如常见的大部分除草剂、滴滴涕等农药中普遍存在的C—C、C—H、C—O、C—N等共价键，它们在光照条件下都具有断裂的功能。有机污染物光解产物的毒性相较于母体化合物可能增强，也可能降低，如除草剂经光解反应可生成盐酸甲胺使毒性显著降低。光化学降解只能发生在土壤表层，在土壤有机污染物降解中的贡献很小。

2）化学降解

有机污染物化学降解可分为催化反应和非催化反应，具体包括水解、氧化、异构化和离子化等作用，其中以水解和氧化最为重要（陈怀满，2018）。

水解是土壤中有机污染物重要的转化途径之一。在土壤环境中可发生水解的有机官能团有烷基氯、酰胺、胺、氨基甲酸酯、羧酸、环氧化物、磷酸酯、磺酸酯和硫酸酯等，水解的一般过程如式（2-1）所示。水解作用改变了有机物的结构，在一般情况下，水解产物的极性和水溶性增加、毒性降低。水解速率与 pH 条件密切相关。在水溶液中，大多数有机磷农药在 pH 为 1~5 时最稳定；随着溶液 pH 升高，其稳定性急剧下降。当 pH 达到 7~8 时，水解速率陡升，此后 pH 每升高一个单位，水解速率几乎增加 10 倍。温度对水解速率的影响也很大，温度每升高 10℃，水解速率就增加 4 倍。

$$R-X + H_2O \Longleftrightarrow ROH + XH \qquad (2-1)$$

土壤中含有大量的铁和锰元素，它们分别占地壳元素丰度的 4.75%和 0.09%。铁和锰具有不同的价态。铁元素的常见价态是 0、+2、+3，最高价态为+6；锰的常见价态是+2、+3、+4，最高价态为+6。高价态的铁、锰元素可通过直接或间接作用氧化降解土壤中的一些酚类、芳香胺、含氯和含硫污染物，如铁锰氧化物可将对硫磷氧化为对氧磷，将艾氏剂氧化为狄氏剂，将酚类化合物氧化生成醌类化合物。

3）生物降解

生物降解是通过生物作用将有机污染物分解为小分子化合物（CO_2 和 H_2O）的过程。参与降解的土壤生物类型包括各种微生物、植物和动物，其中微生物是降解有机污染物的第一要素。这些微生物可分为真核生物和原核生物，真核生物有真菌、藻类和原生动物，原核生物有细菌和放线菌等。由于微生物种类、环境条件和污染物特征等的影响，土壤中有机污染物的微生物降解途径有很大差别，概括起来主要有氧化、还原、水解和开环等几种反应类型（戴树桂，2006）。

氧化反应：氧化是微生物降解农药的重要酶促反应，有多种形式，如羟基化、脱烷基、β-氧化、脱羧基、环氧化、氧化偶联、芳环或杂环开环等。

还原反应：某些有机污染物在厌氧条件下发生还原反应，如厌氧条件下微生物可将带有硝基的有机污染物还原成氨基衍生物。

水解反应：微生物水解作用与化学水解作用过程类似，不同的是微生物水解反应常在酯酶、酰胺酶或磷酸酶等水解酶参与下发生。水解酶多为光谱性酶，在不同的 pH 和温度条件下都较稳定，水解产物毒性往往明显降低。

开环反应：许多土壤细菌和真菌都能使芳香环破裂，这是环状有机物在土壤中彻底降解的关键步骤。在同类化合物中，影响其降解速率的因素有化合物取代基的种类、数量、位置和大小。取代基的数量越多、基团的分子越大，污染物越难分解。

2.4.3 生物污染物在土壤中的增殖和扩散

1. 土壤中生物污染物的增殖和凋亡

生物污染物在土壤中的增殖和凋亡是其后续迁移和扩散行为的前提。致病微生物和耐药菌在土壤表面吸附和脱附需历经菌体生长、增殖、成膜及凋亡脱落过程，生物污染物自身的增殖也促进了它们在土壤中的扩散和传播。就单细胞致病微生物和耐药菌而言，生长、增殖和凋亡诠释了生物污染物全生命过程。就群体而言，入侵的生物污染物在稳定的土壤环境中必然经历调整、快速增殖、稳定生长和衰亡等阶段，并在增殖过程中通过对资源的干扰、破坏及建立新的种间关系，打破原有的平衡，对土著物种造成直接和间接的影响。生物污染物对土壤养分的利用能力、与宿主和土著物种的互作关系，以及对土壤条件的适应能力都会影响它们的生长和增殖过程（徐建明，2019）。

耐药菌在增殖过程中，位于耐药菌染色体上的抗生素抗性基因能通过染色体的自我复制遗传到子代，即通过细菌亲代的分裂生殖进行垂直传播，从而增加其在环境中的丰度。生物污染物凋亡裂解后会释放大量携带抗生素抗性基因的 DNA 片段、蛋白质和糖类等毒素，成为具有潜在危害的污染物。例如，土壤中 DNA 浓度最高可达到 1.95 mg/kg，其中不乏抗生素抗性基因等片段。重金属和有机污染物与 DNA 等生物大分子的互作关系对其降解和转化等环境过程有重要的影响，也成为当前土壤分子生态领域的研究热点（秦超等，2022）。

2. 土壤中生物污染物的扩散和传播

生物污染物的风险主要来源于它们在环境中的广泛传播性。畜禽粪便的田间施用，处理后医院、城市污水的灌溉，都会加剧致病菌和耐药基因向土壤的汇聚。负载生物污染物的土壤颗粒又可通过飘尘随风扩散进入大气环境，或通过地表径流进入水体，快速传播。在土壤中，生物污染物的运移扩散行为包括吸附、解吸、沉积、腐解、钝化和滞留等过程。

与常规化学污染物不同，致病微生物会通过自身增殖提高其传播风险。抗生素抗性基因是具有遗传信息的 DNA 片段，并由活菌携带，抗生素抗性基因会随耐药菌的增殖而不断复制，提高其传播风险。此外，抗生素抗性基因还可在发育成熟的同菌种或不同菌种之间发生水平转移，使原本无抗性的细菌产生抗性，加剧了土壤抗生素抗性基因的扩散和传播（胡小婕等，2022）。

最后，生物污染物还可在土壤中趋向植物根际移动，并在根内部定植，甚至通过作物内部组织传递到叶际或果实中。蔬菜、水果生食过程中，蔬果携带的致病微生物和耐药菌将直接进入人体，从而对人体健康造成潜在的威胁。食物链是土壤-植物系统中的致病微生物和抗生素抗性基因进入人体最直接和最主要的途径。类似地，在受生物污染的区域，土壤动物呼吸空气、饮水或进食等过程都会将生物污染物摄入体内，造成生物体感染或损害（朱冬等，2019）。

2.5　土壤污染防治

2.5.1　土壤污染防治法规与政策

1. 我国土壤污染防治法律和法规

土壤污染的防治，首先需要完善相关立法，才能给予实践以理论指导，进一步促进土壤污染防治工作的开展。我国土壤污染防治立法工作起步较晚，《中华人民共和国土壤污染防治法》出台之前，我国涉及土壤污染修复和管理的法律法规分散在环境污染防治、自然资源保护和农业类法律法规之中，没有针对土壤污染问题所设置的专门法。

为了满足我国生态文明建设和环境保护的总体要求，《中华人民共和国土壤污染防治法》经第十三届全国人民代表大会常务委员会第五次会议全票通过，自2019年1月1日起实施。《中华人民共和国土壤污染防治法》突出"以提高土壤质量为核心，实行最严格的环境保护制度"的原则，将立法作为解决我国土壤污染问题的根本措施。《中华人民共和国土壤污染防治法》立足于我国现阶段发展的实情，着眼于国家的长远利益，使我国土壤污染防治工作有法可依、有序进行。《中华人民共和国土壤污染防治法》联合有关土壤污染防治的法律构建起我国土壤污染防治的法律法规（图2-5）。

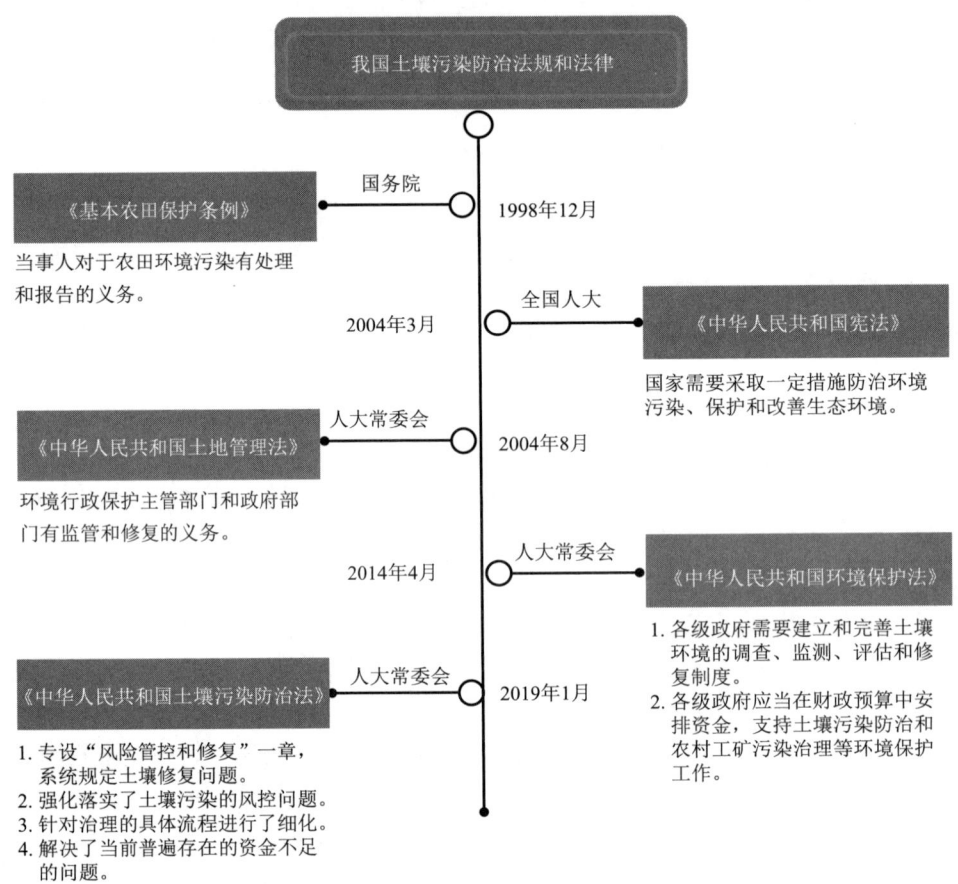

图2-5　我国土壤污染防治法律和法规

《中华人民共和国土壤污染防治法》共7章99条，在预防为主、保护优先、分类管理、风险管控、污染担责、公众参与原则的基础上，明确了土壤污染防治规划、土壤污染风险管控、土壤污染状况普查和监测，以及土壤污染预防、保护和修复等方面的基本制度和规则。《中华人民共和国土壤污染防治法》的重点解读如下。

1) 落实土壤污染防治的政府责任

地方各级人民政府应当对本行政区域土壤污染防治和安全利用负责，各级人民政府应当加强对土壤污染防治工作的领导，组织、协调、督促有关部门依法履行土壤污染防治监督管理职责，将土壤污染防治目标完成情况作为考核评价地方各级人民政府及其负责人、县级以上人民政府负有土壤污染防治监督管理职责的部门及其负责人的内容。确立了生态环境主管部门对土壤污染防治工作实施统一监督管理，农业、国土资源、住房和城乡建设、林业等其他主管部门在各自职责范围内对土壤污染防治工作实施监督管理的部门管理体制。

2）建立土壤污染责任人制度

在"谁污染，谁治理"基本原则的基础上，理顺土壤污染风险管控和修复过程中相关主体的责任，强化污染者责任。《中华人民共和国土壤污染防治法》规定了任何组织和个人都有保护土壤、防止土壤污染的义务，强化了土地使用权人从事土地开发利用活动时的保护土壤义务。针对农用地确立了以政府责任为主的制度设计，对建设用地确立了按土壤污染责任人、土地使用权人和政府顺序承担防治责任的制度框架。

3）建立土壤污染防治主要管理制度

一是标准制度。建立和完善国家土壤污染防治标准体系，制定土壤污染风险管控的国家标准，支持对土壤环境背景值和环境基准的研究。二是普查和监测制度。国务院统一领导全国土壤污染状况普查，每十年至少组织开展一次全国性土壤污染状况普查，国务院有关部门、地方人民政府可择期开展部分土壤污染状况调查，以及国家实行土壤污染状况监测制度，建立土壤污染监测网络。三是规划制度。规定在制定和修改土地利用规划和城乡规划时，应充分考虑土壤污染防治要求，合理确定土壤土地用途，规定将国家和地方的土壤污染防治工作纳入环境保护规划，有的地方还需制定专项规划。

4）建立土壤有毒有害物质的防控制度

国家应当根据影响公众健康和造成生态环境危害的程度，对有毒有害物质进行筛查评估，公布重点控制的土壤有毒有害物质名录。同时，根据土壤有毒有害物质名录和其他有关情况确定并发布土壤污染重点监管行业名录和土壤污染重点监管单位名单，并对重点监管行业制定相应的管理办法，对重点监管单位提出防控要求。

5）建立土壤污染的风险管控和修复制度

针对农用地，按照土壤污染程度和相关标准，将农用地划分为优先保护类、安全利用类和严格管控类。对建设用地，建立土壤污染风险管控和修复名录制度，确定国家和省级土壤污染风险管控和修复名录，对于列入名录的污染地块进行用途限制，还规定了需要进行的风险管控和修复措施，以及修复的实施程序和修复过程中的污染防治要求。

6）建立土壤污染防治基金制度

设立中央和省级土壤污染防治基金，主要用于农用地土壤污染治理、土壤污染责任人或者土地使用权人无法认定或者消亡的土壤污染治理以及政府规定的其他事项。规定实施之前产生的，并且土壤污染责任人无法认定或者消亡的污染地块，土地使用权人实际承担风险管控和修复的，可以申请土壤污染防治基金，集中用于土壤污染治理。

2. 土壤污染防治主要政策

我国土壤污染防治预防为主、保护优先、分类管理、风险管控、污染担责、公众参与为基本原则,突出重点区域、行业和污染物,分类别、分用途、分阶段治理,严控新增污染,逐渐减少存量,逐渐形成政府主导、企业担责、公众参与、社会监督的土壤污染防治体系,促进土壤资源永续利用。近几年,我国各部门印发多种行动方案以改善土壤环境质量,保障农产品质量和人居环境安全。

1)《全国土壤污染状况调查公报》

2005年4月～2013年12月,我国开展了首次全国土壤污染状况调查,调查点位覆盖了全部耕地,部分林地、草地、未利用地和建设用地,实际调查面积约630万km^2,基本掌握了全国土壤环境质量的总体情况。

调查结果显示,全国土壤环境状况总体不容乐观,部分地区土壤污染较重,耕地土壤环境质量堪忧,工矿业废弃地土壤环境问题突出。工矿业、农业等人为活动以及土壤环境背景值高是造成土壤污染或超标的主要原因。全国土壤总的超标率为16.1%,其中轻微、轻度、中度和重度污染点位比例分别为11.2%、2.3%、1.5%和1.1%。污染类型以无机型为主,有机型次之,复合型污染比重较小,无机污染物超标点位数占全部超标点位的82.8%。从污染分布情况看,南方土壤污染重于北方;长江三角洲、珠江三角洲、东北老工业基地等部分区域土壤污染问题较为突出,西南、中南地区土壤重金属超标范围较大。

2)《土壤污染防治行动计划》

2016年5月,国务院印发实施《土壤污染防治行动计划》,是党中央、国务院推进生态文明建设、坚决向污染宣战的一项重大举措,是系统开展污染治理的重要战略部署,对确保生态环境质量得到改善、各类自然生态系统安全稳定具有积极作用。《土壤污染防治行动计划》提出了我国土壤污染防治工作的顶层设计,确定的工作目标是:到2020年,全国土壤污染加重趋势得到初步遏制,土壤环境质量总体保持稳定,农用地和建设用地土壤环境安全得到基本保障,土壤环境风险得到基本管控。到2030年,全国土壤环境质量稳中向好,农用地和建设用地土壤环境安全得到有效保障,土壤环境风险得到全面管控。到21世纪中叶,土壤环境质量全面改善,生态系统实现良性循环。主要指标:到2020年,受污染耕地安全利用率达到90%左右,污染地块安全利用率达到90%以上。到2030年,受污染耕地安全利用率达到95%以上,污染地块安全利用率达到95%以上。

为确保实现上述目标,《土壤污染防治行动计划》提出10条措施,简称"土十条"。一是开展土壤污染调查,掌握土壤环境质量状况。二是推进土壤污染防治立法,建立健全法规标准体系。三是实施农用地分类管理,保障农业生产环境安全。四是实施建设用地准入管理,防范人居环境风险。五是强化未污染土壤保护,严控新增土壤污染。六是加强污染源监督,做好土壤污染预防工作。七是开展污染治理与修复,改善区域土壤环境质量。八是加大科技研发力度,推动环境保护产业发展。九是发挥政府主导作用,构建土壤环境治理体系。十是加强目标考核,严格责任追究。

3)《农业农村污染治理攻坚战行动计划》

2018年11月8日,生态环境部、农业农村部联合印发《农业农村污染治理攻坚战行动计划》。根据该行动计划,到2020年,减少化肥、农药使用量和农业用水总量,全国主要农作物化肥农药使用量实现负增长,化肥、农药利用率均达到40%以上,全国秸秆综合利用率达到85%以上，全国农膜回收率达到80%以上。实施耕地分类管理。以耕地重金属污染问题突出区域和铅、锌、铜等有色金属采选及冶炼集中区域为重点，开展涉镉等重金属重点行业企业排查整治。

4)《农业农村污染治理攻坚战行动方案（2021—2025年）》

2021年1月19日，生态环境部、农业农村部、住房和城乡建设部、水利部和国家乡村振兴局联合印发《农业农村污染治理攻坚战行动方案（2021—2025年）》。行动方案提出，强化源头减量、资源利用、减污降碳和生态修复，持续推进农村人居环境整治提升和农业面源污染防治，增强农民群众获得感和幸福感，为实现乡村生态振兴提供有力支撑。行动方案针对土壤污染提出化肥农药减量增效、农膜回收利用和养殖业污染防治等3个方面。实施精准施肥，分区域、分作物制定化肥施用限量标准和减量方案，推动有机肥替代化肥和测土配方施肥，推广应用高效低风险农药，淘汰高毒农药，化肥农药使用量持续减少，主要农作物化肥、农药利用率均达到43%。落实严格的农膜管理制度，全面加强市场监管，建立健全废旧农膜回收网络体系，推进农膜回收重点县建设，对农田地膜残留开展常态化制度化监测评估，农膜回收率达到85%。推动畜禽规模养殖场粪污处理设施装备提档升级，强化畜禽养殖污染防治监管，畜禽粪污综合利用率达到80%以上。

5)《中共中央 国务院关于深入打好污染防治攻坚战的意见》

自《中华人民共和国土壤污染防治法》实施以来，在党中央的全面领导下，污染防治攻坚战阶段性目标任务圆满完成，生态环境明显改善，人民群众获得感显著增强。为进一步加强环境保护，2021年11月2日中共中央、国务院提出深入打好污染防治攻坚战的意见，确定的工作目标为：到2025年，土壤污染风险得到有效管控，固体废物和新污染物治理能力明显增强，生态系统质量和稳定性持续提升，生态环境治理体系更加完善，生态文明建设实现新进步。意见明确了深入打好净土保卫战，提出了持续打好农业农村污染治理攻坚战、深入推进农用地土壤污染防治和安全利用、有效管控建设用地土壤污染风险、稳步推进"无废城市"建设、加强新污染物治理和强化地下水污染协同防治等措施。严格防控土壤重金属和农村面源污染；到2025年，受污染耕地安全利用率达到93%左右；严控重度污染地块规划用途，推进腾退地块风险管控和修复；健全"无废城市"建设相关制度体系，推进100个左右地级及以上城市开展"无废城市"建设；制定实施新污染物治理行动方案，针对新污染物实施调查监测和环境风险评估，建立健全有毒有害化学物质环境风险管理制度。

2.5.2 重金属污染土壤控制与修复技术

1. 物理修复技术

污染土壤的物理修复是指采用物理方法进行调节或控制，使污染土壤的物理性质发生改变，将污染物与土壤分离，或将土壤中的污染物转化为低毒或无毒物。物理修复技术是经典的污染土壤治理措施，具有技术简单，操作方便，修复彻底、稳定等优点。物理修复技术的缺点是工程量大、修复费用高，会造成土体结构破坏和土壤肥力下降，只适用于面积小、污染严重的土壤治理。下面对常见的物理修复技术进行简述。

1）工程措施技术

工程措施技术是比较经典的土壤重金属污染治理技术，主要包括客土、换土、深耕和翻耕等措施。客土法是在受污染的土壤上添加一层未被污染的土壤；而换土法是将污染土壤局部或全部换掉；深耕、翻耕则相当于以稀释的手段降低土壤中的重金属含量。客土法和换土法常用于重污染区域的土壤修复，而深耕、翻耕常用于污染较轻的土壤。

2）表面覆盖技术

表面覆盖技术是简单地用一层防水材料覆盖污染的土壤，形成一个稳定的保护性表面。覆盖层进一步作为地表水渗透的不渗透屏障，防止土壤污染物进一步扩散进入地表水和地下水。土壤污染特点不同，选择的覆盖系统也不相同，可以使用单层盖或多层盖，覆盖材料包括黏土、混凝土、沥青和高密度聚乙烯。表面覆盖技术是重度污染土壤的一种处理方法，该方法仅适用于小面积污染场地的修复。表面覆盖技术不能去除重金属污染物或降低它们在土壤中的反应性、迁移性和生物有效性，但该技术有效地消除了通过皮肤接触或偶然摄入，暴露于受污染土壤的风险（Liu et al., 2018）。

3）电动力修复技术

电动力修复技术是利用土壤和污染物电动力学性质对土壤进行修复的新兴技术。其基本原理是在污染土壤区域插入电极，施加直流电后形成电场，土壤中污染物在直流电场作用下定向迁移，富集在电极区域（图2-6）。

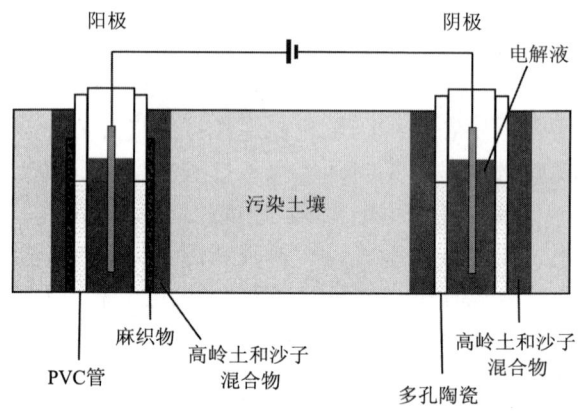

图2-6 污染土壤的电动力学原位修复示意图

在电动力修复过程中，大量的水以电渗透方式在土壤中流动，土壤孔隙中的液体被带到阳极附近，将溶解到土壤溶液中的污染物吸附到土壤表层而去除。为了促进低浓度金属离子的定向运移，需要添加化学添加剂，包括乙二胺四乙酸（EDTA）、乙二胺二琥珀酸（EDDS）、乙酸、柠檬酸和碘化钾等（Liu et al., 2018）。电动力修复技术既可以克服传统技术严重影响土壤结构和地下水所处生态环境的缺点，又可以克服现场生物修复周期长、效率低的缺点，且投资比较少，成本比较低廉。

4）固化/稳定化修复技术

固化/稳定化修复技术是向土壤中注入化学试剂，使土壤凝固或将流动的污染物组分转化为沉淀物和/或强吸附组分,固定土壤中的污染物(图2-7)(周启星和宋玉芳,2004)。固化是一种原位和异位都可行的土壤修复技术。在原位固化中,向土壤中添加固定剂(通常是水泥、沥青、粉煤灰和/或黏土),将土壤转变为固体块(Liu et al., 2018)。固化不能从土壤中去除或提取污染物,并且可能会阻碍未来更全面地修复,因此,当其他方法变得不切实际时,固化是土壤修复的最后选择。稳定化是将污染物转化为不易溶解、迁移能力或毒性低的形态,实现其无害化或降低其对生态系统的危害性。一系列土壤稳定试剂如碳酸盐岩、碱性剂、黏土和含铁矿物等被广泛应用于重金属污染土壤的修复中。其中,含磷酸盐和碳酸盐材料是稳定污染土壤中重金属最具前景的试剂,这两种材料价格低廉,广泛应用于农田,此外,其还可以作为肥料或酸性调节剂。

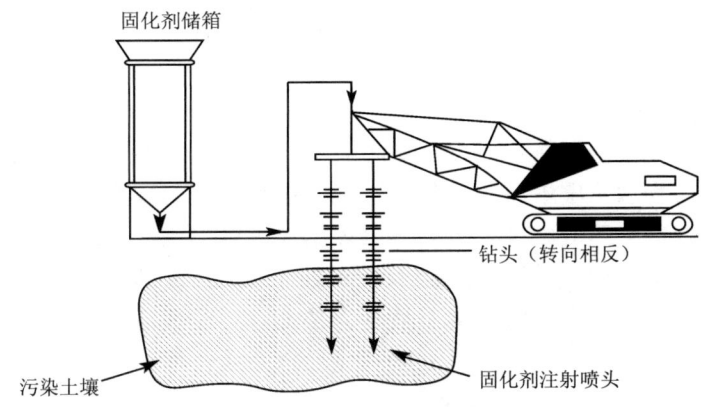

图 2-7 固化/稳定化修复技术示意图

5) 玻璃化修复技术

玻璃化修复技术是利用热能将土壤固体组分(土壤及其污染物)熔化为玻璃状或玻璃-陶瓷状物质(图2-8)(Liu et al., 2018),熔化的污染土壤冷却后形成化学惰性的、非扩散的整块坚硬玻璃体,重金属离子得到固定化。玻璃化既可以在原位进行,也可以在非原位进行。由于成本和能源需求相对较低而首选原位方法。原位玻璃化只能在碱含量低的潮湿土壤中进行,并且只适用于重金属污染场地的小规模修复,在大规模应用时会非常昂贵。利用玻璃化修复技术处理固态污染物的优点主要是:①玻璃化产物化学性质稳定,抗酸淋溶作用强,能有效阻止其中的污染物危害环境;②固态污染物经过玻璃化修复技术处理后体积变小,处置更为方便;③玻璃化产物可作为建筑材料被地基、路基等建筑行业利用。

2. 化学修复技术

化学修复是利用加入土壤中的化学试剂与重金属发生化学反应来降低污染物的有效性和迁移性,或将重金属转化为低毒或无毒的修复技术,具有实施周期短、普适性等优点。重金属由于其自身的顽固性很难从土壤中去除。因此,只能通过降低重金属的迁移性或有效性的手段来修复被重金属污染的土壤。重金属污染土壤的化学修复技术主要有土壤淋洗修复技术和土壤性能改良技术。

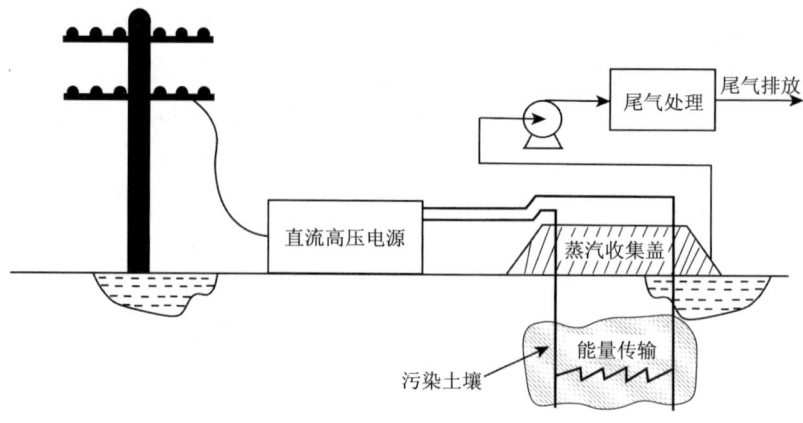

图 2-8　玻璃化修复技术示意图

1）土壤淋洗修复技术

土壤淋洗修复技术是指将可促进土壤污染物溶解或迁移的化学溶剂注入受污染的土壤中，从而将污染物从土壤中溶解、分离出来并进行处理的技术。清洗液可以是清水，也可以是包含萃取剂的溶液。许多萃取剂已被用于土壤中重金属的转移和去除，包括合成的螯合物、有机酸和表面活性剂等。在萃取剂中，合成的螯合物［如乙二胺四乙酸（EDTA）和乙二胺二琥珀酸（EDDS）］被认为是最有效和最适合的萃取剂，因为螯合物可以在较宽的 pH 范围内与大多数重金属形成稳定的络合物。对于金属阳离子，高浓度的氯化盐（如 $FeCl_2$ 和 $CaCl_2$）溶液对 Cd 污染水稻土壤洗涤非常有效。同样，联合使用不同螯合剂也能提高重金属的洗涤效率，特别是对于重金属复合污染土壤，基于磷酸—草酸—乙二胺四乙酸二钠（EDTA-2Na）顺序的土壤洗涤对 As 的去除效率提高了 41.9%，对 Cd 的去除效率为 89.6%。该技术适用于均质、粗质、高渗透性土壤。

2）土壤性能改良技术

通过施用土壤改良剂改变土壤的酸碱性或氧化还原电位（Eh），将重金属转变成难迁移态或使其从土壤中去除。对于重金属污染程度较轻的土壤，可以向土壤施入某些改良剂，如石灰、磷酸盐、堆肥、硫磺、高炉渣和铁盐等，修复重金属污染的土壤。其中，石灰性物质能提高土壤 pH，促进重金属（如 Cd、Cu 和 Zn 等）形成氢氧化物沉淀，减少植物对重金属的吸收。另外，硫磺及某些还原性有机化合物可以使重金属成为硫化物沉淀，磷酸盐类物质可与重金属反应形成难溶性的磷酸盐。此外，向土壤施入一定的离子交换树脂，增加土壤对重金属和某些阳离子的吸附能力，降低重金属的迁移性和生物有效性。土壤中重金属的环境行为与土壤 Eh 状况密切相关，因此可以通过调节土壤 Eh 的方法控制重金属迁移。例如，将 Hg 或 As 污染的水田改成旱田，Cr 污染的旱田改为水田等，相应地改变土壤 Eh 值，达到降低变价金属元素毒性的目的。

3. 生物修复技术

生物修复技术是利用微生物、植物或动物将土壤中污染物固定、转化为低毒或无毒物质和形态的过程。主要包括微生物修复技术、植物修复技术和动物修复技术。

1）微生物修复技术

重金属污染土壤的微生物修复是指通过微生物的生理代谢活动改变重金属离子价态或使其被微生物所吸附，从而降低重金属的毒性、生物有效性和迁移性，达到修复污染土壤的目的。微生物修复重金属污染土壤的机制主要为生物氧化还原和生物吸附作用。生物氧化还原是利用微生物的生物化学作用改变重金属离子的价态；生物吸附作用是利用微生物或其分泌物吸附重金属的物理化学过程。

微生物对重金属的吸附通常是通过静电相互作用或与活性成分（如多糖、甲壳素和纤维素衍生物）结合来实现的。例如，Cu（Ⅱ）、Pb（Ⅱ）和Cr（Ⅳ）可以通过取代质子的方式被氨基和羧基积累。重金属被吸附到微生物表面以后，会形成一个"凝结核"，其余重金属可在其周围不断地被吸附、积累。此外，微生物还可以通过改变重金属离子的氧化还原态来解毒，假单胞杆菌能利用$Fe(Ⅲ)$或S^0作为终端电子受体催化氧化As^{3+}、Fe^{2+}和Mn^{2+}等，降低重金属元素的活性。微生物可将有毒的Cr（Ⅵ）还原为Cr（Ⅲ）并形成不溶性氢氧化物。硫酸盐还原细菌通过硫酸盐还原提高硫化物浓度，S^{2-}可以和重金属形成硫化物沉淀，降低重金属的溶解性和迁移性。

2）植物修复技术

植物修复是利用植物吸收富集污染物、转化固定污染物以及通过氧化还原反应或水解反应等生物化学过程，固定重金属，从而脱毒（徐建明，2019）。植物修复去除土壤中重金属的方式包括植物固定、植物挥发和植物富集。

植物固定是指利用植物降低土壤中重金属的生物有效性和迁移性，从而减少其对环境和人类健康的污染风险。在过去的二三十年中，许多植物种类（特别是农业草类）已被有效地用于重金属污染土壤的修复。羊蹄草和农草等植物最常用于稳定Pb、Zn和Cu污染的土壤；香蒲植物和香草根等对Pd和Zn具有较强的忍耐和吸收能力。植物挥发是植物从土壤中吸收重金属，使其转化为毒性较低的蒸气，然后通过植物的蒸腾作用释放到大气中。例如，As能够以化合物（亚砷酸盐和砷酸盐）的形态在蜈蚣草的叶片中有效挥发。印度荠菜有较高的吸收和挥发Se的能力，种植1年和2年后可使土壤中的全Se减少48%和13%（陈怀满，2018）。植物富集是指通过植物吸收一种或几种重金属污染物，并将重金属转移和集中到地上部分（茎、叶等），随后收割并进行集中处理（如热处理、微生物处理、物理和化学处理）。利用植物富集技术来修复被重金属污染的土壤，修复效率主要取决于植物体内重金属的含量和修复植物的生物量。例如，印度荠菜生物量大，生长快，适宜对Pb含量<1500 mg/kg的土壤进行修复，茎中Pb含量可高达1.5%，此外其对多种重金属（Cd、Cr、Ni、Zn和Cu等）均具有耐性和富集能力。

3）动物修复技术

动物修复是指在人工控制或自然条件下，利用土壤动物及其肠道微生物在污染土壤中生长、繁殖等活动对重金属进行富集，从而减少或消除重金属。蚯蚓作为土壤环境中最常见的大型无脊椎动物，对重金属活性有着重要的影响。蚯蚓在重金属污染土壤修复中的作用：一方面是蚯蚓能够富集吸收重金属并具有耐性；另一方面是蚯蚓活动对土壤重金属的活化作用。蚯蚓对重金属有较强的富集能力，对Se和Cu的最高富集量分别可达33 215 mg/kg和136 719 mg/kg，分别相当于体重的0.03%和0.12%。蚯蚓可以在其肠道组织中积累高浓度的重金属。此外，蚯蚓还可以有效改善土壤结构，提高土壤养分的有效性和周转率，从而促进植物生长并提高微生物多样性，有利于增强植物修复和微生物修复的效果。

4. 联合修复技术

重金属污染土壤的修复治理是一项系统性的、复杂的工程。单项技术受到众多因素的限制，会影响修复效果。联合两种或两种以上修复技术，能克服单项修复技术的局限性，提高修复效率。

化学-植物联合修复技术是指利用化学手段提高土壤重金属生物有效性或促进植物生长，以达到快速高效地去除土壤重金属的目的。化学-植物联合修复技术可分为螯合剂强化、植物生长调节剂强化和酸碱调节剂强化等方面。螯合剂强化-植物修复技术是指利用螯合剂提高土壤重金属的生物利用率，改变根细胞的膜通透性，促进植物吸收重金属。植物生长调节剂可促进植物根系伸长，增加植物生物量，提高重金属的修复效率。酸碱调节剂的施用会影响土壤 pH，进一步影响重金属的生物有效性。添加酸性调节剂能促进残渣态和结合态重金属溶解，提高重金属污染物的生物可利用性，以及植物的修复效率。对于一些适宜在碱性条件下生长的植物，可通过向土壤中添加石灰和硅酸钠等碱性调节剂，提高土壤的 pH，促进植物生长，从而提高植物的修复效率。

植物-微生物联合修复技术结合了植物修复和微生物修复的优点，根际微生物以菌根、内生菌等方式与根系形成联合体，显著增强了植物对重金属的富集能力，从而降低土壤环境中重金属的浓度。植物能够和不同微生物（专性降解菌、菌根真菌、内生菌、丛枝菌根和根瘤菌根等）联用去除土壤重金属。在重金属耐受菌株和重金属超富集植物联合修复 Pb-Cd 复合污染土壤时，菌株促进香草根生长，提高生物量，并且改变土壤的 pH，提高土壤 Pb-Cd 的有效态含量，强化 Pb-Cd 污染土壤修复效果。菌根真菌具有很强的酸溶和酶解能力，能够促进植物富集重金属离子，转移土壤重金属，达到提升植物修复重金属污染土壤效能的目的。植物内生菌能够分泌脱氨酶、脱羧酶和植物激素，以增加植物代谢能力，降低重金属对植物的伤害，缓解重金属离子对植物的胁迫。丛枝菌根通过根外菌丝吸附土壤环境中的重金属离子，提高重金属由根到茎叶的转运效率，以及通过增加植物茎叶生物量来提高宿主植物对重金属的固化作用和富集作用。根瘤菌根与豆科植物共生能够固定空气中的氮气，可以直接沉淀、转化、吸附重金属，也可以通过固氮、磷溶解、植物激素合成、铁载体释放等促进豆科植物的生长，同时降低重金属的毒性。

2.5.3 有机污染土壤控制与修复技术

1. 物理修复技术

有机污染土壤物理修复技术与重金属污染场地的技术具有通用性，其中挖掘填埋法、客土法和表面覆盖技术同时适用于重金属和有机污染场地的修复，此处不再赘述。下面简述适用于有机污染土壤的控制与修复技术。

1）土壤蒸汽浸提修复技术

土壤蒸汽浸提修复技术是指利用真空泵通过布置在不饱和土壤层中的提取井向土壤导入气流，气流经过土壤时，挥发性和半挥发性有机物挥发，随空气进入真空井，气流经过后土壤得到了修复。土壤蒸汽浸提修复技术具有可操作性强、处理污染物种类多、可由标准设备操作、不破坏土壤结构以及对回收利用废物有潜在价值等优点。土壤蒸汽浸提修复技术修复效果受土壤理化性质的影响较大，主要影响因素有土壤容重、孔隙度、湿度、温度、质地、有机质含量和空气传导率等。经验表明，土壤蒸汽浸提修复技术应用于质地均一、渗透力强、孔隙度大、湿度小和地下水位深的土壤时，效果较好。

2）热解吸修复技术

热解吸修复技术是一种以挥发和解吸为主要机制去除有机污染物的修复技术。热解吸修复技术是在真空下将土壤中的挥发性/半挥发性目标污染物直接或间接加热到适当温度（通常被加热到150~540℃），将目标污染物与受污染介质分离的过程（图2-9）。热解吸修复技术主要处理挥发性有机物（VOCs）、半挥发性有机物（SVOCs）、农药，甚至高沸点氯代化合物（如多氯联苯、二噁英和呋喃类等）。热解吸修复技术不能用于含腐蚀性的有机物、活性氧化剂和还原剂污染的土壤处理与修复。热解吸修复技术具有修复周期短、效率高、效果好、成本低、操作灵活和稳定等优点，适用于水分含量低、土壤质地粗和渗透力强的土壤。

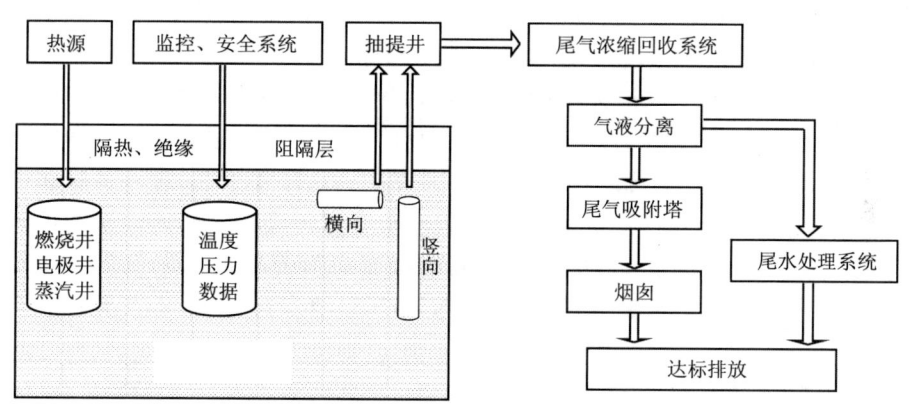

图2-9 热解吸修复技术示意图

2. 化学修复技术

1）土壤淋洗修复技术

土壤淋洗修复技术既适用于重金属污染的场地修复，也适用于有机污染的场地修复，选择不同的淋洗剂，可达到相应的修复目的。利用表面活性剂作为淋洗剂可修复有机污染物污染的土壤，目标有机污染物包括易挥发卤代有机物、非卤代有机污染物、低辛烷/水分配系数的化合物、羟基类化合物和羧酸类化合物，不适用于非水溶性液态污染物、强烈吸附于土壤的呋喃类化合物、极易挥发的有机物以及石棉等。常见的表面活性剂有阳离子表面活性剂（如溴化十六烷基三甲铵）、阴离子表面活性剂（如十二烷基苯磺酸钠等)、非离子表面活性剂(如 Triton-X100 和平平加等)及生物表面活性剂和阴-非离子表面活性剂。表面活性剂的淋洗效率与它的物理化学性质及土壤对污染物和表面活性剂的吸附作用密切相关。

2) 化学氧化修复技术

化学氧化修复技术是利用加入土壤中的化学氧化剂与有机污染物发生化学反应,使有机污染物降解或转化为低毒、低移动性产物的修复技术。化学氧化修复技术的优点在于,理论上修复完成后,一般只在原污染区留下水、二氧化碳等无害的化学反应产物,较适用于原位污染土壤的控制与修复。

化学氧化修复技术中使用的化学氧化剂种类较多,包括过氧化氢(H_2O_2)、高锰酸钾(K_2MnO_4)、臭氧(O_3)和过硫酸盐等。K_2MnO_4 具有较高的氧化还原电位(1.51V),与有机物反应产生 MnO_2、CO_2 和中间有机产物。K_2MnO_4 氧化的最适 pH 条件为 7~8,但在其他 pH 条件下仍然有效。可被 K_2MnO_4 氧化的污染物包括芳香烃、PAHs、苯酚、农药和有机酸。O_3 是活性非常强、对物质腐蚀性也较强的化学物质,与土壤中的有机分子或无机分子反应生成氧气、·OH 和水。O_3 作为化学氧化剂有很多优点:O_3 的氧化能力较强,与污染物反应较快,与水反应后生成的·OH 能够进一步降解有机污染物;O_3 在水中的溶解度较高,为氧气的 12 倍,分解产生的 O_2 可被土壤中的微生物所利用。O_3 能够降解的有机污染物种类较多,如石油烃、农药、含氯溶剂、药品和雌激素类等。以 H_2O_2 作为化学氧化剂,可溶的 Fe^{2+} 作为催化剂,生成具有高反应活性的·OH,称为芬顿反应(Fenton reaction)。根据不同活化 H_2O_2 的方式,Fenton 反应可分为传统 Fenton 反应、改性 Fenton 反应、非均相 Fenton 反应、电-Fenton 反应和光-Fenton 反应等。·OH 由于其较高的氧化还原电位($Eh=2.8$ V),是最具活性的化学物种之一,它能够非选择性地氧化有机污染物。过硫酸盐是一种强氧化剂($Eh=2.01$ V),可被热、碱、过渡金属和电激活,产生硫酸根自由基(2.5~3.1 V),可以降解大多数有机污染物,因此,采用过硫酸盐技术修复有机污染土壤已引起人们的关注。硫酸根自由基的高级氧化工艺已被应用于原位土壤中传统污染物,如 PCBs、柴油、PAHs、TPH、农药、药品和邻苯二甲酸盐等的降解。

3) 化学还原修复技术

化学还原修复技术是指利用化学还原剂将污染物还原为易降解的形态,从而使污染物在土壤中降解或转化为低毒产物的修复技术。化学还原修复技术主要用于去除土壤中难以被氧化降解的有机污染物(如卤化物等)。目前,用于化学还原修复技术的还原剂主要有 SO_2 和纳米 Fe^0(nZVI)等。例如,SO_2 能够快速还原有机氯化合物,在一周以内污染土壤中的四氯化碳降解率可达到 90%。nZVI 是强化学还原剂,具有粒径小、比表面积大、表面吸附能力强、反应活性强、高还原效率和高还原速率等优点。nZVI 主要通过吸附和还原作用修复污染土壤。nZVI 可在 10 d 内通过水解作用和还原脱氯作用降解土壤中 90%的毒死蜱,30 d 内降解 52%的莠去津。此外,nZVI 在氧化过程中生成铁氧化物,将土壤的 pH 从 4.8 增加到 8.5,氧化还原电位从+400 mV 变为−500 mV,形成更有利于降解有机污染物的强还原环境。然而,nZVI 加入土壤后,nZVI 的反应活性、稳定性和迁移能力迅速降低,最后难以达到降解目标有机污染物的目的。因此,人们通过改性的方法弥补这些缺点。目前,研究最多且表现优异的改性方式主要包括表面包覆钝化、聚合物表面修饰、固相负载和双金属复合等。

3. 生物修复技术

1) 微生物修复技术

微生物修复主要依靠微生物的活动使土壤中污染物降解或转化为低毒或无毒物质。自然界中的微生物种类繁多,有巨大的开发潜力,几乎所有的有机污染物都可以被微生物降解。微生物通过氧化还原反应、好氧/厌氧呼吸作用、还原脱卤和共代谢等方式降解或转化有机污染物。从修复场地来分,微生物修复技术主要分为两类,即原位微生物修复和异位微生物修复。

原位微生物修复是在人为控制条件下对土壤中污染物进行生物降解与污染治理,其过程主要包括投加营养物质和提供氧源,有时需要投加一些特殊的微生物,用于强化降解。原位微生物修复的主要形式包括生物培养法、投菌法、生物通风法、泵出生物法和慢速渗滤法。其中,生物培养法、生物通风法是通过加入营养源的方式培养污染土壤中已经存在的土著微生物,提高土著微生物的活性,以加快污染物的降解。生物培养法和生物通风法修复技术的关键在于确定有利于微生物生长的营养元素的添加率和供氧量。投菌法也称为生物强化法,在土著微生物不能有效地降解污染物时,通过加入自然环境筛选出的优势菌种或基因工程菌,高效降解土壤中的有机污染物,同时投加的还有微生物生长所需的营养元素,以保证接种微生物的活性和数量。泵出生物法和慢速渗滤法是将驯化好的微生物和营养物质组成的混合液,缓慢、均匀地注入土壤表层,在混合液向下渗滤的过程中微生物与有机污染物充分接触,促进微生物最大限度地降解有机污染物。

异位微生物修复技术是在土壤污染严重的情况下,把污染土壤挖掘出来转移至指定位置,利用微生物群落进行集中处理,适用于处理污染物浓度高、风险较高且污染土壤量不大的情况。异位微生物修复技术包括预制床法、堆肥法、厌氧/好氧处理法和生物泥浆反应器法。预制床法和堆肥法是将树皮、稻草、麦秸和木片等有机物与污染土壤适当混合,改善土壤结构、保持湿度和温度,为一些高效降解菌提供适宜的生长条件。厌氧处理法是利用厌氧微生物进行污染土壤修复的方法,厌氧微生物对某些有机污染物(如多氯联苯和有机氯农药等)的降解效果更加理想,甚至能降解许多好氧微生物不能降解的化合物(高氯化合物)。生物泥浆反应器法是将污染土壤和水混合为泥浆,添加微生物、营养物质和表面活性剂,调节反应参数,控制微生物生长代谢所需要的条件,加速污染物降解的一种处理方法。目前,生物泥浆反应器法能够处理被多环芳烃、杀虫剂、石油烃、杂环类和氯代芳烃等有机污染物污染的土壤。

2) 植物修复技术

植物可以将多种复杂的有机污染物矿化为低毒或无毒成分。植物修复是一种环境友好、成本低和可持续发展的修复方法。植物对有机污染物的修复集中对有机污染物的吸收、降解和稳定等方面,该技术的主要缺点是达到修复目的周期较长。

植物修复技术去除土壤中污染物的方式包括植物挥发、植物降解和植物稳定。植物挥发是利用植物吸收土壤中的有机污染物后,经木质部转运到叶表面而挥发到大气中。

例如，杨树等植物可吸收甲基叔丁基醚并将其挥发。植物降解是利用植物或其根际微生物降解甚至矿化有机污染物，主要是酶系统在起作用。含有过氧化物酶的植物（如辣根、马铃薯和白萝卜等）可以降解酚类污染物，野草、豆科植物、农艺作物、观赏植物和灌木等均可用于石油烃污染场地的修复。植物稳定修复是使残存的游离有机污染物与根结合，增加对有机污染物的螯合作用，从而防治污染土壤的风蚀和水蚀。例如，将抗逆性强、耐受性高、生长速度快、寿命长的杨树栽植在垃圾场上，可以防止滤液下渗，稳定地面、改善周围环境。多物种混合栽种（黑麦草、白三叶草-三叶草和芹菜）比单一栽培更有利于有机污染土壤的植物修复。植物基因工程技术可用于提高植物修复的效率，多种酶（如细胞色素 P450 等）的过表达已经在许多植物物种中实现，并显著提高了植物修复的效率。

3）动物修复技术

动物修复主要利用土壤动物（主要为蚯蚓）的生命活动（如进食、钻洞、代谢和分泌等）或其他非生物和生物因素的相互作用来积累、提取、转化或降解土壤环境中的有机污染物。蚯蚓在土壤有机污染物（如 TPH、PAHs、PCBs 和农药）去除方面具有较大的优势。毒死蜱（768 mg/kg）污染的土壤中，使用蚯蚓和有机固体垃圾培养 90 d 后，毒死蜱的去除率分别比未添加有机物质的对照土壤高 39.2%和 25%。添加蚯蚓处理后，表层土壤中柴油的去除率为 43%，深层土壤中柴油的去除率为 52%，而未添加蚯蚓的表层土壤和深层土壤的柴油去除率分别为 30%和 34%。蚯蚓只适用于轻微或中度污染土壤的修复，严重污染的土壤可能对蚯蚓的生存产生不良的影响。

4. 联合修复技术

多种修复技术的联合使用可有效提高修复效率、缩短修复周期。一系列联合修复技术（化学强化-化学氧化/植物修复/微生物修复）可被广泛应用于有机污染时间较长的土壤。其中，表面活性剂是化学联合修复技术中常用的强化剂，它的增溶作用可促进有机污染物从土壤固相向液相中的迁移，进而提高其他修复技术的效率。例如，利用表面活性剂（TX-100）与活性过硫酸盐（SP）化学氧化相结合可以显著提高污染土壤中 PAHs 的去除效果。吐温-80（Tween-80）强化处理后植物修复的吸收率是未处理的 1.25 倍左右，Tween-80 可以提高污染土壤中 PAHs 的溶解度，促进白腐菌对污染土壤中 PAHs 的降解。羧酸（柠檬酸和草酸）的共添加可以进一步促进植物对卤代有机物的吸收。在有机污染农田土壤中，添加适量的生物表面活性剂鼠李糖脂，然后接种 PAHs 专性降解菌和菌根真菌，可显著提高黑麦草、苜蓿等植物修复 PAHs 污染土壤的效率，6 个月内 PAHs 的去除率从 42.41%～48.35%提高到 70%以上，其中鼠李糖脂显著增强了 PAHs 专性降解菌和菌根真菌降解有机污染的性能（朱利中，2015）。

植物修复技术一般和微生物修复技术联用。例如，根际修复是指利用植物根系和根际微生物提高污染物去除效率的一种方法。根际是微生物辅助植物修复的主要区域，根系、根系分泌物、根际土壤和微生物的复杂相互作用将有机污染物降解为无毒或低毒化合物。在利用紫苜蓿修复 PAHs 污染土壤时接种专性降解菌（土著细菌芽孢杆菌、黄杆菌），能有效地提高三环和四环 PAHs 的降解率。将接种了 PAHs 降解功能内生菌

Sphingobium sp.45-RS2 的紫苜蓿种植在菲污染土壤上，紫苜蓿体内和土样中菲残留浓度分别降低了 13.07%和 22.30%，内生菌株 45-RS2 不仅能够定植在紫苜蓿体内参与体内菲降解，而且也能进入土壤，并稳定存在于土壤中，协同植物根际代谢根际土壤中的菲（高彦征等，2016）。一些内生菌还可以产生螯合剂、铁载体、生物表面活性剂、低分子量有机酸和各种氧化酶，这些都有利于土壤中有机污染物的去除。内生菌的降解基因可通过水平转移至其他微生物中，协同降解有机污染物。此外，内生菌定植在植物组织中调节植物体内的氧化酶、还原酶、酯酶和脱卤酶等的活性，提高其自我解毒能力，直接参与有机污染物的转化。

2.5.4 生物污染土壤控制与修复技术

1. 病原微生物污染土壤的修复技术

针对病原微生物灭活的主要农艺措施包括翻耕、日晒和覆膜等，其他方式包括火焰除害（FSD）法、土壤熏蒸法和厌氧土壤消毒（ASD）法。

翻耕广泛运用于抑制土壤中的植物病原菌和害虫。土壤日晒技术是指用半透明的塑料防水布等覆盖土壤，土壤在超过 50℃的条件下保持 30~45 d，用于杀死病原微生物的一种技术。日晒技术结合粪肥的施用，能够有效地杀灭土壤中的病原微生物。土壤熏蒸法是一种防治土壤病虫害（如细菌、真菌和线虫及杂草等）最直接、快速和有效的方法。化学熏蒸法对土传病害、杂草及线虫均具有较好的防治效果，并能增加作物产量。生物熏蒸作为化学熏蒸的有效代替方法可避免化学熏蒸的不利影响。常被用作生物熏蒸材料的有甘蓝、芥菜、油菜及花椰菜等芸薹属植物。此外，农业废弃物和家畜粪便也可作为生物熏蒸材料。ASD 法是一种通过使用米糠、大豆粉和葡萄藤等易分解的改进剂使土壤厌氧，并在其上覆盖塑料膜，灌溉至饱和的方法来去除土壤虫害的过程。研究发现，利用 ASD 法还可以增加土壤中有益微生物的数量，从而通过制造竞争来消除有害的土传病原体。FSD 法是一种新型、极具发展前景的土壤传播线虫、真菌和细菌病原体的非化学防治方法。目前，该技术在推广上面临两大挑战：一是成本高；二是与土壤熏蒸法相比，应用速度慢，效率相对较低。尽管存在这些缺陷，FSD 法在农业中控制土壤传播的线虫、真菌和细菌病原体方面仍有广阔的前景。

2. 抗生素抗性基因污染土壤的修复技术

抗生素及抗生素抗性基因（ARGs）的控制需要从源头控制和土壤修复两方面入手。因此，有必要通过好氧堆肥、厌氧消化和好氧消化方法对粪便、污泥或废水进行处理，以从源头显著减少或切断土壤中抗生素和 ARGs 的来源。好氧堆肥被广泛用于动物粪便的处理，它可以减少进入农业土壤的 ARGs 数量。例如，在使用黏土改良剂的好氧堆肥过程中高达 94%的 ARGs 被去除，添加木屑和稻壳提高了鸡粪中 ARGs 的去除率（35.4%和 68.7%）。厌氧消化已被证明是一种去除 ARGs 的有效方法，在添加 10 g/L 煤气化渣的情况下，ARGs 的去除率为 24.81%~90.48%。除了堆肥和消化，还有其他去除 ARGs 的方法，如光降解、电化学、高级氧化和资源化等。

从食品安全和人类健康的角度来看，如何有效地控制土壤中抗生素耐药菌（ARB）和 ARGs 在作物体内的积累非常重要，目前主要有物理、化学和生物修复等方法。物理修复，如添加生物炭可以改变土壤 ARGs 组成，使土壤和植物组织中 ARB 或 ARGs 的丰度显著降低。此外，生物炭的施用可以进一步影响细菌群落演替，这是促进抗生素消除和 ARB 或 ARGs 转化的重要机制。近年来，纳米材料在去除抗生素耐药性领域也发挥着重要作用。纳米材料（如 TiO_2、$g-C_3N_4$ 石墨烯和 ZnO-MgO 纳米复合材料）主要通过光催化、吸附和氧化去除抗生素。生物修复，如利用具有生物污染物降解功能的微生物加速土壤中生物污染物去除。从养猪场污染土壤中分离出两株青霉素（PVK）抗生素降解菌株，可用于 PVK 抗生素污染土壤的生物修复。噬菌体修复法提供了一种抑制土壤或土壤-植物系统中 ARB/ARGs 活性的新方法。接种噬菌体后，土壤中 ARB 和 ARGs 的丰度都有所下降。生物炭和多价噬菌体的联合修饰物可有效地控制表层土壤和渗透土壤系统中的 ARB/ARGs 丰度，表明生物炭/噬菌体组合应用是去除土壤中 ARGs 的环境友好、有效的措施。

2.5.5 复合污染土壤控制与修复技术

早期关于土壤污染物的研究大多仅考虑单一污染物水平的环境行为，而实际土壤中的污染多具伴生性和综合性，复合污染土壤的控制与修复逐渐成为环境领域研究的热点。复合污染是指两种或两种以上的污染物在同一时间和空间内产生环境污染的现象。土壤复合污染包括重金属复合污染、有机复合污染和重金属-有机污染物复合污染 3 类。

1. 重金属复合污染土壤控制技术

土壤环境中仅仅存在单一重金属的情况已不多见，绝大部分土壤存在多种重金属的复合污染。土壤是一个复杂的多介质体系，因此，重金属复合污染土壤的修复是目前土壤修复领域面临的难点之一。土壤重金属的物理修复技术具有修复彻底的特点，同样适用于重金属复合污染土壤的修复。化学淋洗修复技术是常用的重金属污染土壤修复技术，淋洗剂对重金属的提取效率取决于重金属的理化性质，而针对复合污染的土壤，选择适宜的淋洗剂并进行相应的复配，可达到修复重金属复合污染土壤的目的。例如，使用乙二胺四乙酸二钠和磷酸的混合液作为 Cd-Pb-As 复合污染土壤的淋洗剂，淋洗后土壤中 As、Cd 和 Pb 的去除率分别为 42.0%、52.0%和 55.6%。单一的植物修复和微生物修复只能对特定的重金属具有修复效果，难以修复重金属复合污染的土壤，可通过接种多种微生物、多种植物间作或轮作和多种技术联用实现重金属复合污染土壤的修复。

2. 有机复合污染土壤控制技术

由于使用未处理污水灌溉或污泥还田、农药喷施、含有机污染物的颗粒干湿沉降以及化肥施用等，我国及全球各地土壤的有机污染日趋严重。此外，在我国城市化进程中，大量污染企业外迁，留下数十万个高风险工业污染场地亟待修复。与重金属污染相比，土壤有机污染更普遍、更复杂，特别是农药化工等工业污染场地，土壤有机复合污染严重、浓度高、毒性大，应用单一技术难以实现高效修复。有机污染土壤修复技术主要有物理修复、化学修复和生物修复以及上述技术联用修复等,其中物理和化学修复技术适用于有机复合污染土壤的修复。针对多种复杂有机污染物复合污染的土壤,单一的化学氧化和还原技术难以达到良好的修复效果,可通过多种技术联用实现有机复合污染土壤的修复。

3. 重金属-有机污染物复合污染土壤控制技术

复合污染常存在于污灌区、矿区、电子废弃物堆场和石油开采区附近的土壤中。重金属-有机污染物复合污染场地在我国污染场地中占比约为 25%,而美国 40%的污染场存在有机和重金属复合污染。与单一污染土壤相比,重金属-有机污染物复合污染土壤的形成机理与环境效应更为复杂,产生的危害更大,因而也加大了对其控制治理的难度。重金属-有机污染物复合污染土壤的修复研究已成为环境与土壤界的关注热点。

目前,复合污染土壤的修复技术包括物理、化学和生物修复以及上述方法的联合修复。物理修复中客土法、换土法、表面覆盖技术、固化/稳定化技术和玻璃化修复技术均能修复重金属和有机污染物。例如,生物炭在重金属-有机污染物复合污染土壤修复中发挥了重要的作用。利用牛粪生物质生产生物炭对土壤中的铅和莠去津具有固化作用。添加生物炭处理 210 d 后,土壤中有效态铅和莠去津的含量分别降低了 57%和 66%(Cao et al., 2011)。土壤淋洗修复技术因其对多种污染物的修复具有灵活性,被认为是一种高效、经济的技术。螯合剂和表面活性剂联用,采用分步淋洗或复配淋洗的方式可实现对土壤中重金属和有机污染物的同时去除。例如,皂角苷和乙二胺二琥珀酸(EDDS)混合液对复合污染土壤中 Pb、Cu 及 PCBs 的去除效果较好,EDDS 可增强皂角苷对重金属的络合能力,同时增强皂角苷对 PCBs 的增溶能力。物理-化学联用修复技术在修复重金属-有机污染物复合污染场地中也有巨大的潜力。例如,在电动力学-过硫酸盐修复过程中,使用柠檬酸和甲基-β-环糊精(MCD)作为增强剂修复被十溴二苯醚(BDE-209)和 Cu 污染的土壤,MCD 辅助处理对 BDE-209 和 Cu 的去除率分别为 88.6%和 54.3%,它被认为是复合污染土壤绿色、高效的修复技术。

与物理和化学修复技术相比,生物修复技术更适合于大规模的原位修复,采用重金属超积累植物与有机污染物高效修复植物进行间种或者套作方式可达到同时修复有机-无机污染物复合污染土壤的效果。例如,东南景天与根系发达的黑麦草或蓖麻采用套种的方式修复重金属和 PAHs 污染的土壤。现已报道了多株具有抗毒性、重金属吸附和有机污染物降解功能的微生物,并应用于复合污染土壤的修复。例如,具有耐 Cd 和 PAHs 代谢能力的细菌在不同污染物组合造成的土壤污染中表现出良好的修复潜力。从油污染污泥中分离出的微生物群可以通过降低表面张力产生生物表面活性剂,令疏水有机物发生明显的乳化作用,使微生物即使在含 Cu^{2+}、Zn^{2+}、Pb^{2+}的复合污染土壤中也能对萘、菲、芘和原油具有较高的吸附降解能力。植物-微生物相互作用可以同时实现修复重金属-有机污染物复合污染土壤的目的。接种既能降解三氯乙烯(TCE),又对 Ni 有耐性的工程内生菌后,可显著促进扁豆根际微生物对 TCE 的降解,同时提高了其对 Ni 的吸收。东南景天接种多菌灵降解菌,既能提高其对 Cd 的吸收率,又能协同植物吸收降解多菌灵。在实际应用过程中,外源细菌可能无法在复合污染的土壤中生存,可以通过生物强化和生物基因工程强化的方法增强植物-微生物联合修复重金属-有机污染物复合污染土壤的能力。

问题与习题

1. 简述土壤的概念及主要组成成分。
2. 简述土壤形成过程的概念及影响土壤形成的因素。
3. 简述土壤胶体的概念及主要类型。
4. 简述土壤吸附的概念及类型。
5. 简述土壤阳离子交换量和土壤盐基饱和度的概念。
6. 简述土壤酸的主要类型。
7. 简述土壤中常见的氧化还原体系。
8. 简述土壤生物的概念及主要特性。
9. 简述土壤质地及土壤结构的概念。
10. 简述土壤的功能。
11. 什么是土壤活性酸和潜性酸?
12. 什么是土壤环境背景值和土壤环境容量?
13. 简述土壤环境自净作用的概念及主要类型。
14. 简述土壤环境质量的概念。
15. 简述土壤退化的概念。
16. 简述我国土壤退化的现状。
17. 土壤退化的主要类型、成因及改良。
18. 土壤污染的概念及特点是什么?
19. 土壤污染物的主要类型有哪些并举例说明。
20. 土壤污染源有哪些?
21. 举例说明土壤污染的主要污染物及危害。
22. 简述土壤中重金属的迁移转化行为。
23. 土壤中有机污染物的吸附作用机理有哪些?
24. 土壤中有机污染物的降解主要包括哪些方式?
25. 简述土壤中生物污染物的扩散和传播行为。
26. 简述我国土壤污染防治法的主要内容。
27. 土壤污染的修复有哪些类型?各有哪些优缺点?
28. 简述生物修复技术的概念及主要类型。
29. 生物污染物污染土壤的控制与修复技术有哪些类型?
30. 复合污染土壤的修复技术有哪些?

主要参考文献

陈怀满. 2018. 环境土壤学. 3 版. 北京: 科学出版社.

陈楣. 2019. 双线共举管控并重——中国土壤环境质量标准解读. 中国生态文明, (1): 43-44.

戴树桂. 2006. 环境化学. 2 版. 北京: 高等教育出版社.

董玉瑛, 白日霞. 2019. 环境学. 北京: 科学出版社.

方淑荣. 2011. 环境科学概论. 北京: 清华大学出版社.

高彦征, 贺纪正, 凌婉婷, 等. 2002. 几种有机酸对污染土中 Cu 解吸的影响. 中国环境科学, (3): 244-248.

高彦征, 刘娟, 朱雪竹. 2016. 植物多环芳烃污染控制技术及原理: 利用功能内生细菌. 北京: 科学出版社.

龚子同, 张甘霖. 2003. 人为土壤形成过程及其在现代土壤学上的意义. 生态环境, 12: 184-191.

贺纪正, 郑袁明, 曲久辉. 2009. 土壤环境微界面过程与污染控制. 环境科学学报, 29: 21-27.

胡文友, 陶婷婷, 田康, 等. 2021. 中国农田土壤环境质量管理现状与展望. 土壤学报, 58: 1094-1109.

胡小婕, 秦超, 高彦征. 2022. 有机污染物对抗生素抗性基因水平转移的影响及机制. 科学通报, 67(35): 4224-4235.

黄昌勇, 徐建明. 2010. 土壤学. 3 版. 北京: 中国农业出版社.

黄昌勇, 徐建明. 2014. 土壤学. 3 版. 北京: 中国农业出版社.

黄颖. 2018. 不同尺度农田土壤重金属污染源解析研究. 杭州: 浙江大学.

李学垣. 2001. 土壤化学. 北京: 高等教育出版社.

凌婉婷, 李学垣, 贺纪正, 等. 2002. 土壤表面电荷特征与重金属吸附解吸的相互关系. 土壤通报, (6): 456-460.

秦超, 杨兵, 程浩, 等. 2022. 多环芳烃与胞外 DNA 非共价结合及机制. 科学通报, 67: 74-87.

曲久辉, 贺泓, 刘会娟. 2009. 典型环境微界面及其对污染物环境行为的影响. 环境科学学报, 29: 2-10.

邵超峰, 鞠美庭. 2021. 环境学基础. 北京: 化学工业出版社

吴翔. 2018. 典型土壤有机污染物赋存形态及影响因素. 杭州: 浙江大学.

熊毅. 1990. 土壤胶体. 北京: 科学出版社.

徐建明. 2019. 土壤学. 北京: 中国农业出版社.

杨元合, 石岳, 孙文娟, 等. 2022. 中国及全球陆地生态系统碳源汇特征及其对实现碳中和目标的贡献. 中国科学: 生命科学, 4: 534-574.

周健民, 沈仁芳. 2013. 土壤学大辞典. 北京: 科学出版社.

周启星, 宋玉芳. 2004. 污染土壤修复原理与方法. 北京: 科学出版社.

朱冬, 陈青林, 丁晶, 等. 2019. 土壤生态系统中抗生素抗性基因与星球健康: 进展与展望. 中国科学: 生命科学, 49: 1652-1663.

朱利中. 2011. 环境化学. 北京: 高等教育出版社.

朱利中. 2015. 土壤有机污染物界面行为与调控原理. 北京: 科学出版社.

朱永官, 欧阳纬莹, 吴楠, 等. 2015. 抗生素耐药性的来源与控制对策. 中国科学院院刊, 30: 509-516.

Achtman M, Wagner M. 2008. Microbial diversity and the genetic nature of microbial species. Nature Reviews Microbiology, 6: 431-440.

Albright M B N, Gallegos-Graves L V, Feeser K L, et al. 2022. Experimental evidence for the impact of soil viruses on carbon cycling during surface plant litter decomposition. ISME Communications, 2: 24.

Cao X D, Ma L N, Liang Y, et al. 2011. Simultaneous immobilization of lead and atrazine in contaminated soils using dairy-manure biochar. Environmental Science & Technology, 45: 4884-4889.

Chen J, Luo Y Q, van Groenigen K J, et al. 2018. A keystone microbial enzyme for nitrogen control of soil carbon storage. Science Advances, 4: 1689.

D'Costa V M, King C E, Kalan L, et al. 2011. Antibiotic resistance is ancient. Nature, 477: 457-461.

Glenn M M. 2020. Variables in the effect of land use on soil extrapore enzymatic activity and carbon stabilization. Nature Communications, 11: 6426.

Hu H W, Wang J T, Singh B K, et al. 2018. Diversity of herbaceous plants and bacterial communities regulates soil resistome across forest biomes. Environmental Microbiology, 20: 3186-3200.

Hu X J, Sheng X, Zhang W, et al. 2020. Nonmonotonic effect of montmorillonites on the horizontal transfer of antibiotic resistance genes to bacteria. Environmental Science & Technology Letters, 7: 421-427.

Hu Y F, Yang X, Qin J J, et al. 2013. Metagenome-wide analysis of antibiotic resistance genes in a large cohort of human gut microbiota. Nature Communications, 4: 2151.

Knapp C W, Dolfing J, Ehlert P A I, et al. 2010. Evidence of increasing antibiotic resistance gene abundances in archived soils since 1940. Environmental Science & Technology, 44: 580-587.

Lal R. 2018. Digging deeper: A holistic perspective of factors affecting soil organic carbon sequestration in agroecosystems. Global Change Biology, 24: 3285-3301.

Lehmann J, Hansel C M, Kaiser C, et al. 2020. Persistence of soil organic carbon caused by functional complexity. Nature Geoscience, 13: 529-534.

Li P, Feng X B, Qiu G L, et al. 2012. Mercury pollution in Wuchuan mercury mining area, Guizhou, south Western China: The impacts from large scale and artisanal mercury mining. Environment International, 42: 59-66.

Liao H, Li H, Duan C S. et al. 2022. Response of soil viral communities to land use changes. Nature Communications, 13: 6027.

Ling N, Wang T T, Kuzyakov Y. 2022. Rhizosphere bacteriome structure and functions. Nature Communications, 13: 836.

Liu L W, Li W, Song W P, et al. 2018. Remediation techniques for heavy metal-contaminated soils: Principles and applicability. Science of the Total Environment, 633: 206-219.

Luan L, Jiang Y J, Cheng M H, et al. 2020. Organism body size structures the soil microbial and nematode community assembly at a continental and global scale. Nature Communications, 11: 6406.

Ma B, Wang Y L, Zhao K K, et al. 2024. Biogeographic patterns and drivers of soil viromes. Nature Ecology & Evolution, 8: 717-728.

Terrer C, Phillips R P, Hungate B A, et al. 2021. A trade-off between plant and soil carbon storage under elevated CO_2. Nature, 591: 599-603.

Tiessen H, Cuevas E, Chacon P. 1994. The role of soil organic matter in sustaining soil fertility. Nature, 371: 783-785.

Zhang P, Chen Y G. 2017. Polycyclic aromatic hydrocarbons contamination in surface soil of China: A review. Science of the Total Environment, 605-606: 1011-1020.

Zheng X X, Jahn M T, Sun M M, et al. 2022. Organochlorine contamination enriches virus-encoded metabolism and pesticide degradation associated auxiliary genes in soil microbiomes. The ISME Journal, 16: 1397-1408.

第 3 章 水 体 环 境

水是地球生物至关重要的资源之一。本章包括水体环境的概述、水体污染与危害、水体中污染物迁移与转化,以及水体污染防治等重要内容,旨在探讨水体环境在人类生活和生态系统中的关键作用,揭示水体受到污染和破坏对环境和人类健康造成的严重影响。通过对水体污染物的迁移与转化机制的探讨,我们可以更好地了解污染物在水体中的行为规律,从而有针对性地制定水体污染防治策略,保护水资源、维护生态平衡,实现可持续发展的目标。在当今环境污染日益严重的背景下,本章内容的学习将有助于增强人们对水体环境问题的认识,促进全社会对水体环境保护的重视与行动。

3.1 水体环境概述

3.1.1 水资源

1. 全球水资源

1)全球淡水资源十分有限

水是人类和一切生物赖以生存的物质基础。全球水资源总量约为 $1.386 \times 10^9 \text{ km}^3$,但其中的 97.45% 为咸水,含盐量高,无法被人类直接利用。淡水资源仅占全球水资源总量的 2.55%,而在这极少的淡水资源中,又有 70% 以上被冻结在南极和北极的冰川、冰帽、永久积雪,以及地下冰和永久冻结带中,理论上人类真正能够利用的淡水资源是河流、湖泊和地下水中的淡水部分,这些不足全球水资源总量的 1%。实际上,人类可以利用的淡水量远低于此理论值,主要是因为在总降水量中,有些是落在无人居住的地区(如南极洲),或者降水集中于很短的时间内,由于缺乏有效的水利工程措施,很快地流入海洋之中。全球水资源储量的分布情况如表 3-1 所示。

表 3-1 全球水资源储量的分布估算

水源	水量/km³	淡水总储量比/%	总水量占比/%
大洋、大海和海湾	1 338 000 000	—	96.5
冰帽、冰川和永久积雪	24 064 000	1.74	1.74
地下水	23 400 000	0.76	1.69
土壤含水量	16 500	0.0015	0.001
地下冰和永久冻结带	300 000	0.022	0.022
湖泊	1 768 400	0.007	0.013

续表

水源	水量/km³	淡水总储量比/%	总水量占比/%
大气	12 900	0.0014	0.001
沼泽水	11 470	0.0008	0.0008
河流	2 120	0.0002	0.0002
生物水	1 120	0.0001	0.000 08
总计	1 387 576 510	—	100

资料来源：P. H. Gleick, 1996. 水资源, 天气气候百科全书, 编辑 S. H. Schneider, 哈佛大学出版社, 纽约, 第 2 卷, 第 817~823 页。

2) 全球淡水资源地区分布极不平衡

从各大洲水资源的分布来看，年径流量亚洲最多，其次为南美洲、北美洲、非洲、欧洲和大洋洲。从人均年径流量来看，全世界人均年径流量约 $1.0×10^4$ m³，各大洲人口压力不同，大洋洲人均年径流量最多，其次为南美洲、北美洲、非洲、欧洲、亚洲。亚洲人均年径流量最少，一方面是由于经济发展和消费方式转变等因素，全球水资源的需求正在以每年 1%的速度增长，亚洲有众多发展中国家和新兴经济体，其对水资源的需求增长较快，并且这一速度在未来二十年还将大幅加快；另一方面是由于人类对水资源的浪费，以及工业发展后废水的大量排放对水资源的污染、生态平衡的破坏，使水资源不断枯竭。21 世纪水资源正在变成一种宝贵的稀缺资源，水资源问题已不仅仅是自然资源问题，更上升成为关系到国家经济、社会可持续发展和长治久安的重大战略问题。

2. 中国水资源

1) 中国是全球人均水资源最贫乏的国家之一

中国水资源总量为 $2.8×10^{12}$ m³。其中地表水 $2.7×10^{12}$ m³，地下水 $0.83×10^{12}$ m³（其中地表水与地下水重复计算的水量为 $0.73×10^{12}$ m³）。总体而言，我国水资源总量仅次于巴西、俄罗斯、加拿大、美国、印度尼西亚五国，位居世界第六。但由于我国人口总量大，人均水资源占有量少，仅为世界平均水平的 1/4。耕地亩均占有水资源量约为世界平均水平的 2/3。

2) 中国水资源时空分布的不均匀性

我国水资源空间分布不均，与生产力布局相差悬殊。北方耕地面积占全国的 60.5%，而水资源总量却只占全国总量的 19.1%。南方耕地面积仅占全国的 39.5%，而水资源总量却占全国总量的 80.9%。降水量从东南沿海向西北内陆递减，依次可划分为多雨、湿润、半湿润、半干旱、干旱五种地带。降水量年际变化波动较大，年内分配极为不均，七大江河普遍具有连续丰水年或枯水年的周期性变化，丰水年与枯水年水资源量的比值南方水资源区为 3.0~5.0，北方水资源区最大可达 10.0。水资源时空分配上的不均，造成北方水资源区干旱灾害和南方水资源区洪涝灾害频繁发生，也使南方水资源区常出现季节性干旱缺水。

> **案例 3.1　南水北调**
>
> 　　南水北调工程是缓解中国华北和西北地区水资源短缺的国家战略性工程，是将中国长江流域丰盈的水资源抽调一部分输送到华北和西北地区。我国南涝北旱，南水北调工程通过水资源跨流域调配，促进南北方经济、社会与人口、资源、环境的协调发展。
>
> 　　南水北调工程分东、中、西三条线路，东线工程起点位于长江下游的江苏扬州江都水利枢纽，途经江苏、山东、河北三省，向华北地区输送生产生活用水，目的是通过跨流域水资源合理配置解决我国北方地区水资源短缺的状况，保障经济、社会与人口、资源、环境的协调发展。中线工程从长江最大支流汉江中上游的丹江口水库边引水，经长江流域与淮河流域的分水岭南阳方城垭口，沿唐白河流域和黄淮海平原西部边缘开挖渠道，在河南省荥阳市王村通过隧道穿过黄河，沿京广铁路西侧北上，自流到北京颐和园团城湖。西线工程是指从四川长江上游支流雅砻江、大渡河等长江水系调水，至黄河上游青、甘、宁、内蒙古、陕、晋等地的长距离调水工程，是弥补黄河上游水资源不足，解决我国西北地区干旱缺水，促进黄河治理开发的重大战略工程。
>
> 　　通过三条调水线路与长江、黄河、淮河和海河四大江河的联系，构成以"四横三纵"为主体的总体布局，以实现中国水资源南北调配、东西互济的合理配置格局。

3.1.2　水循环

1. 自然水循环

地球表面的水以气态、液态和固态的形式在陆地、海洋和大气间不断循环的过程就是水循环。在太阳能的作用下，海洋表面的水蒸发到大气中形成水汽，水汽随大气环流运动，一部分进入陆地上空，在一定条件下形成雨雪等降水；大气降水到达地面后转化为地下水、土壤水和地表径流；地下径流和地表径流最终又回到海洋，由此形成淡水的动态循环。降水、蒸发和径流是水循环过程的三个最重要环节，这三个环节构成的水循环决定着全球的水量平衡，也决定着一个地区的水资源总量。

2. 社会水循环

由于城市化、工业化的不断扩张，为了满足生活和生产的需求，人类社会不断取用天然水体中的水。经过使用后，一小部分天然水被消耗，剩余的绝大部分以生活污水和生产废水的形式被排放，经过处理后，重新进入天然水体，这个过程属于水的社会循环。水的社会循环的前一半称为给水（或供水），后一半称为排水。给水、排水一直作为城市基础设施的一部分，随着城市和工业的发展而发展。

3. 全球变暖对水循环的影响

水循环是联系地球各圈和各种水体的"纽带"。一方面，全球变暖加速了水循环过程：人类生产和社会经济发展导致的 CO_2、CH_4、CFCs 等温室气体浓度的显著增加破坏了地球大气系统辐射平衡，引起全球变暖，导致蒸发量增大，水循环加快；另一方面，水循环的改变能够影响海洋的淡水通量，引发海洋盐度、流场及温度场的异常，海洋的异常又能够进一步反馈给大气，对冷暖气候变化起到了重要的作用，从而诱导全球气候的变化，水汽反馈是全球变暖过程中最显著的正反馈过程。

3.1.3 水危机

1. 水危机概念

水危机是指自然灾害和社会与经济异常或突发事件发生时，对正常的水供给或水灾害防御秩序造成威胁的一种情形。水危机分为自然水危机和人为水危机。自然水危机指如暴雨、山洪、干旱、台风、地震、泥石流等自然力直接破坏水供给与水灾害防御秩序的稳定而造成的威胁或危害。人为水危机指人的主观行为直接给水安全造成的威胁或危害，如人为水污染、人为取水工程破坏等。

2. 水资源开发与水危机

在发展中国家，有些城市人口的增长以及工业生产都已大大超过其供水的承受能力，造成城市水资源的危机。植被减少、过度开采等，不仅造成大量水库、河流、湖泊干涸缺水，地下水位下降，甚至形成"漏斗"区，导致地下水资源的恶性循环。特别是近几年，受干旱高温天气的影响，不少国家（地区）发生了水资源危机。科学解决当前社会水循环中水资源开发、利用、节约、保护等难题，为水资源高效利用，以及人类与自然水循环和谐共处提供合理方案与技术路径，是防止水危机、保障水资源可持续利用的根本举措。

案例 3.2 海绵城市

当前的中国面临水资源短缺、水质污染、洪水、城市内涝、地下水位下降等各种水问题，这些水问题的综合征带来的水危机并不是水利部门或者某一部门管理下发生的问题，而是一个宏观的系统性问题。海绵城市正是立足于我国的水情特征提出的相对综合全面的解决方案。这是我国继园林城市、森林城市、生态城市、低碳城市等一系列政策引导的城市建设理念后出现的新概念。我国《海绵城市建设技术指南——低影响开发雨水系统构建（试行）》中将海绵城市的概念明确定义为：城市能够像海绵一样，在适应环境变化和应对自然灾害等方面具有良好的"弹性"，下雨时吸水、蓄水、渗水、净水，需要时将蓄存的水"释放"并加以利用。海绵城市的核心是从生态系统服务出发，结合多类具体技术，跨尺度构建水生生态系统基础设施。其内涵为：①以"自然积存、自然渗透、自然净化"为特征，从"水适应人"转向"人适应水"；②构建高效、集约的以景观为载体的水生态基础设施；③海绵城市是一系列具体的雨洪管理技术的继承和提炼，是大量实践经验的归纳和总结，既传承了古代朴素的极具生态价值的经验和智慧，又吸纳了当代西方先进的雨洪管理技术。

3.1.4 水体与天然水的组成

1. 水体的概念

水体是地表水圈的重要组成部分，是以相对稳定的陆地为边界的天然水域。水体一般是指江、河、湖、海、地下水、冰川等的总称。在环境学领域中则把水体当作包括水中的悬浮物、溶解物质、底泥和水生生物等完整的生态系统或完整的综合自然体来看。水体按类型可划分为海洋水体和陆地水体，其中陆地水体又包括地表水体（如河流、湖泊等）和地下水体。

2. 天然水的组成

天然水在自然循环过程中不断地与环境共存物质发生作用，因此自然界不存在化学概念上的纯水。天然水中溶解和混杂了某些固态、液态或气态的物质，这些物质大多以分子、离子和胶体颗粒状态存在。因此，除水本身外，天然水中的物质组成主要包括：

（1）溶解性离子（K^+、Na^+、Ca^{2+}、Mg^{2+}、HCO_3^-、NO_3^-、Cl^-和SO_4^{2-}）；

（2）溶解性气体（N_2、O_2、CO_2、H_2S、CH_4、H_2、He）；

（3）微量元素（I、Br、Fe、Cu、Ni、Ti、Pb、Zn、Mn等）；

（4）胶体物质（黏土矿物、氢氧化铁、氢氧化铝等无机胶体以及蛋白质、腐殖质等有机胶体）；

（5）悬浮物质（泥沙、黏土、细菌、藻类及原生动物等）。

天然水中所含的物质种类、数量、结构均与天然水自然背景有关。以天然水中所含的物质作为背景值，可以判断人类活动对水体的影响程度，以便及时采取措施，提高水体水质，使之朝着有益于人类的方向发展。

3.1.5 水质指标

水质是指水与其中杂质共同表现出来的物理、化学和生物学的综合特性。水质指标是指各种受污染水中污染物质的最高容许浓度或限量阈值的具体限制和要求，是判断水污染程度的具体衡量尺度。水质指标分为物理指标、化学指标、生物学指标和放射性指标。

1. 物理指标

1）温度

部分工业废水排入水体使其温度升高，一方面导致水中溶解氧减少，另一方面加速水体微生物耗氧反应，最终导致水体缺氧或水质恶化，引起水体的热污染。

2）色度

天然水的颜色是由水中所含溶解物质或胶体物质所致，即除去水中悬浮物质后所呈现的颜色。纯净的天然水一般是无色透明的。

3）嗅和味

天然水无色无嗅，当水体受到污染后会产生异样气味。水的异嗅来源于还原性硫和氮的化合物、挥发性有机物和氯气等污染物质。

4）浊度

水中由于含有悬浮及胶体状态的杂质，通过水样的光线会被部分吸收或散射，而不是全部呈直线穿透，从而产生浑浊现象。水的浑浊程度可以用浊度来表示。浊度的大小与水中不溶解物质的颗粒尺寸、形状和折射指数等有关。

2. 化学指标

1）pH

pH 反映水的酸碱性质，是重要的水质指标之一。pH 影响水体中污染物的存在状态、水解作用和弱电解质的电离度等，而且对水体底泥和悬浮物中有毒物质的吸附、溶解、迁移都有较大的影响。pH 对于污水处理、综合利用，以及水体自净具有重要意义。因此，pH 是水质检验的重要指标之一。

2）化学需氧量

化学需氧量（COD）是指在一定条件下，用强氧化剂（重铬酸钾 $K_2Cr_2O_7$、高锰酸钾 $KMnO_4$ 等）处理水样中的有机物时所消耗的氧化剂折算为氧的量，以 mg/L 来表示。当氧化剂为 $K_2Cr_2O_7$ 时表示为 COD_{Cr}；当氧化剂为 $KMnO_4$ 时表示为 COD_{Mn}。COD 反映了水体受还原性物质污染的程度，COD 越高，表示水中的有机污染物越多。

3）生化需氧量

生化需氧量（BOD）是指在一定条件下，好氧微生物氧化分解单位体积水中有机物所消耗的溶解氧的量。BOD 反映了水体中可被生物降解的有机物的含量，BOD 越高，表明水中有机污染物越多。为了便于比较和观测，一般采用 20℃时被微生物分解 5 d 所消耗的氧量来表示，记为 BOD_5。

4）总有机碳

总有机碳（TOC）是水中有机物所含碳的总量。水样在高温燃烧氧化过程中有机碳氧化成 CO_2，根据 CO_2 的增量，确定水样中有机碳的总量，测定结果以碳表示。

5）氮和磷

氮和磷是植物和微生物生长过程中所需的营养物质，其大量进入水体会导致水体富营养化。目前氮磷污染已经上升成为水污染防治的主要问题，是影响流域水质改善的重要因素，因此氮和磷是备受关注的营养性指标。

水中氮的形态主要包括总氮、氨氮、硝态氮、亚硝态氮等。总氮是水中各种形态无机氮和有机氮的总量，包括硝态氮、亚硝态氮、氨氮等无机氮和蛋白质、氨基酸、有机胺等有机氮，以每升水含氮的毫克数计算，是衡量水体受营养物质污染程度的重要指标之一。氨氮是指游离氨（或称非离子氨，NH_3）及离子铵盐（NH_4^+）之和。硝态氮是指水中以硝酸盐（NO_3^-）形式存在的氮。亚硝态氮是指以亚硝酸盐（NO_2^-）形式存在的氮。

磷是限制水体藻类生长繁殖的关键因素，磷的水质指标通常使用总磷来表示，包括各种有机磷和无机态的磷酸盐。

3. 生物学指标

生物学指标反映水中致病微生物和病毒含量。水处理中常用的生物学指标主要包括细菌总数、大肠菌群、病毒等。

1）细菌总数

水质分析中，常用 37℃条件下 1 mL 水样在营养琼脂培养基中培养 24 h 后所生长的细菌菌落的总数作为细菌总数的衡量指标。细菌总数是反映水体受到生物污染程度的指标。细菌总数增多表示水质状况恶化，但不能说明污染物的来源和性质，要结合大肠菌群数的测定才能判断水质的安全程度。

2）大肠菌群

大肠菌群是指单位体积水中所含的大肠菌群的数目，单位为个/L。大肠菌群多源于动物粪便，大肠菌群数的值可以反映水样被粪便污染的程度，间接表明有肠道致病菌存在的可能。生活饮用水中要求不得检出大肠菌群。

3）病毒

水体中的多种病毒，如肝炎病毒、脊髓灰质炎病毒等，可以通过水体传染，因此已引起人们的高度重视。这些病毒也存在于人的肠道中，通过患者粪便污染水体。目前我国现行的《生活饮用水卫生标准》（GB 5749—2022）对病毒还没有明确的规定，但标准中对浊度和消毒有严格的规定和要求，保证了饮用水处理工艺对病毒的去除和灭活。

4. 放射性指标

水体放射性污染主要来自核试验、核动力、核工业和核医学等产生的废水。放射性污染物进入水体后可以附着在生物体表面，也可以进入生物体蓄积起来，还可通过食物链进入人体，对人体产生内照射。放射性活度（radioactivity），即放射性的强度，是指放射性核素每秒衰变的原子数。放射性指标包括总 α 放射性、总 β 放射性、镭-226、镭-228 等。

3.1.6 水质标准

为了保护天然水体的质量，需要建立相应的水环境质量标准，控制水体水质达到一定的水环境标准要求，以便保护水体并合理安全开发水资源。此外，针对不同用途的水，要建立起相应的物理、化学和生物学的质量标准，对水中的杂质加以一定的限制；针对排入水体的生活污水和生产废水，要建立相应的排放标准，保护天然水体的水质不因污水的排入而恶化甚至破坏。下面重点介绍几种常用的水质标准。

1. 水环境质量标准

1）地表水环境质量标准

为加强地表水环境管理，防止水环境污染，保障人体健康，维护良好的生态系统，目前我国国家标准《地表水环境质量标准》（GB3838—2002），按照地表水环境功能分类和保护目标，将我国地表水水域环境划分为五类，规定了各类地表水环境质量应控制的项目及限值（表3-2），以及水质评价、水质项目的分析方法和标准的实施与监督。

表3-2 《地表水环境质量标准》基本项目标准限制

序号	项目		I类	II类	III类	IV类	V类
1	水温/℃		人为造成的环境水温变化应限制在：周平均最大温升≤1，周平均最大温降≤2				
2	pH		6~9				
3	溶解氧/(mg/L)	≥	饱和度90%（或7.5）	6	5	3	2
4	高锰酸盐指数	≤	2	4	6	10	15
5	化学需氧量（COD）/(mg/L)	≤	15	15	20	30	40
6	五日生化需氧量（BOD_5）/(mg/L)	≤	3	3	4	6	10
7	氨氮（NH_3-N）/(mg/L)	≤	0.15	0.5	1.0	1.5	2.0
8	总磷（以P计）/(mg/L)	≤	0.02（湖、库 0.01）	0.1（湖、库 0.025）	0.2（湖、库 0.05）	0.3（湖、库 0.1）	0.4（湖、库 0.2）
9	总氮（湖、库，以N计）/(mg/L)	≤	0.2	0.5	1.0	1.5	2.0
10	铜/(mg/L)	≤	0.01	1.0	1.0	1.0	1.0
11	锌/(mg/L)	≤	0.05	1.0	1.0	2.0	2.0
12	氟化物（以F-计）/(mg/L)	≤	1.0	1.0	1.0	1.5	1.5
13	硒/(mg/L)	≤	0.01	0.01	0.01	0.02	0.02
14	砷/(mg/L)	≤	0.05	0.05	0.05	0.1	0.1
15	汞/(mg/L)	≤	0.00005	0.00005	0.0001	0.001	0.001
16	镉/(mg/L)	≤	0.001	0.005	0.005	0.005	0.01
17	铬（六价）/(mg/L)	≤	0.01	0.05	0.05	0.05	0.1
18	铅/(mg/L)	≤	0.01	0.01	0.05	0.05	0.1
19	氰化物/(mg/L)	≤	0.005	0.05	0.2	0.2	0.2
20	挥发酚/(mg/L)	≤	0.002	0.002	0.005	0.01	0.1
21	石油类/(mg/L)	≤	0.05	0.05	0.05	0.5	1.0
22	阴离子表面活性剂/(mg/L)	≤	0.2	0.2	0.2	0.3	0.3
23	硫化物/(mg/L)	≤	0.05	0.1	0.2	0.5	1.0
24	粪大肠菌群/(个/L)	≤	200	2000	10000	20000	40000

地表水水域环境功能由高到低划分如下：

I类，主要适用于源头水、国家自然保护区；

II类，主要适用于集中式生活饮用水地表水源地一级保护区、珍稀水生生物栖息地、鱼虾类产卵场、仔稚幼鱼的索饵场等；

III类，主要适用于集中式生活饮用水地表水源地二级保护区、鱼虾类越冬场、洄游通道、水产养殖区等渔业水域及游泳区；

Ⅳ类，主要适用于一般工业用水区及人体非直接接触的娱乐用水区；

Ⅴ类，主要适用于农业用水区及一般景观要求水域。

对应地表水上述五类水域功能，将地表水环境质量标准基本项目标准值分为五类，不同功能类别分别执行相应类别的标准值。水域功能类别高的标准值严于水域功能类别低的标准值。同一水域兼有多类使用功能的，执行最高功能类别对应的标准值。

2）地下水质量标准

近年来，随着我国工业化进程加快，人工合成的各种化学物质投入使用，地下水中各种化学组分正在发生变化；与此同时，随着分析技术不断进步，以及为了适应地下水环境质量调查和评价需要，2018年5月1日我国正式实施了新版《地下水质量标准》(GB/T 14848—2017)，规定了地下水质量分类、指标及限值，地下水质量调查与监测，地下水质量评价等内容。与修订前相比，新版标准将水质指标由39项增加至93项，其中有机污染指标增加了47项。

依据我国地下水质量状况和人体健康风险，参照生活饮用水、工业、农业等用水质量要求，依据各组分含量高低（pH除外），将地下水质量分为五类。

Ⅰ类：地下水化学组分含量低，适用于各种用途；

Ⅱ类：地下水化学组分含量较低，适用于各种用途；

Ⅲ类：地下水化学组分含量中等，主要适用于集中式生活饮用水水源及工农业用水；

Ⅳ类：地下水化学组分含量较高，以农业和工业用水质量要求以及一定水平的人体健康风险为依据，适用于农业和部分工业用水，适当处理后可作生活饮用水；

Ⅴ类：地下水化学组分含量高，不宜作为生活饮用水水源，其他用水可根据使用目的选用。

2. 各类用水水质标准

1）生活饮用水卫生标准

面对我国发展形势的新变化，国家发布并实施了新版《生活饮用水卫生标准》(GB 5749—2022)。新标准缩小城乡饮用水水质标准差距，对小型集中供水和分散供水的水质要求更高。与原标准相比，新标准更加关注：① 色度、浑浊度、嗅和味等感官指标；② 水中的部分有机物与消毒剂反应生成的具有致癌、致畸、致突变风险的消毒副产物；③ 风险变化。此外，新标准进一步提高了部分指标限值。一是取消了硝酸盐（以 N 计）、浑浊度、化学耗氧量（COD_{Mn}法）等在水源或净水条件限制时指标限值的放宽；二是提高了对游离氯余量、氯乙烯、三氯乙烯指标的限值要求。

2）城市污水再生回用标准

水资源短缺是我国的基本国情之一，提高水资源的再生利用率是解决城市缺水，保障水资源可持续利用的重要措施。城市污水再生利用是减轻水体污染，改善生态环境，解决城市缺水的有效途径之一。污水的再生利用是指以污水为再生水源，经再生工艺净化处理后，使其达到可再次利用的水质标准，其通常可作为城市杂用水、景观环境用水、地下水回灌用水、工业用水、灌溉用水等。目前，国内污水再生利用的多元化需求与发展,对标准和政策提出了更高的要求,如果不进行规范化管理,就容易造成环境的二次污染。鉴于此,从2002年起,在原建设部的牵头下,国家编制了城市污水再生利用系列标准。系列标准从技术层面上明确了城市污水再生利用技术发展的方向和原则,填补了我国城市污水再生利用国家标准的空白,为我国污水安全处理和资源化利用提供了技术指导。目前已经发布实施的城市污水再生利用标准共7项,以下是该系列标准。

《城市污水再生利用 分类》(GB/T 18919—2002),规定了城市污水再生利用分类的原则、类别和范围,是该系列标准中的基础标准,为制定城市污水再生利用各类水质标准提供依据。

《城市污水再生利用 城市杂用水水质》(GB/T 18920—2020)。城市杂用水是指用于厕所冲洗、洗车、扫除、消防、建筑施工等的再生水。标准规定了城市杂用水水质标准、采样及分析方法。该标准于2002年首次发布,并于2020年进行了修订。

《城市污水再生利用 景观环境用水水质》(GB/T 18921—2019)。该标准旨在满足缺水地区对娱乐性水环境的需要,指标的确定方面以考虑它的美学价值及人的感官接受能力为主。

《城市污水再生利用 地下水回灌水质》(GB/T 19772—2005)。再生水的水质及其回灌技术将直接影响地下水和含水层的状态,不良影响具有滞后性和长期性,因此再生水回灌地下水是一项极为严谨的工作。该标准规定了作为补充水源的再生水进行地下水回灌时应控制的项目和指标。

《城市污水再生利用 工业用水水质》(GB/T 19923—2005)。城市用水绝大部分是工业用水,再生水代替自来水用于工业是缓解城市水荒、保持工业可持续发展的有效措施。该标准规定了再生水作为工业用水的水质标准、再生利用方式、监测频率和分析方法等内容。

《城市污水再生利用 农田灌溉用水水质》(GB/T 20922—2007)、《城市污水再生利用 绿地灌溉水质》(GB/T 25499—2010)。这两项标准所规定的都是作为灌溉用的再生水,指标的选择上有一定的一致性,但又不尽相同。

3)其他水质标准

当污水用于农田灌溉时,为防止土壤、地下水和农产品污染,保障人体健康,维护生态平衡,国家环境保护局于1992年开始执行《农田灌溉水质标准》(GB 5084—1992),并分别于2005年及2021年进行了修订。为了防止和控制渔业水域水质污染,保证鱼、虾、贝、藻类正常生长、繁殖和水产品的质量,制定了《渔业水质标准》(GB 11607—1989)。为了防止和控制海水污染,保护海洋生物资源和其他海洋资源,促进海洋资源的可持续利用,维护海洋生态平衡,制定了《海水水质标准》(GB 3097—1997)。

其他工业用水如生产工艺用水、锅炉用水、冷却用水等都有相应的水质要求,在这里不一一叙述了。

3. 排放标准

污水排放标准是根据受纳水体的水质要求,结合环境特点和社会、经济、技术条件,对排入环境的废水中的水污染物或有害因子规定的允许排放量(浓度)或限值,是判定排污活动是否违法的依据。污水排放标准根据控制形式可分为浓度标准和总量控制标准。根据地域管理权限可分为国家排放标准、行业排放标准、地方排放标准。国家排放标准按照污水排放去向，规定了水污染物最高允许排放浓度，适用于排污单位水污染物的排放管理，以及建设项目的环境影响评价、建设项目环境保护设施设计、竣工验收及其投产后的排放管理。

1）污水综合排放标准

污水排放标准是根据受纳水体的水质要求，结合环境特点和社会、经济、技术条件，对排入环境的废水中的水污染物或有害因子规定的允许排放量（浓度）或限值，是判定排污活动是否违法的依据。例如，1996年修订的《污水综合排放标准》（GB 8978—1996）适用于排放污水和废水的所有企事业单位，并将排放的污染物按其性质分为两类。

第一类污染物，是指能在环境或动物体内积累，对人体健康产生长远不良影响者。含有此类有害污染物的污水，不分行业和污水排放方式，也不分受纳水体的功能类别，一律要求在车间或车间处理设施的排放口采样，其最高允许排放浓度必须达到《污水综合排放标准》（GB 8978—1996）的要求（采矿行业的尾矿坝出水口不得视为车间排放口）。该类污染物最高允许排放浓度见表3-3。

表3-3 第一类污染物最高允许排放浓度

序号	污染物	最高允许排放浓度
1	总汞/（mg/L）	0.05
2	烷基汞/（mg/L）	不得检出
3	总镉/（mg/L）	0.1
4	总铬/（mg/L）	1.5
5	六价铬/（mg/L）	0.5
6	总砷/（mg/L）	0.5
7	总铅/（mg/L）	1.0
8	总镍/（mg/L）	1.0
9	苯并[a]芘（BaP）/（mg/L）	0.000 03
10	总铍/（mg/L）	0.005
11	总银/（mg/L）	0.5
12	总α放射性/（Bq/L）	1
13	总β放射性/（Bq/L）	10

第二类污染物，是指长远影响小于第一类污染物的污染物质，含有此类污染物的污水在排污单位的排放口采样，其最高允许排放浓度必须达到标准要求。

为了更好地落实污水排放管控措施，改善地表水环境质量，在《污水综合排放标准》（GB 8978—1996）的基础上又形成了地方污水综合排放标准和行业污水排放标准两大体系，前者如上海市《污水综合排放标准》（DB 31/199—2018），后者如《磷肥工业水污染物排放标准》（GB 15580—2011）、《肉类加工工业水污染物排放标准》（GB 13457—1992）。国家污水综合排放标准与国家行业排放标准不交叉执行。

2）城镇污水处理厂污染物排放标准

城镇污水占我国污水排放的绝大部分，我国现阶段执行的城镇污水排放标准为《城镇污水处理厂污染物排放标准》（GB 18918—2002）。根据污染物的来源及性质，将污染物控制项目分为基本控制项目和选择控制项目两类。基本控制项目主要包括影响水环境和城镇污水处理厂一般处理工艺可以去除的常规污染物，以及部分第一类污染物，共19项（表3-4和表3-5）。根据城镇污水处理厂排入地表水域环境功能和保护目标，以及污水处理厂的处理工艺，将基本控制项目的常规污染物标准值分为一级标准、二级标准和三级标准。其中一级标准分为A标准和B标准。基本控制项目必须执行。

表3-4 基本控制项目最高允许排放浓度（日均值）

序号	基本控制项目		一级标准		二级标准	三级标准
			A 标准	B 标准		
1	化学需氧量（COD）/（mg/L）		50	60	100	120[a]
2	生化需氧量（BOD_5）/（mg/L）		10	20	30	60[a]
3	悬浮物（SS）/（mg/L）		10	20	30	50
4	动植物油/（mg/L）		1	3	5	20
5	石油类/（mg/L）		1	3	5	15
6	阴离子表面活性剂/（mg/L）		0.5	1	2	5
7	总氮（以N计）/（mg/L）		15	20	—	—
8	氨氮（以N计）[b]/（mg/L）		5（8）	8（15）	25（30）	—
9	总磷（以P计）/（mg/L）	2005年12月31日前建设的	1	1.5	3	5
		2006年1月1日起建设的	0.5	1	3	5
10	色度（稀释倍数）		30	30	40	50
11	pH		6～9			
12	粪大肠菌群数/（个/L）		$1×10^3$	$1×10^4$	$1×10^4$	—

a. 下列情况下按去除率指标执行：当进水COD大于350 mg/L时，去除率应大于60%；BOD大于160 mg/L时，去除率应大于50%。

b. 括号外数值为水温>12℃时的控制指标，括号内数值为水温≤12℃时的控制指标。

表3-5 部分一类污染物最高允许排放浓度（日均值） （单位：mg/L）

序号	项目	标准值
1	总汞	0.001
2	烷基汞	不得检出
3	总镉	0.01
4	总铬	0.1
5	六价铬	0.05
6	总砷	0.1
7	总铅	0.1

资料来源：《城镇污水处理厂污染物排放标准》（GB 18918—2002）。

另外，该标准还规定了城镇污水处理厂废气排放和污泥处置（控制）的污染物限值。居民小区和工业企业内独立的生活污水处理设施污染物的排放管理，也按该标准执行。

3）行业排放标准

根据部分行业排放污水的特点和治理技术发展水平，国家对部分行业制定了国家行业排放标准，如《畜禽养殖业污染物排放标准》（GB 18596—2001）、《制浆造纸工业水污染物排放标准》（GB 3544—2008）、《肉类加工工业水污染物排放标准》（GB 13457—1992）、《纺织染整工业水污染物排放标准》（GB 4287—2012）、《船舶水污染物排放控制标准》（GB 3552—2018）。

3.2 水体污染与危害

3.2.1 水体污染概念

根据《中华人民共和国水污染防治法》，水体污染是指水体因某种物质的介入，而导致其化学、物理、生物或者放射性等方面特性的改变，从而影响水的有效利用，危害人体健康或者破坏生态环境，造成水质恶化的现象。

造成水体污染的原因有两类：一是人为因素造成的，主要是工业企业排放的废水。此外，还包括生活污水、农田排水，以及堆积的垃圾经降雨淋洗流入水体的污染物等。二是自然因素造成的，诸如岩石的风化和水解、火山喷发、水流冲蚀地面、大气降尘的降水淋洗。人为因素造成的水体污染占大多数，因此通常所说的水体污染主要是人为因素造成的。

3.2.2 水体污染源

水体污染源是指造成水体污染的发生源，通常是指向水体排入污染物或对水体产生有害影响的场所、设备和装置。水体污染源根据不同的分类方法，可以有不同的分类形式。按污染物的发生源地可分为工业污染源、生活污染源、农业污染源；按排放污染物的种类可分为有机污染源、无机污染源、热污染源、噪声污染源、放射性污染源等；按污染物排放空间分布方式可分为点污染源（点源）和非点污染源（面源），这也是一种常见的水体污染源分类方式。

1. 点源污染

点源污染指有固定排放点的污染源，包括工业废水和城市生活污水，通常由固定的排污口集中排放。

（1）工业污染源：指工业企业生产过程中排出的废水，是最重要的水体污染源。工业废水排放量大，分布面广，污染物种类多，成分复杂，毒性强，处理难度大。

工业废水分类方法通常有以下三种：① 按工业废水中所含主要污染物的化学性质，可以分为含无机污染物为主的无机废水和含有机污染物为主的有机废水。其中，无机废水如电镀废水、采矿工业的尾矿水，以及采煤炼焦工业的洗煤水等。有机废水如造纸、制糖、食品或石油加工过程中产生的废水等。② 按工业企业的产品和加工对象分类,可以分为冶金废水、造纸废水、炼焦煤气废水、金属酸洗废水、纺织印染废水、制革废水、农药废水、电站废水等。③ 按废水中所含污染物的主要成分分类可以分为酸性废水、碱性废水、含氰废水、含铬废水、含酚废水、含油废水、含硫废水和放射性废水等。工业废水水质因工业生产类型不同呈现出显著差异(表 3-6)。

表 3-6 主要工业废水的污染物及水质特性

工业部门	废水中主要污染物
化学工业	各种盐类、Hg、As、Cd、氰化物、苯类、酚类、醛类、醇类、农药、洗涤剂、氯仿、氯乙烯、多氯联苯、硝基化合物、氨基化合物等
石油化学工业	油类、有机物、硫化物、氢化物、芳烃、酮类
有色金属冶炼	酸、Cu、Pb、Zn、Hg、Cd、As 等重金属
钢铁工业	酚、氰化物、多环芳香烃化合物、油、酸
纺织印染工业	染料、酸、碱、硫化物、各种纤维素悬浮物、硝基化合物、砷
制革工业	铬、锌、蛋白酶、硫化物、盐、酸、醛类
造纸工业	碱、木质素、硫化物、砷、悬浮物等
采矿工业	重金属、酸、悬浮物等
火力发电	热污染、酸、悬浮物
核电站	放射性物质、热污染
建材工业	悬浮物
食品加工工业	有机物、细菌、病毒、油脂
机械制造工业	酸、重金属、油类等
电子及仪器仪表工业	酸、重金属等

(2)生活污染源:指来源于居民和公共建筑的居民日常生活中排放的生活废水。生活污水的成分相对比较稳定,所含的污染物主要是无毒有机物,如糖类、淀粉、纤维素、油脂、蛋白质、尿素等,其中氮、磷、硫含量较高。此外,还含有 Zn、Cu、Mn、Pb 等微量元素,以及大量病原微生物,如寄生虫虫卵和肠道传染病病毒等。存在于生活污水中的有机物极不稳定,容易腐化而产生恶臭。

2. 非点源污染

非点源污染源指污染物以面形式分布和排放而造成水体污染的发生源。非点源污染物无固定出口,在较大范围通过降水、地面径流进入水体,具有面广、分散、难以收集、难以治理的特点。农业面源污染是主要的非点源污染。

(1)农业面源污染:指农牧业生产排出的废水,或是灌溉水流过农田或经农田渗漏排出的废水造成的污染。化肥农药的大量施用,使农业生产活动变成主要的面源污染源。施用于农田的氮、磷、钾肥,经过降水的淋洗和冲刷引起的水体富营养化,以及高残留、难降解的农药引起的水体污染,是一直以来受到普遍关注的农业面源污染问题。此外,近年来规模化养殖场产生了大量的畜禽养殖粪水。畜禽养殖粪水含有较高浓度的悬浮物、有机物，以及氮和磷，是典型的"三高"类废水。畜禽养殖粪水如果不能被合理地处理与处置，就可能严重污染周边环境，这使得畜禽养殖业逐渐成为农业第一大污染源。畜禽养殖粪水的减量化、资源化、无害化处理迫在眉睫。同时，畜禽养殖粪水中抗生素和重金属的残留以及带来的环境污染也是目前关注的焦点问题。

（2）城市面源污染：指城市地表的污染物在降雨径流的淋溶冲刷作用下，以广域、分散的形式进入水体而导致水体污染。城市暴雨径流具有间歇式排放的特征，其作为污染物迁移转化的主要驱动力，是城市非点源污染的主要原因。

（3）其他面源污染：除以上面源污染之外，还有矿区面源污染和林地面源污染等非点源污染形式。矿区面源污染是指矿山开采过程产生的废水，以及散落于矿区地表的泥沙、盐类、酸类物质和残留矿渣等污染物随地表径流进入水体，形成的水体污染。林地面源污染是指林地地表植物枯枝、落叶残体及其形成的腐殖物质随降雨形成地表径流造成的水体污染。

3.2.3 水体污染物及其危害

使水体的水质、生物质、底泥质量恶化的各种物质称为水体污染物。水体污染物种类繁多，根据其种类和性质可将其分为无机无毒物、无机有毒物、有机无毒物、有机有毒物、油类污染物、病原体，以及放射性污染物等。

1. 无机无毒物

无机无毒物主要指对人体或生物无直接毒害作用的无机物，主要包括颗粒状无机污染物，酸、碱、无机盐，以及氮磷等植物营养物质。

1）颗粒状无机污染物

砂粒、矿渣等颗粒状无机性污染物质，一般是和颗粒状有机性污染物质混在一起统称悬浮物或悬浮固体。它们主要来自水土流失、污水排放，以及雨水径流等过程。虽然颗粒状无机污染物本身无毒，但它们会吸附一些有毒物质，扩大有毒物质的污染范围。

各类废水中均有悬浮物，排入水体后影响水体外观和透明度，降低水中藻类的光合作用，对水生生物生长不利。悬浮物还有吸附、凝聚重金属等有毒物质的能力。

2）酸、碱、无机盐

酸性废水主要来源于矿山排水、工业废水以及酸雨。碱性废水主要来自碱法造纸、化学纤维造纸、制碱、制革等工业生产活动。酸性废水和碱性废水可相互中和产生各种盐类，酸性废水、碱性废水亦可与地表物质相互作用，生成无机盐类。所以，酸性或碱性废水造成的水体污染必然伴随着无机盐的污染。

酸、碱污染可使水体的 pH 发生变化，当水体 pH 小于 6.5 或大于 8.5 时，微生物的生长受到抑制，水体的自净能力受到影响，并能改变土壤性质，危害农、林、渔业生产，破坏生态平衡。此外，酸、碱污染物可增加水中无机盐类浓度和水的硬度，对地下水体水质造成影响。

3）氮磷等植物营养物质

氮和磷可加速水体富营养化，是促进植物生长的植物营养物质。水体中过量的氮、磷等营养物质最大的来源是农业生产过程中施用的大量化肥。其次，生活污水和某些工业废水中也含有大量的氮和磷。

氮、磷随污水排入湖泊、水库、河口和海湾等缓流水体时，会造成水体营养过剩，促使自养型生物旺盛生长，特别是蓝藻和红藻的个体数量迅速增加，而其他种类的藻类则逐渐减少。藻类的大量繁殖不仅会使水中溶解氧浓度降低、水质恶化，影响景观，还会堵塞鱼鳃，造成鱼类窒息死亡。更为严重的是：一方面，死亡的藻类及浮游生物不断被水中微生物分解，消耗水中的溶解氧，导致水质进一步恶化；另一方面，在微生物分解过程中，又把腐烂残体的大量氮、磷等营养物质释放入水中，供新的一代藻类等生物利用。因此，发生富营养化的水体，即使切断外界营养物质的来源，水体也很难自净和恢复到正常状态。蓝藻的大量出现是富营养化的征兆。

2. 无机有毒物

废水中的无机有毒物主要包括重金属、氰化物和氟化物等。这类污染物具有明显的累积性，可通过水生生物富集，进入食物链危害人体健康。

1）重金属

重金属主要指汞、镉、铅、铬以及类金属砷等生物毒性显著的元素，废水中的重金属主要来源于矿石燃料燃烧、采矿和冶炼过程。此外，电镀、冶金、化工等工业企业也通过"三废"向环境中排放重金属。

汞（Hg）常温下即可蒸发，汞蒸气和汞的化合物多有剧毒。无机汞在厌氧条件下，由于微生物的作用，可转化为有机汞，如甲基汞（CH_3Hg）。水体中的有机汞经食物链进入人体，在肝、肾、脑组织中积累，侵入中枢神经，毒性大大超过无机汞，并极难用药物排出。20世纪著名的世界十大环境公害事件之一，1956年发生在日本熊本县水俣湾地区的"水俣病"事件，就是一起典型的汞中毒事件。

自然界中的镉（Cd）常与铅、锌共存。镉通过食物链进入人体后，主要积累在肝脏和肾脏中。身体积聚过量的镉会损坏肾小管功能，造成体内蛋白质从尿中流失，久而久之导致骨骼脆性增加，引发骨软化症和自发性骨折。1953~1972年发生在日本富山县神通川流域的"痛痛病"事件就是食用了含镉污水灌溉的稻米所致。许多人因食用含镉的大米和饮用含镉的水，全身各部位出现神经痛、骨痛现象，行动困难，甚至呼吸都会带来难以忍受的痛苦。

铅（Pb）是重金属污染中毒性较大的一种。如果每日摄取铅量超过0.3 mg，就可在人体内积累。铅离子能与多种酶络合，干扰机体的生理功能，危及神经系统、肾与脑，儿童比成人更容易受铅毒害，可造成永久性脑损伤。铅污染主要来自矿产开采和冶炼过程中"三废"排放及使用含四乙基铅的汽油做燃料排放的汽车尾气。

铬（Cr）在水体中以六价铬和三价铬的形态存在。受水中pH、有机物、氧化还原物质、温度及硬度等条件影响，水体中的三价铬和六价铬可以相互转化。由于六价铬在水体环境中具有更高的溶解度和迁移性，其生物毒性比三价铬强约100倍，不仅对生态环境和人类健康构成严重威胁，还具有很强的致癌性和致突变性。铬可以通过消化道、呼吸道、皮肤和黏膜侵入人体，并因其具有氧化性，会对皮肤、黏膜产生强烈的腐蚀。

砷（As）是具有金属和非金属性质的物质，是传统的剧毒物。常说的砒霜就是三价砷的氧化物，其溶于水后变为亚砷酸，毒性比其他砷化物更强。长期饮用被砷污染的水会引发慢性中毒，导致皮肤色素异常、角质化，皮肤癌、肝癌等疾病发病率升高。砷的来源主要包括砷矿的开采，含砷的铅、锌、铜矿的开采和冶炼，煤和石油的燃烧等。

总之，重金属污染具有以下特点：① 生物毒性效应。在低浓度时即可产生毒性效应。一般重金属产生毒性效应的浓度为 1~10 mg/L，毒性较强的重金属如汞、镉、铅等产生毒性效应的浓度为 0.001~0.01 mg/L。② 富集放大效应。重金属可通过食物链的生物富集作用在生物体内成百上千倍地富集。例如，汞可被淡水鱼富集 1000 倍，铬可被富集 4000 倍。③ 通常不能生物降解，且可在微生物的作用下，转化为毒性更强的金属化合物，如无机汞被微生物转化为甲基汞后，毒性大大增强。④ 容易被水中的悬浮物质吸附而沉入水底，积聚在底泥中造成长期污染，一旦再次进入水体，还可形成次生污染。

2）氰化物

水中的氰化物主要来自电镀、煤气、炼焦、化纤、选矿和冶金等工业废水的排放。氰化物包括简单氰化物、氰络合物和有机氰化物。最常见的简单氰化物是氰化氢、氰化钠和氰化钾，均为易溶于水的剧毒物质，摄入 0.1 g 即可导致人体死亡。氰的毒性主要表现在其能与血液中细胞色素氧化酶结合，破坏血液功能，造成组织缺氧而窒息死亡。氰化物对鱼类及其他水生生物的危害较大，水中氰离子浓度达 0.04~0.1 mg/L 时，就能使鱼类死亡。世界卫生组织确定了鱼的中毒限量为游离氰 0.03 mg/L。

3）氟化物

氟化物广泛存在于自然水体中，人体各组织中都含有氟，但主要积聚于骨骼和牙齿等硬组织中。饮用水中氟的适宜浓度为 0.5~1.0 mg/L，当饮用水中氟浓度达到 2.4~5 mg/L 时，可导致氟骨症。氟化钠对人的致死量为 6~12 g。氟化物被列入世界卫生组织国际癌症研究机构公布的致癌物清单中。

3. 有机无毒物

有机无毒物多指碳水化合物、蛋白质、脂肪等易于生物降解的有机物。这些物质的共同特性是没有毒性，进入水体后在好氧微生物作用下最终分解为简单的无机物，并在生物氧化过程中消耗水中的溶解氧，影响水生生物的生存。当水中的溶解氧耗尽后，有机物则在厌氧微生物的作用下转化为 CH_4、CO_2、H_2S、NH_3 等，散发恶臭，污染环境。生活污水和很多工业废水如食品工业废水、石油化工废水、制革废水、焦化废水等都含有这类有机物。由于水中有机无毒物成分复杂、种类繁多，一般常用综合性指标如生化需氧量（BOD）、化学需氧量（COD）、总有机碳（TOC）等表示。

4. 有机有毒物

有机有毒物多指人工合成的有机污染物质，如农药、酚类化合物、苯类化合物等。这类物质主要通过石油化工合成生产过程及其产品使用过程中排放出的污水进入水体环境。它们的特点是能在水中长期稳定地存留，并通过食物链进行生物积累，其中一部分化合物即使含量很低，仍具有致癌、致畸、致突变作用，会对人体健康产生长期影响。

按照《关于持久性有机污染物的斯德哥尔摩公约》界定，可以将有机污染物分为POPs和其他有机污染物。POPs是指能够通过各种环境介质（大气、水、生物体等）长距离迁移并长期存在于环境，具有长期残留性、生物蓄积性、半挥发性和高毒性等特点，对人类健康和环境产生严重危害的天然或人工合成的有机污染物质。该公约公布的首批POPs包含有机氯杀虫剂、工业化学品[包括多氯联苯（PCBs）和六氯苯（HCB）]及其副产物（二噁英和呋喃）三类。

除此之外，目前国际上普遍关注的新污染物大都具有环境持久性，如内分泌干扰物（EDCs）、药品与个人护理用品（PPCPs）、全氟化合物（PFCs）、溴系阻燃剂（BFRs）、饮用水消毒副产物、微塑料等都是有机有毒物。不同于常规污染物，新污染物的危害风险比较隐蔽，对人体健康和生态系统安全的影响往往是慢性、长期的积累过程。

5. 油类污染物

油类污染主要来自船舶排水、工业废水、海上石油开采及大气石油烃沉降。含有石油类的废水排入水体后形成的油膜使大气与水面隔绝，减少了进入水体的氧气量，从而降低水体的自净能力。此外，油膜也会阻碍水生生物的光合作用。油类污染物会黏附在鱼鳃、藻类、浮游生物上，导致其死亡。更为重要的是，油类污染物含有多种有毒物质，食用受石油污染的鱼类等水产品，会危害人体健康。

6. 病原体

病原体污染主要是指致病菌、病毒，以及寄生虫引起的污染。它们主要来自生活污水，特别是医院污水和屠宰、肉类加工、制革、酿造等工业废水。洁净的天然水中细菌含量较少，病原微生物就更少，受病原微生物污染后的水体，微生物数量激增，其中许多是致病菌、寄生虫虫卵和病毒，它们往往与大肠杆菌及其他细菌共存，所以通常规定用细菌总数和大肠菌群作为病原微生物污染的间接指标。

7. 放射性污染物

放射性污染物主要来自核工业部门和使用放射性物质的民用部门。其中，污染水体中最危险的放射性物质为 ^{90}Sr、^{137}Cs 等，这些放射性物质通过食物链对人体产生内照射，可损害人体组织，并可蓄积在人体内造成长期危害，诱发贫血、白细胞增生、恶性肿瘤等各种放射性疾病。

3.3 水体中污染物迁移转化

3.3.1 水体自净与水环境容量

1. 水体自净

自然水体对污染物质具有一定的承受能力。水体自净是指水体在其环境承受能力范围内,经过自身的物理、化学和生物作用,在一段时间后使受纳水体中的污染物浓度逐渐降低,恢复到受污染之前的状态,这一现象称为水体自净。合理利用水体自净能力,可减轻水处理工艺的负担,达到以最经济的方法控制和治理污染的目的。水体自净的实质是污染物的迁移、转化和衰减过程。按其作用机制可以分为三类。

1) 物理净化

物理净化是指经过稀释、扩散、沉淀、混合、挥发等过程,使污染物在水中浓度降低的过程。其净化效果主要取决于水体的物理条件,如温度、流速、流量等,以及污染物自身的物理性质,如密度、形态、粒度等。应该注意的是,物理净化只能降低污染物在水中的浓度,而不能减少污染物的总量。

2) 化学净化

化学净化是指水体中的污染物通过氧化还原、吸附解吸、混合凝聚、酸碱中和反应,使污染物发生化学变化,以降低其在水中浓度的过程。影响化学净化的环境条件有酸碱度、氧化还原电势、温度、化学组成等。

3) 生物净化

生物净化是指通过微生物的代谢活动使水中有机物转化为无害、性质稳定的无机物的过程。例如,水中的好氧微生物在溶解氧充足时,能将悬浮和溶解在水中的可生化有机物分解为简单、稳定的无机物(CO_2、H_2O、硝酸盐和磷酸盐等),使水体得以自净。淡水生态系统中的生物净化以细菌为主。此外,水中一些 Hg、Cd 等重金属元素或难生化降解的有机物,可以被一些特殊的微生物和高等水生植物如浮萍、凤眼莲、水花生等吸收并浓缩从而使水体逐渐得到净化。影响水体生物净化的因素包括水中溶解氧含量、温度和营养物质等,其中溶解氧是水体生物净化过程中最活跃、最积极的因素。

以上三个自净过程同时产生,且相互影响。通常物理净化和生物净化在自净过程中占主导地位。认识水体的自净过程,可以对水体的自净能力和水体环境质量的变化做出比较客观的评价。

2. 水环境容量

一定水体所能容纳污染物的最大负荷称为水环境容量,即某水域所能承受外加的某种污染物的最大允许负荷量。水体对某些污染物的水环境容量与水体自净能力和污染物环境背景值等密切相关,它们之间有如式(3-1)的关系:

$$W = V(C_s - C_b) + C \tag{3-1}$$

式中,W 为某地表水体对某污染物的水环境容量;V 为地表水体的体积;C_s 为地表水体中某污染物的环境标准值或水质目标;C_b 为地表水体中某污染物的环境背景值;C 为地表水体对某污染物的自净能力。

一般来说,污染物的物理化学性质越稳定,对其要求的水质目标越高,其水环境容量越小;对于易降解有机物要求的水质目标较低,所以其水环境容量比难降解有机物的水环境容量大得多,而重金属污染物的水环境容量则甚微。

3.3.2 污染物在水体中的迁移与转化

3.3.2.1 耗氧有机物在水体中的生物降解

1. 耗氧有机物与溶解氧的变化

耗氧有机物在微生物作用下最终分解为简单的 CO_2 和 H_2O 的过程称为有机物的生物降解过程。有机物的降解过程制约着水体中溶解氧（DO）的变化过程。在河流受到大量有机物污染时，河流微生物对有机物的氧化分解，以及水体 DO 变化过程如下：在污染源到河流下游一定距离内，进入河流中的有机物在河流微生物作用下氧化分解，有机物浓度逐渐降低，此时有机物分解导致的耗氧速率大于大气向河流中的复氧速率，水体 DO 随之下降，且在河流下游某一段处降至最低点；之后，由于有机物被降解后浓度降低，水体复氧速率超过耗氧速率，于是水体 DO 开始回升。

20 世纪 50 年代，美国学者巴特希和英格莱姆编制出了关于被生活污水污染的河流中 BOD 和 DO 相互关系的模式图，非常清楚地反映出被污染河流中 BOD 与 DO 沿程变化的曲线，即氧垂曲线（图 3-1）。根据 BOD 与 DO 变化曲线可把河流分成相应的几个区段，即清洁带、污染带、恢复带和清洁带。该曲线说明受到有机物污染的水体 DO 含量变化过程由有机物的降解过程所控制。氧垂曲线对水污染评价、水产资源危害及水体自净作用都具有重要意义。

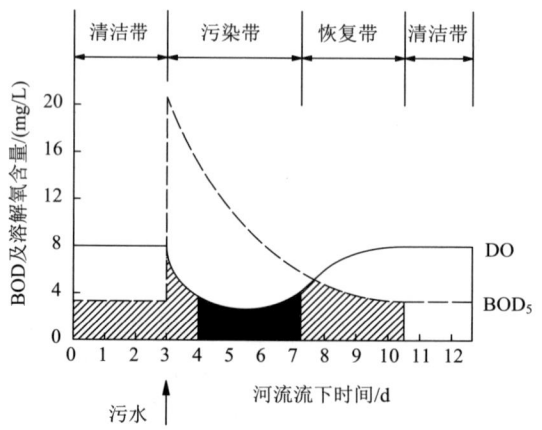

图 3-1 污染河流中 BOD 与 DO 的沿程变化曲线

2. 耗氧有机物的生物降解

耗氧有机物的生物降解过程如下：首先，复杂的有机物在微生物胞外水解酶的作用下水解为简单的小分子有机物；其次，小分子有机物进入微生物细胞内，通过脱氢作用（从—CHOH—或—CH_2CH_2—基团脱氢）和脱羧作用进一步氧化分解，并释放出能量。另一部分耗氧有机物以及氧化分解过程中释放出的能量被用于微生物细胞增殖。以下是几种代表性有机物的生物降解过程。

1）碳水化合物的生物降解

碳水化合物是指由碳、氢和氧组成，含有多羟基的醛类或酮类的化合物。多糖在细胞膜外通过水解转化为二糖后，透过细胞膜在胞内降解为葡萄糖。葡萄糖经过糖酵解转化为丙酮酸，在有氧条件下，丙酮酸完全氧化为水和二氧化碳；在无氧条件下，丙酮酸不完全氧化，最终产物是有机酸、醇、酮，这部分产物对水环境的影响较大。碳水化合物的生物降解过程如图3-2所示。

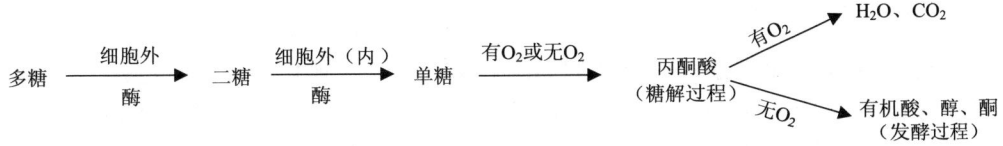

图 3-2　碳水化合物生物降解过程

2）脂肪的生物降解

脂肪首先在细胞外酶作用下水解生成甘油和相应的各种脂肪酸，然后甘油和脂肪酸透过细胞膜在胞内转化为丙酮酸和乙酸，在有氧条件下，丙酮酸和乙酸继续进入三羧酸循环，彻底氧化为CO_2和H_2O；在无氧的条件下，发酵生成各种有机酸。图3-3为脂肪的生物降解过程。

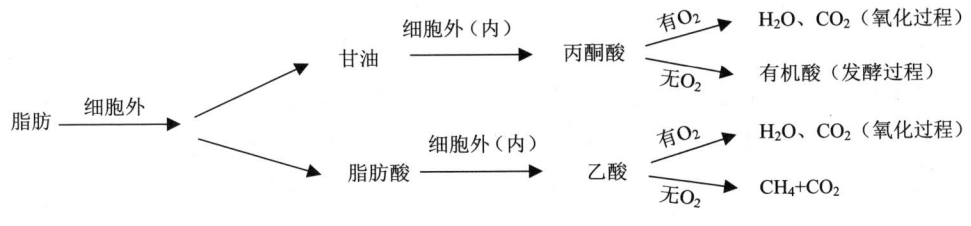

图 3-3　脂肪生物降解过程

3）蛋白质的生物降解

蛋白质首先在胞外水解酶的作用下水解成多肽和二肽，然后由肽酶进一步水解形成氨基酸，氨基酸进一步降解为无机态的氨氮。在好氧的条件下氨氮会被氧化为亚硝酸，亚硝酸进一步氧化为硝酸。图3-4为蛋白质的生物降解过程。

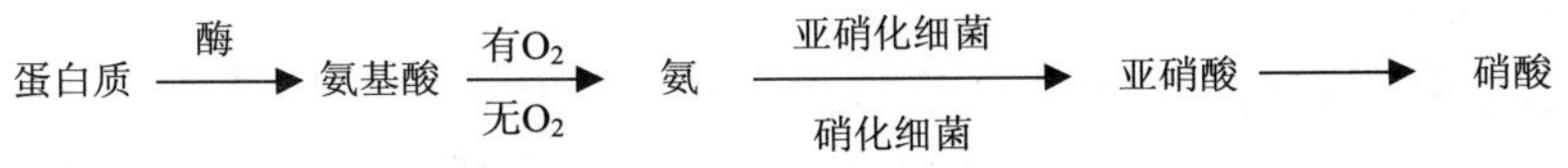

蛋白质 →(酶) 氨基酸 →(有O_2/无O_2) 氨 →(亚硝化细菌/硝化细菌) 亚硝酸 → 硝酸

图 3-4　蛋白质生物降解过程

3.3.2.2　重金属在水体中的迁移与转化

重金属在水体中不能被微生物所降解，其在水中可以发生各种形态之间的相互转化，以及空间位置的移动,这种过程称为重金属迁移。重金属在水环境中的迁移,按照物质运动的形式,可分为机械迁移、生物迁移和物理化学迁移三种基本类型。

1. 机械迁移

机械迁移是指重金属离子以溶解态或颗粒态的形式被水流机械搬运,迁移过程服从水力学原理。

2. 生物迁移

生物迁移是指重金属通过生物体的新陈代谢、生长、死亡等过程所进行的迁移。这种迁移过程比较复杂,它既是物理化学问题,也服从生物学规律。所有重金属都能通过生物迁移使其在某些有机体中富集起来,经过生物蓄积与食物链放大作用,对人体构成危害。

3. 物理化学迁移

物理化学迁移是指重金属离子以简单离子、配位离子或可溶性分子的形式在环境中通过一系列物理化学作用(水解、氧化、还原、沉淀、溶解、配位、螯合、吸附作用等)所实现的迁移与转化过程。这是重金属在水环境中最重要的迁移转化形式。这种迁移转化的结果决定了重金属在水环境中的存在形式、富集状况和潜在生态危害程度。重金属在水环境中的物理化学迁移主要包括下述四种作用。

1)沉淀作用

重金属在水中可经过水解反应生成氢氧化物,也可以与硫离子或碳酸根等阴离子生成溶解度很小的金属硫化物或碳酸盐沉淀物。沉淀作用的结果,限制了重金属污染物在水体中的扩散,从而实现了水体自净。但这种自净方式仅是重金属由水体转移到河流底泥中而已,当环境条件发生变化时,底泥中沉积的重金属有可能重新被释放出来,成为二次污染源。

2)吸附作用

重金属离子由于带正电,在水中易被带负电的胶体颗粒所吸附。大部分被吸附的重金属离子会发生沉降,从而使其从水体中转移到河流底泥中,达到从水体去除的目的。吸附作用主要分为表面吸附、离子交换吸附和专性吸附。但应该注意的是,该作用方式同样仅仅是一种位置的变化,并未真正去除重金属,存在次生污染的风险。

3)配位作用

天然水体中存在许多天然和人工合成的无机配位体与有机配位体,它们能与重金属离子形成稳定度不同的配合物和螯合物。无机配位体主要有 Cl^-、OH^-、CO_3^{2-}、SO_4^{2-}、HCO_3^-、F^-、S^{2-}等。有机配位体是腐殖质。腐殖质中起配位作用的是各种含氧官能团,如—COOH、—OH、—C=O、—NH$_2$等。各种无机配位体、有机配位体与重金属生成的配合物和螯合物可使重金属在水中的溶解度增大,导致沉淀物中重金属重新释放,<u>重金属的次生污染在很大程度上与此有关</u>。

4)氧化还原作用

氧化还原作用在天然水体中发挥着重要的作用。氧化还原作用使得重金属在不同水体中以不同的价态存在,而价态不同导致其活性与毒性也不同。例如,无机汞在水体底泥微生物的作用下能够转化为毒性更强的有机汞(甲基汞);在还原性水体环境中Cr(VI)可以转化为Cr(III),在氧化性水体环境中Cr(III)可能转化为毒性更强的Cr(VI)。

3.3.2.3 油类污染物的迁移转化

油类污染物主要通过工业废水排放进入水体环境。油类污染物进入水体后,会发生扩展、挥发、溶解、乳化、光化学氧化、微生物降解、生物吸收和沉积等一系列复杂的迁移转化过程。

1. 扩展过程

油类污染物的扩展过程包括重力惯性扩展、重力黏滞扩展、表面张力扩展和停止扩展四个阶段。重力惯性扩展可在 1 h 内完成,重力黏滞扩展的完成需数小时甚至更长时间;表面张力扩展则需持续 100 h 方可完成。扩展作用的强弱与油类污染物的性质有关,并受水文和气象条件等因素的影响。扩展作用的结果,一方面扩大了污染范围,另一方面使油-气、油-水接触面积增大,更多的油通过挥发、溶解、乳化作用进入大气或水中,从而加速油类污染物的降解过程。

2. 挥发过程

挥发作用是水体中油类污染物自然消失的途径之一,通过挥发可去除海洋表面约 50%的烃类。油类污染物挥发过程的长短取决于油中各种烃的组分、起始浓度、面积大小、厚度及气象条件等。挥发模拟实验结果表明:石油中低于 C_{15} 的烃类,如石油醚、汽油、煤油等,在水体表面会很快全部挥发;$C_{15} \sim C_{25}$ 的烃类,如柴油、润滑油、凡士林等,在水中挥发较少;大于 C_{25} 的烃类在水中极少挥发。

3. 溶解过程

与挥发过程相似,溶解过程决定于烃类中碳的数目多少。溶解度实验表明:每增加2 个碳,烃类在蒸馏水中的溶解度下降 90%(烃类在海水中的溶解度比在蒸馏水中低12%~30%)。溶解过程虽然可以减少水体表面的油膜,但却加重了水体的污染。

4. 乳化过程

乳化过程指油-水通过机械振动(海流、潮汐、风浪等)形成微粒互相分散在对方介质中,共同组成一个相对稳定的分散体系。乳化过程包括水包油和油包水两种乳化状态。水包油乳化是把油膜冲击成很小的涓滴分布于水中,而油包水乳化是含沥青较多的原油吸收水形成一种褐色的黏滞的半固体物质。乳化过程促进了生物对油类的降解作用。

5. 光化学氧化过程

光化学氧化过程主要指石油中的烃类在阳光（特别是紫外光）照射下，迅速发生光化学反应，先离解生成自由基，接着转变为过氧化物，然后再转变为醇等物质的过程。该过程有利于消除油膜，减少海洋水面油污染。

6. 微生物降解过程

石油较难以生物降解。烷烃生物降解为二氧化碳和水；烯烃生物降解为脂肪酸；芳烃生物降解为琥珀酸或丙酮酸和乙醛；环己烷生物降解为己二酸。石油生物降解速度受石油种类、微生物群落、环境条件的影响。此外，水体中的溶解氧含量对其生物降解也会产生很大的影响。

7. 生物吸收过程

浮游生物和藻类可直接从海水中吸收溶解的石油烃，而海洋动物则通过吞食、呼吸、饮水等途径将石油颗粒带入体内或将其直接吸附于体表。生物吸收石油的数量与水中石油的浓度有关，而进入体内各组织的浓度还与脂肪含量密切相关。石油烃在动物体内的停留时间取决于石油烃的性质。

8. 沉积过程

沉积过程包括两个方面，一是石油烃中较重的组分被氧化成致密颗粒沉降到水底；二是以分散状态存在于水体中的小油滴被水体中悬浮物吸附而沉积。这种吸附作用不仅与物质的粒径有关，还与水体盐度和温度有关，一般随盐度增加而增加，随温度升高而降低。沉积过程可以减轻水中的石油污染，沉入水底的油类物质可能被进一步降解，也可能在水流和波浪作用下重新悬浮于水中，造成次生污染。

3.3.2.4 氮磷与水体富营养化

水体富营养化是指湖泊、水库、海湾或近岸海域、河流等封闭性或半封闭性水体内的氮、磷等营养元素富集，引起藻类和其他水生植物大量繁殖，造成水质恶化和水生生物大量死亡的一种环境污染现象。水体中氮、磷营养物质过多是水体发生富营养化的直接原因。因此，研究水体中氮、磷形态分布和循环规律，掌握水体氮和磷的平衡状况，对水体的富营养化过程研究以及富营养化防治具有重要意义。

水体营养化程度通常分为三类，即贫营养、中营养和富营养。人类活动导致氮、磷等营养物质过多进入水体，促使藻类大量增殖，湖泊将会由贫营养湖发展为富营养湖，导致湖泊恶化，并最终发展为沼泽地和旱地。水体富营养化最直观的表现是藻类数量的增多和种类的变化。现代湖沼学把这一现象当作湖泊在演化过程中逐渐衰亡的一种标志。

天然水体中藻类合成的基本反应式可写为

$$106CO_2 + 16NO_3^- + HPO_4^{2-} + 122H_2O + 18H^+ + 微量元素 \longrightarrow C_{106}H_{263}O_{110}N_{16}P + 138O_2$$

一般来说，植物生长繁殖的速度取决于其所需养料中数量最少的那一种（Liebig，1840）。根据以上反应式可知，磷是影响藻类合成的最小限制因子。研究表明，当总磷和无机氮浓度分别达到 0.02 mg/L 和 0.3 mg/L 时，就可认为水体处于富营养化状态，必须对水中磷和无机氮的含量进行控制。但近年来也有研究表明，富营养化问题的关键不是水中营养物质的浓度，而是营养物质的负荷量，贫营养湖与富营养湖之间的临界负荷量分别为总磷 0.2～0.5 mg/(L·a) 和总氮 5～10 mg/(L·a)。

1. 含氮化合物的转化

含氮化合物在微生物胞外酶作用下水解为多肽和氨基酸，并进一步转化为氨氮；氨氮在好氧条件下通过水体中亚硝化菌和硝化菌的作用依次转化为无机态的亚硝态氮和硝态氮；硝态氮在缺氧条件下，在反硝化菌的作用下通过反硝化作用转化为氮气从水中脱除。反硝化生物脱氮过程如图 3-5 所示。

$$2HNO_3 \xrightarrow[-2H_2O]{+4H} 2HNO_2 \xrightarrow[-2H_2O]{+4H} (NOH)_2 \xrightarrow{-H_2O} N_2O \xrightarrow[-H_2O]{+2H} N_2$$

图 3-5 缺氧条件下反硝化生物脱氮过程

从含氮有机污染物在水体中的转化过程来看，有机氮→NH_3→NO_2^-→NO_3^- 可作为耗氧有机物自净过程的判断标志。但应该注意到，这一过程也提供了藻类繁殖所需的无机态氮，是从耗氧有机物向营养污染物的转化过程，因而也是从一种污染形式向另一种污染形式转换的过程。

2. 含磷化合物的转化

磷是水体藻类生长的最小限制因子。因此，控制水体富营养化，最重要的是控制含磷化合物进入水体。水体中的无机磷几乎都是以磷酸盐形式存在的，包括磷酸根及偏、正磷酸盐（PO_4^{3-}、HPO_4^{2-}、$H_2PO_4^-$）、聚合磷酸盐（$P_2O_7^{4-}$、$P_3O_{10}^{5-}$）。有机磷则多以葡萄糖-6-磷酸、2-磷酸甘油酸等形式存在。

水体中的可溶性磷很容易与 Ca^{2+}、Fe^{3+}、Al^{3+} 等离子生成难溶性沉淀物而沉积于水体底泥中。沉淀物中的磷，通过湍流扩散再度稀释到上层水体中。磷在水体中的转化只能进行固、液相之间的循环，被称为"底质循环"。磷在湖泊底质和水体之间不断进行交换。底质中磷的释放是湖泊水体中磷的重要来源之一。影响底质中磷释放的因素有很多，其中主要包括水中 DO、pH、氧化还原电位、温度、生物扰动等。另外，不同湖泊底质中磷的释放速度差异很大，对同一个湖泊而言，其底质磷的释放速度也随季节的不同而变化。

3.4 水体污染防治

3.4.1 水环境总量控制

水污染物排放总量控制，是根据某一特定区域环境目标的要求，预先推算出达到该目标所允许的污染物最大排放量或最小污染物削减量,然后通过优化计算将污染指标分配到各个水污染控制单元,各单元根据内部各污染源的地理位置、技术水平和经济承受能力协调分配污染指标到排污单位。

实施污染物排放总量控制,综合考虑了环境目标、污染源特点、排污单位技术经济水平和环境承载力,从整体上对污染源排放量进行有计划、有目的的削减,使环境质量逐步得到改善。总量控制具体可以分为容量总量控制、目标总量控制和行业总量控制三类。

1. 容量总量控制

容量总量控制从受纳水体环境容量出发,以水质标准为控制基点,从污染源可控性、环境目标可达性两个方面进行总量控制负荷分配,制订排放口总量控制指标。

2. 目标总量控制

目标总量控制以排放限值为控制基点,从污染源可控性研究入手,进行总量控制负荷分配,制订排放口总量控制指标。

3. 行业总量控制

行业总量控制以能源、资源合理利用为控制基点,从总量控制方案技术、经济评价出发,以及从最佳生产工艺和实用处理技术两个方面进行总量控制负荷分配,制订排放口总量控制指标。

3.4.2 水体污染控制对策

解决我国水体污染问题要从多方面着手,综合考虑,采取有效的防治对策和措施。水体污染控制的根本对策是以防为主、防治结合、综合治理,实行人工处理与自然净化相结合,无害化处理和综合利用相结合。

1. 节约用水

节约用水,提高水资源的利用率是水体污染控制最有效的方法之一。应该根据地区水资源状况和水环境容量,合理确定城市规模,优化调整产业结构和布局,采取行之有效的缓解水资源短缺、减少污水排放量的有效措施。例如:① 创建节水型社会,坚持项目建设与节水措施"三同时";② 严格限制缺水地区高耗水型工业项目和农业粗放型用水,形成节水型经济;③ 推行先进的节水技术政策和技术标准;④ 降低城市供水管网漏失率;⑤ 发展工业用水重复和循环利用系统;⑥ 提升城镇污水的再生和回用;⑦ 改进农业灌溉技术,加强管理,减少跑冒滴漏。

2. 推行清洁生产

清洁生产是指在生产产品和服务过程中采取整体预防的环境战略,改善生态效率并减少对人类和环境的风险。相对于传统生产,清洁生产表现为节约能源和原材料,淘汰有害原材料,减少废物排放,降低生产成本,提高经济效益。在实际生产中要根据具体的规划对象来制定相应的清洁生产措施,例如:① 改革生产用水工艺,降低耗水定额,提高循环用水率,对用水大户要采用节水型工艺设备,形成节水型工艺体系;② 利用工业废水和生活污水代替新鲜水,大力发展二次水回用技术,缓解用水矛盾;③ 严禁规划和建设高耗水、重污染项目;④ 加强重点企业的清洁生产审核及评估验收,把清洁生产审核作为环保审批、环保验收、核算污染物减排量的重要因素,提升清洁生产水平。化工、冶金、造纸、酿造、石油、印染等行业以及有严重污染隐患的企业应实行严格的清洁生产审核。

3. 加强生活饮用水水源地保护

组织制定饮用水水源地保护规划,依法划定饮用水水源保护区。依照相关法规和标准,禁止在生活饮用水地表水源一级保护区内排放污水,以及从事旅游、游泳和其他可能污染水体的活动,禁止新建、扩建与供水设施和保护水源无关的建设项目等。开发饮用水绿色净化与韧性系统构建技术。

4. 加大水污染治理力度

① 对工业企业的水污染治理,要突出清洁生产,开发废水源头减排、资源回收、能源利用与毒性削减多目标协同处理技术;② 对生活污水,要提高污水的处理率和污水再生回用率;③ 对农业面源污染,要提升农村生活污水、养殖废水与废弃物处理及资源化技术水平,建立基于农牧业生产特点的污、废污染协同治理与资源化利用模式。

5. 加强城镇水生态修复及雨污资源化技术

研发基于海绵城市建设理念的排水系统及绿色基础设施建设范式;开发城镇韧性排水管网运行维护技术及雨污水、污泥绿色低碳处理与资源化技术;建立城镇排水系统与水生态环境过程模拟技术平台,研发厂-网-河-湖-岸联动的水环境治理与水生态修复技术,建设水污染治理、水生态修复、水资源保护的"三水"协同治理示范工程。

6. 提高或充分利用水环境容量

水环境容量是水环境规划的主要环境约束条件,是污染物总量控制的关键参数。水环境容量的大小与水体特征、水质目标和污染物特性有关。水污染控制系统规划的主要目的,是在保证水环境质量的同时,提高水体对污染物的容纳能力,进而提高水环境承载力,减少水环境系统对经济发展的约束。提高或充分利用水环境容量的措施有人工复氧、污水调节和河流流量调控等。

3.4.3 污水控制技术

污水处理方法就是采用各种技术手段将污水中所含有的污染物分离、回收利用,或将其转化为无害和稳定的物质,从而使污水得以净化的过程。污水处理方法按其作用原理可分为物理处理法、化学处理法、物理化学处理法和生物处理法四大类。按照污水处理程度可以分为一级处理、二级处理和三级处理(深度处理)。

3.4.3.1 物理处理法

物理处理法通过沉淀、过滤等物理方法分离、回收污水中悬浮状的污染物质（包括油膜和油珠），处理过程中不改变污染物化学性质。物理处理法操作简单、经济。常用的物理处理法有沉淀、过滤、气浮等方法。

1. 沉淀法

沉淀法是指当水中无机颗粒或悬浮物的密度大于水的密度时，依靠重力沉降作用使水中无机颗粒或悬浮物分离出来的方法。沉淀法简便易行，效果良好，是各类污水处理工艺中不可缺少的环节。在同一污水处理工艺中，可能设置多个沉淀池，按照功能及空间位置的不同，可分为初沉池和二沉池。初沉池主要是去除污水中的悬浮有机固体，降低后续生物处理构筑物的有机负荷。二沉池设在生物处理构筑物后，主要用于泥水分离或去除生物膜法中脱落的生物膜及浓缩污泥。以下是水中悬浮颗粒的沉淀类型以及水处理中常见的沉淀池类型。

1）颗粒的沉淀类型

根据水中悬浮颗粒凝聚性能的强弱、浓度的高低以及可沉降颗粒的性质，沉淀通常可分为自由沉淀、絮凝沉淀、成层沉淀和压缩沉淀四种类型，分别发生在初沉池前期、初沉池后期、二沉池后期，以及二沉池池底、污泥浓缩池。

2）沉淀池类型

沉淀处理主要发生在沉淀池中。沉淀池的工作原理是水在缓慢流出沉淀池的过程中，悬浮物在重力作用下沉降到池底从而被去除。要求沉淀池能够高效去除水中的悬浮物，以减轻后续处理构筑物的负担或对后续处理管道及设备起到一定的保护作用。按沉淀池内水流方向的不同，沉淀池分为平流式、竖流式、辐流式和斜板（斜管）沉淀池。

（1）平流式沉淀池。平流式沉淀池呈长方形，废水按水平方向在池内流动，从池的一端流入，水中悬浮物逐渐沉向池底，澄清水从池的另一端溢出。在进水端的底部设污泥斗，池底污泥在刮泥机的缓慢推动下被刮入污泥斗内。平流式沉淀池结构示意图如图 3-6 所示。

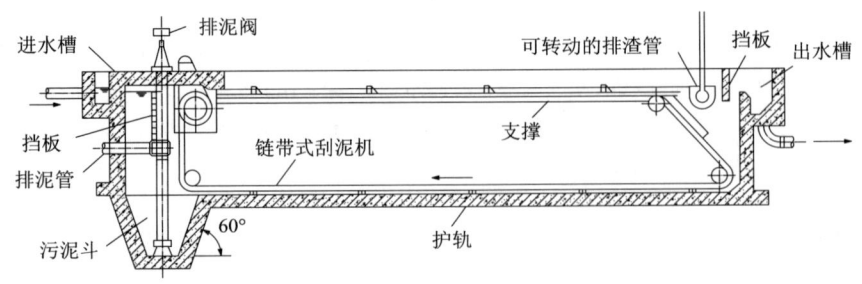

图 3-6　平流式沉淀池结构示意图

（2）辐流式沉淀池。辐流式沉淀池多呈圆形，可以周边进、出水，也可以中心进水，周边出水。图 3-7 为中进周出型辐流式沉淀池结构示意图。水流从中心管进入，在池中呈水平方向向四周辐射，由于过水断面面积不断增大，池中的水流速度从池中心向池四周逐渐减慢，出水水质较好。污泥斗设在池中央，池底向中心倾斜，池底沉淀污泥通常用刮泥机或吸泥机机械排除。

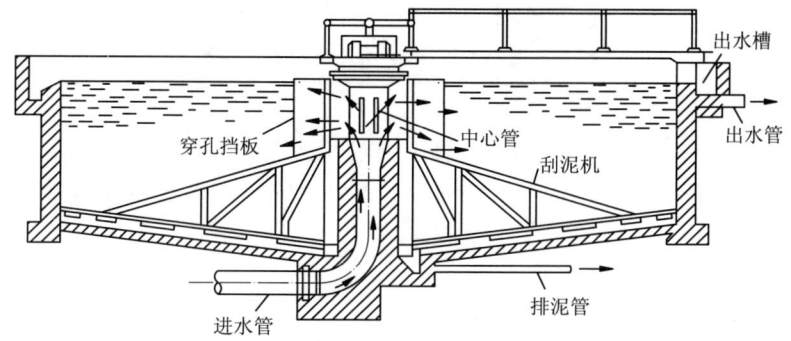

图 3-7　辐流式沉淀池（中进周出型）结构示意图

（3）竖流式沉淀池。竖流式沉淀池池体多为圆形，污水从设在池中央的中心管进入，从中心管的下端经过反射板后反向向上流，周边出水。污泥储积在底部的污泥斗中。竖流式沉淀池结构示意图如图 3-8 所示。

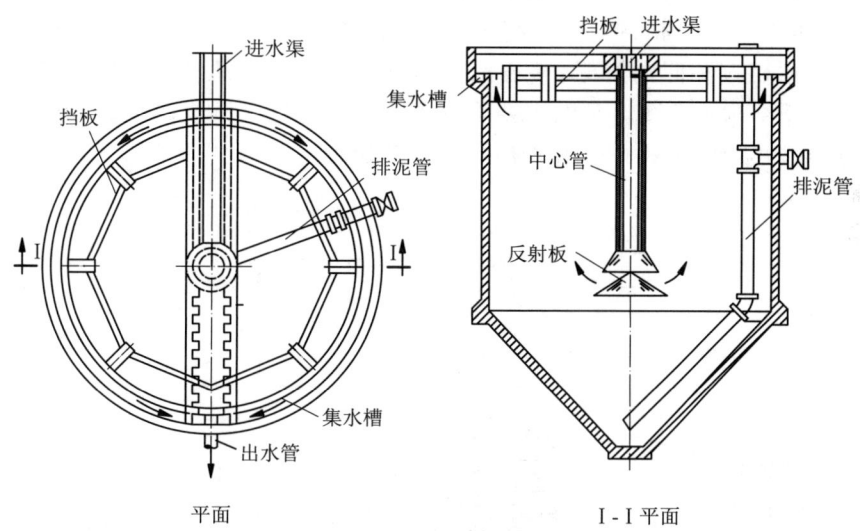

图 3-8　竖流式沉淀池结构示意图

（4）斜板（斜管）沉淀池。斜板（斜管）沉淀池是根据浅池原理设计的新型沉淀池。浅池沉降的理论认为，把沉淀池水平分成 n 层，就可以把处理能力提高 n 倍，或者在不改变处理水量的条件下提高去除效率。为了解决沉淀池排泥问题，把水平隔板改为倾斜一定角度的斜板或斜管。图 3-9 为斜板（斜管）沉淀池结构示意图。

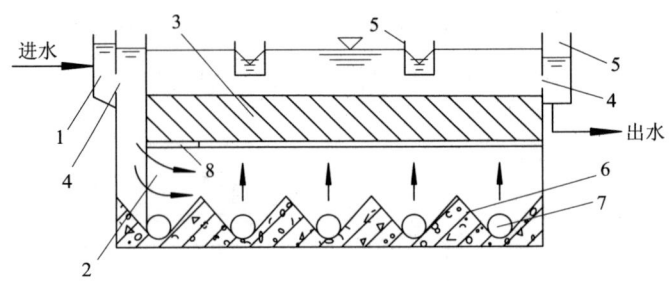

图 3-9 斜板（斜管）沉淀池结构示意图

1 为配水槽；2 为整流墙；3 为斜板、斜管体；4 为淹没孔口；5 为集水槽；6 为污泥斗；7 为穿孔排泥管；8 为阻流板

2. 过滤法

过滤是指利用过滤介质截留污水中的悬浮物。过滤介质有格栅、筛网、粒状滤料等。

1）格栅与筛网

在污水处理工艺中，污水首先经过斜置在渠道内的一组平行金属栅条（格栅）、穿孔板或过滤网（筛网），截流水中粗大的悬浮物和漂浮物以进行污水的预处理，其目的在于去除水中粗大悬浮物或漂浮物，减轻后续沉淀池或其他处理设备的负荷，以及保护水泵和其他处理设备免受悬浮物堵塞而发生故障。

按照栅条间距不同，格栅可分为粗格栅、中格栅和细格栅三种。按照格栅形状不同，格栅可分为平面格栅和曲面格栅。格栅清渣方法分为机械清渣和人工清渣两种。图 3-10 为人工清渣格栅结构示意图。筛网主要用于去除水中纤维、纸浆、藻类等稍小的杂物。筛网装置有转鼓式、旋转式、转盘式筛网和振动筛等。

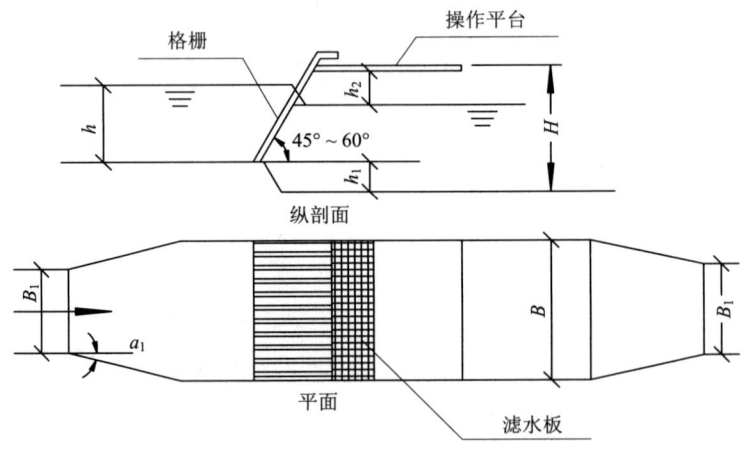

图 3-10 人工清渣格栅结构示意图

H 为格栅总高度；h 为栅前水深；h_1 为跌水；h_2 为保护高度；B_1 为栅前水渠宽；a_1 为展开角；B 为栅槽宽度

2）粒状滤料

废水通过粒状滤料（如石英砂）床层时，其中细小的悬浮物和胶体被截留在滤料的表面和内部空隙中。这种通过粒状介质层分离不溶性污染物的方法称为粒状滤料过滤。

过滤不仅是城镇给水处理系统中的重要环节，也是废水处理中不可缺少的处理单元，尤其是随着当前废水处理要求的日益提高，以及中水回用的需要，过滤在废水深度处理中得到广泛利用。例如，过滤常作为活性炭吸附和离子交换等深度处理之前的预处理单元。

滤池有多种形式。按滤池填装滤料的方式分为单层滤池、双层滤池和多层滤池；按滤池的作用水头分为重力滤池（作用水头 4~5 m）和压力滤池（作用水头 15~20 m）；按进、出水及反冲洗水的供给与排出方式分为快滤池、虹吸滤池和无阀滤池。各种滤池的基本构造和工作原理是相似的。过滤工艺包括过滤和反洗两个基本阶段。过滤即截留污染物；反洗即把被截留的污染物从滤料层中洗去，使之恢复过滤功能。从过滤开始到结束所需要的时间称为滤池的工作周期。从过滤开始到反洗结束称为一个过滤循环。

图 3-11 为普通快滤池构造示意图，滤池由上向下依次铺设滤料层、承托层，以及底部的集配水系统。滤料层是滤池的核心；承托层用于承托滤料层；集配水系统用于收集滤后水，以及均匀分配反冲洗水；冲洗水排水槽用于收集反冲洗水。

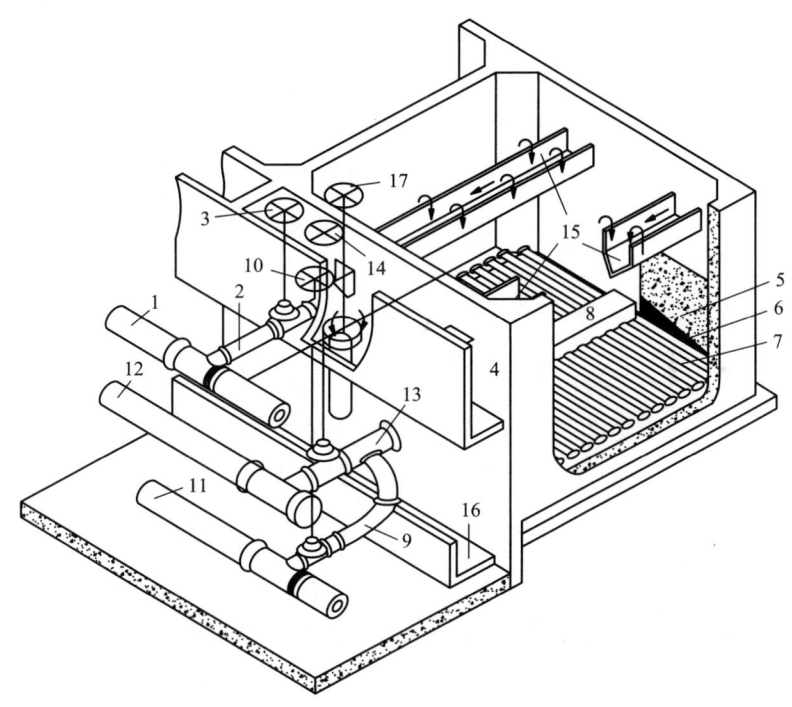

图 3-11 普通快滤池构造示意图

1 为进水总管；2 为进水支管；3 为进水阀；4 为浑水渠；5 为滤料层；6 为承托层；
7 为集配水系统支管；8 为配水干渠；9 为清水支管；10 为出水阀；11 为清水总管；
12 为冲洗水总管；13 为冲洗水支管；14 为冲洗水阀；15 为排水槽；16 为废水渠；17 为排水阀

3. 气浮法

气浮法是利用高度分散的微小气泡作为载体去黏附废水中的悬浮物，使其随气泡上升到水面再加以分离去除的一种水处理方法。气浮法可以去除水中乳化油及疏水性固体悬浮物。水中亲水性固体悬浮物不易直接气浮，可以通过添加浮选剂，选择性地将亲水性的污染物变为疏水性，从而使其能附着在气泡上随气泡上升到水面加以去除。按照产生微气泡的方法，气浮法分为溶气气浮法、电解气浮法、分散空气气浮法等。

加压溶气气浮法是目前常用的气浮处理方法。该方法通过加压使空气溶解于水中，然后将压力降至常压而使过饱和溶解的空气以微气泡的形式释放出来。加压溶气气浮系统主要由加压泵、压力溶气罐、气浮池、刮渣机等设备组成，可以采用空气压缩机或射流器向溶气罐中注入空气。图3-12为加压溶气气浮工艺流程示意图。

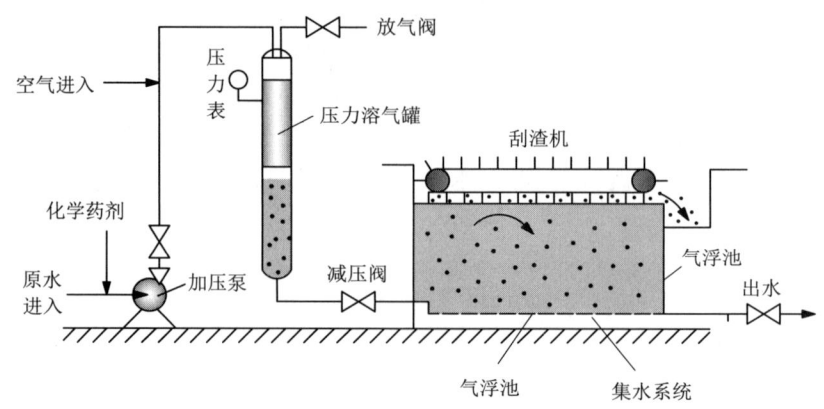

图3-12 加压溶气气浮工艺流程示意图

3.4.3.2 化学处理法

污水的化学处理法就是通过化学反应来分离、回收污水中的污染物，或者使其转化为无毒、无害的物质。污水的化学处理法主要用来去除溶解性的污染物。常用的污水化学处理法有中和法、化学沉淀法、氧化还原法、电解法等。

1. 中和法

中和法是根据酸、碱物质反应生成盐的基本原理，通过投加试剂或废水，抵消废水的酸、碱性使其中和的处理方法。常用的中和法有酸、碱废水相互中和法，药剂中和法和过滤中和法。

1）药剂中和法

石灰为酸性废水最常用的中和剂，投加方法有干投法和湿投法两种。干投法是将经粉碎的生石灰用振荡设备直接加入水中，而湿投法是将生石灰在消解槽内消解成40%～50%浓度后配成 5%～10%的 $Ca(OH)_2$ 乳液，经投加设备加入水中与水混合。酸碱中和反应速度较快，混合反应可在一个池内完成。

2）过滤中和法

酸性废水通过石灰石（$CaCO_3$）、白云石（$CaCO_3 \cdot MgCO_3$）等滤料滤层使水中和的方法称为过滤中和法。常用的过滤设备有重力式中和滤池、升流式膨胀中和滤池、变速膨胀中和滤池和滚筒中和滤池。

图 3-13 为升流式膨胀中和滤池示意图。废水自下而上流过滤料。在高流速（60～70 m/h）下，滤料呈悬浮状态，中和时生成的硫酸钙和二氧化碳被高速水流带出池外，同时由于滤料相互碰撞摩擦，有助于表面更新。此外，由于采用小粒径（0.5～3 mm）滤料，接触面积大大增加，所以这种滤池中和效果较好，在实际中得到广泛应用。

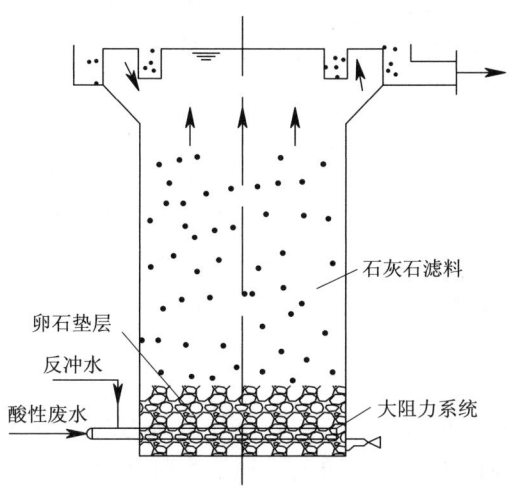

图 3-13 升流式膨胀中和滤池示意图

2. 化学沉淀法

化学沉淀法是通过添加某种化学药剂，使之与水体中的可溶污染物（主要是重金属离子）反应，生成难溶于水的沉淀物从污水中分离去除。根据所使用的沉淀药剂和生成的难溶物质的种类，化学沉淀法可分为：① 氢氧化物沉淀法，是经济高效去除废水中重金属的方法，如处理含锌废水时，一般投加石灰沉淀剂，将 pH 控制在 9～11，使其生成氢氧化锌沉淀；② 硫化物沉淀法，能高效处理经氢氧化物沉淀法处理后仍不能达到排放标准的含汞、含镉废水；③ 钡盐沉淀法，电镀含铬废水的处理可采用碳酸钡、氯化钡、硝酸钡、氢氧化钡等作为沉淀剂，生成难溶的铬酸钡沉淀。化学沉淀法具有经济、简便等优点，但管道易结垢堵塞与腐蚀，沉淀物体积大、脱水困难，存在次生污染的潜在风险。

3. 氧化还原法

氧化还原法是指通过向废水中投加适量的氧化剂或还原剂，将废水中的有毒有害物质氧化或还原，使其由有毒物质转化为无毒物质，或由高毒物质转化为低毒物质的废水处理方法。氧化还原法又分为氧化法和还原法。

常用的氧化剂有 O_2、Cl_2、O_3、$KMnO_4$ 等，含有硫化物、氰化物、苯酚及色、臭、味的废水常用氧化法处理。常用的还原剂有亚铁盐、Fe（铁粉、铁屑）、Zn、SO_2 和亚硫酸盐等。含铬、含汞的废水常用还原法处理。氧化剂或还原剂的选择应考虑：对废水中特定的污染物具有良好的氧化或还原作用，且反应后的生成物应是无害的或易于从废水中分离；成本低；常温下反应速度较快；pH 适用范围广等。氧化法特别适用于处理废水中难以被生物降解的有机污染物，如绝大部分农药和杀虫剂、酚、氰化物，以及引起产生臭味的物质等。

3.4.3.3 物理化学处理法

利用物理化学的原理除去水中杂质的方法称为物理化学处理法。常用的物理化学处理法有混凝法、萃取法、吸附法、离子交换法、膜分离法等。

1. 混凝法

混凝法是指向废水中投加混凝剂，使废水中细小的悬浮物和胶体污染物脱稳发生聚集后，通过自然沉淀或过滤予以分离的水处理方法。无论在给水还是污水处理中混凝法都具有十分广泛的应用。混凝是凝聚和絮凝两个步骤的总称。具体地说，凝聚是指使胶体脱稳并聚集为微絮粒的过程；而絮凝则是指微絮粒通过吸附、网捕和桥连而成长为更大的絮体的过程。

1）混凝机理

水中的同种胶体微粒带有同性电荷，其在静电斥力的作用下，不易相互聚集，因而具有一定的稳定性，这种稳定性可以通过添加混凝剂使其脱稳。胶体脱稳的主要机理有压缩双电层、吸附架桥、吸附电中和和网捕作用。

2）混凝剂

混凝剂的正确选用是混凝技术的关键。目前，常用的混凝剂有无机混凝剂、有机混凝剂和微生物絮凝剂。

常用的无机混凝剂包括：铝系混凝剂，如硫酸铝、明矾、聚合氯化铝、聚合硫酸铝等；铁系混凝剂，主要是氯化铁、硫酸亚铁、聚合硫酸铁、聚磷酸铁等。

常用的有机混凝剂包括：合成高分子混凝剂，如聚丙烯酰胺（PAM）和聚磺苯乙烯等；天然高分子混凝剂，主要是淀粉及改性淀粉类、微生物多糖类和动物骨胶类等。

微生物絮凝剂是利用生物技术，通过微生物发酵、抽取、精制而得到的一种新型水处理剂，具有高效、无毒、可生物降解和无次生污染等特性。其主要成分为高分子有机物，包括蛋白质、多糖、纤维素和DNA等。

在某些情况下，单独使用混凝剂不能取得良好效果，可投加助凝剂来调节、改善混凝条件，提高处理效果。较常用的助凝剂有PAM、活化硅胶、骨胶、海藻酸钠等。

3）混凝工艺流程及设备

混凝处理工艺包括药剂的制备、投加、凝聚、絮凝和沉淀分离几个过程。其中混凝剂的投加方法有干投法和湿投法两种。常用的湿投法是将混凝剂先溶解为高浓度乳浊液，然后再稀释配制成一定浓度的溶液，通过计量设备定量投加到混合池。要求混凝剂与废水在混合池能够快速均匀地完成混合。混合完毕后，废水与混凝剂的混合液进入反应池。为了使反应充分，要求废水在反应池内有足够的停留时间。最后，反应后的废水进入沉淀池沉淀，废水得以澄清。

2. 萃取法

萃取法是利用某些污染物在水中和特定溶剂中溶解度的不同而进行分离的方法。将与水不互溶且密度小于水的特定有机溶剂（称为萃取剂或有机相）与被处理水接触，由于溶解度的差异，原溶解于水中的某种组分将会由水相转移至有机相，这一过程称为萃取；然后再选择另一种溶液与有机相接触，回收被有机相萃取的组分，将被萃取组分由饱和萃取剂中转入水相，这一过程称为反萃取。反萃取是萃取的逆过程，是一个浓缩过程。反萃取后所得的萃取物可以被回收利用。

3. 吸附法

吸附是一种物质附着在另一种物质表面的过程，它可发生在气-液、气-固、液-固两相之间，用于水处理的吸附是指液-固两相之间的物质转移过程。用于吸附的物质为吸附剂，被吸附的物质为吸附质。常用的吸附剂有活性炭、磺化煤、焦炭、木屑、腐殖酸等。吸附剂具有巨大的比表面积，其吸附力可分为分子引力（范德瓦耳斯力）、化学键力和静电引力三种。水处理中大多数吸附过程是上述三种吸附力共同作用的结果。吸附法多用于去除废水中的微量有害物质，以及废水的除臭、脱色。

吸附操作可分为动态和静态两种，动态吸附是在废水流动的状态下进行的操作，静态吸附则是在废水静止的状态下进行的操作。目前常用的动态吸附工艺有固定床、移动床和流化床三种。吸附饱和后的吸附剂要进行再生，即将吸附质从吸附剂的细孔中除去，以恢复其吸附能力。常用的再生方法有热再生法、蒸汽吹脱法、溶剂再生法、臭氧氧化法、生物氧化法等。

4. 离子交换法

离子交换法是一种用离子交换剂去除废水中阴阳离子的方法。目前使用的离子交换剂主要是离子交换树脂，其原理是将废水中需去除的阴阳离子与树脂中的氢、钠、氢氧根以及其他离子进行交换。离子交换过程也可以看成是一种特殊的吸附过程，但与吸附比较，离子交换过程的特点在于它主要吸附水中以离子状态存在的物质，并进行等当量的交换。

采用离子交换法处理污水时必须考虑树脂的选择性，交换能力的大小主要取决于各种离子对该树脂亲和力的大小。近年来，随着离子交换树脂生产工艺的发展，离子交换法因其效果良好、操作方便等特点，在回收和处理工业废水中有毒物质方面得到广泛应用。例如，利用离子交换法能有效去除污水中的铜、镉、锌、汞、金、铬、酚、无机酸、有机物和放射性污染物等。

5. 膜分离法

膜分离法是利用特殊的薄膜对污水中的污染物进行选择性透过的分离技术。根据膜的性质及分离过程的推动力，可将其分为电渗析、扩散渗析、反渗透和超滤四种方法。

（1）电渗析。在直流电场的作用下，废水中的离子朝相反电荷的极板方向迁移，由于离子交换膜的选择性透过作用,阳离子穿透阳离子交换膜而被阴离子交换膜所阻隔。同样,阴离子穿透阴离子交换膜而被阳离子交换膜所阻隔。由于离子的定向运动及离子交换膜的阻挡作用,当污水通过由阴、阳离子交换膜所组成的电渗析反应装置时,污水中的阴阳离子便被分离和浓缩,水得以净化。该方法可用于酸性废水、含重金属离子废水及含氰废水的处理等。

(2) 扩散渗析。扩散渗析是使高浓度溶液中的溶质透过薄膜向低浓度溶液中迁移的过程。与电渗析不同的是其推动力不是电场力,而是膜两侧的溶液浓度差。此法主要用于分离废水中的电解质,如酸碱废液的处理、废水中的金属离子的回收等。

(3) 反渗透。反渗透是以压力为推动力的膜分离过程,即溶液中的水在压力作用下,透过特殊的半渗透膜,污染物则被膜所截留。因此,污水得以浓缩,透过半透膜的水得以净化。此法主要用在海水淡化、高纯水的制取、废水的深度处理及去除细菌、病毒、有害离子等。

(4) 超滤。超滤又称超过滤,其作用原理与反渗透类似,所不同的是其所用的超滤膜孔径较反渗透膜大,主要用于去除废水中的大分子物质和微粒。超滤膜截留大分子物质和微粒的机理是利用膜表面的孔径机械筛分、阻滞作用及膜表面和膜孔对杂质的吸附作用,其中以孔径机械筛分作用为主,所以膜的孔隙大小是分离杂质的主要控制因素。

3.4.3.4 生物处理法

生物处理法是指利用微生物使废水中有机物通过氧化分解得以去除的方法。生物处理法具有投资少、效果好、运行费用低且无次生污染等优点,在城市污水和工业废水的处理中得到了广泛的应用。生物处理分为好氧生物处理和厌氧生物处理两大类。

1. 好氧生物处理

好氧生物处理是好氧微生物(包括兼性微生物,但主要是好氧细菌)在有溶解氧的条件下将污水中有机物彻底分解为 CO_2 和 H_2O 的过程,释放的能量用于微生物细胞增殖,而产生的剩余污泥通过减量化后进一步被处理与处置。污水处理工程中,好氧生物处理法包括活性污泥法和生物膜法两大类。

1) 活性污泥法

向富含有机污染物并有细菌的废水中不断通入空气(曝气),一定时间后水中形成好氧微生物的絮凝体——活性污泥。活性污泥能够吸附水中的有机物使其水解酸化,并进一步转移进细胞内最终被彻底地氧化分解,使得有机物被去除,污水被净化,同时细胞获得能量而不断生长繁殖。这种以活性污泥为主体的生物处理法称为活性污泥法。影响活性污泥法处理效果的环境因素主要有废水的pH、溶解氧以及营养物质含量,此外也应注意有毒物质的浓度。

活性污泥法的基本流程如图3-14所示。污水流入曝气池进行好氧生物处理,曝气池泥水混合液流入二沉池,经二沉池沉淀分离,净化的上清液作为出水被排放,沉淀的污泥作为种泥,部分回流至曝气池,维持曝气池生物量的稳定,增殖的微生物作为剩余污泥排放。

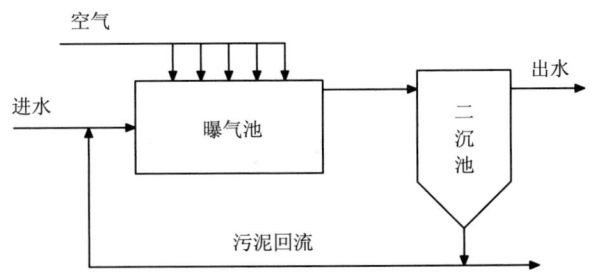

图 3-14 活性污泥法的基本流程

活性污泥法是城市污水处理的主流方法，在其基础上又衍生出多种改进工艺，如完全混合法、传统推流式活性污泥法、渐减曝气法、阶段曝气法、氧化沟法等。下面主要介绍氧化沟法的运行方式。

20 世纪 50 年代开发的氧化沟法是延时曝气法的一种特殊形式，氧化沟的平面像跑道，沟槽中设置两个曝气转刷。曝气转刷转动时，推动溶液迅速流动，起到曝气和搅拌两种作用。池体的布置和曝气、搅拌装置都有利于廊道内混合液的单向流动。通过曝气和搅拌作用使活性污泥呈悬浮状态，污水中的含碳有机物得到彻底分解，同时氨氮氧化为硝态氮；当污水流动到远离转刷一侧的跑道时处于缺氧状态，在缺氧状态下污水中硝态氮发生反硝化反应生成氮气，从水中脱除。氧化沟具有良好的有机物降解能力和耐冲击负荷能力，出水水质好、运行稳定、管理方便。氧化沟应用多年，经久不衰，已经取得相当多的技术突破。与传统活性污泥法相比，氧化沟法可以省去初沉池，且由于泥龄较长，产生的剩余污泥量较小。图 3-15 为氧化沟平面示意图。

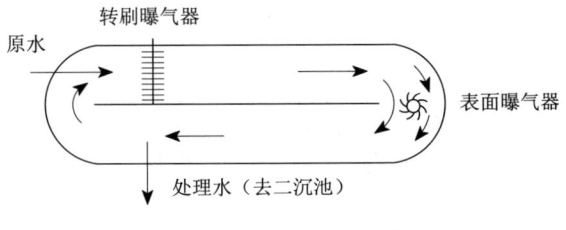

图 3-15 氧化沟平面示意图

2）生物膜法

生物膜法是废水好氧生物处理的另一种方法，其特点是微生物附着在惰性载体表面上形成生物膜。污水流经生物膜时，污水中有机污染物和溶解氧与载体上微生物接触并向膜内渗透。在该过程中，污染物被降解，污水得到净化，同时由于微生物增殖，生物膜逐渐加厚。生物膜由微生物及其产生的胞外聚合物和吸附在微生物表面的无机物及有机物等组成，微生物附着长的惰性载体称为滤料或填料。生物膜的基本结构如图 3-16 所示。

有机污染物随水流经生物膜表层时，表层的好氧微生物将有机物降解为 CO_2 和 H_2O 等。生物膜内层的微生物处于厌氧状态，渗透进入生物膜内层的有机物在这里进行厌氧代谢，有机物被分解为有机酸、乙醇、醛和 H_2S 等不完全产物。由于生物膜上微生物的

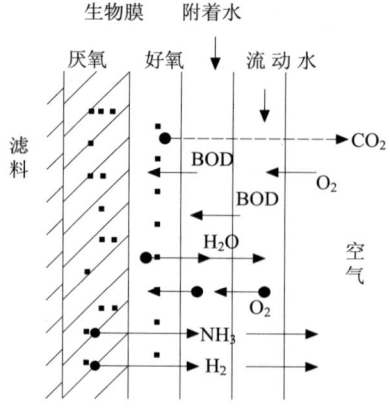

图 3-16　生物膜的基本结构

不断繁殖，生物膜不断增厚，内层的微生物因得不到充分的营养而进入内源代谢，失去其黏附在滤料上的性能，脱落下来随水流出滤池，之后滤料表面再重新长出新的生物膜。生物膜的不断生长、脱落和更新，可保持其良好的活性。

根据载体的种类、废水与载体的接触方式以及反应器的构造，常用的生物膜法有生物滤池、生物接触氧化池、生物转盘、曝气生物滤池等。

（1）生物滤池。生物滤池是利用生物膜法处理污水的传统工艺。图 3-17 是生物滤池的构造。其主要由布水器、滤料、排水系统和池体构成。滤料是微生物附着生长的载体。布水器能使污水均匀地分布在整个滤床表面。池底排水系统的作用是收集滤床流出的污水与脱落的生物膜，保证通风，以及支撑滤料。

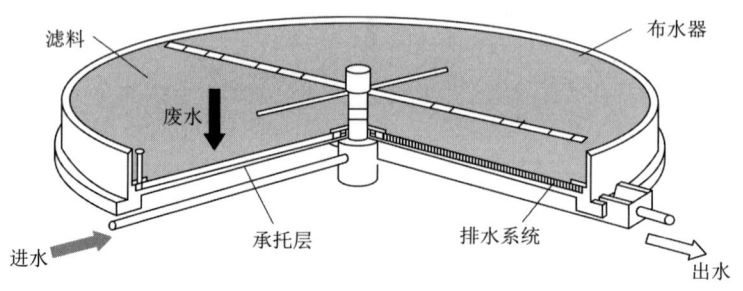

图 3-17　生物滤池的构造

（2）生物接触氧化池。生物接触氧化池又称浸没式曝气生物滤池，是在生物滤池的基础上发展演变而来的。图 3-18 是生物接触氧化池的构造示意图。它与生物滤池一样，也是一种载体式生物膜反应器，但不同的是，在生物接触氧化池中载体和生物膜都淹没在水中，空气是由曝气装置引入池中的。生物接触氧化池采用的填料多为人工合成的材料，如聚氯乙烯、聚丙烯塑料、环氧树脂玻璃钢或纸制成的蜂窝状填料，以及尼龙、维纶等化纤材料结成束状的纤维填料等。

（3）生物转盘。生物转盘去除污水中有机污染物的原理与生物滤池基本相同，但构造形式与生物滤池有很大差异。图 3-19 为生物转盘结构示意图。生物转盘由一系列平行

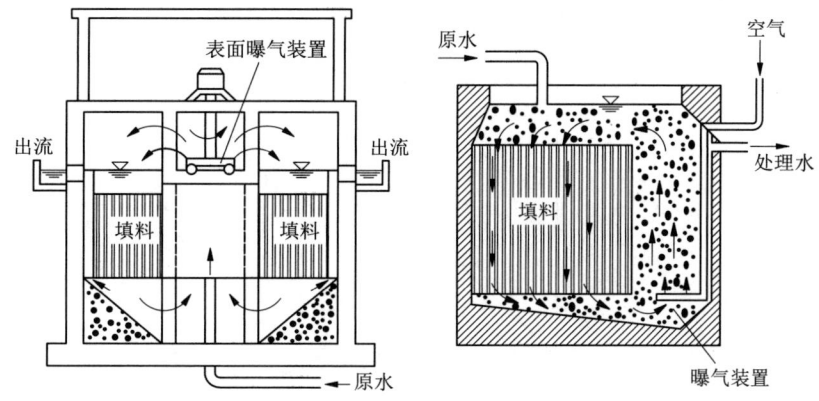

图 3-18 生物接触氧化池的构造示意图

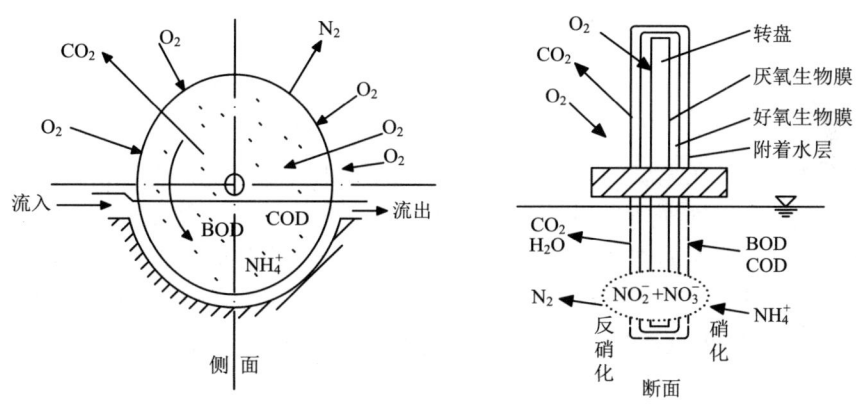

图 3-19 生物转盘结构示意图

的转盘、转动中心轴和反应槽组成。转盘表面长满了生物膜,并在转轴带动下缓慢转动。转盘的表面有 40%浸没在反应槽内的污水中,其余则直接与空气接触。转盘每转动一周,即进行一次吸附—吸氧—氧化分解过程。转盘不断转动,污水得到净化,同时盘片上的生物膜不断生长、增厚。老化的生物膜靠转盘转动时产生的剪切力脱落下来,生物膜得到更新。与生物滤池相比,生物转盘有如下特点:不会发生堵塞现象,净化效果好;能耗低;管理方便;占地面积较大。

(4)曝气生物滤池。曝气生物滤池是在 20 世纪 70 年代末至 80 年代初出现于欧洲的一种生物膜法处理工艺。曝气生物滤池最初用于污水二级处理后的深度处理,由于其良好的处理性能,应用范围不断扩大。图 3-20 为曝气生物滤池构造示意图。曝气生物滤池由池体、布水系统、布气系统、承托层、滤层、反冲洗系统等部分组成。污水从池上部进入滤池通过滤层,在滤料表面形成生物膜。在污水通过滤层的同时,空气从滤料底部通入,并由滤料的间隙上升,与向下流的污水相向接触。生物膜上的微生物接受了充足的溶解氧和丰富的有机物,污水中的有机物被生物膜上的微生物降解,污水得到净化。与传统的活性污泥法相比,曝气生物滤池中活性微生物的浓度要高得多,且具有反应器体积小、无需二沉池、占地面积少等优点。

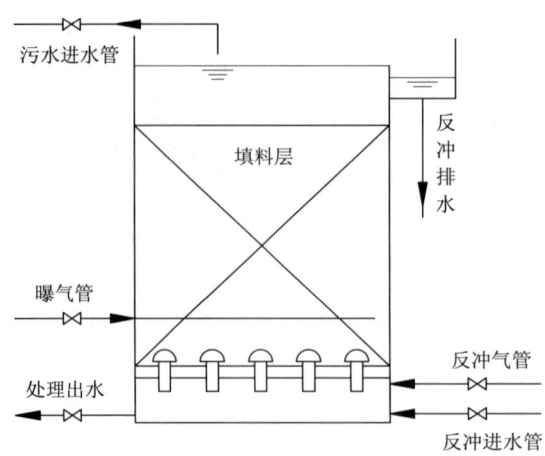

图 3-20 曝气生物滤池构造示意图

2. 厌氧生物处理

厌氧生物处理是在无氧的条件下，利用兼性菌和厌氧菌分解有机物的一种生物处理法。有机物厌氧生物处理产生绿色能源气体——沼气，处理过程产生的剩余污泥量较少且易于脱水浓缩，可作为肥料使用，运转费用也比好氧生物处理低得多。因此，在当前能源日趋紧张的形势下，厌氧处理由于其低能耗，且可以实现能源回收，而受到世界各国的重视。厌氧生物处理法最早用于城市污水处理厂污泥的稳定处理。最近的研究表明，厌氧生物处理法不仅适用于污泥稳定处理，也适用于高浓度和中等浓度有机废水的处理，并且在低浓度城市污水处理方面也取得了显著进展。

1）厌氧生物处理的机理

有机物的厌氧分解（又称厌氧消化）过程分为水解酸化阶段、产氢产乙酸阶段和产甲烷阶段，各阶段分别由不同功能的微生物群体接替完成。在水解酸化阶段，不溶性有机物在细菌释放出的胞外酶的作用下，水解生成水溶性的有机物。例如，淀粉和纤维素水解为单糖，蛋白质水解为肽和氨基酸，脂肪水解为丙三醇和脂肪酸。接着，水解产物渗入细胞，在胞内酶的作用下，转化为挥发性脂肪酸。在产氢产乙酸阶段，挥发性脂肪酸在产氢产乙酸菌的作用下生成乙酸以及 CO_2 和 H_2。在产甲烷阶段，产甲烷菌将乙酸、CO_2 和 H_2 转化为 CH_4 和 CO_2。图 3-21 为厌氧生物处理的三级生化过程。

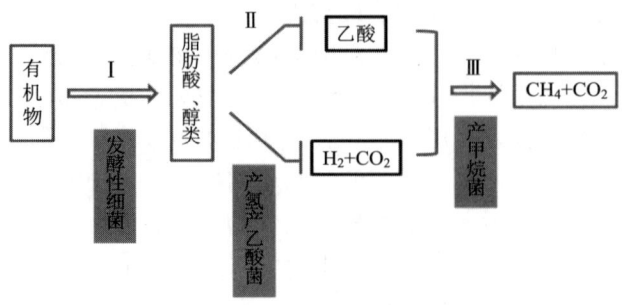

图 3-21 厌氧生物处理的三级生化过程

2）常用的厌氧消化处理设备

（1）固定盖式消化池。最早的厌氧生物处理构筑物是化粪池，近年开发的有厌氧生物滤池、厌氧接触池、升流式厌氧污泥床等。图 3-22 为固定盖式消化池。池内有进泥管、排泥管，还有用于加热污泥的蒸汽管和搅拌污泥用的水射器。投料与池内污泥充分混合，进行厌氧消化处理，产生的沼气聚集于池的顶部，从消化气管排走。

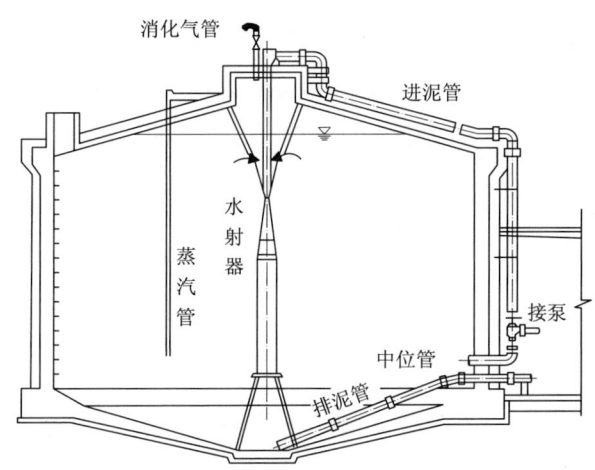

图 3-22 固定盖式消化池

（2）升流式厌氧污泥床（UASB）。升流式厌氧污泥床构造如图 3-23 所示。污水自反应器底部进入，首先通过高浓度污泥床（SS 浓度高达 60～80 g/L），污水中的有机物在此进行厌氧分解，转化为沼气。沼气的搅动，使污水与厌氧微生物充分接触。沼气的微小气泡在上升过程中夹带着污泥上浮，在污泥床上部形成悬浮污泥层。反应器的上部是固、液、气三相分离器，上浮的污泥与分离器的挡板碰撞后，气体分离，储集在分离器斜板下部，然后用管道引出反应器。污泥与污水则穿过缝隙上升，在沉淀室进行泥水分离，污泥下沉，沿斜板下滑至污泥床内，污水则由溢流槽引出。UASB 中良好的颗粒污泥床的形成，使得有机负荷和有机物去除率都高，且不需要搅拌，还能适应负荷冲击、温度及 pH 的变化。目前 UASB 是应用最为广泛的厌氧处理设备之一。

3. 自然生物处理

利用天然水体和土壤中微生物来净化废水的方法称为自然生物处理。常用的自然生物处理法有生物稳定塘、废水土地处理法，以及人工湿地生态处理技术。废水的自然生物处理系统的效率虽低，但所需的基建费用和运行费用也低，又可将废水处理和利用联合起来兼收环境效益和经济效益，因此在面源污染和村镇污水的治理方面具有一定的优越性。

1）生物稳定塘

生物稳定塘（简称生物塘）是利用天然水体中存在的微生物和藻类，对有机废水进行好氧、厌氧生物处理的天然或人工池塘。生物塘内的生态系统较人工生物处理系统复

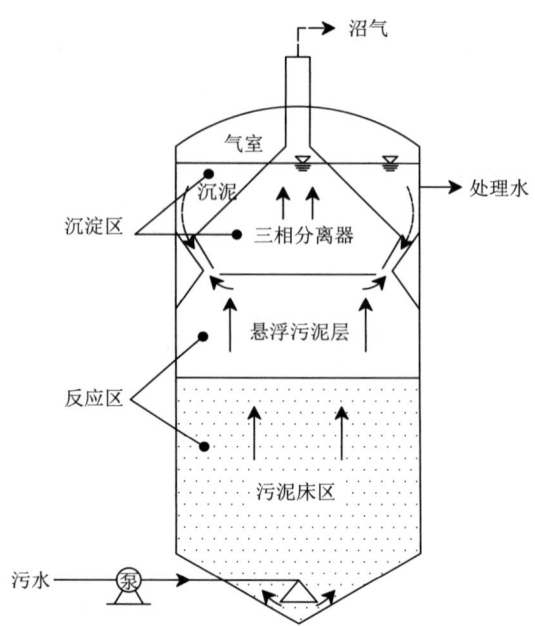

图 3-23 升流式厌氧污泥床构造

杂，包括了菌类、藻类、浮游生物、水生植物、底栖动物以及鱼、虾、水禽等高级动物，形成了相互依赖的食物链。废水在塘内停留时间很长，有机物通过水中微生物的代谢活动而得到充分的分解。净化后的废水可灌溉农田。根据塘内微生物的种类和供氧情况，可分为好氧塘、兼性塘、厌氧塘及曝气塘四种类型。图 3-24 为厌氧塘功能模式。

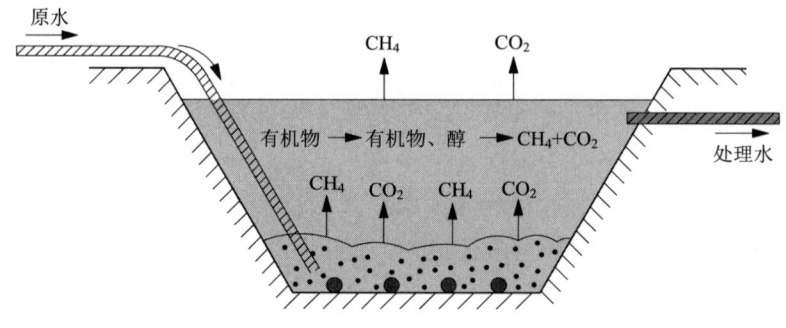

图 3-24 厌氧塘功能模式

2) 废水土地处理法

废水土地处理法是采用土地作为主要处理系统的废水处理方法，其目的是净化废水，控制水污染。土地处理系统的设计运行参数（如负荷率）需通过实验研究确定。土地处理系统有五种类型：慢速渗滤、快速渗滤、地表漫流、湿地系统和地下渗滤系统。土地处理系统由废水预处理设施，废水调节和储存设施，废水的输送、布水及控制系统，土地净化田，以及净化出水的收集和利用系统五部分组成。图 3-25 为慢速渗滤系统和地表漫流系统。

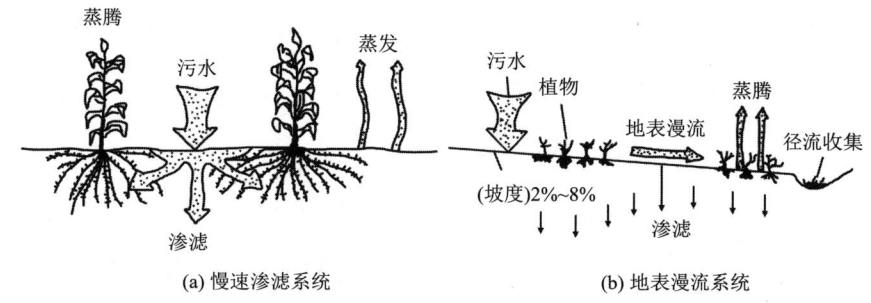

图 3-25　慢速渗滤系统和地表漫流系统

3）人工湿地生态处理技术

人工湿地是为了达到废水净化效果，人为设计的复杂的、具有渗透性能的地层生态结构。人工湿地的类型主要有表面流湿地和潜流湿地两类。表面流湿地是指污水在基质表面上流动，完全模拟天然湿地的水流状况；潜流湿地是指污水在基质表面以下流动，根据水流方向的不同，可分为水平潜流湿地和垂直潜流湿地。水平潜流湿地是指水在界面以下水平流动；垂直潜流湿地是指水在基质以下垂直流动，一般是地表布水，垂直下渗，池底设有集水管，收集净化水。人工湿地生态处理技术同其他废水处理工艺相比，建设、运行费用低，管理简单，具有非常强的景观效果，尤其适合我国国情。在农村和小城镇，利用废弃河道建设人工湿地就是地方政府废水净化的首选，但它也存在占地面积大，受气候影响较重，设计、运行参数不精确等缺点。图 3-26 为垂直潜流湿地。

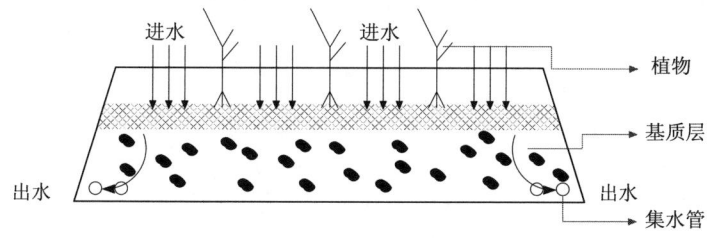

图 3-26　垂直潜流湿地

4. 生物脱氮除磷工艺

随着黑臭水体以及水体富营养化问题不断加剧，污水处理排放标准不断提高，传统污水处理工艺大都需要通过提质改造来满足不断提升的新标准，氮和磷的高效去除一直是污水处理工艺提质改造的重点。

1）生物脱氮工艺

生物脱氮是最为经济有效的脱氮技术。污水中的有机氮在好氧生物处理过程中依次转化为氨氮、亚硝态氮以及硝态氮，然后经过反硝化反应转化为氮气从水中脱除。下面介绍几种典型的生物脱氮工艺。

（1）三段生物脱氮工艺。三段生物脱氮工艺流程如图 3-27 所示。该工艺是将有机物氧化、硝化及反硝化独立开来，控制除碳、硝化和反硝化分别在适宜的条件下运行，处理效率高，并且每一环节都单独配备沉淀池和污泥回流系统。但是该工艺必须在反硝化段投加碳源来保证高效稳定的脱氮效果。

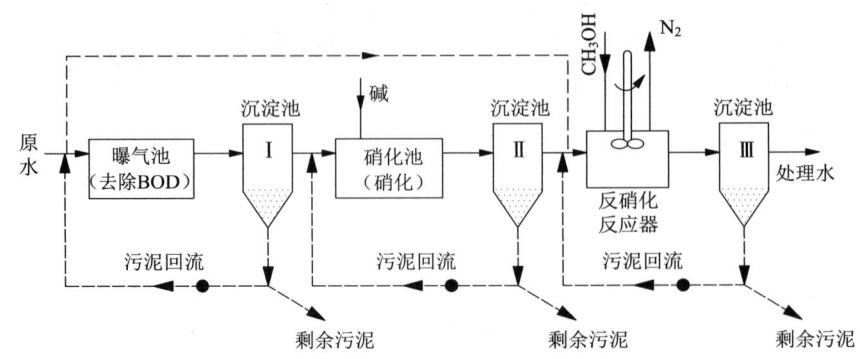

图 3-27　三段生物脱氮工艺流程

（2）前置缺氧-好氧生物脱氮工艺。前置缺氧-好氧生物脱氮工艺流程如图 3-28 所示。该工艺将反硝化段设置在系统的前面，因此又称前置式反硝化生物脱氮系统，是目前应用较为广泛的一种脱氮形式。曝气池混合液中含有大量硝酸盐，通过内循环回流到前置缺氧反硝化池中，缺氧反硝化池中的反硝化微生物以污水中的有机物为碳源，将硝酸盐还原为氮气从水中脱除。该工艺流程简单，反硝化过程无须外加碳源，节约后续曝气量，因而基建费用和运行费用较低。但由于出水中仍有一定浓度硝酸盐，容易在二沉池中进行反硝化反应，造成污泥上浮，影响出水水质。

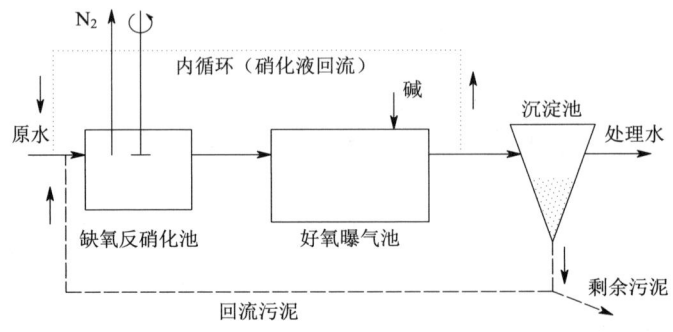

图 3-28　前置缺氧-好氧生物脱氮工艺流程

（3）后置缺氧-好氧生物脱氮工艺。后置缺氧-好氧生物脱氮工艺流程如图 3-29 所示。可以补充碳源，也可以在没有补充碳源的情况下利用活性污泥的内源呼吸提供电子供体还原硝酸盐。一般需要较长的停留时间才能达到一定的反硝化速率。甲醇是最理想的补充碳源，不仅反硝化速率快，而且反应后没有任何副产物。

（4）Bardenpho 生物脱氮工艺。Bardenpho 生物脱氮工艺流程如图 3-30 所示。该工艺设立了两个缺氧段，第一个利用原水中的有机物作为碳源和第一好氧池中回流的含有硝态氮的混合液进行反硝化反应。经第一段处理，脱氮已大部分完成。为进一步提高脱氮效率，废水进入第二段反硝化反应器，利用内源呼吸碳源进行反硝化。最后的曝气池用于净化残留的有机物，吹脱污水中的氮气，提高污泥的沉降性能，防止二沉池发生污泥上浮现象。这一工艺各项反应都进行两次以上，各反应单元有 2~3 项辅助功能，脱氮除磷效果良好，比三段生物脱氮工艺减少了投资和运行费用。

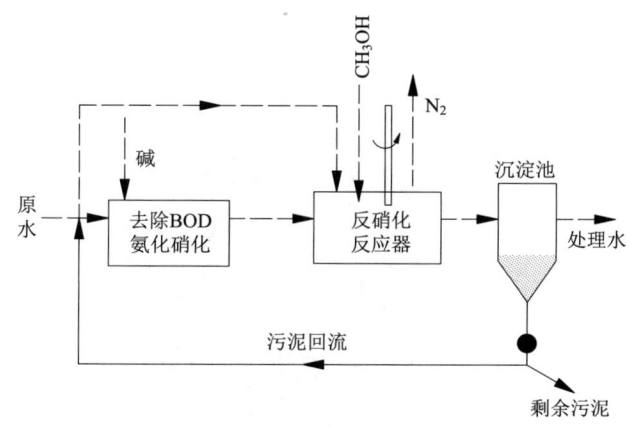

图 3-29　后置缺氧-好氧生物脱氮工艺流程

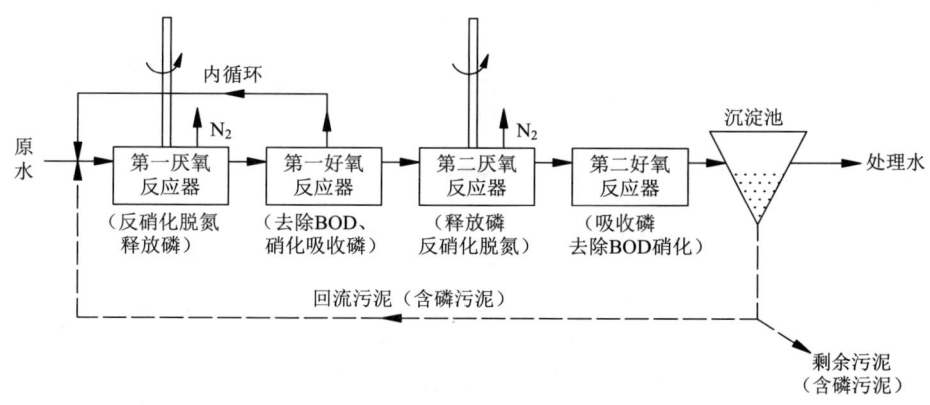

图 3-30　Bardenpho 生物脱氮工艺流程

（5）同步硝化反硝化过程。同步硝化反硝化过程是指在没有独立设置缺氧区的活性污泥法处理系统内总氮被大量去除的过程。其机理主要有以下两个方面：① 反应器 DO 分布不均匀理论，反应器内部 DO 在空间及时间上分布不均匀，形成反应器内部不同分区的缺氧区和好氧区，分别为反硝化菌和硝化菌提供了优势环境，造成硝化和反硝化作用同时进行。② 缺氧微环境理论，颗粒污泥外表面氧的浓度较高，好氧硝化菌占优势，主要进行硝化反应；内部形成缺氧区，主要进行反硝化反应。活性污泥颗粒内部存在的好氧区和缺氧区如图 3-31 所示。

2）生物除磷工艺

生物除磷是由厌氧区和好氧区组成的同时去除污水中有机污染物及磷的处理系统。

（1）厌氧-好氧生物除磷工艺。厌氧-好氧生物除磷工艺流程如图 3-32 所示。回流污泥中的磷在前段厌氧池中充分释放，在后段好氧池中又被过量吸收，出水中磷的浓度降低。

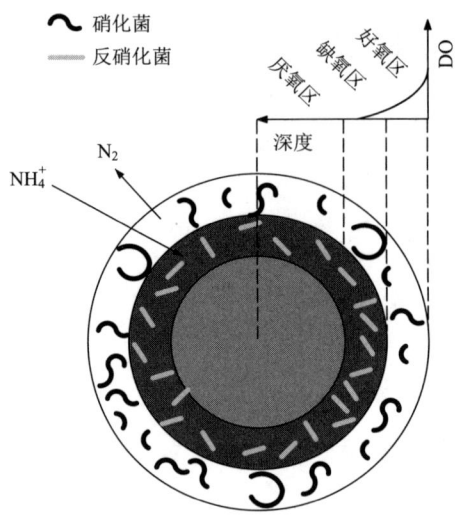

图 3-31 活性污泥颗粒内部存在的好氧区和缺氧区

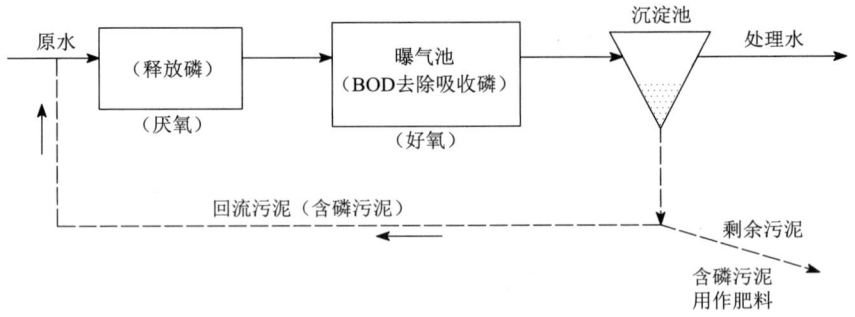

图 3-32 厌氧-好氧生物除磷工艺流程

基于上述基本流程，现在出现了与生物脱氮工艺相结合及强化除磷的多种工艺。例如，向厌氧区投加挥发性脂肪酸或初沉污泥发酵上清液以增加厌氧区释磷效果，或在旁流中结合化学除磷以增加系统的除磷效率等。

（2）Phostrip 除磷工艺。Phostrip 除磷工艺流程如图 3-33 所示。该工艺将生物除磷和化学除磷结合在一起，在回流污泥过程中增设厌氧释磷池和上清液的化学沉淀处理系统，称为旁路。一部分富含磷的回流污泥送至厌氧释磷池，释磷后的污泥再回到曝气池进行有机物降解和磷吸收，用石灰或其他化学药剂对释磷上清液进行沉淀处理。Phostrip 除磷效率不像其他生物除磷系统那样受进水的易降解 COD 浓度的影响，处理效果稳定。

3）同步脱氮除磷工艺

城镇污水处理厂通常需要在一个流程中同时完成脱氮、除磷功能，依据生物脱氮除磷的理论而产生的最基本工艺是 A^2O 工艺。近年来，随着对生物脱氮除磷机理研究的不断深入,以及各种新材料、新技术、新设备的不断应用,衍生出了许多新的生物脱氮除磷工艺,其中典型的几种处理工艺如下。

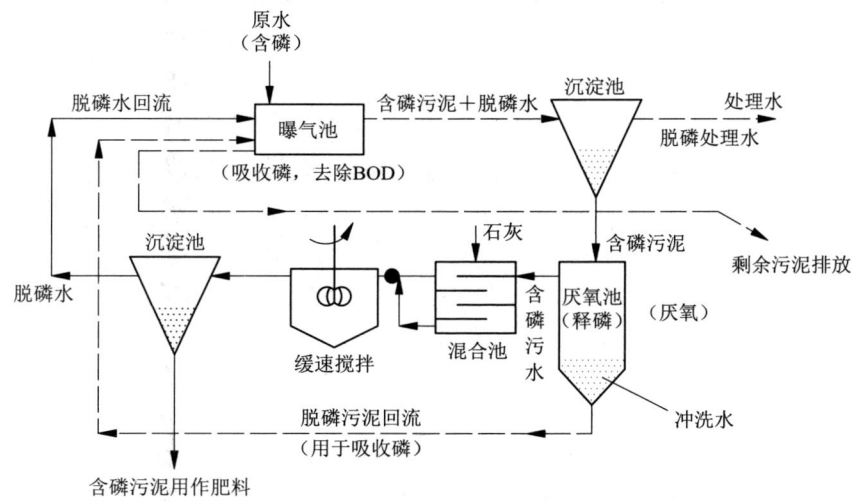

图 3-33　Phostrip 除磷工艺流程

(1) A^2O 工艺。A^2O 工艺是在一个处理系统中同时具有厌氧区、缺氧区、好氧区,能够同时做到脱氮、除磷和降解有机物的工艺,其工艺流程如图 3-34 所示。该工艺流程简单,污泥在厌氧、缺氧、好氧环境中交替运行,有效避免了丝状菌繁殖,污泥沉降性能良好。需要注意的是,系统污泥龄因为兼顾硝化菌的生长而不能太短,太短会导致除磷效率难以进一步提高。

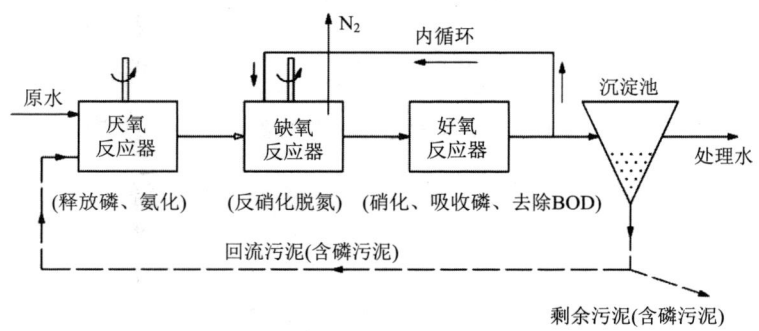

图 3-34　A^2O 工艺流程

(2) 改良 Bardenpho 脱氮除磷工艺。改良 Bardenpho 脱氮除磷工艺流程如图 3-35 所示,由厌氧—缺氧—好氧—缺氧—好氧五段组成,第二个缺氧段利用好氧段产生的硝酸盐作为电子受体,利用剩余碳源或内源碳作为电子供体进一步提高脱氮效果,最后的好氧段主要用于残留氮气的吹脱。该系统脱氮效果好,通过回流污泥进入厌氧池的硝酸盐含量较少,对污泥的释磷反应影响小,从而使整个系统达到较好的脱氮除磷效果。但该工艺流程较为复杂,投资和运行成本较高。

（3）UCT 及改良 UCT 工艺。图 3-36 为 UCT 工艺流程。该工艺的基本思路是减少回流污泥中的硝酸盐对厌氧区的影响，所以与 A^{2}O 工艺不同的是，UCT 工艺的回流污泥是回到缺氧区而不是厌氧区，从缺氧区出来的混合液硝酸盐含量很低，回流到厌氧区后为污泥的释磷反应提供了最佳的条件。

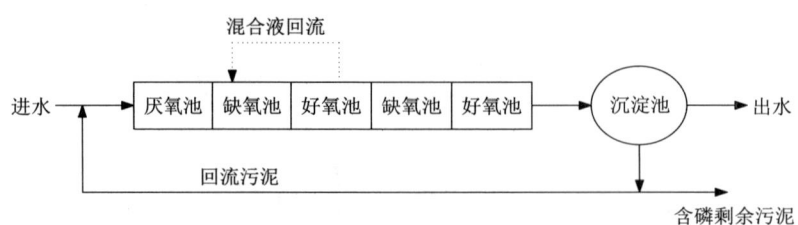

图 3-35　改良 Bardenpho 脱氮除磷工艺流程

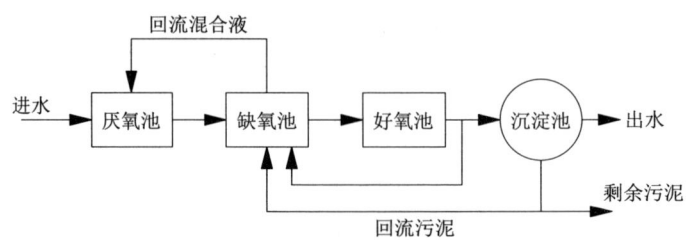

图 3-36　UCT 工艺流程

改良 UCT 工艺中污泥回流到相分隔的第一缺氧区，不与混合液回流到第二缺氧区的硝酸盐混合，第一缺氧区主要对回流污泥中硝酸盐进行反硝化，第二缺氧区是系统的主要反硝化区。改良 UCT 工艺流程如图 3-37 所示。

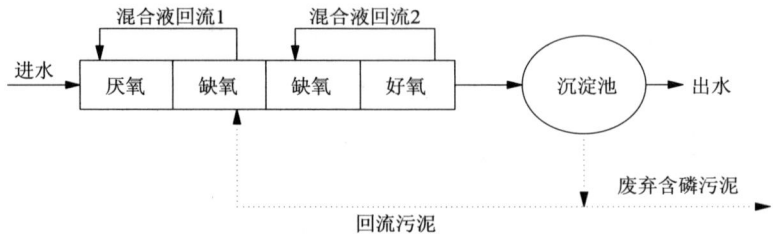

图 3-37　改良 UCT 工艺流程

1. 全球水资源分布的特征是什么？能否列举几个水资源科学配置的典型案例？
2. 什么是水的社会循环？简述全球变暖对水循环的影响。
3. 海绵城市的定义以及内涵是什么？
4. 天然水的组成是什么？

5. 氮和磷是影响流域水质改善的重要因素，水中氮和磷的指标都包括哪些？
6. 我国目前已经发布的城市污水再生利用系列标准都有哪些？
7. 什么是水体污染？造成农业面源污染的原因主要有哪些？
8. 水体重金属污染的特点是什么？
9. 何谓水体自净？什么是水环境容量？说说水体自净与水环境容量之间关系。
10. 简述蛋白质类有机物耗氧生物降解过程。
11. 说说重金属在水中主要存在的物理化学迁移作用。
12. 简述水体富营养化的发生过程。
13. 采用沉淀法去除水体颗粒污染物，请问常用的沉淀池类型有哪些？
14. 过滤是常用的水处理技术，以普通快滤池为例说说滤池的构造以及工作原理。
15. 什么是混凝法？常用的混凝剂都有哪些？
16. 什么是活性污泥法？活性污泥法的基本工艺流程是怎样的？
17. 氧化沟的工作原理是什么？
18. 生物膜法与活性污泥法有什么不同？
19. 厌氧生物处理的基本原理是什么？
20. 列举两种生物脱氮工艺，并对其工艺特点进行比较。

主要参考文献

邓小云. 2013. 农业面源污染的基本理论辨正. 河南师范大学学报(哲学社会科学版), 40(6): 103-107.

高廷耀, 顾国维, 周琪. 2023. 水污染控制工程: 下册. 5 版. 北京: 高等教育出版社.

管华. 2018. 环境学概论. 北京: 科学出版社.

侯洪刚. 2012. 水体中污染物的迁移与转化. 现代农业, (6): 88-89.

胡筱敏, 王凯荣. 2020. 环境学概论. 2 版. 武汉: 华中科技大学出版社.

蒋展鹏. 2002. 环境工程学. 北京: 高等教育出版社.

鞠美庭, 邵超峰, 李智. 2010. 环境学基础. 2 版. 北京: 化学工业出版社.

李国亭, 刘秉涛. 2016. 环境学概论. 哈尔滨: 哈尔滨工业大学出版社.

林祚顶. 2004. 完善水危机管理系统加强水问题的社会管理. 中国水利, (13): 40-42.

马进, 葛梦婕, 康文钦. 2023. 山东省农业面源污染的时空特征和来源分析. 北方农业学报, 51(6): 115-128.

明道. 2015. 地理常识速查速用大全集. 北京: 中国法制出版社.

曲向荣. 2021. 环境学概论. 北京: 北京大学出版社.

邵超峰, 鞠美庭. 2021. 环境学基础. 3 版. 北京: 化学工业出版社.

苏志华. 2018. 环境学概论. 北京: 科学出版社.

吴彩斌, 雷恒毅, 宁平. 2005. 环境学概论. 北京: 中国环境科学出版社.

肖晨曦, 王红武, 戴晓虎. 2023. 城市面源污染特点与控制技术研究进展. 环境工程, 41(12): 21-31.

左玉辉. 2010. 环境学. 2 版. 北京: 高等教育出版社.

Liebig J. 1840. Organic Chemistry in Its Applications to Agriculture and Physiology. London: Taylor and Walton.

第4章 大气环境

地球上的大气质量直接影响着整个生态系统和人类的健康。某些自然过程和人类活动导致大气环境的物质循环和能量交换异常，影响着大气的质量，尤其是人类活动的不断加强，对大气环境产生了更为深刻的影响。本章由五部分组成，第一部分分析大气的组成及大气层结构；第二部分讨论大气污染的定义及大气污染物的来源，并依据污染物存在的形式、排放的方式、排放的时间、产生的类型对大气污染源进行分类，同时讨论大气污染对人体、动植物、气候及农业生产的影响；第三部分从湍流、逆温、大气稳定度等角度讨论了污染物扩散问题，简述一些典型大气污染物在大气中的转化过程；第四部分从产业结构及布局的调整与优化、能源利用效率的提高、绿色生态战略的实施、大气污染防治基础设施的建设、相关法律法规、国际政策的制定等多个方面讨论开展大气污染防治的主要对策；第五部分简述室内空气污染概况，并介绍一些当前主要的室内空气污染防治技术。

4.1 大气环境概述

大气（atmosphere）和空气（air）这两个术语，在许多情况下可以互用，并没有很明确的区别。但是，在环境学领域为了准确说明问题，两个词分别代表不同的含义。大气是由多种气体、水蒸气和气溶胶杂质等组成的混合物，其空间尺度相对较大，范围广，可以指全球性的气流；而空气则指人与动物赖以生存的气体，一般是指室内或特定的某个地方的气体，所涉及的空间范围较小。某个场所和特定区域的大气污染常称为空气污染，并规定了相应的空气质量标准和评价方法。

受重力吸引包围在地球周围的气态物质称为大气，它是自然环境的重要组成部分和最主要的环境要素之一。大气层是地球表面的气体圈层，是维护地球生命存在的关键，大气层的存在使生物免受太阳紫外线的有害辐射，还直接参与人和其他生物的物质循环、能量代谢，清洁的大气是一种宝贵的资源，是一切生物生存的基本保证。但人类活动的加强，使大气环境受到各种直接和间接影响，并引起环境系统恶化等不良反应，威胁到人类和其他生物的生存和发展。

4.1.1 大气层的结构

大气是维持人类生命所必需的重要物质之一，是自然环境的重要组成部分，也是地球表层系统经过长期的化学和生物化学过程演化的结果。大气圈是指包围着地球并受地球引力的影响随着地球旋转的大气层。由于受地心引力的作用，大气圈中的大气分布是不均匀的，大气质量的绝大部分都集中于近地层，其中，最下层的对流层集中了75%的大气质量和90%以上的水汽质量，一般情况下海拔越低、大气越稠密，近地层的大气密度随高度变化而迅速降低。大气气温也随其与地面的垂直高度变化而改变，对流层的大气温度随着高度的上升而降低。

根据1962年世界气象组织（WMO）执行委员会正式通过国际大地测量与地球物理联合会（IUGG）所建议的分层系统，即依据大气温度随高度垂直变化的特征，将大气分为对流层、平流层、中间层、热成层和逸散层，如图4-1所示。

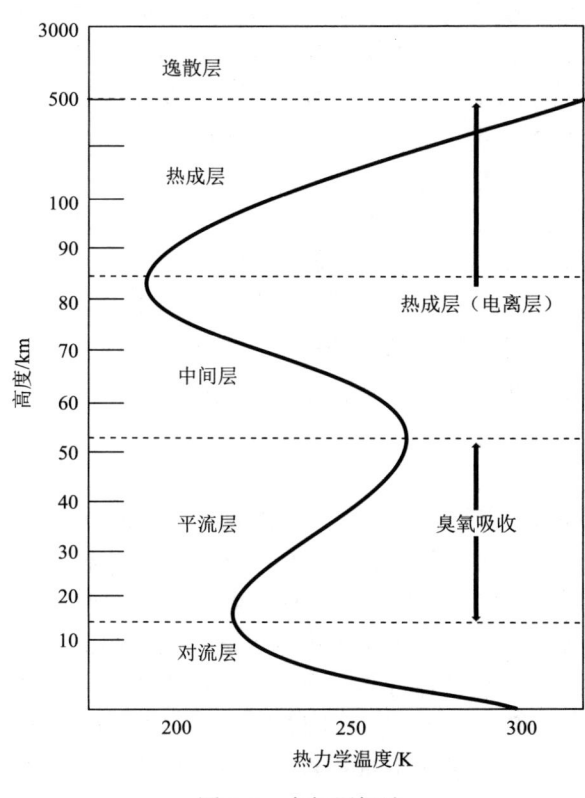

图4-1 大气层概述

资料来源：刘培桐（1995）

1. 对流层

对流层（troposphere）是与人类的关系最为密切的大气圈层，其位于大气圈的最底层，底界为地面。在地球表层不同区域和不同季节，对流层的厚度存在较大差异，一般情况下，对流层的厚度随纬度和季节的变化而变化，低纬度地区对流层比较厚，从赤道向两极降低，在赤道附近或低纬度地区对流层的厚度超过15 km，范围为17～18 km，在中纬度地区厚度为10～12 km，在极地附近高纬度地区厚度最低，范围为8～9 km，对流层平均厚度为12 km。北半球或南半球，均是夏天温度高，大气对流活动频繁，对流层厚度较厚；低温寒冷的冬天，对流活动较平缓，对流层则较薄。对流层厚度相对于整个地球大气层来说是比较薄的，但大部分大气却集中于对流层，总质量占整个大气层的75%。对流层内的温度随着高度的升高而降低，大约每上升100 m，温度降低0.65℃，这是由于太阳辐射主要加热地面，地面的热量通过传导、对流、湍流和辐射等方式再传递给大气，因而，对流层中接近地面的大气温度较高，远离地面的大气温度较低。由于贴近地面的空气受到地面辐射增温的影响而膨胀上升，对流层上面的较冷空气却不断下沉，故在垂直方向上形成强烈的大气对流运动，并且对流层是水蒸气和颗粒物较集中的圈层。较多的水汽和颗粒物加上强烈的对流运动，易引发雨、雪、云、雾、雹和霜等天气现象与过程。这些天气现象对地球表层的土壤圈、水圈和生物圈都有重要影响，对人类的生产和生活影响也很大，所以对流层跟人类关系最为密切。一方面，对流层的天气现象和物质循环影响人类的生存；另一方面，人类活动排放的气体污染物也基本集中于对流层，尤其在近地面 2 km 以内的范围。由于受到太阳辐射、地形和人类活动的影响，区域范围内空气的运动更是复杂多变。

在对流层和平流层之间，有一个厚度为数百米至 2 km 的过渡层，又称为对流层顶。这一层的主要特征是温度随高度增加降低很慢或温度基本没有变化。实际情况下，可根据这种温度变化的起始高度来确定对流层顶的位置。由于对流层顶的温度变化较微小，大气较为稳定，对垂直气流有较大的阻挡作用，对流层下部上升的水汽和颗粒物基本上聚集于其下，使得这部分大气环境质量较差，能见度较低。

2. 平流层

平流层（stratosphere）是指从对流层顶至距地表 50 km 高度范围内的大气层，平均厚度为 38 km。平流层的温度先是随高度增加变化很小，从对流层顶部到约 35 km 时温度基本保持在-55℃左右，称为同温层；再往上温度随高度增加而上升，到平流层顶温度升至-3℃左右。平流层中一定高度范围内温度随高度升高而增加的原因主要是这个范围内存在一层臭氧层，臭氧层的特性是其具有较强的吸收太阳短波辐射的能力。在臭氧层中 O_2 在紫外线作用下可分解为化学性质极不稳定的原子氧，原子氧与氧气分子重新化合生成臭氧时能以热的形式释放出大量热量，使这部分平流层的温度升高较快。臭氧层的范围为 10~25 km。该层 O_3 浓度极大，能吸收绝大部分紫外辐射，从而阻挡强紫外辐射到达地面。由于这部分的紫外辐射对地球生物有极大的伤害，臭氧层的存在，保护了地球上的植物、动物、微生物和人类。平流层的温度随高度的变化特点，决定了平流层中大气基本没有对流运动，大气以平流运动为主。与近地面的对流层相比，平流层的空气极其稀薄，且地面的水汽和颗粒物难以到达平流层，几乎没有水蒸气和颗粒物，平流层的空气较干燥，大气的透明度极高，大气性质稳定，不存在雨、雪、冰雹等天气现象。尤其是平流层的中低层范围内气温变化极小，非常有利于一些航空器的活动，如飞机在此范围内进行飞行，气流上下颠簸很小，是飞机飞行的理想场所。

3. 中间层

中间层（mesosphere）是指从平流层顶到约 85 km 的高度范围内的大气层，厚度约为 35 km。该层大气的气温垂直分布特点是随高度的升高迅速降低，至中间层顶部气温降到-113~-83℃。在中间层中，底部由于接受了平流层传递的热量，温度最高。中间层气温随高度升高而迅速降低的特点，使得该层空气再次出现较强的垂直对流运动，所以中间层又称为高空对流层或上对流层。

4. 热成层

热成层也称电离层(ionosphere)。电离层位于中间层顶至距地表 800 km 的高度之间。由于太阳辐射和宇宙射线的作用，该层大气分子绝大部分都发生了电离，带电粒子的密度较高，所以称为电离层。电离层能将电磁波反射回地球，对全球无线电通信具有重要意义。该层从下到上，原子氧的浓度越来越大，由于原子氧吸收太阳紫外线的能量，因此温度随高度上升而迅速增加。据人造卫星观测，在 300 km 高度上气温可达到 1000℃以上，故此层又称为暖层或热层。

5. 逸散层

逸散层（exosphere）是电离层以上的大气统称，也称为外大气层。这是一个相当厚的过渡层，是大气圈与星际空间的过渡地带，厚度为 1.5 万～2.4 万 km。由于该层大气可以直接吸收太阳紫外线的热量，所以气温也随高度的升高而逐渐增加。逸散层空气极其稀薄，大气粒子很少相互碰撞。因距离的关系受地心引力极小，气体和微粒可以从这层被碰撞出地球重力场而逸入宇宙空间（刘培桐，1995）。

4.1.2 大气的组成

通常情况下，大气是围绕地球表面的一层总厚度为 1000～1400 km 的气体，其总质量约为 6×10^{18} kg，标准状况下平均密度为 1.293 g/L。由于不同高度重力的分布不同，大气密度从地表到高空迅速减小，地球表层较低海拔位置的大气密度最大。大气是多种物质的混合物，包括恒定组分、可变组分和不确定组分。恒定组分主要指干洁空气，其比例在地球表面的任何地方几乎都是不变的，是大气中含量最多的部分。干洁空气是指大气中除去水汽和杂质的部分，氮、氧、氩约占干洁空气总体积的 99.97%，氖、氪、氙、氡等稀有气体约占干洁空气总体积的 0.03%，干洁空气中各种组分的比例如表 4-1 所示。

表 4-1 干洁空气中各种组分及其含量

气体名称	体积百分含量/%	气体名称	体积百分含量/%
氮	78.09	甲烷	$(1.0\sim1.2)\times10^{-4}$
氧	20.95	氪	1.0×10^{-4}
氩	0.93	氢	5.0×10^{-5}
二氧化碳	0.02～0.04	氙	8.0×10^{-6}
氖	1.80×10^{-3}	二氧化氮	8.0×10^{-6}
氦	5.24×10^{-4}	臭氧	1.0×10^{-6}

大气中的可变组分主要是指二氧化碳和水蒸气。在通常情况下，二氧化碳的含量为 0.02%～0.04%，主要来自生物的呼吸作用、化石燃料的燃烧、植物动物等有机体的燃烧与微生物分解等；水蒸气的含量在 4%以下，大气中的水蒸气主要来自海洋和陆地上的

湖泊、河流等水体的蒸发和植物的蒸腾作用。大气中的水蒸气含量随着地区、季节、气象条件的不同而发生差异，甚至兴修水利工程、大规模利用地表水等人类活动都会对大气中的水蒸气含量有一定的影响。相对于恒定组分，大气中的水蒸气相对含量并不多，然而其含量及其变化对生物的生长和发育有重大影响，其对人类的生存和发展也有极其重要的影响。水蒸气可凝结为水珠和冰晶，从而形成云、雾、雨、雪、霜等多种大气现象，对天气的变化起着重要的作用；水蒸气还可以吸收地表的长波辐射，有助于对流层的大气升温，对地球表层起着保温作用。

不确定组分是指排放于大气中其组成或含量难以确定的混合气体和颗粒物等，其来源一般分为自然源和人为源。自然源主要指火山爆发、森林火灾、海盐飞溅、海啸、地震等自然界突发性灾难产生的物质，包括尘埃、硫、硫化氢、硫的氧化物、氮氧化物、盐类和恶臭气体等；人为源则是人类生产生活等社会经济活动排入环境中的物质，如工厂生产、采矿、建设、交通运输等产生的污染物质，包括煤烟、粉尘、硫氧化物和氮氧化物等。自然源产生的污染物可造成局部和暂时性的大气污染，如火山喷发对局部地区甚至较大的区域范围的大气环境有较为严重的影响，大部分的自然源对大气环境不会造成长期的影响，有些自然源影响范围较小。然而，随着人口的增长、生产力的提高和经济的快速发展，人类活动对大气环境的影响更为剧烈，人为因素的不确定组分排放成为大气的主要污染物，也是造成大气污染的主要根源，这些主要污染物对人类健康有不利影响。因此，环境学一般关注于人为源产生的主要污染物。

4.1.3 大气环境标准

如何评判定义一个地区大气质量的好坏非常关键，通常可以通过一些已知物质的物理、化学性质来测定这些已知物质在大气中的含量，从而评判此地区的大气环境质量。我们引入"标准"来规范各种测定方法与指标，从而使得各个地区的测定具有普适性与参考性。制定大气环境标准是执行环境保护法规，实施大气环境管理的科学依据和手段。

1. 标准的类型

1）国家标准

国家标准可以分为两类。

GB：强制性国家标准。根据《中华人民共和国标准化法》，对保障人身健康和生命财产安全，维护国家安全、生态环境安全以及满足经济社会管理基本需要的技术要求，应当制定强制性国家标准。

GB/T：推荐性国家标准。推荐性国家标准是指在生产、检验、使用等方面，通过经济手段或市场调节而自愿采用的国家标准。

2）行业标准

行业标准是对没有国家标准而又需要在全国某个行业范围内统一的技术要求所制定的标准。行业标准不得与相关国家标准抵触。有关行业标准之间应保持协调统一，不得重复。HJ 行业标准即环境行业标准。

3）地方标准

地方标准是由地方（省、自治区、直辖市）标准化主管机构或专业主管部门批准，发布在某一地区范围内统一的标准。因我国幅员辽阔，各地区之间大气环境差异显著，各地方政府在不违反国家标准的同时，可因地制宜制定当地的大气环境标准。

2. 大气环境标准的种类和作用

大气环境标准按其用途可分为：大气环境质量标准、大气污染物排放标准、大气污染控制技术标准及大气污染警报标准。

1）大气环境质量标准

大气环境质量标准是以保障人体健康和正常生活条件为主要目标，规定出大气环境中某些主要污染物的最高允许浓度。大气环境质量是进行大气污染评价，制定大气污染防治规划和大气污染物排放标准的依据，也是各级相关环境管理部门进行大气环境管理的依据。

2）大气污染物排放标准

这是以实现大气环境质量标准为目标，对污染源排入大气的污染物容许含量做出限制，是控制大气污染物的排放量和进行净化装置设计的依据，同时也是相关环境管理部门的执法依据。大气污染物排放标准可分为国家标准、地方标准和行业标准。

3）大气污染控制技术标准

这是大气污染物排放标准的一种辅助规定。它根据大气污染物排放标准的要求，结合生产工艺特点，燃料、原料使用标准，净化装置选用标准，烟囱高度标准和防护隔离带标准等，为保证达到污染物排放标准而从某一方面做出的具体技术规定。该标准制定的目的是使相关行业人员易理解，使相关部门的生产、设计和管理人员较快掌握并执行。

4）大气污染警报标准

这是大气环境污染不致恶化或根据大气污染发展趋势预防发生污染事故而规定的污染物含量的极限值。超过这一极限值时，有必要向社会发出一定的警报，以便采取必要的措施。根据大气环境恶化的程度和污染水平的高低，分为警告、紧急和危险三级标准。警报标准的制定，主要建立在对人体健康的影响和生物承受限度的综合研究基础之上。

3. 大气环境质量标准

制定大气环境质量标准的原则：首先要考虑保障人体健康和保护生态环境这一大气质量目标，为此需综合这一目标的污染物容许浓度。其次要合理地协调与平衡实现标准所需的代价与社会经济效益之间的关系。为此需进行损益分析，以求得为实施大气环境质量标准投入的费用最少，收益最大。此外，还应遵循区域差异的原则。特别是像我国这样地域广阔的大国，要充分注意各地区的人群构成、生态系统结构功能、技术经济发展水平等的差异性。因此，除了制定国家标准外，还应根据各地区的情况，制定地方大气环境质量标准（李智卓和刘卫先，2019）。

为了准确地认识和评价大气环境质量状况，以及对大气环境进行必要的管理，我国陆续制定和颁发了有关的大气环境质量标准。根据《中华人民共和国环境保护法》的规定，1982年制定了《环境空气质量标准》（GB 3095—1982），1996年进行了第一次修订，2000年进行了第二次修订，2012年进行了第三次修订，形成了最新的《环境空气质量标准》（GB 3095—2012），自2016年1月1日起在全国实施。标准中把环境空气质量功能区分为两类：一类区为自然保护区、风景名胜区和其他需要特殊保护的区域；二类区为居住区、商业交通居民混合区、文化区、工业区和农村地区。一类区适用一级浓度极限值，二类区适用二级浓度极限值。一、二类环境空气质量功能区质量要求见表 4-2 和表 4-3。

表 4-2 环境空气污染物基本项目浓度限值

序号	污染物项目	平均时间	浓度限值 一类	浓度限值 二类	单位
1	二氧化硫（SO_2）	年平均	20	60	$\mu g/m^3$
		24 h 平均	50	150	
		1 h 平均	150	500	
2	二氧化氮（NO_2）	年平均	40	40	
		24 h 平均	80	80	
		1 h 平均	200	200	
3	一氧化碳（CO）	24 h 平均	4	4	mg/m^3
		1 h 平均	10	10	
4	臭氧（O_3）	日最大 8 h 平均	100	160	$\mu g/m^3$
		1 h 平均	160	200	
5	可吸入颗粒物（粒径≤10 μm）	年平均	40	70	
		24 h 平均	50	150	
6	细颗粒物（粒径≤2.5 μm）	年平均	15	35	
		24 h 平均	35	75	

表 4-3 环境空气污染物其他项目浓度限值

序号	污染物项目	平均时间	浓度限值 一类	浓度限值 二类	单位
1	总悬浮颗粒物（TSP）	年平均	80	200	$\mu g/m^3$
		24 h 平均	120	300	
2	氮氧化物（NO_x）	年平均	50	50	
		24 h 平均	100	100	
		1 h 平均	250	250	
3	铅（Pb）	年平均	0.5	0.5	
		季平均	1	1	
4	苯并[a]芘（BaP）	年平均	0.001	0.001	
		24 h 平均	0.0025	0.0025	

4. 空气质量指数

我国的部分大城市空气污染较为严重，北方地区的部分城市冬季空气污染更为严重。为了客观反映我国城市空气污染状况，开展了大城市空气污染指数（air pollution index，API）日报工作。2012 年上半年出台的标准规定，用空气质量指数（air quality index，AQI）替代原有的空气污染指数（API）。空气质量指数是定量描述空气质量状况的无量纲指数，针对单项污染物还规定了空气质量分指数（individual air quality index，IAQI）。不管是无量纲指数还是空气质量分指数，其数值越大说明空气污染状况越严重，对人体健康和生态系统的危害也就越大。利用空气质量指数可以直观地评价大气环境质量状况并指导空气污染的控制和管理。参与空气质量评价的主要污染物为二氧化硫（SO_2）、二氧化氮（NO_2）、一氧化碳（CO）、臭氧（O_3）、可吸入颗粒物（PM_{10}）、细颗粒物（$PM_{2.5}$）六项。空气质量指数共分六级，包括一级优、二级良、三级轻度污染、四级中度污染、五级重度污染、六级严重污染。当 $PM_{2.5}$ 日均值浓度达到 150 $\mu g/m^3$ 时，AQI 即达到 200；当 $PM_{2.5}$ 日均浓度达到 250 $\mu g/m^3$ 时，AQI 即达到 300；当 $PM_{2.5}$ 日均浓度达到 500 $\mu g/m^3$ 时，对应的 AQI 指数达到 500。空气质量按照空气质量指数大小分为五级，对应空气质量的六个类别，指数越大则级别越高，说明污染的情况越严重。

AQI 与原来发布的空气污染指数（API）有着很大的区别，AQI 分级计算参考的标准是新的《环境空气质量标准》（GB 3095—2012），参与评价的污染物为 SO_2、NO_2、PM_{10}、$PM_{2.5}$、O_3、CO 六项，而 API 分级计算参考的标准是先前的《环境空气质量标准》（GB 3095—1996），评价的污染物仅为 SO_2、NO_2 和 PM_{10} 三项，且 AQI 采用分级限制标准，执行标准更严格。AQI 较 API 监测的污染物指标更多，其评价结果更加客观。空气污染指数将常规监测的几种空气污染物浓度简化成为单一的概念性指数值形式，并分级表征空气污染程度和空气质量状况，适合表示城市的短期空气质量状况和变化趋势。近 20 年来，特别是在 2010 年左右，我国多个城市出现严重雾霾天气，雾霾在北方城市更加严重，市民的实际感受与 API 显示出的良好数据形成巨大反差，呼吁改进空气评价标准的要求日趋强烈，也是从那时起原本生涩的专业术语 $PM_{2.5}$ 成为人们口中的热词。雾霾的形成主要与 $PM_{2.5}$（粒径小于等于 2.5 μm 的颗粒物）有关，其他一些指标，如反映机动车尾气造成的光化学污染的臭氧指标，也没有纳入到 API 的评价体系中。为此，空气质量新标准《环境空气质量标准》（GB 3095—2012）在 2012 年初出台，对应的空气质量评价体系也变成了 AQI。"污染指数"变成了"质量指数"，在 API 的基础上增加了细颗粒物（$PM_{2.5}$）、O_3、CO 三种污染物指标，发布频次也从每天一次变成每小时一次。

4.2 大气污染及危害

4.2.1 大气污染及其类型

大气污染（air pollution）按照国际标准化组织（ISO）的定义，通常是指人类活动或自然过程导致一种或多种有害因子进入大气，并达到能直接或间接影响人体身心健康，甚至对生态系统造成远期危害程度的现象。

通过对大气成分的分析可以得出，一般情况下，干洁空气中痕量气体的含量较低，不足以对人类、自然界动植物产生毒害作用。但是由于人类生产和生活活动以及各种自然过程都不断地向大气排放各种大气中原本没有或者较微量的物质，大气圈中原有的物质组成和生态平衡体系发生变化。当这些物质达到足够的浓度、持续足够的时间并因此而危害了人体的舒适、健康和正常的生产和生活活动，并对建筑物和设备财产等构成损害时，就会产生大气污染现象。大气污染是当前最严重的环境污染问题之一。大气污染的范围有大范围的也有小范围的，一般可分为：局部地区大气污染、地区性大气污染、区域性大气污染、全球性大气污染。较小范围内大气污染有工厂烟囱排放污染气体导致的工厂及工厂周边的空气质量恶化，较大范围的大气污染有整个地球大气层的组分异常或大气污染，如全球温暖化、臭氧层破坏、酸雨、大范围的雾霾和沙尘暴等全球性或区域性环境问题，都可以归为大气污染的范畴（黄顺祥，2018）。

1. 按污染物的化学性质及其存在的大气状况分类

1）还原型大气污染

还原型大气污染多发生于以煤炭为主要燃料的地区，因此又称为煤烟型大气污染，主要污染物为二氧化硫（SO_2）、一氧化碳（CO）和气溶胶。这些污染物在低温、潮湿且城市上空存在逆温层时，对人体健康造成严重危害。最典型的例子是1952年12月发生在英国伦敦的烟雾事件，"伦敦烟雾事件"成为20世纪八大环境公害事件之一。

煤炭是地球上蕴藏量最丰富，分布地域最广的化石燃料。煤炭是一种复杂的物质聚集体，其可燃成分主要是由碳、氢及少量氧、氮和硫等一起构成的有机聚合物。燃煤排放的污染物主要是二氧化硫、氮氧化物、一氧化碳和颗粒物，这些污染物在低温、高湿的阴天，且风速很小并伴有逆温层存在的情况时，向高空的扩散受阻，容易在低空聚积形成煤烟型烟雾。煤炭在18世纪至20世纪50年代是西方国家的主要工业和运输能量来源，不少西方发达国家以煤炭作为主要燃料，发生在西欧和北美的伦敦烟雾事件、马斯河谷烟雾事件和多诺拉烟雾事件等，便是这种类型的大气污染。当一次污染物主要为SO_2和煤烟时，在相对湿度比较高、气温比较低、无风或静风的天气条件下，SO_2在重金属（如铁、锰）氧化物的催化作用下，易发生氧化作用，生成SO_3，继而与水蒸气结合形成硫酸雾。硫酸雾是强氧化剂，其毒性比SO_2更大。它能使植物组织受到损伤，对人的主要影响是刺激其上呼吸道，附在细微颗粒上时也会影响下呼吸道。硫酸雾一般多发生在冬季，尤以清晨最为严重，有时可连续数日。它可使呼吸道疾病发病率增高，慢性病患者的病情迅速恶化，使危害加剧。中国是燃煤大国，煤炭在我国能源消费中占有75%的比例，长期以来，以煤为主的能源结构是影响我国大气环境质量的主要因素，是大气环境中二氧化硫、氮氧化物、颗粒物（PM_{10}、$PM_{2.5}$）的主要来源，煤烟型大气污染是我国大部分北方地区大气污染的重要特征。目前中国的二氧化硫排放量巨大，改变能源结构、对常规能源进行清洁利用、加强新能源开发，是大气环境质量改善的关键。

2）氧化型大气污染

氧化型大气污染一般发生在以石油为主要燃料的地区，污染物主要来自汽车尾气，所以又称为汽车尾气型大气污染。汽车尾气型大气污染主要是由燃油排放的废气引起的，污染源主要是机动车，包括汽油车和柴油车。汽车是机动车大气污染物排放的主要贡献者，其排放的 CO、HC、NO_x 和颗粒物所占大气污染源的比例较大。机动车排放的主要一次污染物是 CO、NO 和碳氢化合物。机动车排放的碳氢化合物达 100 多种，其中也包括杂环和多环芳烃，这些都是对人体健康和生态环境造成很大危害的物质。柴油车尾气中颗粒物浓度是汽油车的 20~100 倍，其中 60%~80% 的颗粒物粒径小于 2 μm，90% 的颗粒物粒径小于 5 μm。这些颗粒物成分复杂，有诱导细胞增殖的作用，使细胞长期处于活化状态，易发生恶性转化，具有较强的潜在致癌性。汽车尾气型大气污染严重的地区，由于大气中有大量的碳氢化合物，且该化合物在紫外线的照射下会产生一种刺激性的淡蓝色烟雾，这种光化学烟雾会刺激眼睛和呼吸道黏膜，其危害更为严重。

3）光化学烟雾及形成条件

光化学烟雾是在一定的条件下（如强日光、低风速和低湿度等），氮氧化物和碳氢化合物在紫外线的照射下发生化学转化后形成的二次污染物。最典型的例子是 20 世纪 40 年代至 60 年代发生在美国第二大城市洛杉矶的光化学烟雾事件，也是世界有名的环境公害事件之一。实质上，光化学烟雾污染就是碳氢化合物在氮氧化物和日光作用下缓慢地氧化过程，并同时形成一定量的臭氧。光化学烟雾对大气环境造成有害影响，对动植物生长发育和人类等都有不利影响，甚至对建筑材料也有一定的影响，并且会大大降低能见度影响交通。光化学烟雾的形成必须具备以下条件。

污染源条件：光化学烟雾的形成是和大气中的氮氧化物、碳氢化合物的存在分不开的，因此，以石油为燃料的工厂排气和汽车排放的尾气是烟雾形成的主要条件。我国汽车保有量占世界总量的 22%，为全球第一，我国产生光化学烟雾的概率较大。

地理条件：光化学烟雾的形成与强的紫外线照射有密切关系，因此，中高纬度地区，由于大气层不够厚，夏秋季节太阳辐射较强，发生的可能性较大。另外，当天气晴朗、高温低湿、有逆温层、无风或风力不大时，有利于污染物在低层大气中积聚，易于光化学烟雾产生。

光化学烟雾造成的危害主要是由于其中的 O_3 和其他氧化剂直接与人体和动植物相接触，其极高的氧化性刺激人体的黏膜系统，人体短期暴露其中能引起咳嗽、喉部干燥、胸痛、黏膜分泌增加、疲乏、恶心等症状；长期暴露其中，则会明显损伤肺功能。另外，光化学烟雾中的高浓度 O_3 还会对植物系统造成损害。此外，光化学烟雾对材料（主要是高分子材料，如橡胶、塑料和涂料等）也会产生破坏作用，并且严重影响大气能见度，造成城市的大气质量恶化。

美国西南部洛杉矶坐落于三面环山，一面临海的盆地中，大气污染物不易扩散，而且洛杉矶经常受到逆温层的影响，更使污染物聚集在当地，并且该城市汽车保有量大，在 20 世纪 40 年代就超过 200 万辆汽车。因此较早报道的光化学烟雾于 1943 年在美国的洛杉矶地区首先爆发。继美国洛杉矶之后，日本、英国、德国、澳大利亚和中国先后出现过光化学烟雾污染，我国 20 世纪七八十年代在西北地区的兰州首次出现光化学烟雾污染事件。此后，在一些人口密集经济发达的京津冀、珠三角、长三角地区，均发生过光化学烟雾污染。

2. 按燃料性质和污染物的组成分类

1) 煤炭型大气污染

煤炭型大气污染主要污染物是由煤炭燃烧时放出的烟气、粉尘、SO_2 等构成的一次污染物，以及由这些污染物发生化学反应而生成的硫酸、硫酸盐类气溶胶等二次污染物。造成这类污染的污染源主要是工业企业烟气排放，其次是家庭炉灶等取暖设备的烟气排放。

2) 石油型大气污染

石油型大气污染主要污染物来自汽车尾气、石油冶炼及石油化工厂的废气排放。主要污染物是 NO_2、烯烃、链状烷烃、醇、羰基化合物等，以及它们在大气中形成的臭氧、自由基及生成的一系列中间产物与最终产物。

3) 混合型大气污染

混合型大气污染主要污染物是以煤炭为主要污染源而排出的烟气、粉尘、二氧化硫及其他氧化物所形成的气溶胶，以石油为污染源而排出的烯烃和二氧化氮为主的污染物，以及从工厂企业排出的各种化学物质等。混合型大气污染的大气化学反应更为复杂。

4) 特殊型大气污染

特殊型大气污染是指有关工厂企业排放的特殊有毒有害气体所造成的污染。这类污染范围不大，常限于局部范围之内，如生产磷肥企业排放的特殊气体引起的氟污染和铝碱工业周围形成的氯气污染等。

4.2.2 大气污染源

向大气中排放污染物的生产过程、设备、物体或场所，称为大气污染源。大气污染源又可分为天然大气污染源和人为大气污染源。天然大气污染源是指大气污染物的天然发生源，如排出火山灰、SO_2、H_2S 等的活火山，自然逸出煤气和天然气的煤田和油田，放出有害气体的腐烂动植物。人为大气污染源是指大气污染物的人为发生源，如资源和能源的开发（包括核工业）、燃料的燃烧以及向大气释放污染物的各种生产场所、设施和装置等（胡雪等，2020）。人为大气污染源还包括交通运输过程中的排放等。由于自然环境所具有的物理、化学和生物机能，自然过程造成的大气污染经过一定时间后往往会自动消除，使生态平衡自动恢复。一般而言，大气污染主要是人类活动造成的，因此人为大气污染源是大气污染控制的工作重点。根据不同的研究目的，人为大气污染源的类型主要有以下四种划分方法（邵超峰和鞠美庭，2021）。

1. 按污染源存在的形式分类

1) 固定污染源

固定污染源主要是指排放污染物的固定设施，如工矿企业的烟囱、排气管道、民用炉灶等，生活污染源和工厂污染源都属于固定污染源。

2) 移动污染源

移动污染源主要是指排放污染物的交通工具，又称交通污染源。移动污染源位置可以移动，并且在移动过程中排放出大量废气，如汽车等交通污染源。

这种分类方法适用于进行大气质量评价时绘制污染源分析图。

2. 按污染物排放的方式划分

1) 点源

点源通常是指一个烟囱或几个距离很近的固定污染源，其排放的污染物只构成小范围的大气污染，但在一般情况下，这是排放量比较大的污染源。

2) 面源

面源是指一个大城市或者大工业区工业生产烟囱和交通工具排出的废气，造成的通常是较大范围的空气污染。

3) 线源

线源主要是指汽车、火车、轮船、飞机在公路、铁路、河流和航空线附近造成的大气污染。

4) 体源

体源是指由源本身或附近建筑物的空气动力学作用使污染物呈一定体积向大气排放的源，如焦炉炉体、屋顶天窗等。

3. 按污染物排放的时间划分

1) 连续源

连续源是指污染物连续排放，如化工厂的排气烟囱等。

2) 间断源

间断源是指排放源时断时续，如采暖锅炉的烟囱。

3) 瞬时源

瞬时源是指排放源排放时间短暂，如某些工厂的事故排放。

4. 按污染物产生的类型划分

1) 工业污染源

工业生产中的一些环节，如原料生产、加工过程、燃烧过程、加热和冷却过程、成品整理过程，都要向大气排放各种有机和无机气体，这些生产设备或生产场所都可能成为工业污染源。不同的工业生产过程排放出的废物含有不同的污染物。例如，火力发电厂、钢铁厂等工矿企业在生产过程中和燃煤过程中所排放的烟气中含有一氧化碳、二氧化硫、苯并[a]芘和粉尘等污染物；一些化工生产过程排出的废气主要含有硫化氢、氮氧化物、氟化氢、氯化氢、甲醛、氨等各种有害气体。这些污染物在人类生活环境中循环、富集，造成大气污染，并且对人体健康构成长期威胁。可见，工业污染源对环境危害最大。

2) 农业污染源

我国涉农人口多，农业规模大，农业生产排放到大气的污染物对大气环境的影响日益严重。农药及化肥的使用，对提高农业产量起着重大的作用，但也给环境带来了不利影响，例如通常认为施用农药和化肥的农业活动成为目前大气的重要污染源之一。田间施用农药时，一部分农药会以粉尘等颗粒物形式散逸到大气中，且残留在作物体上或黏附在作物表面的农药仍可挥发到大气中。进入大气的农药可以被悬浮的颗粒物吸收并随气流向各地输送,造成大气农药污染。关于化肥在农业生产中的施用给环境带来的不利因素,正逐渐引起关注。例如,氮肥在土壤中经一系列的变化过程会产生氮氧化物释放到大气中,氮在反硝化作用下可形成氮(N_2)和氧化亚氮(N_2O)释放到空气中,氧化亚氮易传输到平流层,并与臭氧相互作用,使臭氧层遭到破坏。大量化肥的投入以及粗放的畜牧业生产模式排放出大量的氨(NH_3)、硫化氢(H_2S)、甲烷(CH_4)等污染物。农田秸秆燃烧排放大量的以黑碳和有机气溶胶为主的大气颗粒物,以及以一氧化碳(CO)、氮氧化物(NO_x)和挥发性有机物(VOC)等为主的气态污染物。这些气态污染物作为前体物参与大气化学过程,形成二次气溶胶,对大气产生严重污染。每年夏秋收获期间,秸秆燃烧引发的严重空气污染事件经常发生(赵天良等,2016)。

3)生活污染源

生活污染源是指人们由于做饭、取暖、沐浴等生活上的需要,燃烧化石燃料向大气排放煤烟所造成的大气污染的污染源。在我国的一些城市里,居民普遍使用小煤炉做饭、取暖,这些小煤炉在城市区域范围内构成大气的面污染源,是一种排放量大、分布广、排放浓度低、危害性不容忽视的空气污染源。

4)交通污染源

交通污染源是指由汽车、飞机、火车和船舶等交通工具排放尾气造成大气污染的污染源。交通污染源排放的主要污染物有一氧化碳、氮氧化物、烃类、二氧化硫、铅化合物、苯并[a]芘、石油和石油制品以及有毒有害的运载物。

4.2.3 大气污染物及其危害

大气污染物是指由于人类活动或自然过程排入大气的并对人或环境产生有害影响的物质。大气污染物的种类很多,目前对环境和人类产生危害的大气污染物有 100 种以上,一般把大气污染物分为颗粒态污染物(气溶胶)和气态污染物两大类。

1. 按来源可分为一次污染物和二次污染物

一次污染物是指直接从污染源排放的污染物质,如 SO_2、NO、CO、颗粒物等,这些一次污染物又可分为反应物和非反应物。前者不稳定,在大气环境中常与其他物质发生化学反应,或者作为催化剂促进其他污染物之间的反应;后者则不发生反应或反应速率缓慢。

二次污染物是指由一次污染物在大气中互相作用经化学反应或光化学反应形成的与一次污染物的物理、化学性质完全不同的新的大气污染物,其毒性比一次污染物强,危害程度更大。最常见的二次污染物有硫酸及硫酸盐气溶胶、硝酸及硝酸盐气溶胶、臭氧,以及许多不同寿命的活性中间物(又称为自由基),如 $HO_2·$、$HO·$ 等。

2. 按存在状态可分为气溶胶态(颗粒态)污染物和气体状态污染物

1)气溶胶态污染物

气溶胶态污染物一般也称为大气中的颗粒物。在大气污染中,气溶胶是指固体、液体粒子或它们在气体介质中的悬浮体。其是粒径为 0.002~100 μm 的液滴或固态粒子。大气中颗粒物的自然源有森林火灾、火山爆发、地面扬尘、海盐、植物花粉等。人为源有燃料燃烧、交通运输过程排放、工农业生产产生的烟尘或尾气、居民生活产生的烹饪油烟等。大气气溶胶中各种粒子按其粒径大小可分为以下三种。

总悬浮颗粒物（total suspended particulate，TSP）：是指环境空气中空气动力学当量直径小于等于 100 μm 的颗粒物。TSP 是目前大气质量评价中的一个通用的重要污染指标。

可吸入颗粒物（PM_{10}）：是指环境空气中空气动力学当量直径小于等于 10 μm 的颗粒物。可吸入颗粒物可以通过呼吸道进入人体，从而对人体健康产生危害。可吸入颗粒物能在大气中长期飘浮，又称为飘尘，易将污染物带到很远的地方，使污染范围扩大。同时大气中存在的大量可吸入颗粒物还可为大气化学反应提供相应的载体。

细颗粒物（$PM_{2.5}$）：是指环境空气中空气动力学当量直径小于等于 2.5 μm 的颗粒物。$PM_{2.5}$ 能较长时间悬浮于空气中，其只是地球大气成分中含量很少的组分，但它对空气质量和能见度等有更重要的影响。与其他粒径较大的大气颗粒物相比，$PM_{2.5}$ 粒径较小，比表面积较大，活性强，易附带多种重金属和多环芳烃等有毒、有害物质，且在大气中的停留时间更长，输送距离更远。一方面，颗粒越小对人体健康和大气环境质量的危害越大；另一方面，$PM_{2.5}$ 能影响成云和降雨过程，间接影响气候变化。$PM_{2.5}$ 在空气中的浓度越高，一般认为空气污染越严重。

降尘：指粒径大于 10 μm，因其自身的重力作用可以沉降下来的粒子。单位面积的降尘量可作为评价大气污染程度的指标之一。颗粒物的理化特性因其来源不同而异，目前已知颗粒物的化学成分有数百种，无机成分有氧化硅、石棉、金属细粒及其化合物等；有机成分有碳氢化合物、有机卤素等。很多有害气体和液体附着在可吸入颗粒物上被带入呼吸道深处。可吸入颗粒物的金属成分具有催化作用，可使其他有害物质的毒性加强。

2）气体状态污染物

气体状态污染物简称气态污染物，是以分子状态存在的污染物，大部分为无机气体，常见的有五大类：含硫化合物、氮氧化物、碳氧化物、碳氢化合物以及含卤素化合物等。

含硫化合物：大气中含硫化合物主要有 SO_2 和 H_2S，还有少量的亚硫酸和硫酸（盐）微粒。人为源产生的硫，排放的主要形式是 SO_2，主要来自煤炭和石油的燃烧、石油炼制以及有色金属冶炼和硫酸制造等，由于煤炭和石油含有大量硫，燃烧过程中就会排放大量的 SO_2。H_2S 是一种无色的易燃气体，它的毒性很强，并具有特有的臭鸡蛋味。自然源主要有生物腐烂过程和火山与地热活动，释放出大量 H_2S。H_2S 是大气天然硫排放的主要形式。H_2S 人为源主要有人造纤维、天然气净化、污水处理、石油精炼、煤气制造、造纸等。

SO_2 是一种无色、具有刺激性气味的不可燃气体，是一种分布广、危害大的主要大气污染物。SO_2 和飘尘具有协同效应，两者结合起来对人体危害更大。SO_2 在污染的大气中极不稳定，最多只能存在 1~2 d。相对湿度比较大，以及有催化剂存在时，可发生催化氧化反应，生成 SO_3，进而生成硫酸或硫酸盐，硫酸和硫酸盐可形成硫酸烟雾和酸性降水，对大气环境造成较大的危害。SO_2 之所以被列为重要的大气污染物，原因就在于它参与了硫酸烟雾和酸雨的形成。

氮氧化物：氮氧化物（NO_x）种类很多，是 NO、NO_2、N_2O、N_2O_3、N_2O_4、N_2O_5 等的总称。造成大气污染的 NO_x 主要是 NO 和 NO_2。氮氧化物（NO_x）的自然源主要来自陆地表层土壤和海洋中有机物的分解，自然界的氮循环过程排放大量的 NO_x，大气中超过 90%的 NO 来源于自然氮循环过程中的排放。其主要包括：①由生物机体腐烂形成的硝酸盐，经细菌作用产生的 NO 及随后缓慢氧化形成的 NO_2。②生物源产生的氧化亚氮氧化形成 NO_x。③有机体中氨基酸分解产生的氨经 HO·氧化形成的 NO_x。

人为活动排放的氮氧化物（NO_x）大部分来自化石燃料的燃烧过程，如机动车、柴油机及工业窑炉的排气。在几十年前，某些城市空气中的 NO_x 最大来源是火力发电，而在当前的一些主要大城市中，NO_x 绝大多数来源于机动车尾气排放，也来自生产过程，如使用硝酸的过程，如氮肥厂、有机中间体厂、有色及黑色金属冶炼厂等。燃烧产生的 NO_x 主要是 NO，其只有很少一部分被氧化为 NO_2。一般都假定燃烧产生的 NO_x 中的 NO 占 90%以上。对于 NO_x，人为源与自然源几乎各占一半。

氮氧化物（NO_x）对环境有严重不良影响，NO_x 既是形成酸雨的主要物质之一，也是形成大气中光化学烟雾的重要物质和消耗 O_3 的一个重要因子。NO 进入大气后可被缓慢地氧化成 NO_2，而当大气中有 O_3 等强氧化剂存在时，在催化剂作用下，能被迅速氧化为 NO_2，因此大气中 NO_x 大多数以 NO_2 的形式存在。NO_2 是一种棕红色气体，有毒、有刺激性。当空气中的存在大量的 NO 和 NO_2，二者就会通过光化学反应，相互转化而达到平衡。当环境温度较高或大气中有一定的云雾存在时，NO_2 进一步与水分子作用形成硝酸，硝酸是大气污染现象酸雨的第二大组分之一。当大气中有催化剂存在时，如加上一定的气象条件，NO_2 转变成硝酸的速度加快。特别是当 NO_2 与 SO_2 同时存在时，可以相互催化，形成硝酸的速度更快。

一氧化氮（NO）进入血液后与血红蛋白结合，生成高铁血红蛋白，降低血红蛋白携氧能力，使组织缺氧。氮氧化物长期低浓度作用，可发生肺气肿样症状，呼吸道抗感染能力下降，并伴有神经衰弱综合征。二氧化氮（NO_2）的毒性为 NO 的 5 倍，易侵入呼吸道深部的细支气管及肺泡，并缓慢地溶于肺泡表面的水分中，形成亚硝酸、硝酸，对肺组织产生强烈的刺激及腐蚀作用，引起肺水肿。亚硝酸盐进入血液后，与血红蛋白结合生成高铁血红蛋白，引起组织缺氧。当大气中的 NO_2 浓度较高时，对肺的损害比较明显，NO_2 与支气管哮喘的发病也有一定的关系。

碳氧化物：碳氧化物在大气中主要包括二氧化碳（CO_2）和一氧化碳（CO）。CO_2 属于大气中的正常组分，但又是最主要的温室气体；CO 在大气中广泛分布，是排放量最大的大气污染物之一。

一氧化碳（CO）是无色、无臭、无刺激性、有毒的可燃气体，其化学性质较稳定。在大气中不易与其他物质发生化学反应，可以在大气中停留较长时间。CO 在一定条件下，可以转变为 CO_2，然而其转变速率很低。一般城市空气中一定量浓度的 CO 对植物和微生物均无害，但对人类和动物有害。因为它能与血红蛋白作用生成羧基血红素。实验证明，CO 与血红蛋白的结合能力比氧与血红蛋白的结合能力大 200~300 倍。因此，在血液中 CO 极易与血红蛋白结合，形成碳氧血红蛋白，使血红蛋白丧失携带氧的能力和作用，造成人或动物窒息，严重时死亡。CO 自然源主要是森林火灾、陆地和海洋生物的腐烂等。CO 的人为源主要是化石燃料燃烧、石油炼制、固体废物焚烧、焦炉、炼钢、炼铁、民用炉灶、机动车尾气等。

二氧化碳（CO_2）是一种无毒的气体，对人体无显著危害作用。CO_2 是大气中的温室气体，是全球变暖的主要原因之一。随着全球经济的快速发展、化石燃料的使用、土地利用方式的改变，排放到大气中的 CO_2 量增加，导致全球大气中 CO_2 浓度急剧上升，全球气候变暖，世界气候失衡，严重威胁地球上生物的生存。CO_2 的自然源主要为海洋释放、甲烷转化、动植物呼吸、有机物腐败分解、森林大火和地球内部释放等。大气圈与水圈具有强烈的交换 CO_2 的作用，海水中 CO_2 通常比大气圈高 60 余倍，约为 1.3×10^{14} t，据估计大约有 1×10^{11} t 的 CO_2 在海洋和大气圈之间不停地交换。CO_2 的人为源主要有两大块，一是化石（煤炭、石油、天然气）燃料的燃烧形成 CO_2 向大气圈释放，二是土地利用方式的转变，如林地转变为农田，导致森林土壤中的碳易被氧化成 CO_2 释放到大气中，大规模的自然草地转变为人工牧场，导致大量的 CO_2 释放到大气圈。

碳氢化合物：大气中的碳氢化合物（HC）包括未燃和未完全燃烧的燃油、润滑油及其裂解产物和部分氧化产物，如烷烃、烯烃、芳香烃、醛、酮、酸等数百种成分。可挥发的所有 HC，又称为烃类。碳氢化合物中甲烷（CH_4）所占比例大，占 80%~85%。CH_4 在大多数光化学反应中是惰性的，是一种无害烃。因此，在大气污染研究中通常把碳氢化合物区分为 CH_4 和非甲烷烃（NMHC）两类。

CH_4 主要来源于厌氧细菌的发酵过程和自然界的淹水土体，如水稻田底有机质的分解、原油和天然气的泄漏都会释放出相当量的 CH_4，其中以水稻田的排放量为最大。CH_4 是一种重要的温室气体。

非甲烷烃种类很多，因来源而异。其中排放量最大的是由自然界植物释放的萜烯烃类化合物，约占非甲烷烃总量的 65%。人为源主要包括汽油燃烧、有机物品焚烧、石油蒸发、运输损耗和废物提炼，以上五种途径包括了 NMHC 人为排放量的 95%以上。

碳氢化合物（HC）是形成光化学烟雾的主要成分。大气中 HC 在活泼的氧化物（如原子氧、O_3、HO·等）的作用下，发生一系列链式反应，生成一系列的化合物，如醛、酮、烷、烯以及重要的中间产物——自由基。自由基进一步促进 NO 向 NO_2 转化，形成光化学烟雾的重要二次污染物——臭氧、醛、过氧乙酰硝酸酯（peroxyacetyl nitrate，PAN）等。碳氢化合物不少类型都对人类健康有严重危害，其中，芳香烃有芳香味，但有毒性，对血液、肝脏和神经系统有害；苯、甲苯、二甲苯等在大气中的浓度高也容易诱发人体的畸变和癌变；多环芳烃及其衍生物有致癌作用；醛类是刺激性物质，对眼黏膜、呼吸道和血液有毒害；苯并[a]芘是强致癌物质。

含卤素化合物：大气中以气态存在的含卤素化合物大致可分为卤代烃、其他含氯化合物、氟化物。

大气中的卤代烃。大气中卤代烃包括卤代脂肪烃和卤代芳烃。其中的一些的卤代烃，如有机氯农药滴滴涕和多氯联苯等以气溶胶形式存在。卤代烃的主要人为源，如三氯甲烷（$CHCl_3$）、二氯乙烷（CH_3CHCl_2）、四氯化碳（CCl_4）、氯乙烯（C_2H_3Cl）、氯氟甲烷（chloro-fluoro-methane，CFM）等，这些卤代烃是重要的化学溶剂，也是有机合成工业的重要原料和中间体，在生产和使用过程中因挥发而进入大气。

大气中的其他含氯化合物。大气中含氯的无机物主要是氯气（Cl_2）和氯化氢（HCl）。Cl_2 主要由化工厂、塑料厂、自来水净化厂等产生和排放。自然界中的火山活动也排放一定量的 Cl_2。Cl_2 一般情况下在环境中浓度较低，对动植物和人类危害不大。HCl 主要来自盐酸制造、固体废弃物焚烧等，在空气中可形成盐酸雾。一般情况下，酸雨最主要的成分为硫酸和硝酸，特定情况下，盐酸也是构成酸雨的成分之一。

大气中的氟化物。氟化物为含氟化合物的总称，包括氟化氢（HF）、氟化硅（SiF_4）、氟硅酸（H_2SiF_6）等，是大气主要污染物之一。化工行业的磷肥厂，冶金行业的铝厂，生产陶瓷、玻璃、水泥、砖瓦等的建材行业，这些工厂或行业是氟化物的主要污染源。氟化氢（HF）是无色有强烈刺激性和腐蚀性的有毒气体，极易溶于水，具有非常强的吸湿性，接触空气即产生白色烟雾，可与水无限互溶形成氢氟酸。HF 对人的呼吸器官和眼结膜有强烈的刺激性，长期吸入低浓度的 HF 会引起慢性中毒，吸入大量氟化氢会引起致命的肺水肿。液态 HF 还会腐蚀皮肤，引起难以治愈的溃疡。

4.3 大气中污染物迁移转化

4.3.1 大气污染物的迁移和扩散

大气中的污染物受到大气水平运动和大气的各种不同程度的扰动运动的影响，存在一定的迁移和扩散过程。一个区域的大气污染程度取决于该区域内的污染源参数、气象条件和近地层下垫面的状况。污染源参数包括排放的污染物的浓度、组成及其排放方式，源的几何形状、相对位置、密集程度及高度等。这些污染源参数影响大气污染物的量和扩散的范围，是大气污染程度的重要影响因素。在发生大气污染的地区，气象条件和近地层下垫面状况决定了大气对污染物的迁移转化途径和扩散速率。影响大气污染扩散能力的主要因素有气象因素、地理因素、污染物和污染源的状况和排放方式等。

1. 影响大气污染的气象因素

大气污染与气象条件之间有着非常密切的关系。影响大气污染的气象因素可分为气象动力学因素和气象热力学因素。

1）气象动力学因素

气象动力学因素主要指风和湍流。空气的水平运动称为风。风对污染物的扩散有输送作用和稀释作用。整体输送作用：风向决定了污染物迁移运动的方向。污染物一般由上风向迁移扩散到下风向，因此，污染严重地区主要集中在下风向。在城市规划中，工业区布局于盛行风向的下风地带或垂直于盛行风向的郊区。风速越大，单位时间内与烟气混合的清洁空气量越大，冲淡稀释作用就越好。一般来说，大气中污染物的浓度与污染物的总排放量成正比，而与风速成反比，如北方城市在大风天气下，大气污染物扩散速率快，空气质量较好。

大气除了整体水平运动外，还存在着不同尺度的无规则、杂乱无章的漩涡运动，这种不规则的大气运动称为湍流。根据湍流形成的原因可分为两种：一种是由于垂直方向温度分布不均匀引起的热力湍流，它的强度主要取决于大气稳定度；还有一种是由于垂直方向风速分布不均匀及地面粗糙程度不同引起的机械湍流，其强度主要决定于风速梯度和地面粗糙程度。这两种湍流的综合作用形成了平时的大气湍流。一般情况下，近地层发生大气湍流概率较大。

湍流有极强的扩散能力，它比分子扩散快 $1\times10^5 \sim 1\times10^6$ 倍。当污染物由污染源排入大气中时，大气的湍流运动造成湍流场中各部分之间的强烈混合，高浓度部分污染物不断有清洁空气混入稀释，同时又无规则地扩散到其他方向，使污染物不断被稀释、冲淡，浓度降低。风和湍流是决定污染物在大气中扩散稀释的最直接、最本质的因素。风速越大，湍流越强，污染物扩散稀释的速度越快，污染物的浓度越低。

2) 气象热力学因素

气象热力学因素主要指大气温度层结和大气稳定度等。

大气温度层结。大气温度层结是指大气气温在垂直方向上的分布，即垂直方向上的温度梯度。大气的湍流状况在很大程度上取决于近地层大气的垂直分布。由于对大气湍流的测量较困难，而对相应垂直温度的测量相对容易，因此常用大气温度层结作为大气湍流状态的指标，从而判断污染物的扩散情况。

在对流层内，气温垂直变化的总趋势是：随着高度的增加气温逐渐降低。一方面，地面是对流层大气的最主要的热源，所以近地层的温度比上层高；另一方面，水汽和固体杂质的分布从近地层向高空逐渐减少，水汽和颗粒物吸收地面辐射的能力较强，也使得近地层气温比上层高空高。气温随高度的变化通常以气温垂直递减率（γ）来表示，是指在垂直于地球表面的方向上，高度每增加 100 m 气温的下降值。在正常的气象条件下，气温垂直递减率平均为高度每上升 100 m，温度大约降低 0.65℃。

气温垂直递减率和干绝热垂直递减率 γ_d 不同。γ_d 表示干空气块或不饱和的湿空气块绝热上升或下降单位高度（通常取 100 m）时，温度降低或升高的数值，干绝热垂直递减率表示干空气块的热力学性质，是一个气象常数，$\gamma_d=1℃/100m$。而气温垂直递减率是实际大气环境气温随高度的分布，不同时期、不同地区存在一定的差异。

由于近地层实际大气的情况非常复杂，各种气象条件都可影响到气温的垂直分布。大气中的温度层结概括起来有以下四种类型：气温随高度增加而递减，即 $\gamma>0$，称为正常分布层结或递减层结；气温垂直递减率等于或近似等于干绝热垂直递减率，即 $\gamma=\gamma_d$，称为中性层结；气温不随高度变化，即 $\gamma=0$，称为等温层结；气温随高度增加而增加，即 $\gamma<0$，称为逆温。

大气稳定度。污染物在大气中的扩散与大气稳定度有密切的关系。大气稳定度是指在垂直方向上大气稳定的程度。假如一大气团由于某种原因受到外力的作用，在产生了上升或下降运动后，可能发生三种情况：当外力去除后，大气团就减速并有返回原来高度的趋势，称这种大气是稳定的；当外力去除后，大气团加速上升或下降，称这种大气是不稳定的；当外力去除后，大气团静止或做等速运动，称这种大气是中性的。大气稳定度和大气中污染物的扩散有非常密切的关系。当大气处于不稳定状态时，热力湍流发展旺盛，对流强烈，污染物易扩散，但是当全层不稳定时，污染物不易扩散至远处。反之，大气处于稳定状态时扩散作用微弱，湍流受到抑制，污染物不易扩散稀释，特别是当逆温层出现时。大气稳定度可根据气温垂直递减率 γ 和干绝热垂直递减率 γ_d 来判断。当 $\gamma>\gamma_d$ 时，大气处于不稳定状态；当 $\gamma=\gamma_d$ 时，大气处于中性状态；当 $\gamma<\gamma_d$ 时，大气处于稳定状态；逆温时 $\gamma<0$。逆温时大气处于非常稳定的状态，是一种最不利于污染物扩散的温度层结，逆温现象的存在加重大气污染危害程度。在大气污染问题研究中，逆温现象一直都是研究的热点。

逆温。一般将气温随高度增加而增加的气层称为逆温层。根据对大气稳定度的分析，当发生等温或逆温时，大气是非常稳定的，所以逆温层（等温层可视为逆温层的一个特例）的存在，大大阻碍了气流的垂直运动，因此也将逆温层称为阻挡层。若逆温层存在于空中某高度，由于上升的污染气流不能穿过逆温层而积聚在它的下面，则会造成严重的大气污染现象。事实表明，有许多大气污染事件多发生在有逆温及静风的气象条件下，所以在研究污染物的大气扩散时必须对逆温给予足够的重视。根据生成的过程，逆温有五种类型，分别为辐射逆温、平流逆温、地形逆温、锋面逆温及湍流逆温。

在晴空无云（或少云）的夜间，当风速较小（<3 m/s）时，地面因强烈的有效辐射而很快冷却，近地面气层冷却最为强烈，较高的气层冷却较慢，因而形成了自地面开始逐渐向上发展的逆温层，称为辐射逆温。辐射逆温在陆地上全年都可能发生，但以低温的冬季最强。在中纬度地区的冬季，辐射逆温层厚度可达 200～300 m，有时可达 400 m 左右。冬季晴朗无云和微风的白天，由于地面辐射超过太阳辐射，也会形成逆温层。中高纬度地区冬天大气污染加重多与辐射逆温有关。

暖空气水平移动到比较冷的地面或气层上，暖空气的下层受到比较冷的地面或气层的影响而迅速降温，上层受其影响较小，降温较慢，下层受其影响较大，降温较快，从而形成逆温，称为平流逆温。平流逆温的强度主要决定于暖空气与较冷地面之间的温差，二者之间温差越大，逆温越强。其主要出现在中纬度沿海地区，特别是在冬季。中纬度沿海地区的海上暖空气流到大陆上及暖空气平流到低地或盆地内积聚的冷空气上面时，则易形成平流逆温。

地形逆温中，地形起到了主导作用，在陆地上的盆地或山地中，由于山坡散热快，冷空气沿着山坡下沉到谷底，谷底原来的较暖空气被冷空气抬挤上升，从而出现气温的倒置现象，该逆温现象为地形逆温。该逆温使聚集在盆地或谷底下部的污染气体不易发生扩散。

对流层的冷暖空气团相遇时，暖空气团因密度较小会抬升到密度较大的冷空气团上方，形成一个倾斜的过渡区，称为锋面。在锋面上，如果冷空气与暖空气的温度差较大，也会出现自下而上的温度升高现象，这种逆温称为锋面逆温。

不同温度层结下的烟形。通过大气稳定度对烟流扩散的影响，可以直观地看出大气稳定度与污染物扩散的关系。图 4-2 表示的是不同温度层结下烟流的典型形状。

波浪形（翻卷形）。烟流呈波浪状，排放轨迹是弯弯曲曲的，并在上下左右各个方向波动翻滚，污染物扩散性良好。烟流的到达范围比较广，在距离污染源不远处烟流即可到达地面，在下风向较远处污染物浓度较低甚至可忽略。此时大气状况 $\gamma>\gamma_d$，大气处于不稳定状态。这种状态一般处于晴朗白天的中午前后，温度层结处于强烈递减，温度随高度的增加而减小，气流上下混合剧烈。

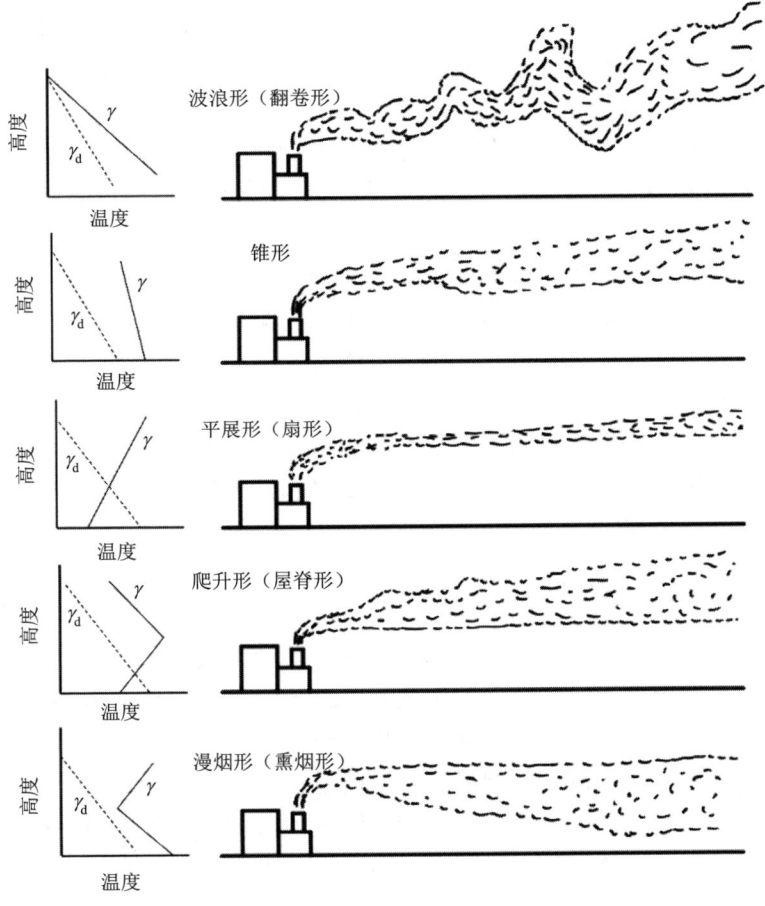

图 4-2 高架源排烟烟云形状

资料来源：王玉梅（2010）

锥形。烟气沿主导风向呈锥形流动，横向和竖向的扩散速度差不多，因此烟形越扩大越会形成锥形。烟气的扩散速度比波浪形扩散速度低。此时大气状况 $\gamma=\gamma_d$，温度层结接近中性，污染物落地的浓度低于波浪形，但污染物迁移扩散的距离较远。这种状况多发生在多云的白天和冬季的夜晚。

平展形（扇形）。这种烟形在垂直方向扩散很小，只是沿水平方向缓慢扩散，像一条带子飘向远方，从上方或者下方看就如同扇子般的形状。此时大气状况 $\gamma<0$，大气受到逆温的影响，湍流受到抑制，特别是在垂直方向上的扩散受到严重影响，几乎没有垂直方向上的迁移扩散。烟形一般出现在日落前后，持续时间较短。污染状况受污染源的有效源高度的影响。当污染源有效源高度较低时会对近处地面造成严重污染，当污染源有效源高度比较高时在近处地面污染物浓度较低，大气污染不严重，但随着污染物的扩散，在远处地面会造成一定的污染，有时候甚至较为严重。

爬升形（屋脊形）。排出的烟流呈屋脊形扩散。在烟气排放口上方 $\gamma>\gamma_d$，大气处于不稳定状态；在烟气排放口下方 $\gamma<0$，大气处于稳定状态，为逆温层。因此，排出的烟流只能向上扩散，而不能向下扩散。这种烟形对地面通常不会造成很大的污染，一般出

现在日落前后，持续时间较短。此时地面有效辐射放热较快，温度下降也快，在低层形成逆温，导致烟气不能抬升。而高空仍然保持递减的温度层结，在高空层的烟气比较容易向上抬升并扩散。

漫烟形（熏烟形）。在存在辐射逆温的条件下，日出后地面温度上升，低层空气温度随着升高，使逆温从地面上逐渐消失。此时排放口上方仍然存在逆温，$\gamma<0$，大气处于稳定状态，犹如上方盖上了一层顶盖，阻止了烟气的向上扩散；而排放口下方，逆温已消失，大气不稳定，$\gamma>\gamma_d$，造成烟气下沉，发生熏烟现象，对排烟口下风向处的地面造成严重的污染危害。这种烟流危害较大，很多大气污染事件就是在这种情况下发生的。这种烟流多发生在上午 8:00~10:00，持续时间较短。

从温度层结和大气稳定度方面开展分析，明确各种烟形产生的原因，得出相关模型。模型比较理想化，实际的烟流形状和变化要复杂得多，影响因素也更加复杂，一般是一种因素主导，多种因素共同作用。即使影响因素复杂，这五种类型的烟流依然可以作为判定大气稳定的基本依据。

2. 影响大气污染的地理因素

下垫面状况指地球表面的特征，如海陆分布、地球表面的地形起伏、地表的粗糙程度、植被概况、土壤湿度等。下垫面对空气流动甚至气候均有显著影响。近地层的空气流动受下垫面的影响，其影响方式有动力作用和热力作用两方面。例如，小地形起伏改变地表粗糙度可增加机械湍流，大地形起伏可改变局地大气流场和气流路径，从而改变烟气扩散稀释条件，这些为动力作用。另外，因地形起伏或水陆分布使得受热和散热不均匀，引起温度场和风场的变化，进而影响污染物的扩散，为热力作用。

1）地形和地物的影响

地面是一个凹凸不平的粗糙曲面，当气流沿地面流过时，必然要同各种地形地物发生摩擦作用，这些气流和地面的相互作用，会使风向风速发生一定的变化。地面上各类障碍物的体积、形状、高低对风向风速有显著影响。

在一定的地域内，山脉、河流、沟谷的走向，对当地的主导风向具有较大的影响，一般情况下气流沿着山脉、河谷流动。高地势或山脉对气流有阻滞作用，如秦岭为我国南北地理分界线，秦岭山脉的海拔高，对北方冷空气南下和南方暖湿气流北上都有一定的阻挡作用。山脉对风速也有很大影响，尤其是封闭的山谷盆地，因受四周群山的屏障影响，往往是静风、小风频率占很大比重，不利于大气污染物的扩散。我国山地面积所占比例较大，特别是我国的南方地区。许多大城市位于山间河谷或盆地上，静风频率高达 30%以上，如重庆、西宁、昆明、成都、台北等。这些城市发生气象学上的静风、小风概率大，风速低，不利于城市上空大气污染物的迁移扩散。

城市中的摩天大楼、体形大的建筑物或构筑物，也都能造成气流在小范围内产生涡流，阻碍气流运动，减小平均风速，降低近地层风速梯度，并使风向摆动很大，近地层风场变得很不规则。受到建筑物的阻挡，一般规律是建筑物背风区风速下降，在局部地区产生涡流，这种涡流不利于气体扩散，加重了空气污染。

2) 局地环流的影响

地形的差异造成地表热力性质的不均匀性，往往形成局部环流，其影响范围一般在几千米至几十千米，对当地的大气污染影响较大。最常见的局地环流有山谷风、海陆风和城市"热岛"效应等。

山谷风：主要是由山坡和谷地受热不均而形成，在山区最为常见。在系统性大气演变不剧烈时，遇天气晴朗的夜间，山坡辐射冷却，气温降低较快；而谷中同高度上的空气则冷却较慢，温度较低的空气较重，就会顺着山坡向下流动，下泄气流汇集起来形成了山风。在高空则形成了自山谷向山顶吹的反山风。白天的情况刚好相反，太阳先照射到山坡上，使山坡上大气比谷地上同高度的大气温度高，形成了由谷地吹向山坡的风，称为谷风。在高空形成了由山坡吹向山谷的反谷风。在不受大的天气形势影响的情况下，山风和谷风在一定的时间进行转换。清晨以后，山风逐渐转变为谷风；接近黄昏时，又由谷风转变为山风，这样就在山谷构成以 24 h 为周期的闭合环流。在稳定的山谷风环流地区，因污染物往返累积，污染物就会达到很高的浓度，造成严重大气污染。

海陆风（水陆风）：发生在海陆交界地带或大湖泊的水陆交界地带，是由陆地和海洋（水域）的热力性质的差异而引起的。在白天，由于太阳辐射，陆地升温比海洋（水域）快，在海陆大气之间产生了温度差、气压差，使低空大气由海洋（水域）流向陆地，形成海风，高空大气从陆地流向海洋，形成反海风，它们和陆地上升气流和海洋下降气流一起形成了海陆风局地环流。在夜晚，由于有效辐射发生了变化，陆地比海洋降温快，在海陆之间产生了与白天相反的温度差、气压差，使低空大气从陆地流向海洋形成陆风，高空大气从海洋流向陆地，形成反陆风。它们同陆地下降气流和海面上升气流一起构成了海陆风局地环流。在大的湖泊或大的江河的水陆交界地带也会产生水陆风局地环流，称为水陆风。像西亚的里海、北美五大湖这种大型湖泊周边水陆风活动范围较大，总体上看，水陆风的活动范围和强度都要远小于海陆风。根据海陆风的特点，我国沿海地区经济发达，工厂多，建在滨海地区的工厂所排放的大气污染物必须充分考虑海陆风的影响，因为有可能出现在夜间随陆风吹到海面上的污染物，到了白天又随着海风吹回滨海区，大气污染物可能进入海陆风局地环流中，使污染物不能快速充分地扩散稀释，从而造成沿海大城市严重的大气污染。

城市热岛环流：城市热岛环流是由城市和郊区温度差异所引起的局地风。产生城郊温度差异的主要原因是：①城市人口密集、工业集中、机动车多，使得能耗水平高；②城市的覆盖物（如建筑、水泥路面等）热容量大，白天吸收太阳辐射热，夜间放热缓慢，使低层空气变暖；③城市上空大气污染物量相对较大，上空覆盖的烟雾和二氧化碳较多，使地面有效辐射减弱。因此，城市市区净热量收入比周围郊区多，故平均气温比周围郊区高（特别是夜间），于是形成了所谓的"城市热岛"。据统计，城郊年平均温差一般为 $0.4\sim1.5℃$，有时可达 $6\sim8℃$。其差值与城市的大小、产业类型、规划布局、当地气候条件及纬度有关。由于城市温度经常比郊区高（特别是夜间），大气压比城市周边的乡村低，所以可以形成一种从周围郊区吹向城市市区的特殊局地风，这种局地风又称为"城市热岛环流"或"城市风"。"城市热岛环流"使低层的热空气受到较强的扰动，从而使得市区低层大气趋向中性或微不稳定，上层大气仍保持稳定状态，构成了城市夜间特有的混合层。这种混合层的厚度有时可达二三百米，使低于混合层顶部的污染源排放的污染物弥漫至城市近地层，加重了城市大气污染危害。一些工业城市或超大城市，在城市周围有较多产生污染物的工厂，也会使污染物在夜间向市区输送，造成严重大气污染，特别是当夜间城市上空有逆温层存在时，空气污染更加严重。

3. 影响大气污染的其他因素

1）污染物的性质和成分

排入大气的污染物通常是由各种污染气体和固体颗粒物组成，这些污染物的性质是由其化学成分决定的。不同的化学成分在大气中稀释清除过程和造成的化学反应不同。粒径大小不同的固体颗粒物在大气中的沉降速度及清除过程是不同的，因而对浓度分布的影响也不同。

2）污染源的几何形状和排放方式

污染源按其几何形状分为点源、线源、面源；按释放污染物的持续时间分类，有瞬时源和连续源；按排放源的高度可分为地面源、高架源等。不同类别的污染源有不同的排放方式，污染物进入大气的初始状态也不一样，因而其浓度分布就不同，计算污染物浓度的公式也不同。例如，通常将工厂烟囱排放划分为高架源、连续源和点源，车辆多的交通路线划分为连续源和线源，城市或乡镇居民区的连片家庭炉灶划分为面源。把各个污染源综合在一起考虑，则看成复合源，大多数情况下城市的大气污染源有点源、线源、连续源和地面源等类型。

4.3.2 大气污染物的转化

大气中的污染物从污染源排放再到进入大气环境的过程中和污染物在迁移扩散稀释的过程中，由于污染物自身的物理性质和化学性质受到大气环境中的太阳辐射、气温、和大气湿度等因素的影响，污染物各成分之间，以及各种污染物与空气原有组分之间发生化学反应，形成新的二次污染物，这一反应过程称为大气污染的化学转化。它包括光化学过程和热化学过程，其中有发生在气相或液相的均相反应，也有发生在气液、固液、气固界面上的非均相反应。大气污染的化学转化主要包括氮氧化物的化学转化、硫氧化物的化学转化、光化学烟雾生成反应、酸雨形成反应。

1. 光化学反应基础

光化学反应是分子、原子、自由基和离子吸收光子而发生的化学反应，穿过平流层后的太阳辐射是对流层大气光化学反应的主要驱动因素。同时，必须有能吸收太阳光使其发生初级反应的物质，大气中存在不少物质可以在强烈的太阳辐射下，诱导发生多种光化学反应过程。例如，二氧化氮（NO_2）是大气污染物中活性较强的物质，也是参与光化学烟雾形成的主要成分之一。

1）光辐射特点

太阳是地球上几乎全部能量的来源。不是所有的太阳辐射都可以达到地面，大气层对太阳辐射有吸收、反射和散射作用，太阳辐射经过大气层过程中，损失了50%左右的能量。另外，大气层也控制着逃逸到宇宙间的地球辐射的数量。辐射强度用单位时间、单位面积上所通过的能量值来度量［常用单位是 $J/(cm^2·s)$］。辐射能量以光波的形式传输，波长和频率的关系是 $v=C/\lambda$，其中 C 是光速，通常取 3×10^8 m/s。一般用波长表示辐射的特性，其单位是纳米（nm）。

按波长顺序排列的辐射能量称为辐射能谱。太阳辐射按其波长性质可分为许多区，其中波长 $\lambda=380\sim760$ nm 为可见光区、波长 $\lambda=760\sim2000$ nm 为近红外区、$\lambda>2000$ nm 的为远红外区、波长 $\lambda<380$ nm 为紫外光区。辐射是当一个电子降到较低能级时所发射出的能量。初始和最终的能级之间的能量差 $\Delta\varepsilon$ 与辐射频率之间的关系由普朗克定律表示：

$$\Delta\varepsilon = hv = \frac{hC}{\lambda}$$

式中，$h=6.63\times10^{-34}$ J·s。一个电子在两个能级之间做一次跃迁所发射出的电磁波叫作一个光子，能量差 $\Delta\varepsilon$ 越大，所发射的光子的频率越高（波长很小）。若一个分子吸收一个光量子，1 mol 物质每秒吸收的总能为

$$\varepsilon = N_0hv = N_0\frac{hC}{\lambda} = \frac{119\,777.58}{\lambda}(kJ/mol)$$

式中，$N_0=6.022\times10^{23}$，为 1 mol 物质的分子数。

2）光化学反应过程

通常化学键的能量大于 170.9 kJ/mol，所以波长大于 700 nm 的光很难引起光化学离解。表 4-4 中列出了在可见光区和紫外光区可吸收光子的物质与非吸收光子的物质。

表 4-4　化合物的吸光性质（波长 380～760nm 区）

吸光物质	非吸光物质
O_2	N_2
O_3	水蒸气
NO_2	CO
SO_2	CO_2
醛、酮类化合物	NO
硝基化合物	SO_3 和 H_2SO_4
硝酸和烷基硝酸	烃类化合物
亚硝酸和烷基亚硝酸	醇类化合物
酰基氮化物，酰基过氮化物	有机酸类化合物

化学物质吸收光子后可产生光化学反应的初级过程和次级过程。初级过程包括化学物种吸收光子形成激发态物种，其基本步骤为

$$A + hv \to A^*$$

式中，A^* 为物种 A 的激发态；hv 为光子。

随后，激发态 A^* 可能发生如下几种反应。

光解过程：$A^* \longrightarrow B_1 + B_2 + \cdots$，激发态物种离解成为两个或两个以上新物种。

直接反应：$A^* + B \longrightarrow C_1 + C_2 + \cdots$，$A^*$ 与其他分子反应生成新的物种。

辐射跃迁：$A^* \longrightarrow A + h\nu$，激发态物种通过辐射荧光或磷光而失活。

碰撞失活：$A^* + M \longrightarrow A + M$，为无辐射跃迁，$A^*$ 通过与其他分子 M 碰撞，将能量传递给 M，本身又回到基态。

前两个反应导致化学变化，而后两个反应使分子回到初始状态。激发态物种会在什么条件下离解为新物种，以及与什么物种反应可产生新物种，对于描述大气污染物在光作用下的转化规律很有意义。

次级过程是指在初级过程中的反应物、生成物之间，或初级过程形成的产物与其他物种之间进一步发生的反应。例如，大气中 HCl 的光化学反应过程：

初级过程：　　　　　　　$HCl + h\nu \longrightarrow H + Cl$

次级过程：　　　　　　　$H + HCl \longrightarrow H_2 + Cl$

　　　　　　　　　　　　$Cl + Cl \longrightarrow Cl_2$

大气中气体分子的光解往往可以引发许多大气化学反应。气态污染物通常可参与这些反应，发生转化变成危害更大的二次污染物。目前对光离解过程机制还不够明确，因而有必要对光化学离解过程开展更多的研究。

2. 硫氧化物在大气中的化学转化

二氧化硫（SO_2）是燃料燃烧排放的主要大气污染物之一，在大气中比较稳定。在清洁空气中太阳辐射较弱的条件下，SO_2 和 O_2 的反应速率较低，其速率低于每小时 0.03%，甚至可以忽略不计。但是，大部分大气环境中 SO_2 从污染源排放到大气后就会在烟雾中和有一定湿度的污染大气发生反应，氧化成硫酸或硫酸盐气溶胶。不少研究论证了 SO_2 的转化速率受温度影响，表现为季节性的变化，炎热潮湿的夏季大于干冷的冬季。例如，有些城市大气中的 SO_2 夏季的转化速率为 $0.08\ h^{-1}$，冬季只有 $0.02\ h^{-1}$，夏季转化速率远高于冬季。太阳辐射较大、温度较高的白天的转化速率高于夜晚。这些研究结果表明了太阳辐射强度、温度、大气相对湿度和氧化剂等因素对 SO_2 的转化速率有重要影响；证明了阳光的强度，大气的相对湿度，云、雾氧化剂的存在都对 SO_2 的转化速率有影响。SO_2 在大气中的氧化作用主要通过光化学氧化和催化氧化这两种途径。

1）SO_2 的光化学氧化

SO_2 的直接光化学氧化。在低层大气中，SO_2 的主要光化学过程是形成激发态 SO_2 分子，而不是直接解离。SO_2 在 $\lambda=290\ nm$ 以上呈现两个吸收光谱带，一个在 290 nm 处，一个在 384 nm 处，进行两种电子跃迁，产生强、弱吸收带，但不发生光解：

$$SO_2 + h\nu \begin{cases} \lambda = 290 \sim 340\text{nm} \\ \lambda = 340 \sim 400\text{nm} \end{cases} \to \begin{array}{l} ^1SO_2\ (单重态) \\ ^3SO_2\ (三重态) \end{array} \Bigg\downarrow$$

直接光氧化的氧化速率为 $0.1\%\ SO_2\ h^{-1}$。

能量较高的单重态分子不稳定,可按以下过程跃迁到三重态或基态。所以,在大气条件下,激发态 SO_2,主要是以三重态 $^3SO_2$ 形式存在,当然也存在激发态 SO_2 的猝灭反应。

O_3 和 NO_2 同时存在时促进了 SO_2 的氧化。SO_2 也可被 O_3、NO 等直接氧化。

$$SO_2 + O_3 \longrightarrow SO_3 + O_2$$

$$SO_2 + NO_2 \longrightarrow SO_3 + NO$$

$$SO_2 + NO_3 \longrightarrow SO_3 + NO_2$$

$$SO_2 + N_2O_5 \longrightarrow SO_3 + 2NO_2$$

SO_2 的间接光氧化——自由基氧化。气态 SO_2 在光化学反应活跃的大气中能与强氧化性自由基(如 $O·$、$HO·$、$HO_2·$、$RO·$、$RO_2·$ 等)反应而被氧化,称为 SO_2 的自由基氧化。这些大气中的自由基,主要来自大气中一次污染物 NO_x 和活性碳氢化合物相互作用过程中的中间产物,也有一些来自光化学污染物,如醛、亚硝酸和过氧化氢的光解反应。

$$HO· + SO_2 \xrightarrow{M} HOSO_2 (磺酸)$$

$$HOSO_2 + O_2 \xrightarrow{M} HO_2· + SO_3$$

$$SO_3 + H_2O \longrightarrow H_2SO_4$$

SO_2 与 $HO_2·$、CH_3O_2 以及 CH_3COO_2 的反应相对也比较重要。

$$SO_2 + HO_2· \longrightarrow SO_3 + HO·$$

$$SO_2 + CH_3O_2 \longrightarrow CH_3O + SO_3$$

$$SO_2 + CH_3COO_2 \longrightarrow CH_3CO_2 + SO_3$$

总之,SO_2 与许多光化学烟雾中存在的物质强烈地相互作用,当存在 SO_2 时最显著的效果是大大增进了生成气溶胶的倾向。

2)SO_2 的催化氧化

在清洁大气中,SO_2 以均相氧化反应非常缓慢地氧化为 SO_3,但在非均相氧化反应中,SO_2 可被气溶胶中的水滴吸附,然后再氧化为 SO_4^{2-}。并且在 Fe^{3+}、Mn^{2+} 等离子存在时能很快地被溶解氧化成硫酸,整个反应可表示为

$$2SO_2 + 2H_2O + O_2 \xrightarrow{催化} 2H_2SO_4$$

这个反应的催化剂包括某些金属盐,如 Mn 和 Fe 的硫酸盐和氯化物,它们常作为悬浮的微粒物质存在于大气环境中。在大气相对湿度较高时,这些粒子可成为凝聚核或水合成液滴。大气的相对湿度对氧化速率也有重要影响,一般在相对湿度高于 70%时,转化速率显著提高。液体气溶胶可吸收 SO_2 和 O_2,并随之在液相发生氧化反应。当液滴的酸性变高时,氧化作用会显著减缓,因为 SO_2 的溶解度减小了。若大气中有足够的 NH_4^+ 存在,则氧化作用不因 H_2SO_4 的积聚而受到一定的阻碍,可继续增加 SO_2 的氧化速率。其催化效率的顺序是 $MnSO_4 > MnCl_2 > CuSO_4 > NaCl$,Mn 的硫酸盐催化氧化的效率

最高。

3. 氮氧化物在大气中的化学转化

氮氧化物中的 NO 和 NO_2 在大气环境的化学过程中，尤其在污染大气中，起着很重要的作用。O_2 经光化学离解而产生活泼的氧原子，它与空气中的 O_2 结合生成 O_3。O_3 又可把 NO 氧化成 NO_2。因而 NO、NO_2 与 O_3 之间存在着的化学循环是大气光化学过程的基础。

当大气中 NO 与 NO_2 和阳光同时存在时，NO、NO_2 与 O_3 之间的循环反应就会发生。其基本反应过程为

$$NO_2 + h\nu(290\sim 430nm) \longrightarrow NO + O^*$$

$$O^* + O_2 + M \longrightarrow O_3 + M$$

M 为空气中的 N_2、O_2 或其他分子介质，可以吸收过剩的能量而使生成的 O_3 分子稳定。该反应是 O_3 在大气中的唯一化学反应源。但是 O_3 一旦生成就会与 NO 再反应生成 NO_2。

$$O_3 + NO \longrightarrow NO_2 + O_2$$

假设仅有上述三个反应发生，在大气中无其他反应干预下，氮氧化物浓度取决于 $[NO_2]/[NO]$。

1）氮氧化物的气相转化

NO 的氧化：NO 是燃烧过程中直接向大气排放的污染物。NO 可通过许多氧化过程氧化成 NO_2。

NO 进入大气后可被缓慢地氧化成 NO_2：$2NO + O_2 \longrightarrow 2NO_2$。

当大气中有 O_3、RO_2 和 HO_2 等强氧化剂存在时，或在催化剂作用下 NO 的氧化速度会加快。

以 O_3 为氧化剂：$NO + O_3 \longrightarrow NO_2 + O_2$。

在 HO· 与烃反应时，HO· 可从烃中摘除一个 H 而使烃形成烷基自由基，该自由基与大气中的 O_2 结合生成 RO_2。RO_2 具有氧化性，可将 NO 氧化成 NO_2。

$$RH + HO· \longrightarrow R· + H_2O$$

$$R· + O_2 \longrightarrow RO_2$$

$$NO + RO_2 \longrightarrow NO_2 + RO·$$

生成的 RO· 可进一步与 O_2 反应，生成 HO_2 和相应的醛：

$$RO· + O_2 \longrightarrow R'CHO + HO_2·$$

$$HO_2· + NO \longrightarrow HO· + NO_2$$

在烃被 HO· 氧化的链循环中，不仅 NO 被氧化成 NO_2，同时 HO· 得到还原，因而此反应非常重要。这类反应速度很快，能与氧化反应竞争。在光化学烟雾形成过程中，由于 HO· 引发了烃类化合物的链式反应，而使得 RO_2、HO_2· 数量大增，从而迅速地将 NO

氧化成 NO_2。这样就使 O_3 得以积累，以至于成为化学烟雾的重要产物。

HO·和 RO·也可与 NO 直接反应生成亚硝酸或亚硝酸酯。

$$HO\cdot + NO \longrightarrow HNO_2$$

$$RO\cdot + NO \longrightarrow RONO$$

HNO_2 和 RONO 都极易光解。

2）二氧化氮的化学反应

NO_2 在大气环境中的化学反应主要是光解反应，它是大气中 O_2 生成的引发反应，是 O_2 唯一的人为来源：$NO_2 + h\nu \longrightarrow NO + O\cdot$。

此外，NO_2 能与一系列的自由基（如 OH·、O·、HO_2·、RO_2·和 RO·等）反应，也能与 O_3 和 NO_3 反应。其中比较重要的有以下三个反应。

NO_2 与 HO·的反应：

$$NO_2 + HO\cdot \xrightarrow{M} HNO_3$$

此反应是大气中气态 HNO_3 的主要来源。该反应主要是在白天发生，因白天 HO·浓度比较高，该反应会有效地进行。

NO_2 与 O_3 的反应：

$$NO_2 + O_3 \longrightarrow NO_3 + O_2$$

此反应在对流层大气中也是一个重要的反应，尤其是在 NO_2 和 O_3 浓度都较高时，它是大气中 NO_3 的主要来源。

NO_2 与 NO_3 的反应：

$$NO_2 + NO_3 \xleftrightarrow{M} N_2O_5$$

$$N_2O_5 + H_2O \longrightarrow 2HNO_3$$

$$NH_3 + HNO_3 \longrightarrow NH_4NO_3$$

生成的 N_2O_5，又可解离为 NO_3 和 NO_2。当夜间 HO·和 NO 浓度不高，而 O_3 有一定浓度时，会发生 $NO_2 + O_3$ 反应，然后生成 N_2O_5。

4. 大气污染"光化学烟雾"的形成

1）光化学烟雾现象

光化学烟雾是汽车和工厂等污染源排入大气的氮氧化物（NO_x）和碳氢化合物（HC）等一次污染物，在紫外线的作用下发生光化学反应而产生 O_3、醛和过氧乙酰硝酸酯（PAN）等二次污染物的复杂混合物，大气环境中呈现出浅蓝色烟雾是光化学烟雾现象的主要特征。于 20 世纪 40 年代光化学烟雾首先出现在美国的洛杉矶，其烟雾污染现象，称为光化学烟雾污染。二次污染物浅蓝色烟雾具有强氧化性，对人的眼睛和呼吸系统有强烈的刺激作用，还可伤害植物叶子，使橡胶老化开裂，建筑物损坏变旧，并使大气能见度降低。光化学烟雾成分很复杂，它现在被确认是 NO_x、HC、CO 等在阳光下发生系列化学反应的生成物与反应物的特殊混合物。其中有一次污染物,也有二次污染物,主要成分是 O_3、PAN、高活性游离基以及某些醛、酮,总称为光化学氧化剂。光化学烟雾一般多发生在中纬度(亚热带)车辆高速机动化的城市。继洛杉矶之后,光化学烟雾陆续在世界其他地区出现,一些大城市如东京、大阪、墨西哥城、伦敦等,还有中国、澳大利亚、德国等国的一些大城市。光化学烟雾已成为大气污染的严重问题之一。

2)光化学烟雾形成的简单机制

光化学烟雾的形成是污染大气中 NO 和 NO_2 及碳氢化合物在太阳紫外线的照射下发生的一系列链式反应的结果,其主要的化学转化过程如下。

引发反应:污染空气中的 NO_2 受太阳紫外线照射而发生光化学解离反应,产生氧原子(自由基),该反应为起始反应,随即形成 O_3。大气中 NO、NO_2 和 O_3 之间的反应不断循环。

$$NO_2 + h\nu \longrightarrow NO + O\cdot$$

$$O + O_2 + M \longrightarrow O_3 + M$$

$$NO + O_3 \longrightarrow NO_2 + O_2$$

如果大气中只发生 NO_2 的光解循环,就无法产生光化学烟雾。当污染的大气中同时存在碳氢化合物时,NO_2 的光解循环才能被打破。

基传递反应和终止反应:观测和实验发现,被污染的大气中有碳氢化合物出现时,NO_2 光解产生 $O\cdot$,O_3 与碳氢化合物反应形成一系列带有氧化性、刺激性的中间产物和最终产物,从而导致光化学烟雾的形成。碳氢化合物参加大气光化学反应主要有两条途径。第一,碳氢化合物通过光解形成自由基($R\cdot$、$RCO\cdot$、$RCO_2\cdot$、$RO\cdot$)。然后与 O_2 立即化合生成过氧自由基($RO_2\cdot$、$HO_2\cdot$)和过氧酰基($RCO_2\cdot$)。第二,碳氢化合物在 $O\cdot$、$O_3\cdot$ 和 $HO\cdot$ 等自由基的作用下发生链式反应,生成醛、酮、醇、烷、烯和水等,还有重要的中间产物——自由基。过氧自由基的进一步作用促使 NO 向 NO_2 转化,并最终形成过氧乙酰硝酸酯和 O_3 等二次污染物。

主要基传递反应:

$$RH + HO\cdot \longrightarrow RO_2 + H_2O$$

$$RCHO + HO\cdot \longrightarrow RC(O)O_2 + H_2O$$

$$RCHO + h\nu \longrightarrow RO_2 + HO_2\cdot + CO$$

$$HO_2\cdot + NO \longrightarrow NO_2 + HO\cdot$$

$$RO_2\cdot + NO \longrightarrow NO_2 + RCHO + HO_2\cdot$$

$$RC(O)O_2 + NO \longrightarrow NO_2 + RO_2 + CO_2$$

终止反应:

$$HO\cdot + NO_2 \longrightarrow HNO_3$$

$$RC(O)O_2 + NO_2 \longrightarrow RC(O)O_2NO_2(PAN)$$

由上述反应式可以看出,光化学烟雾的形成过程是由一系列复杂的链式反应组成的。一般认为 NO_2 的光解是大气光化学烟雾形成的起始反应,并促使了大气中 O_3 的积累。碳氢化合物的存在打破了 NO_2 的光解循环,生成了重要的自由基,尤其是 $RO_2·$ 和 $HO_2·$,促使 NO 向 NO_2 的快速转化。NO_2 又继续光解产生臭氧。同时转化过程中产生的自由基又继续与碳氢化合物反应生成更多的自由基。如此继续不断地进行链式反应,直到 NO 或碳氢化合物消失为止。在这一过程中,NO_2 既起链引发作用,又起链终止作用,所产生的醛类、O_3、过氧乙酰硝酸酯等二次污染物是最终产物。

3)光化学烟雾形成的条件

光化学烟雾形成的地理条件:光化学烟雾的形成与太阳辐射关系密切,中高纬度地区夏秋季太阳辐射强,发生的概率较大。从季节而言,北半球夏季太阳入射角比冬季小,所以夏季发生光化学烟雾的可能性较冬季大。尤其夏季中午前后光线最强时出现"烟雾"的可能性较大。当天气晴朗、高温低湿和有逆温且风力不大时,有利于大气污染物在地面附近的聚积,易于产生这种光化学烟雾。因此,在副热带高压控制地区的夏季和早秋季节形成光化学烟雾的概率较大。

光化学烟雾形成的污染源条件:光化学烟雾的形成是由于大气中存在高浓度的氮氧化物(NO_x)和碳氢化合物(HC)。因此,以石油为原料的工厂排放污染气体和汽车尾气等污染源是光化学烟雾形成的前提。在一些发达国家的城市大气污染物中,NO_x 约 50%来自机动车尾气等污染源,约 50%来自燃料燃烧的固定污染源,这些污染物在适宜的太阳辐射或其他气象条件下形成光化学烟雾,成为严重的大气污染问题。

4.4 大气污染防治

4.4.1 大气污染防治基本原则

从前面的大气污染过程分析可知,大气污染的根源是排放源,因此,要解决大气污染问题,必须从源头抓起,采取综合防治措施,控制大气污染。大气污染的综合防治就是对多种大气污染控制技术方案的技术可行性、经济合理性、实施可能性和区域适应性等作最优化选择和评价,从而得出最优的控制技术方案和工程措施,通过大气污染的综合防治措施达到整个区域的大气质量控制目标。实施大气污染综合防治,一是运用管理的手段限制和控制污染物的排放数量和影响范围;二是运用技术手段减少、防治和末端治理污染物,使其对大气环境的污染降到最低,危害降到最小(姜华等,2022)。

4.4.2 大气污染防治对策

1. 综合利用区域环境的自净能力

如前所述大气环境的自净能力是一种重要的自然资源,合理地利用这一资源,使环境效益与经济效益充分发挥是大气污染防治的一项重要内容。

科学规划、合理布局污染源是区域环境规划的主要任务，一是解决区域经济发展与环境保护之间的矛盾；二是对已造成的环境污染和环境问题提出改善和控制污染的最优化方案。污染源过分集中，势必会造成污染物的排放量过大，给区域的大气环境造成负担，使其质量下降。因此，污染源合理分散布设，易于污染物稀释扩散，不易产生危害或危害变小。污染源的科学选址更重要，要考虑地形、地物及主导风向，尽可能利用有利条件加速污染物的稀释与扩散，以减轻污染危害和治理负担。

选择有利于污染物扩散的排放方式，排放方式不同污染物的扩散效果不同。一般来说，地面污染物浓度与烟囱的高度的平方成反比。提高烟囱的高度有利于烟气的稀释扩散，从而减轻对地面的污染。目前，国外普遍采用高烟囱和集合式烟囱排放烟气。集合式烟囱排放就是把几个（一般是 2～4 个）排烟设备集中到一个烟囱中，把烟气排放出去。这种排放方式可以大大提高排烟口的温度，从而提高烟囱出口处的排烟速度，增加湍流强度和扩散效果，可以使矮烟囱达到高烟囱的效果。但从总量控制角度来看，这种方式只是减缓局部环境污染的有效措施，全球性的大气污染问题仍得不到根本解决。

可利用绿色植物的净化效应改善环境质量。绿色植物具有降温增湿、滞尘降噪、吸收有害气体及美化环境的多种功能，区域绿地系统的质量直接影响大气环境的质量。合理选择绿色植物种类，扩大绿化面积，构建乔灌草相结合的立体绿地系统，是区域大气污染综合防治的长效措施。

2. 改变燃料构成，开发新能源

改变燃料结构，用清洁的气体或液体燃料来代替燃煤可以使大气中的二氧化硫及颗粒物含量大大降低。同时开发太阳能、风能、地热能、生物质能等，以减少矿物质燃料的使用，是解决大气污染的根本措施。我国以煤为主要能源，二氧化硫和烟尘的排放量很大，是造成大气污染的主要原因。煤炭也是人类生产活动最主要的燃料之一。而天然气的储量很大，价格低廉，在有条件的城市逐步推广使用天然气是减少烟尘排放的有效措施。使用煤气和石油液化气同样可以大大地减少二氧化硫和烟尘的排放量。选用低硫燃料对煤炭进行脱硫处理，开发和利用核能、太阳能、风能、地热、潮汐能等新能源，也是减少大气污染的重要手段。为了减少化石燃料的使用，减缓大气污染危害，通过政策引导和资金投入加强水能、核能、石油、天然气和煤层气的开发和利用；支持在农村、边远地区和条件适宜地区开发利用生物质能、太阳能、地热能、风能等新型可再生能源和优质清洁能源等。城市供热需要消耗大量的能源，尤其是在我国北方地区的取暖季节。取消分散、落后并严重污染环境的采暖设备，发展集中供热有利于提高热能利用率，节省大量人力。安装高效除尘设备和高烟囱排放等措施，也是改善城市大气环境质量的有效措施。

3. 改革生产工艺，废气综合利用

改革生产工艺设备，改善燃烧过程，在提高燃料热效率的同时，减少废气的排放；加强清洁生产工艺设计，力争把某一生产过程中产生的废气转变为另一生产过程中的原料，使废物得到再生利用。集中供热比分散供热可节约燃煤 30%以上，且便于采取集中除尘和脱硫措施，提高设备的利用率，节约运行成本。

4. 制定生态建设战略

保护热带森林和温带森林植被，植树造林，既能增加生物界 O_2 的发生源，又可维护其通过光合作用吸收 CO_2 的功能。据估计，全世界现有可植树土地 4 亿 hm^2 左右，如全部利用，则每天可多吸收大气中 4 亿 t 的 CO_2。也有人估计，现有的热带森林若再增加 2 亿~8 亿 hm^2，就可去除全球大气中每年积聚的碳量。据估算，自工业革命以来，由于毁林与化石燃料燃烧所产生的 CO_2 的量相等，从控制毁林和控制人类土地利用方式入手，减少大气中的 CO_2 量，不仅有科学的依据，同时也具有巨大的经济效益和环境效益，并且具有可操作性。因此，绿色战略受到全球科学界和各国政府的普遍重视。

5. 研制适应气候变化的措施与规划

研究、制定适应气候变化的措施与规划包括重点制定适应气候变化的沿海城市规划，开发适应气候变化的水资源利用、航运与水电规划等。有关的环境保护法律立法是工业污染控制的基础。中国的污染控制政策建立在预防为主、防治结合、污染者付费和强化环境管理这四项基本原则的基础上，具体落实为环境管理八项制度。

根据 2012 年修改并施行的《中华人民共和国清洁生产促进法》，从源头上削减污染，提高资源利用效率，对实现循环经济（circular economy）、保护和改善环境有着重要的意义。控制工业污染，积极促进老企业技术改造，推进清洁生产（cleaner production），采用清洁的能源和原材料，通过清洁的生产过程，制造出清洁的产品；推广燃煤锅炉的更新换代，提高锅炉效率；促进乡镇企业更新改造和技术换代，提高乡镇企业污染治理率；积极推广已有的污染控制实用技术措施，提高除尘装置的安置率和除尘效率；推广应用各类烟气净化工艺等。通过这一系列措施的施行，可以提高资源利用率，降低成本，同时减少排污，实现污染物总量控制的目标。

对于工业大气污染控制，还应当进一步完善总量控制制度，明确各级政府在大气污染物排放总量控制工作中的职责和分工。建立健全排污许可证制度，明确将排污许可证作为企业准入的重要条件，禁止无证排污或不按规定排污。进一步理顺环保与公安、交通管理和质检等机动车管理相关部门的关系，在法律中明确各部门职责分工，形成合力。加快出台高排放车辆污染治理的法律措施。建立区域污染联防联控机制，构建区域空气污染综合防治体系，预防和控制区域性大气环境污染。加强气象部门与环保部门的监测网络的数据共享和会商。进一步细化对重大环境污染事故刑事犯罪构成特征和认定的方式方法。增强处罚力度，提高处罚额度，对造成严重污染的直接责任人追究法律责任，增强法律威慑力。

6. 加强科学研究和污染预警

深入开展科学研究，加强监测和预警，是防患于未然的科学基础。因此，应加强气候变化的科学和政策研究，开展气候变化监测预警，发展与气候变化及其影响相关的科学研究基础数据库，建立气候变化管理信息系统。

进一步完善大气污染物排放标准体系。鼓励地方根据实际制定严于国家排放标准的地方标准。健全有毒有害污染物的排放标准体系，有效控制有毒有害污染物排放。进一步加强氮氧化物污染防治工作，修订火电厂大气污染排放标准，严格氮氧化物控制要求，加快推动氮氧化物控制技术设备的国产化。

切实加强大气环境监测能力建设。建议进一步加大对大气环境监测技术装备的投入力度，建立污染源监督性监测运行费用保障制度。统筹城乡环境监测工作，加快基层环境监测体系建设，重视对农村环境监测能力的建设。建议国务院有关部门加强环境监测质量管理，确保监测数据的科学性、规范性和公信力。增加地区内大气环境质量自动监测站点数量，科学合理布局大气环境质量监测站点，确保监测数据真实、准确反映城市环境质量现状。加强对排放有毒有害气体污染源的监督性监测，完善重点污染源在线监测制度，尽快形成大气环境监测网络，确保监测数据全面反映污染物排放情况和变化趋势。

4.4.3 大气污染防治技术

大气污染治理是生产过程中施以某种技术措施，使污染源尽可能少地排放污染物，或使污染物转化为有用的物质形态得以回收利用，或将其转化为无害状态的过程。根据大气污染物的存在状态可将其分为颗粒态污染物和气态污染物两大类，大气污染物的治理技术也可以根据对这两种不同类型污染物的治理分为颗粒态污染物治理技术和气态污染物治理技术。

1. 颗粒态污染物治理技术

颗粒态污染物治理技术通常称为除尘技术，所用设备主要是除尘装置和除尘器，其定义是从含尘气流中将粉尘分离出来并加以捕集的装置。除尘器是除尘系统的重要组成部分，其性能与整个系统的除尘效果有直接关系。

除尘器按分离捕集粉尘颗粒的主要机制不同，可以分为机械式除尘器、电除尘器、过滤式除尘器和湿式除尘器四类。

1）机械式除尘器

机械式除尘器是依靠机械力（重力、惯性力、离心力等）将尘粒从气流中去除的装置。其特点是结构简单，设备费和运行费均较低，但除尘效率不高。按除尘粒的不同可设计为重力除尘器（gravity separators）、惯性除尘器（inertial separators）和旋风除尘器（cyclone separators）。适用于含尘浓度高和颗粒粒度较大的气流。其广泛用于除尘要求不高的场合或用作高效除尘装置的前置预除尘器。

重力除尘器是利用重力作用使尘粒从气流中自然沉降的除尘装置。其机理为含尘气流进入沉降室后，扩大了流动截面积而使得气流速度大大降低，使较重颗粒在重力作用下缓慢向灰斗沉降。重力除尘器只对粒径 50 μm 以上的微粒有较好的捕集作用，但除尘效率相对较低，只有 40%~60%，一般只作为高效除尘装置的预除尘装置。但重力除尘器具有结构简单、投资少、压力损失小的特点，维修管理较容易，而且可以处理高温气体。

惯性除尘器亦称惰性除尘器，是使含尘气体与挡板撞击或者急剧改变气流方向，利用惯性力分离并捕集粉尘的除尘设备。由于运动气流中尘粒与气体具有不同的惯性力，含尘气体急转弯或者与某种障碍物碰撞时，尘粒的运动轨迹将分离出来使气体得以净化。惯性除尘器分为碰撞式和回转式两种。前者是沿气流方向装设一道或多道挡板，含尘气体碰撞到挡板上使尘粒从气体中分离出来。显然，气体在撞到挡板之前速度越高，碰撞后速度越低，则携带的粉尘越少，除尘效率越高。后者是使含尘气体多次改变方向，在转向过程中把粉尘分离出来。气体转向的曲率半径越小，转向速度越大，则除尘效率越高。

旋风除尘器是使含尘气流做旋转运动，借助离心力将尘粒从气流中分离并捕集于器壁，再借助重力作用使尘粒落入灰斗。旋风除尘器的各个部件都有一定的尺寸比例，每一个比例关系的变动都能影响旋风除尘器的除尘效率和压力损失，其中除尘器直径、进气口尺寸、排气管直径为主要影响因素。在使用时应注意，当超过某一界限时，有利因素也能转化为不利因素。另外，有的因素对于提高除尘效率有利，但却会增加压力损失，因而对各因素的调整必须兼顾。

旋风除尘器结构简单，易于制造、安装和维护管理，设备投资和操作费用都较低，已广泛用于从气流中分离固体和液体粒子，或从液体中分离固体粒子。在普通操作条件下，作用于粒子上的离心力是重力的 5~2500 倍，所以旋风除尘器的效率显著高于重力沉降式。在机械式除尘器中，旋风除尘器是效率最高的一种。它适用于非黏性及非纤维性粉尘的去除，大多用来去除粒径 5 μm 以上的粒子，并联的多管旋风除尘器装置对粒径小于 3 μm 的粒子也具有 80%~85% 的除尘效率。用耐高温、耐磨蚀的特种金属或陶瓷材料构造的旋风除尘器，可在温度高达 1000℃，压力达 5000 万 Pa 的条件下操作。从技术和经济诸方面考虑，旋风除尘器压力损失控制范围一般为 500~2000 Pa。因此，它属于中效除尘器，且可用于高温烟气的净化，是应用广泛的一种除尘器，多应用于锅炉烟气除尘、多级除尘及预除尘。

2）湿式除尘器

湿式除尘器是使含尘气体与液体（一般为水）密切接触，利用水滴和颗粒的惯性碰撞或者利用水和粉尘的充分混合作用捕集颗粒，或使颗粒增大而留于固定容器内达到水和粉尘分离效果的装置。湿式除尘器把水浴和喷淋两种形式合二为一。先是利用高压离心风机的吸力，把含尘气体压到装有一定高度水的水槽中，水浴会把一部分灰尘吸附在水中。经均匀分流后，气体从下往上流动，而高压喷头则由上向下喷洒水雾，捕集剩余部分的尘粒，其过滤效率可达 85% 以上。湿式除尘器可以有效地将粒径为 0.1~20 μm 的液态或固态粒子从气流中除去，同时，也能脱除部分气态污染物。它具有结构简单、占地面积小、操作及维修方便和净化效率高等优点，能够处理高温、高湿的气流，将着火、爆炸的可能减至最低。但采用湿式除尘器时要特别注意设备和管道腐蚀及污水和污泥的处理等问题。湿式除尘器除尘过程不利于副产品的回收。如果设备安装在室外，还必须考虑设备在冬天可能冻结的问题。另外，欲使去除微细颗粒的效率也较高，则需使液相更好地分散，但能耗会增大。该除尘器对粒径小于 5 μm 粉尘的除尘效率高，使用寿命长达 5~8 年。除尘器结构紧凑、占用空间小、耗水量小，每秒处理 5~7 m³ 含尘气流的除尘器占地面积约为 4 m²，耗水约 1 t/h。

目前，最常用的湿式除尘器有七大类，包括重力喷雾洗涤器、旋风洗涤器、自激喷雾洗涤器、板式洗涤器、填料洗涤器、文丘里洗涤器和机械诱导喷雾洗涤器。其中，文丘里洗涤器使用广泛且效率较高。

文丘里洗涤器的除尘机理是使含尘气流经过文丘里管的喉径形成高速气流，与在喉径处喷入的高压水所形成的液滴相碰撞，使尘粒附于液滴上，从而达到除尘的目的。文丘里洗涤器一般常应用在高温烟气的降温和除尘上。含尘气流由进气管进入收缩管后，流速逐渐增大，气流的压力能转变为动能，在喉管入口处，气流速度达到最大，一般洗涤液（一般为水）通过沿喉管周边均匀分布的喷嘴进入，液滴被高速气流雾化和加速。在液滴加速进程中，由于液滴与粒子之间的惯性碰撞，实现微细尘粒的捕集。文丘里洗涤器常用于燃煤电站、冶金和造纸等行业的烟气除尘。

文丘里洗涤器的压力损失为 2.941～14.710 kPa（300～1500 mm H_2O），它的除尘性能与袋式除尘器相近，除尘效率可达 99%以上。如此高的效率和简单的结构，不仅能减少安装面积，还能脱除烟气中部分硫氧化物和氮氧化物。其缺点是压力损失大、动力消耗大及需要污水处理装置。

3）过滤式除尘器

过滤式除尘器，又称空气过滤器，其除尘原理是使含尘气流通过多孔滤料，把气流中尘粒截留下来，使气流得到净化。因过滤式除尘器一次性投资比电除尘器少，运行费用又比高效湿式除尘器低，所以得到广泛应用。

目前在除尘技术中运用的过滤式除尘器可分为内部过滤式和外部过滤式两种基本类型。颗粒层除尘器就是利用颗粒状物料（如硅石、砾石、焦炭等）作为填料层的一种内部过滤式除尘装置。其最大特点是耐高温（可达 400℃）、耐腐蚀、耐磨损、滤材可以长期使用、除尘效率高、维修费用低，适用于一般的工业窑炉。其除尘机理主要依靠惯性、截留和扩散作用等，使粉尘颗粒与气流分离开以达到净化的效果。过滤效率随颗粒层厚度及其上面沉积的粉尘层厚度的增加而提高，压力损失也随之增大。

袋式除尘器则属于外部过滤式，粉尘在滤料表面被截留，其性能不受尘源粉尘的浓度、粒度和气体流量变化影响，对于粒径为 0.5 μm 的尘粒捕集效率高达 98%～99%。含尘气流从机器下方进入圆筒形滤袋，在通过滤料孔隙时，粉尘被捕集于滤料上，透过滤料的清洁气体由排气口排出，沉积在滤料上的粉尘可在外力的作用下从滤料表面脱落，落入灰斗中。由于它效率高、性能稳定可靠、操作简单，因而得到广泛的应用。同时，在结构、滤料、清灰方式和运行方式等方面亦得到了不断发展。

4）电除尘器

电除尘器是含尘气流在高压直流电源产生的不均匀电场中使尘粒荷电，荷电的尘粒在电场库仑力的作用下向集尘极移动，从而达到除尘目的的一种除尘装置。电除尘器除尘效率高，可达 99.9%以上；能捕集粒径为 0.1 μm 或更小的烟雾；阻力损失小，干式电除尘器的阻力降大约为 98.07 Pa，湿式电除尘器约为 196.14 Pa；维护简单、处理烟气量大、操作费用低。其多用于大烟气量、含微细粉尘的气体净化，可处理各种不同性质的烟雾，工作温度可达 500℃，湿度可达 100%，也能处理易燃易爆气体。

电除尘器有多种分类方法。根据尘粒荷电与集尘是否在同一区域中完成，电除尘器分单区和双区两种；根据电极形状的不同，电除尘器分为平板式和圆筒式两种。此外，根据在除尘过程中是否采用液体或蒸汽介质,又分为湿式和干式。影响干式电除尘器性能的主要因素之一是粉尘的电阻率。湿式电除尘器通过连续不断地向集尘极喷射液体,使其表面上形成液膜,以防止粉尘飞扬。半湿式电除尘器是间歇地向集尘极表面增湿来防止粉尘再飞扬。这两种形式的除尘器具有如下优点:集尘极表面经常被液体冲洗,所以能获得较强的电场;不会因为烟尘的电阻率大而发生反电晕,并且也不会因为烟尘的电阻率小而发生二次飞扬;清灰不用撞击振动电极。干式电除尘器的烟气流速一般为 0.5~2 m/s,而湿式电除尘器中烟气流速可以达 2 m/s。一般地,湿式比干式电除尘器处理的烟气量大。

上面介绍的几种除尘器,对粒径大于 3 μm 的粉尘颗粒的净化效率非常高,但对颗粒粒径小于 3 μm,特别是对于 0.13~3 μm 的微粒的净化效果并不理想,而这些颗粒对人体健康和环境的危害非常大。所以,近年来各国对这一粒径范围粉尘颗粒的新的控制装置研究非常重视,除了利用质量力、静电力、过滤、洗涤等除尘机理外,还利用热泳、磁力、声凝聚、冷凝和蒸发等机理,或是在同一个装置中同时利用几种机理共同作用,试图将新的除尘器对该粒径范围微粒的净化效率提高到最大。

2. 气态污染物治理技术

气态污染物种类繁多,化学性质各异,对其控制要视具体情况采用不同的方法。目前用于气态污染物控制的方法按原理分为:吸收法、吸附法、催化转化法、燃烧净化法、冷凝净化法、生物净化法、膜分离法和电子束照射法等。下面将从几种污染物的处理方法进行介绍。

1)SO_2 控制技术

常见的 SO_2 控制的方法有抛弃法和回收法。抛弃法是将脱硫的生成物作为废物抛掉,方法简单、费用低廉,并且同时用于除尘。回收法是将 SO_2 转变成有用的物质回收,成本高,所得副产品存在着应用和销路问题,且通常需在脱硫系统前面配套高效除尘系统。但在我国,根据实际情况,从长远发展考虑,应以回收为主。

烟气脱硫(flue gas desulfurization,FGD)方法按脱硫剂是液态还是固态分为湿法和干法两种。湿法脱硫是用液体吸收剂洗涤 SO_2,其工艺包括氨法、石灰石-石膏法、钠碱法等。湿法工艺所用设备简单,操作容易,脱硫效益高;但脱硫后烟气温度较低,不利于烟气的排放与扩散。干法脱硫采用固体吸收剂、吸附剂或催化剂除去废气中的 SO_2,其工艺包括活性炭法、氧化法等。其优点是脱硫过程无废水、废酸排出,不会造成二次污染,并且节水;缺点是效率低,设备庞大。下面主要介绍几种有代表性的脱硫工艺。

湿式石灰石-石膏烟气脱硫(wet limestone-gypsum flue gas desulfurization,WFGD)法。湿式石灰石-石膏烟气脱硫法最早由英国皇家化学有限公司在 20 世纪 30 年代提出,是目前应用最广泛、技术最为成熟的一种烟气脱硫方法,占湿法脱硫的 70%以上。该工艺是用含石灰石的浆液洗涤烟气,SO_2 会与浆液中的碱性物质发生化学反应生成亚硫酸盐和硫酸盐,新鲜石灰石或石灰浆液不断加入脱硫液的循环回路。浆液中的固体(包括燃烧灰分)连续从浆液中分离出来并排往沉淀池。总的化学反应式如下:

$$SO_2 + CaCO_3 + 2H_2O \longrightarrow CaSO_3 \cdot 2H_2O + CO_2$$

$$SO_2 + CaO + 2H_2O \longrightarrow CaSO_3 \cdot 2H_2O$$

湿式石灰石-石膏烟气脱硫法的特点是硫的脱除率高，脱除率可达 90%以上，能适应大气量、高浓度烟气的脱硫。该法存在的主要问题是吸收系统容易结垢、堵塞，且设备体积大、操作费用高、水的消耗量大、投资费用高。

氨法烟气脱硫（flue gas desulfurization by ammonia absorption desulfurization）简称氨法，是以氨水（$NH_3 \cdot H_2O$）为吸收剂吸收废气（或烟气）中的 SO_2，是较为成熟的方法，已较早地应用于化学工业。氨法烟气脱硫虽然有很多方法，但其吸收过程所涉及的化学反应原理基本是相同的。所不同的是由于吸收液采取的再生方法及工艺技术路线的不同，将会得到不同的副产物。

由于氨容易挥发，用氨水作吸收剂吸收 SO_2，实际上是用氨水与 SO_2 反应后生成的亚硫酸铵水溶液作为吸收 SO_2 的吸收剂，主要反应如下：

$$(NH_4)_2SO_3 + SO_2 + H_2O \longrightarrow 2NH_4HSO_3$$

通入氨后的再生反应为

$$NH_4HSO_3 + NH_3 \longrightarrow (NH_4)_2SO_3$$

对吸收后的混合液用不同方法处理可得到不同的副产物。若用浓硫酸或浓硝酸等对混合液进行酸解，所得到的副产物为高浓度的 SO_2、$(NH_4)_2SO_4$、NH_4NO_3，该法称为氨-酸法。

若用 NH_3、NH_4HCO_3 等将混合液中的 NH_4HSO_3 中和为$(NH_4)_2SO_3$ 后，经分离可得到结晶的$(NH_4)_2SO_3$，此法不消耗酸，称为氨-亚氨法。

若将混合液用 NH_3 中和，使混合液中的 NH_4HSO_3 全部变为$(NH_4)_2SO_3$ 后，再用空气对$(NH_4)_2SO_3$ 进行氧化，则可得副产品$(NH_4)_2SO_4$，此法称为氨-硫铵法。

氨法工艺成熟，流程、工艺简单，操作方便，可将烟气中的有害成分 SO_2 转化成化肥硫酸铵，既可消除或者减轻 SO_2 对环境的污染，又补充了生产化肥过程中对 SO_2 的消耗，可谓变污染物为资源，变废为宝，在我国化工行业具有很好的应用前景和实践价值。

海水脱硫（sea water desulfurization）法。海水脱硫法是利用海水的碱度脱除烟气中的 SO_2。在脱硫吸收塔内，大量海水喷淋洗涤进入吸收塔内的燃煤烟气，烟气中的 SO_2 被海水吸收而除去，净化后的烟气经除雾器除雾，经烟气换热器加热后排放，吸收 SO_2 后的海水与大量未脱硫的海水混合后，经曝气池曝气处理，使其中的SO_3^{2-} 被氧化成为稳定的SO_4^{2-}，并将海水的 pH 与化学需氧量调整达到排放标准后排入大海。海水脱硫工艺一般适用于靠海边、扩散条件较好、用海水作为冷却水、燃用低硫煤的电厂。海水脱硫工艺在挪威较广泛用于炼铝厂、炼油厂等工业炉窑的烟气脱硫，先后有多套脱硫装置投入运行。近几年，海水脱硫工艺在电厂的应用取得了较快的进展。此种工艺最大的问题是烟气脱硫后可能产生重金属沉积，以及其对海洋环境的影响需要长时间的观察才能得出结论，因此在环境质量比较敏感和环保要求较高的区域需慎重考虑。

活性炭法。在有氧及水蒸气存在的条件下，用活性炭吸附 SO_2，不仅存在物理吸附还存在化学吸附。由于活性炭表面具有催化作用，使吸附的 SO_2 被烟气中的 O_3 氧化为 SO_3，SO_3 再和水蒸气反应生成硫酸。生成的硫酸可用水洗涤下来，或用加热的方法使之分解生成高浓度的 SO_2。

活性炭法虽然不消耗酸、碱等原料，过程简单，又无污水排出，但由于活性炭吸附容量有限，因此要求吸附剂不断再生，操作麻烦。另外为保证吸附率，烟气通过吸附装置的速度不宜过大（一般为 0.3～1.2 m/s）。当处理气量大时，吸附装置体积必须够大才能满足要求，因而不适于大气量烟气的处理，所得副产物硫酸浓度较低，需进行浓缩才能应用，因此限制了该法的普遍推广应用。

接触氧化烟气脱硫（contact oxidation flue gas desulfurization）法。接触氧化烟气脱硫法与工业接触法制酸一样，是以硅石为载体，以五氧化二钒或硫酸钾等为催化剂，使 SO_2 氧化成 SO_3 或 78%的硫酸。此法由于是在高温下操作，不论是操作费用还是建设费用都比较高。但由于此法技术上比较成熟，国内外对高含量 SO_2 烟气的治理多采用此法。

炉内燃烧脱硫（furnace combustion desulfurization）法。炉内燃烧脱硫的典型方法是石灰石直接喷射法，将固体石灰石粉直接喷入炉膛，在炉膛内进行脱硫，石灰石粉直接喷入锅炉炉膛后在高温下被煅烧成 CaO，烟气中的 SO_2 就被 CaO 所吸收，当炉膛内有足够的氧气存在时，吸收的同时还发生氧化反应。由于石灰石粉在炉膛内的停留时间很短，必须在短时间内完成煅烧、吸收、氧化三个过程。该方法投资少、经济性高、工艺设备简单、维修方便、占地面积小，对于一般煤炭，脱硫率可达到 40%左右，可满足排放限额要求，有效地减少 SO_2 对环境的污染，国内外均有成功的应用实例。

2）氮氧化物控制技术

从烟气中去除 NO_x 的过程简称烟气脱硝（flue gas denitrification）。它与烟气脱硫相似，也需要应用液态或固态的吸收剂或吸附剂来吸收或吸附 NO_x，以达到脱硝的目的。烟气脱硝技术有气相反应法、液体吸收法、吸附法、液膜法、微生物法等几类。

气相反应法又包括三类：电子束照射法和脉冲电晕等离子体法，选择性催化还原法、选择性非催化还原法和炽热碳还原法，低温常压等离子体分解法。第一类是利用高能电子产生自由基将 NO 氧化为 NO_2，再与 H_2O 和 NH_3 作用生成 NH_4NO_3 化肥并加以回收，可同时脱硫脱硝；第二类是在催化或非催化条件下，用 NH_3、C 等还原剂将 NO_x 还原为无害 N_2 的方法；第三类则是利用超高压窄脉冲电晕放电产生的高能活性粒子撞击 NO_x 分子，使其化学键断裂分解为 O_2 和 N_2 的方法。

液体吸收 NO_x 的方法较多，应用也较广。NO_x 可以用水、碱溶液、稀硝酸、浓硫酸吸收。由于 NO 极难溶于水或碱溶液，因而湿法脱硝效率一般不很高。于是采用氧化、还原或络合吸收的办法以提高 NO 的净化效果。与干法相比，湿法具有工艺及设备简单、投资少等优点，有些方法还能回收 NO，具有一定的经济效益；缺点是净化效果差。

吸附法脱除 NO_x，常用的吸附剂有分子筛、活性炭、天然沸石、硅胶及泥煤等。其中有些吸附剂如硅胶、分子筛、活性炭等，兼有催化的性能，能将废气中的 NO 催化氧化为 NO_2，然后可用酸液或碱液吸收而得以回收。吸附法脱硝效率高，且能回收 NO_x，但因吸附容量小、吸附剂用量多、设备庞大、操作频繁等，应用不广泛。

总的看来，目前工业上应用的方法主要是气相反应法和液体吸收法两类。这两类方法中又分别以催化还原法和碱吸收法为主,前者可以将废气中的 NO 排放浓度降至较低水平,但消耗大量 NH_3,有的还消耗燃料气,经济亏损大;后者可回收 NO_x 为硝酸盐和亚硝酸盐,有一定经济效益,但净化效率不高,不能把 NO_x 降至较低水平。因此,要找到一种或几种技术上可行、经济上合理、适合我国国情的脱硝技术,技术上还需要不少创新,需做出更大的努力。

催化还原法。催化还原法分为非选择性催化还原法和选择性催化还原法(selective catalytic reduction,SCR)两类。

非选择性催化还原法是在一定温度和催化剂(一般为贵金属 Pt、Pd 等)作用下,废气中的 NO_2 和 NO 被还原剂(H_2、CO_2、CH_4 及其他低碳氢化合物等燃料气)还原为 N_2,同时还原剂还与废气中 O_2 作用生成 H_2O 和 CO_2。反应过程放出大量热能。该法燃料耗量大,需贵金属作催化剂,还需设置热回收装置,投资大,国内未见使用,国外也逐渐被淘汰,多改用选择性催化还原法。

选择性催化还原法用 NH_3 作还原剂,加入氨至烟气中,NO_x 在 300~400℃的催化剂层中分解为 N_2 和 H_2O。因没有副产物,并且装置结构简单,所以该法适用于处理大气量的烟气。以氨作为还原剂的脱硝反应可表示如下:

$$4NO + 4NH_3 + O_2 \longrightarrow 4N_2 + 6H_2O$$

运行中,通常取 NH_3:NO_x(摩尔比)为 0.81~0.82,NO_x 的去除率约为 80%。该方法可用于直接从锅炉引入烟气的情况(高烟尘法),也可用于引入预先除去烟尘烟气的情况(低烟尘法)。高烟尘法的缺点为:催化剂因烟尘而磨耗,氨易黏附于飞灰上。前者表示进气口附近的催化剂会产生表面硬化而磨损,这可通过控制进气速度小于 5 m/s 而加以防止;后者可通过维持氨的泄漏浓度在 5 ppm(10^{-6})以下而得到控制。高烟尘法不存在颗粒物黏附到催化剂上的问题,因此硫酸铵和大部分挥发凝缩物是沉积在烟尘上的,它们会随烟尘一起通过催化剂层和空气加热器进入集尘器除去。低烟尘法的缺点为:烟尘黏附于催化剂上,沉积于空气加热器;通过了高温电除尘器的细灰(50~100 mg/m³)容易黏附于催化剂表面,因此相对较多的挥发凝缩物黏附在细灰上。所以,这种细灰必须用吹灰器或其他办法除去。此外,由于硫酸铵易沉积于空气加热器中,必须控制氨的泄漏。高温电除尘器由于处理气体体积增加而大型化,价格上升。

SCR 法常用的催化剂有 Pt-Rh、Pd 等贵金属类催化剂或 V、W、Mo 等金属氧化物类催化剂。催化剂大多采用多孔结构的 TiO_2 为载体,以 V_2O_5 或 V_2O_5-WO_3 等金属氧化物为活性组分。催化剂的形式多为蜂窝式、板式或波纹式。

SCR 法脱硝效率高、广泛应用于国内外工程中,已经成为电厂烟气脱硝的主流技术。

选择性非催化还原(selective non-catalytic reduction,SNCR)法是当前 NO_x 治理中广泛采用且具有前景的技术之一。SNCR 法通过注入 NH_3 或尿素等还原剂在没有催化剂的情况下与氮氧化物发生还原反应。SNCR 法通过烟道气流中产生的氨自由基与 NO_x 反应,达到去除 NO_x 的目的,反应式如下:

$$4NH_3 + 4NO + O_2 \longrightarrow 4N_2 + 6H_2O$$

该反应主要发生在 950℃左右,当温度更高时则可发生正面的竞争反应:

$$4NH_3 + 3O_2 \longrightarrow 2N_2 + 6H_2O$$

因此在 SNCR 法中温度的控制是至关重要的。由于没有催化剂加速反应，故其操作温度高于 SCR 法。为避免 NH_3 被氧化，温度不宜过高。目前的趋势是以尿素代替 NH_3 作还原剂。SNCR 法的除硝效率为 50%～60%，低于 SCR 法。但 SNCR 法的费用（包括设备费用和操作费用）仅为 SCR 法的 1/5 左右。

碱液吸收法。碱性溶液和 NO_2 反应生成硝酸盐和亚硝酸盐，和 N_2O_3（$NO+NO_2$）反应生成亚硝酸盐。碱性溶液可以是钠、钾、镁、铵等离子的氢氧化物或弱酸盐溶液。当用氨水吸收 NO_2 时，挥发的 NH_3 与 NO_x 和水蒸气还可反应生成气相铵盐。这些铵盐是粒径 0.1～10 μm 的气溶胶微粒，不易被水或碱液捕集，逃逸的铵盐形成白烟；吸收液生成的 NH_4NO_2 也不稳定，当浓度较高、吸收热超过一定温度或溶液 pH 不合适时会发生剧烈分解甚至爆炸，因而限制了氨水吸收法的应用。碱液吸收法的优点是能将 NO_x 回收为亚硝酸盐或硝酸盐，有一定经济效益；工艺流程和设备也较简单。缺点是吸收效率不高，对 NO_2/NO 的比例也有一定限制。

碱液吸收法是研究并应用比较早的一种脱硝技术，但是该法在我国应用的技术水平不高，吸收后尾气浓度仍很高，无法达到排放要求。因此，我国碱液吸收法有待技术改造，以发挥它具有经济效益的优点，克服吸收效率低的缺点。改造的途径，一是有效控制废气中 NO_x 的氧化度；二是强化吸收操作，改进吸收设备和吸收条件。

微生物法。微生物法烟气脱硝的原理：适宜的脱氮菌在有外加碳源的情况下，利用 NO_x 作为氮源，将 NO 还原成最基本的无害的 N_2，而脱氮菌本身获得生长繁殖。其中 NO_2 先溶于水中形成 NO_3 及 NO_2，再被生物还原为 N_2，而 NO 则是吸附在微生物表面后直接被微生物还原为 N_2。在废气的生物处理中，微生物的存在形式可分为悬浮生长系统和附着生长系统两种。悬浮生长系统即微生物及其营养物配料存在于液相中，气体中的污染物通过与悬浮物接触后转移到液相中而被微生物所净化，其形式有喷淋塔、鼓泡塔等生物洗涤器。废气在增湿后进入生物滤床，通过滤层时，污染物从气相中转移到生物膜表面并被微生物净化。悬浮生长系统及附着生长系统在净化 NO_x 方面各具有优势。前者相对后者来说，微生物的环境条件及操作条件易于控制，但因 NO_x 中的 NO 占有较大的比例，而 NO 又不易溶于水，使得 NO 的净化率不高。

微生物法处理污染物是一个自然过程，人类所研究的只是强化和优化该过程，主要是从强化传质和控制有利于转化反应过程的条件两方面着手：凭借细胞固定化技术，可提高体积内微生物浓度；通过对温度、湿度、pH 等环境因素的控制，可使微生物处于最佳生长状态，提高其对 NO_x 的净化率；通过合适的支撑材料的选择可有效改善气流条件、增强传质能力等。随着研究的不断深入，该技术将会从各方面得到全面的发展。

液膜法。液膜法净化烟气是美国能源部匹兹堡能源技术中心（PETC）开发的。国外如美国、加拿大、日本等国都对液膜法进行了大量的研究。液膜为含水液体，原则上对 NO_x 有吸附作用的液体均可作为液膜，但须经实验证明气体在其中渗透性良好才能使用。

综上，烟气脱硝技术的研究与开发为进一步治理 NO_x 污染提供了许多新的途径，各种经济有效的高技术烟气脱硝方法将会不断出现。随着生物技术的高速发展，微生物烟气脱硝技术作为一种实用性强、技术新颖的生物工程技术，具有十分广阔的前景。

3）挥发性有机物控制技术

挥发性有机物是一类有机化合物的统称。在常温下蒸发速率大，易挥发。大部分VOCs都是有毒有害物质，如常见的甲苯、对二甲苯、苯乙烯、甲醛、乙醛等。VOCs的危害正在被人们逐渐认识，许多污染现象与危害都与其有关。VOCs部分来源于大型固定源（如化工厂等）的排放，大量来自交通工具、电镀、喷漆及有机溶剂使用过程中排放的废气。VOCs是复合型大气污染的重要前体物，目前已成为仅次于颗粒污染物的第二大气污染物。控制VOCs排放是减少雾霾和光化学烟雾的有效措施。目前对这类污染物的控制尚缺少经济有效的技术手段，我国已从法规、标准、税费等多方面治理VOCs的排放。下面在分析VOCs特征的基础上，简要介绍几种VOCs污染控制技术。

燃烧（combustion）法。燃烧法又分直接燃烧、热力燃烧和催化燃烧。直接燃烧是把可燃的VOCs废气当作燃料来燃烧的一种方法。该法适合处理高含量VOCs废气，燃烧温度控制在1100℃以上时，去除效率可达99%以上。但这种方法不仅造成浪费还将产生的大量污染物排入大气，近年来已较少使用。热力燃烧是当废气中可燃物含量较低时，使其作为助燃气或燃烧对象，依靠辅助燃料产生的热力将废气温度提高，从而在燃烧室中使废气氧化销毁。催化燃烧是在系统中使用合适的催化剂，使废气中的有机物质在较低温度下氧化分解的方法。催化燃烧技术是近几十年对环保与节能的要求日益迫切的形势下应运而生的一门新型技术。此方法主要优点有起燃温度低，能耗低，处理效率高，无二次污染，对有机物浓度和组分处理范围宽，启动能耗低并能回收输出的部分热能，所需设备体积小，造价低；主要缺点是当有机废气含量太低时，需要大量补充外加的热量才能维持催化反应的进行。

吸附（adsorption）法。吸附法是利用比表面积非常大的具有多孔结构的吸附剂将VOCs分子截留的方法。当废气通过吸附床时，VOCs就被吸附在孔内，使气体得到净化，净化后的气体排入大气。吸附效果主要取决于吸附剂的性质，VOCs的种类、含量和吸附系统的操作温度、湿度、压力等因素。常用的吸附剂有颗粒活性炭、活性炭纤维、沸石、分子筛、多孔黏土矿石、活性氧化铝、硅胶和高聚物吸附树脂等。但是此方法也存在不足之处：吸附剂的容量小、所需的吸附剂量较大，从而导致气流阻力大、设备投资高、占地面积大、吸附后的吸附剂需要定期再生处理和更换。

吸收（absorption）法。吸收法是利用VOCs的物理和化学性质，使用液体吸收剂与废气直接接触而将VOCs转移到吸收剂中的方法。通常对VOCs的吸收为物理吸收，使用的吸收剂主要为柴油、煤油、水等。任何可溶解于吸附剂的有机物均可以从气相转移到液相中，然后对吸收液进行处理。吸收效果主要取决于吸收剂的性能和吸收设备的结构特征。吸收剂选取的原则是对VOCs溶解度大、选择性强、蒸气压低、无毒、化学性质稳定性好等。吸收装置有喷淋塔、填充塔、各类洗涤器、鼓泡塔、筛板塔等。根据吸收效率、设备本身阻力及操作难易程度来选择塔、器等装置的种类，有时可选择多级联合吸收。此方法的不足之处在于吸收剂后期处理投资大，对有机成分选择性大，易出现二次污染。

冷凝（condensation）法。冷凝法是最简单的回收方法，它是将废气冷却到低于有机物的露点温度，使有机物冷凝成液滴而从气体中分离出来的方法。主要使用的冷却介质有冷水、冷冻盐水和液氨。通常该技术仅用于 VOCs 含量高、气体量较小的有机废气回收处理。其回收率与有机物的沸点有关，沸点较高时，回收率高；沸点较低时，回收效果不好。若回收的产品无使用价值时，还需要二次处理，从而增加了处理费用。由于操作温度低于 VOCs 的凝结点，因此需要不断除霜以免冻结在蛇形冷凝管上。该法往往与其他方法结合使用，如冷凝-吸收法、冷凝-压缩法等。

4）氟化物去除技术

随着炼铝工业、磷肥工业、硅酸盐工业及氟化学工业的发展，氟化物的污染越来越严重。由于氟化物易溶于水和碱性水溶液中，因此去除气体中的氟化物一般多采用湿法。但是湿法的工艺流程及设备较为复杂。20 世纪 50 年代出现了用干法从烟气中回收氟化物的工艺。

湿法净化：分为地面排烟净化系统和天窗排烟净化系统。地面排烟净化系统的净化电解槽上方，由集气罩抽出含氟化物多的烟气；而天窗排烟净化系统主要用于净化由于加工操作或集气罩等装置不够严密而泄漏在车间的含氟化物的烟气。

干法净化：用固态氧化铝作为吸附剂，吸附后含氟化物的氧化铝可作为炼铝的原料。干法净化多用于地面排烟净化系统，也应用于磷矿石生产磷、磷酸、磷肥等过程所产生的氟化物治理。干法的净化效率达 98%以上。氟化物的治理除上述方法外，还有如下三种方法：第一种，先用水吸收，然后用石灰乳中和法，此法回收产物为氟化钙；第二种，用硫酸钠水溶液作为吸收剂的吸收法，此法回收产物为氟化氢；第三种，用稀氟硅酸溶液吸收烟气中氟化氢和氟化硅法，此法回收产物为 10%～25%的氟硅酸。

3. 机动车尾气排放治理技术

机动车尾气排放已经成为我国城市大气环境污染的主要污染源之一，必须采取有效措施，减少机动车尾气的排放，并对尾气进行净化处理。汽车尾气净化，主要有以下三种途径。

1）前处理净化技术

前处理净化技术主要是燃油处理技术，在混合气进入气缸前，通过改善汽油品质，在汽油内加入添加剂，或使用清洁能源（液化石油气、压缩天然气以及醇类燃料）等，使发动机燃烧更充分，以减少污染物排放。

世界各国都在对汽油中影响污染物排放的成分开展研究，努力通过提高汽油品质来减少污染物排放。汽油中掺入 15%以下的甲醇燃料或者采用含 10%水分的水-汽油燃料，都能在一定程度上减少或者消除 CO、NO_x 和 HC 的排放。选用恰当的润滑添加剂也能达到减少污染物排放的效果。例如，在机油中添加一定量（比例为 3%～5%）的石墨、二硫化钼、聚四氟乙烯粉末等固体添加剂，可节约发动机燃油 5%左右，同时可使汽车发动机气缸密封性能大大改善，气缸压力增加，燃烧完全，使尾气排放中 CO 和 HC 含量下降。

2）机内净化技术

机内净化技术主要是指通过改进发动机本身的设计，优化发动机燃烧过程来降低污染物排放。主要措施有燃烧系统优化技术、闭环电子控制技术、汽油机直喷技术、可变进排气系统和废气再循环控制系统等。这些措施大多需要依靠发动机精确的电控系统来实现。

燃烧系统优化技术。燃烧系统优化技术包括改善气缸内气流运动、优化燃烧室形状等。提高气缸内混合气的流程度，有助于混合气快速和完全燃烧。燃烧室形状优化原则是尽可能紧凑，面容比要小，火花塞装在燃烧室中央位置，以缩短火焰的传播距离。紧凑的燃烧室可使燃烧时间缩短，提高热效率，降低 CO 和 HC 的排放。

闭环电子控制技术。闭环电子控制技术是通过电子控制系统精确控制空（气）燃（料）比和点火，是目前汽油发动机排放控制的主流技术。稀薄燃烧条件下发动机燃烧效率高，生成的 HC 和 CO 浓度低；富燃时燃烧不完全，生成的 HC 和 CO 较多。NO_x 的产生量在理论空燃比附近最高，这是因为燃烧温度较高。电子控制系统可以精确控制空燃比，从而使污染物的生成总量达到理想目标。

汽油机直喷技术。汽油机直喷技术是将汽油直接喷到燃烧室内与空气混合、燃烧。汽油机直喷技术和稀薄燃烧技术是相结合的，汽油机直喷技术使均匀燃烧和分层燃烧成为现实，可以极大地提高混合气的混合程度，更精确地控制燃烧过程的空燃比，从而达到完全燃烧，有效降低未燃 HC 的排放。汽油机直喷技术可增大发动机的压缩比，提高发动机的热效率，节能 30%以上。

可变进排气系统。其采用多气门技术，减少进气阻力，提高充量系数。采用气门连续可变正时控制和升程控制技术实现发动机随转速和工况的变化达到最佳的充气效率。这是使尾气排放达到欧Ⅳ排放限值的重要技术。

废气再循环控制系统。废气再循环技术是一项广泛应用的技术，用来降低 NO_x。主要是通过使一部分废气流回进气管来降低最高燃烧温度，抑制 NO_x 的生成。但再循环率过大会使燃烧恶化，燃油消耗率增大，HC 排放上升。电子控制废气再循环系统可实现非线性控制，控制范围和自由度大，更符合净化的实际需要。

3）机外净化技术

机外净化技术也称机动车尾气排放后处理技术，是指在发动机的排气系统中进一步消减污染物排放的技术。常见的排气后处理装置有氧化型催化转化器、还原型催化转化器、三元催化转化器等。目前应用最广泛的是三元催化转化器。

三元催化转化器主要由壳体、入口和出口锥段、弹性夹紧层、催化剂等组成，其中催化剂作为三元催化转化器的技术核心，包括载体和涂层两部分。壳体一般由不锈钢材料制成，为了保证催化剂的反应温度，多做成双层结构，外表面还装有隔热罩。弹性夹紧层一般是膨胀垫片或钢丝网垫，起密封、保温和固定载体的作用，同时可以防止壳体受热变形造成对载体的伤害。载体基本材料多数为陶瓷，也有少数采用金属材料。载体使用的目的是提供承载催化剂涂层的惰性物理结构。为了在较小的体积内有较大的催化表面，载体表面多制成蜂窝状。在载体表面涂敷有一层极松散的活性层，它以金属氧化物 $\gamma\text{-}Al_2O_3$ 为主。由于载体表面十分粗糙，大大增加了三元催化转化器的活性表面。在活性层外部涂敷有含有铂（Pt）、钯（Pd）、铑（Rh）三种贵金属的催化剂。

在催化剂的作用下，三元催化转化器能将发动机产生的 3 种主要污染物 CO、HC 和 NO_x 转化为 CO_2、H_2O 和 N_2，其发生的主要化学反应如下：

$$2CO + O_2 \longrightarrow 2CO_2$$

$$CO + H_2O \longrightarrow CO_2 + H_2$$

$$C_mH_n + \left(m + \frac{n}{4}\right)O_2 \longrightarrow mCO_2 + \frac{n}{2}H_2O$$

$$2CO + 2NO \longrightarrow 2CO_2 + N_2$$

$$2NO_2 \longrightarrow N_2 + 2O_2$$

$$2NO + 2H_2 \longrightarrow 2H_2O + N_2$$

$$2H_2 + O_2 \longrightarrow 2H_2O$$

由于汽油中的铅能使催化剂永久中毒，所以应用三元催化转化器的前提条件是必须使用无铅汽油。随着无铅汽油在世界范围内的推广，三元催化转化器得到了广泛应用。

4. 道路扬尘、施工场地扬尘、地面扬尘等的控制措施

严格实施工地开工申报管理，即建立施工场地无组织排放申报制度。施工单位需要向有关部门提交施工扬尘治理措施的具体落实清单，不符合环保要求的施工单位不能进行施工。应在环境监察单位设立专门的施工场地检查部门，负责辖区内扬尘治理措施的具体落实情况，对于治理不力的施工场地，该部门有权责令其停工整改。

施工围挡。围挡的作用是将施工区域与外界环境进行适当的隔离，一定程度上避免挖掘出的泥土成为扬尘的尘源。监测结果显示，围挡可以减少10%左右的扬尘。

道路硬化。将工地内道路铺设水泥或柏油或用钢板覆盖，可使扬尘削减率达到15%~20%。

覆盖。覆盖就是用遮盖织物、化学覆盖剂或洒水等方式，对裸露表土或堆积的物料表面进行遮盖或处理。对于施工的土方和拆迁的现场，如果在24 h内无法运出或进行继续施工，则必须加以覆盖以防止产生扬尘。

治理裸露地面扬尘。控制裸露地面扬尘的主要措施包括：绿化、地面硬化与铺装以及采用土壤保水调理剂、表面土壤凝结剂覆盖等。其中铺装主要用于城区；绿化和使用表面土壤凝结剂覆盖等措施适用于城区和郊区的各类裸露地面。

4.5 室内空气污染与防治

4.5.1 室内空气污染概况

1. 室内空气污染

室内环境包括居民房屋、办公场所、商场、交通工具、室内体育场馆、文化娱乐场所、医院病房、学校教室、饭店、旅馆等场所。人类早期直接利用天然洞穴为家，后来搭建茅草屋，再到现代到处是高楼大厦。早期的室内建筑能源纯粹天然，并且只是少量用于御寒、烹饪和照明，基本没有其他的能耗。随着科学技术和工业革命的飞速发展，大量新材料和新设施用于建筑规划,以丰富建筑的功能,满足人们日益增长的需求,而现代技术是建立在大量消耗矿物燃料的基础上的。为了追求所谓的舒适,人们建立起完全封闭的、靠人工照明和空调来维系室内环境的大型建筑,隔绝了人与自然环境的直接联系。为了维系这种脆弱的人造环境,需要使用大量的能源和特殊的建筑材料。工业革命以后,随着社会经济的快速发展,人民生活水平的逐步提高,对室内装修的要求越来越高,室内装修过程中使用的各类板材、油漆、涂料和黏胶剂等也越来越多,而这些装修材料都不同程度地含有甲醛、苯、甲苯和二甲苯等有害物质。短期接触这些有害物质表现为眼、鼻、喉有强烈刺激感等症状,如果长期经过呼吸摄入或低剂量接触可引起肌体免疫功能降低,长期接触较高浓度的此类污染物质会引起白血病、障碍性贫血、癌症等。

20世纪70年代能源危机,造成当时资本主义国家范围内全球性的通货膨胀,使得发达国家以节约能源为目标,这种情况下一定程度上牺牲了生活质量。当时出于节约能源的考虑,人居建筑物的气密性大大提高,从而导致室内通风不足,致使室内空气污染事件频频发生。长期在这种糟糕的人居环境中,导致一些人出现头痛、干咳、皮肤发痒、头晕恶心、注意力难以集中和对气味特别敏感等症状。这被称为"病态建筑综合征",在当时很多发达国家都有发生,西方很多民众在这方面都有着惨痛的记忆。在这种背景下,西方发达国家开始重视室内空气质量。这种"病态建筑综合征"的具体原因还在研究当中,但是大多数患者在离开建筑物不久后症状即行缓解。室内空气污染问题引起了相关研究人员的关注。随着当前我国经济快速发展,由于城市化水平的迅速提高,增加了大量城市建筑物,室内空气质量问题也越来越突出,严重威胁着人们的身体健康。

有研究表明大部分成年人70%~80%的时间都是在室内度过的,老弱病残者在室内的时间更长,可达90%以上。每人每天要吸入10~13 m^3的空气,长时间停留在室内并大量吸入含多种污染物且浓度严重超标的空气,会引起眼、鼻腔黏膜刺激,过敏性皮炎,哮喘等症状。美国的一项调查显示,室内空气中可检出500多种挥发性有机物。加拿大健康部的调查表明,当前人们68%的疾病都与室内空气污染有关。

室内环境通常指的是人们的居住环境、工作环境或其他公共场所等,室内空气污染已经成为对大众健康危害最大的环境因素之一。空气污染方面,有专家认为,在经历了18世纪工业革命带来的"煤烟型污染"和20世纪石油和汽车工业带来的"光化学烟雾污染"之后,现代人正经历以"室内空气污染"为标志的第三污染时期。由于人类长期生活在室内环境中,而部分室内空气中具有多种挥发性有机物,危害程度较大的有甲醛、苯、三氯乙烯等,这些都是对人类健康有不利影响的危害因素。因此,世界卫生组织也将室内空气污染与高血压、胆固醇过高和肥胖症等共同列为人类健康的几大威胁。

2. 室内空气污染物的种类及其危害

室内空气污染物按照形态可以分为气态污染物和气溶胶污染物。室内空气污染物按照来源主要分为室内发生源和室外大气污染源。室内发生源主要有建筑装修材料、烹饪油烟、吸烟和一些其他生活用品。室内发生源影响因素主要是建筑物的结构和材料、通风换气状况、能源使用情况以及生活起居方式等。室外大气污染源主要有可吸入颗粒物、可入肺颗粒物、二氧化硫、臭氧、二氧化氮、汽车尾气等，这种污染物通过室外空气流通进入室内，导致室内空气质量下降。

1）二氧化碳

二氧化碳是一种无色不可燃烧的气体，地球上的 CO_2 主要由生物的新陈代谢和氧化作用产生。室内空气中的二氧化碳浓度一般高于室外，室内最高浓度出现在人们停留时间最长的地方，如卧室、电梯间、船舱等。其来源主要是人和宠物的呼出气体和含碳物质的燃烧。

大气中的二氧化碳浓度升高可导致人体血酸浓度升高，呼吸的深度和频率增加。当空气中 CO_2 体积分数达到 0.10% 时，有较多人感到不舒服；当空气中 CO_2 体积分数达到 3% 时，人体呼吸程度加深；当空气中 CO_2 体积分数达到 4% 时，人会产生恶心头晕、耳鸣、血压升高等症状；当空气中 CO_2 体积分数达 30% 时，可导致死亡。

2）一氧化碳

一氧化碳主要来自燃料的不完全燃烧过程。室内源包括燃气加热装置、煤气炉、通风不好的煤油炉、吸烟。一氧化碳一旦吸入就会和血液运送氧分子的血红素结合为羧基血红素，CO 与血红蛋白的结合能力是氧气的 200~300 倍，抑制了向全身各组织输送氧气，症状为头痛，恶心，注意力、反应能力和视力减弱，瞌睡。高浓度时可引起昏迷，甚至死亡。某些有煤炭炉子且通风条件较差的厨房一氧化碳浓度甚至高达 100 ppm，在浓度高于 500 ppm 时可能引起死亡。一氧化碳是燃料不完全燃烧的副产物，家庭中所有使用燃料的设备都有产生 CO 的隐患。如果能够确保所有设备都能使燃料燃烧充分，且安装良好的通风设施，那么这些可能的危险就会降到最低。

3）甲醛

甲醛，是一种气体有机化合物，对人眼、鼻等有刺激作用。室内甲醛主要来源于各种装修材料或装饰物品，如胶合板、泡沫塑料、壁纸、地毯等。在室内环境中由于存在污染源头和密闭空间，甲醛的浓度一般远高于室外。一定量的甲醛能引起头痛、失眠、咳嗽、流泪、皮肤眼睛红肿等症状。一般当室内甲醛浓度较大时，可刺激人体眼睛、鼻及上呼吸道甚至于引起其他疾病；甲醛还具有致癌性，流行病学研究发现居民鼻癌与甲醛暴露具有显著的相关性。世界卫生组织将甲醛列为潜在的危险致癌物。甲醛也是典型过敏原之一，可诱发哮喘和接触性皮炎等。

4）微生物

一些有害微生物也是室内环境污染物之一，易致病室内微生物主要有青霉、芽枝菌、曲霉、葡萄球菌、微球菌、白霉及各种病毒等。其浓度主要与室内湿度、温度、人员活动等有关。室外空气也是室内细菌、真菌的重要来源之一。研究表明，家用空调的过滤网风管是螨虫、病菌和病毒生存繁殖的栖息地。室内微生物的主要危害是引起呼吸道感染，病原体经空气传播是病毒感染的主要途径之一。

易致病室内微生物中，一些能够引起恶心、呕吐、腹痛等症状，严重的会导致呼吸道及肠道疾病，如哮喘、痢疾等。患者会因此精神萎靡不振，严重时则出现昏迷、血压下降等症状。病毒在室内空气中聚集到一定浓度时就有传染的危险，这类污染物易导致皮肤发炎、鼻窦炎等。室内环境还是一些病毒的温床，如流感病毒、青猴病毒、埃博拉病毒、新型冠状病毒、肺结核病毒、拉沙病毒等，某些病毒还会引发出血热。

5）挥发性有机污染物

挥发性有机物指的是具有较高蒸气压、常温常压下容易挥发的一类非甲烷有机化合物，如苯、甲苯、二甲苯、萘、苯乙烯、丙酮、正己烷等。VOCs 来源于精细化工、石油化工、制药、电子元件制造、印刷、制鞋以及汽车尾气等，是一类重要的大气污染物。研究表明室外空气是室内 VOCs 的重要来源；另外，VOCs 也可以从建筑、装修、装饰房屋过程中使用的合成材料中释放，来源还包括喷雾剂、清洁剂和吸烟行为。

VOCs 本身会对人体健康造成很大伤害，当 VOCs 的总质量浓度为 $0.3\sim3$ mg/m³ 时会产生刺激等不适应症状，为 $3\sim5$ mg/m³ 时会产生头痛、瞌睡、眼睛疲劳、皮疹及呼吸类疾病，而大于 25 mg/m³ 时对人体的毒性效应明显，急性高浓度苯可引起中枢神经抑制和白血病。如果长期工作或生活在高浓度 VOCs 环境中，可能导致癌症。通过改进工艺进行清洁生产，可在生产过程中减少 VOCs 的产生。在建筑材料中避免使用含脲醛树脂和含 VOCs 等类的材料，在室内装修上建议尽可能少用黏合剂，尽量避免或限制化学地毯的使用，尽量使用天然材质家具。

6）氡

氡是一种放射性稀有气体，主要来源于地层中 ^{226}Ra 的衰变。氡是放射性气体，当被吸入人体后，氡发生衰变粒子可对人的呼吸系统造成辐射损伤，引发肺癌，危害极大。其衰变所产生的子体（^{218}Po 和 ^{214}Po）对人体产生的危害也较大。室内氡的浓度主要和房屋地基的性质、建筑物的通风效率有关，也同房屋的建材有关。在室外环境中，氡从地层中释放并很快稀释到大气环境中，因此其浓度很少能达到危害人体健康的水平，但在封闭的室内环境中，室内空气不流通，释放出来的氡会积聚在室内，导致其处于高浓度水平。国际上著名的癌症研究机构确认，氡及其衰变所产生的子体是诱发肺癌等疾病的重要因子之一，氡被列为最危险的致癌物之一，被认定为室内重要的污染物。

7）细颗粒物

细颗粒物（$PM_{2.5}$）为空气动力学当量粒径≤2.5 μm 的空气悬浮颗粒物。根据权威部门的调查分析表明，当室外细颗粒物严重超标，如发生雾霾天气时，大部分室内环境细颗粒物也随之超标，室内环境的细颗粒物污染已经成为我国办公场所或家庭中的主要空气污染物（李明等，2018）。室内 $PM_{2.5}$ 分为室内源和室外源，室外源由室外大气中的 $PM_{2.5}$ 通过自然通风和渗透等方式进入室内。室外 $PM_{2.5}$ 浓度对于室内 $PM_{2.5}$ 浓度影响具有一定的滞后性。大多数城市建筑物室内 $PM_{2.5}$ 浓度与室外 $PM_{2.5}$ 浓度具有正相关性。室内源空气中的 $PM_{2.5}$ 主要来源于烹饪、燃料燃烧、吸烟行为和清扫等人类日常行为。通常，颗粒物粒径越小，越能深入人体呼吸系统内部。近年来的研究表明，长期暴露于高浓度 $PM_{2.5}$ 环境中，对健康有不利影响。$PM_{2.5}$ 所吸附的多环芳烃、重金属、黑碳等有害物质通过呼吸道进入人体，会诱发全身性炎症、氧化性损伤、血栓形成和血管功能异常等疾病。大量环境流行病学研究表明，长期暴露于高浓度 $PM_{2.5}$ 会对人体的呼吸、心血管、神经和免疫系统造成一定的损伤，并且大气 $PM_{2.5}$ 浓度还与肺癌的发病率呈显著正相关。儿童对细颗粒物污染较敏感，长期暴露在较高浓度 $PM_{2.5}$ 环境中，易导致急性下呼吸道感染

（Luong et al.，2020）；另外，有报道称 $PM_{2.5}$ 会诱发儿童哮喘（Zhang et al.，2021）。

4.5.2 室内空气污染的防治

室外空气污染物的传入和室内污染源的释放，都会导致室内空气质量降低，从而对人们的健康造成不良影响，甚至致癌。我国室内空气污染问题比较严重，国内多年的研究表明，由于人们长期待在室内，以及室内环境具有密闭性的特点，室内环境污染危害甚至超过室外环境污染。因此，室内空气污染防治的重要性不容忽视。室内空气污染可以通过管理手段，限制和控制污染物的排放数量和影响范围，还可以运用技术手段减少室内空气污染。

室内空气污染防治技术根据污染净化的机理可归为3类：第一类是污染物转移法，即把室内空气中的污染物转移到室外空气中，如通风。第二类是富集转移法，即首先通过某种手段把污染物富集，然后再集中转移处理，如机械过滤和活性炭吸附等。第三类是转化法，即通过某种手段把有害物质转化成无毒无害物质，常见的有植物吸收、光催化等方法。

1. 加强建材市场管理，严控建材质量

各级市场监督管理部门要加大对各种材料的管理力度，定期对建筑装修材料进行质量检测和污染测定，不达标或者超标材料一律不许进入市场，杜绝有毒有害材料进入办公场所或居民家中，从源头上降低污染风险。

市场监督管理部门要坚决采取多项措施，依法规范市场主体，严格建材市场准入。对检查结果为不合格并已流入市场的建筑装修产品，要及时通报相关管辖地的市场监管部门依法采取查处等措施，强化装修材料市场产品质量安全。

2. 通风

提高室内空气质量较为有效的方法则是合理通风，加快空气流通，稀释污染物。但是，近年来，随着人们生活水平的提高，空调和供暖设施的大量使用，使得建筑物密闭性加强，这将导致室内空气难以流通，使得采用通风稀释的方法来改善室内空气品质受到一定的限制。另外，通风稀释会受到地域和气象条件的限制，还会受到建筑物周围空气质量的影响。室外的气象条件多变、温度和风速等难以控制，导致室内和室外换气效率不稳定。因此，需要频繁采用通风稀释的方法改善室内空气质量。在这种背景下，不少公共或民用建筑采用了新风系统。新风系统是指通过多层过滤净化处理等技术将洁净空气源源不断地送入室内，并将洁净空气引入卧室、客厅、办公室等需要新鲜空气的区域，使室内的空气得到净化，同时将室内的污浊空气排出到室外。一些研究表明，采用合理过滤系统的新风系统，能使室内细菌稳定浓度值保持较低水平（肖栋天和石发恩，2017）。

3. 吸附法

根据被吸附分子（吸附质）与吸附材料（吸附剂）表面分子间的作用力，吸附法可

分为物理吸附和化学吸附。

物理吸附以吸附剂表面分子间作用力为主，过程中不发生电子转移、原子重排以及化学键的破坏和生成。物理吸附的优点是普适性强、对低浓度物质清除效率高，且设备简单、操作方便，适合挥发性有机物、放射性气体氡等的净化。可用作物理吸附的吸附剂有炭、竹炭、活性炭等，目前使用较广的是活性炭，它的吸附能力强、化学稳定性好。活性炭对各种气态污染物的吸附能力可用"亲和系数"描述。活性炭对有机气体的吸附性能较好，而对无机气体较差。用适当的化合物浸渍活性炭后，可使它具有相当大的化学吸附和催化效应。但活性炭对温度敏感，某些化合物（醛类、酮类和酯类）会阻塞气孔而降低效率。此外，吸附达到饱和后就不再有吸附能力，如不及时更换吸附材料，吸附的有害物质就有随时释放出来的危险。

化学吸附是吸附质与吸附剂表面形成化学键的吸附，过程中发生电子转移。虽然此方法能够对空气中污染物进行氧化和催化，但是因为它去除污染物的种类相对单一，吸附剂寿命短而需要定期更换，使得化学吸附法受到很多限制。

4. 植物净化法

利用室内植物净化室内空气是一种简单且成本低廉的污染治理措施。植物净化以其经济、有效和自身的生态功能与美学价值而备受关注。多种适阴观赏植物如吊兰（*Chlorophytum comosum*）、绿萝（*Epipremnum aureum*）、白鹤芋（*Spathiphyllum kochii*）具有良好的甲醛清除作用和耐受性，可持续有效地移除空气中的甲醛。部分野生植物也表现出了良好的清除甲醛作用。小型野生植物资源丰富，适应性强，对甲醛的净化能力良好，如岩白菜（*Bergenia purpurascens*）、大理垂头菊（*Cremanthodium delavayi*）在含 3 mg/m^3 甲醛环境中，单位面积叶 24 h 的甲醛去除量分别达到 11.46 mg/m^2 和 11.42 mg/m^2。车前（*Plantago asiatica*）和蒲公英（*Taraxacum mongolicum*）对甲醛的去除速率分别达 73.18 mg/（h·kg）和 121.20 mg/（h·kg）鲜质量。喜阳植物如向日葵（*Helianthus annuus*）、番茄（*Solanum lycopersicum*）的除甲醛能力显著高于虎尾兰（*Sansevieria trifasciata*）、心叶日中花（*Mesembryanthemum cordifolium*）等观赏植物。

植物净化甲醛原理是植物通过叶片和根毛从环境中吸收的甲醛被氧化成甲酸后，主要进入卡尔文循环、单碳代谢途径和乙醛酸代谢途径被同化。不同的代谢途径具有不同的作用和特点，受环境和生理条件的影响也不同。植物蕴含着巨大的甲醛净化潜能，为室内空气净化和居家环境改善等提供了资源开发前景（熊燕飞等，2023）。

问题与习题

1. 大气层的结构是怎样的？各层具有什么特点？
2. 环境空气质量标准分为几级？各级标准适用于哪些情况？
3. 大气污染可以分为哪几种类型？
4. 如何理解大气污染物和大气污染源？

5. 大气污染物的排放源有哪些？可以采取哪些措施减少其对大气的危害？
6. 什么是一次污染物和二次污染物？
7. 什么是气溶胶？气溶胶粒子的种类有哪些？
8. 大气污染物在大气中如何进行转化？受哪些因素影响？
9. 目前我国的大气污染属于哪种类型？你认为应从哪些方面进行控制？
10. 如何通过科学规划减少城市大气污染？
11. 大气污染防治技术有哪些？试述其原理。
12. 请从我国的能源构成以及大气污染状况进行分析，提出相应的大气污染防治措施。
13. 室内空气污染物有哪些？会造成什么影响或危害？
14. 室内空气污染物的主要来源有哪些？
15. 简述室内空气污染防治的主要策略。

主要参考文献

陈悦, 林海江, 袁东, 等. 2004. 上海市部分空调系统微生物污染状况的初步调查. 环境与职业医学, (3): 214-217.

胡秀峰, 梅博, 韦丽红, 等. 2015. 室内空气净化技术应用效果研究进展. 安全与环境学报, 15(6): 202-206.

胡雪, 王鑫, 刘启贞, 等. 2020. 典型大气污染源动态排放清单编制方法及应用研究. 中国环境监测, 36(5): 54-62.

黄顺祥. 2018. 大气污染与防治的过去、现在及未来. 科学通报, 63(10): 895-919.

贾龙, 葛茂发, 徐永福, 等. 2006. 大气臭氧化学研究进展. 化学进展, (11): 1565-1574.

姜华, 高健, 李红, 等. 2022. 我国大气污染协同防控理论框架初探. 环境科学研究, 35(3): 601-610.

鞠美庭, 邵超峰, 李智. 2010. 环境学基础. 2 版. 北京: 化学工业出版社.

李国亭, 刘秉涛. 2016. 环境学概论. 哈尔滨: 哈尔滨工业大学出版社.

李明, 张永勇, 侯立安. 2018. 我国室内空气细颗粒物污染现状与防控对策. 环境工程技术学报, 8(2): 117-128.

李智卓, 刘卫先. 2019. 美国环境标准制定中的利益衡量: 以美国《清洁空气法》为例. 环境保护, 47(6): 65-71.

刘培桐. 1995. 环境学概论. 北京: 高等教育出版社.

曲向荣. 2015. 环境学概论. 2 版. 北京: 科学出版社.

全海芹, 高彦峰. 2022. 室内空气污染及净化方法综述. 环境科学与技术, 45(S1): 254-262.

邵超峰, 鞠美庭. 2021. 环境学基础. 3 版. 北京: 化学工业出版社.

苏志华. 2018. 环境学概论. 北京: 科学出版社.

王庆良, 李倩倩, 童东革, 等. 2020. 光化学反应中自由基的作用及反应影响因素的研究进展. 环境化学, 39(2): 301-316.

王玉梅. 2010. 环境学基础. 北京: 科学出版社.

肖栋天, 石发恩. 2017. 通风空调环境中微生物气溶胶污染及其防治. 环境科学与技术, 40(8): 139-152.

熊燕飞, 陈跃锋, 毛志强, 等. 2023. 空气甲醛污染的植物修复机制. 南京林业大学学报(自然科学版), 47(4): 1-12.

杨永杰. 2016. 环境学基础. 2 版. 北京: 化学工业出版社.

杨志峰. 2010. 环境科学概论. 2 版. 北京: 高等教育出版社.

赵景联, 刘萍萍. 2020. 环境修复工程. 北京: 机械工业出版社.

赵天良, 柳笛, 李恬, 等. 2016. 农业活动大气污染物排放及其大气环境效应研究进展. 科学技术与工程, 16(28): 144-152.

周北海. 2017. 环境学导论. 北京: 化学工业出版社.

朱端卫, 万小琼, 崔理华. 2017. 环境生态工程. 北京: 化学工业出版社.

Luong L T M, Dang T N, Huong N T T, et al. 2020. Particulate air pollution in Ho Chi Minh city and risk of hospital admission for acute lower respiratory infection (ALRI) among young children. Environmental Pollution, 257: 113424.

Zhang Y Q, Wei J, Shi Y Q, et al. 2021. Early-life exposure to submicron particulate air pollution in relation to asthma development in Chinese preschool children. The Journal of Allergy and Clinical Immunology, 148(3): 771-782.e12.

第5章 物理环境

物理环境是自然环境的一部分，与人类相互作用的物理环境主要有：声、电磁辐射、射线、光和热等。物理性污染是指由物理因素引起的环境污染，主要包括环境噪声污染、放射性污染、电磁辐射污染、光污染和热污染等。与其他污染相比较，物理性污染具有以下3个特征：①局部性，物理性污染属于能量型污染，一般是局部性污染，随着与物理性污染源距离的增大，污染程度逐渐减小，直至消失。②无残留性，除放射性污染外，物理性污染在环境中不会产生残余污染物，污染源消除，物理性污染也就随之消失，放射性污染除外。③要素无害性，物理性污染形成时很少给周围环境留下具体的污染物，但已成为影响和干扰人类生活的重要因素，受到越来越多的关注。

5.1 噪声污染及防控

5.1.1 环境噪声概述

1. 声音与噪声

声音是物体的振动以波的形式在弹性介质中进行传播的一种物理现象。我们平常所指的声音一般是通过空气传播作用于耳鼓膜。人类借助声音进行信息的传递、交流思想感情，但有一些声音是我们不需要的，如睡眠时周围环境的吵闹声。凡是干扰人们正常休息、学习和工作，对人类生活和生产造成妨碍的声音统称为噪声。例如，机器的轰鸣声、各种交通工具的马达声和鸣笛声、人的嘈杂声及各种突发的响声等，均属于噪声。噪声不单独取决于声音的物理性质，而是和人类的生活状态、主观感受等有关。《中华人民共和国环境噪声污染防治法》把超过噪声排放标准或者未依法采取防控措施产生噪声，并干扰他人正常生活、工作和学习的现象称为噪声污染。

2. 环境噪声的主要特征

（1）噪声属于感觉公害，在空气中传播时不会在周围环境里遗留下有毒有害的化学污染物质。对噪声的判断与个人所处的环境和主观愿望有关。

（2）噪声属于能量型污染，由于传播过程中能量衰减，其影响范围有限。

（3）噪声污染没有后效作用。噪声源一旦停止发声，污染即会消失。

3. 噪声的来源

噪声的来源多种多样，如果根据产生机理来划分，可分为机械振动噪声、空气动力性噪声和电磁性噪声三大类。机床齿轮、电机运转等发出的噪声就是典型的机械振动噪声，这是由于机械运转中机件摩擦、撞击以及运转中因动力、磁力不平衡等造成的机械振动；超声速喷气式飞机的轰隆声和储气罐排气、鼓风机气流、内燃机燃烧等产生的噪声就是典型的空气动力性噪声，它们是由于物体高速运动、气流高速喷射或化学爆炸引起周围空气急速膨胀；日常生活中民用大小型变压器、镇流器电机等发出的噪声属于电磁性噪声，它们是由于电磁场交替变化而引起的某些机械部件或空间容积振动。

若按噪声发生的场所来分，有交通运输噪声、工业生产噪声、社会生活噪声和建筑施工噪声。

1）交通运输噪声

交通运输噪声是指机动车辆、铁路机车、机动船舶、航空器等交通运输工具在运行时产生的干扰周围生活环境的声音。其特点是噪声源具有流动性，因此它的影响范围广，受害人数多。随着我国经济的迅速发展，各种交通设施及交通工具快速增长，交通运输噪声污染随之加剧。有资料表明，城市环境噪声的70%来自交通运输噪声。

2）工业生产噪声

工业生产噪声是指在生产过程中由于机械振动、摩擦撞击及气流扰动产生的噪声，包括机械性噪声、空气动力性噪声和电磁性噪声。机械性噪声如织布机、球磨机、碎石机、电锯等发出的噪声；空气动力性噪声如通风机、鼓风机、空气压缩机等产生的噪声；电磁性噪声如手机基站、变压器、粒子加速器等发出的噪声。工业生产噪声一般声级高、持续时间长、对周围环境影响很大，是造成职业性耳聋的主要原因。表5-1给出了一些典型机械设备的噪声级。

表5-1 一些典型机械设备的噪声级

噪声级/dB	机械名称
130	风铲、风铆
125	凿岩机
120	大型球磨机、有齿锯切割钢材
115	振捣机
110	电锯、无齿锯、落砂机
105	织布机、电刨、破碎机、气锤
100	丝织机
95	织带机、细纱机、轮转印刷机
90	轧钢机
85	机床、凹印机、平台印刷机、制砖机
80	挤塑机、漆包线机、织袜机、平印连动机
75	印刷上胶机、过板机、玉器抛光机、小球磨机
<75	电子刻板机、电线成盘机

3）社会生活噪声

社会生活噪声主要指街道和建筑物内部各种生活设施、人群活动等产生的噪声，包括商业、娱乐、体育、游戏、游行、庆祝、宣传等活动产生的噪声。商业、游行、宣传活动等有时会使用扩声设备，导致噪声污染更为严重，尤其是有些室内活动噪声级经常超过 100 dB（A）。社会生活噪声又可分居室噪声和公共场所噪声，虽然它们一般在 80 dB 以下，对人没有直接生理危害，但是能干扰人们的交谈、工作、学习和休息。表 5-2 列出了部分家庭常用设备的噪声级。

表 5-2 部分家庭常用设备的噪声级

家庭常用设备	噪声级/dB
洗衣机、缝纫机	50~80
电视机、除尘器及抽水马桶	60~84
钢琴	62~96
通风机、吹风机	50~75
电冰箱	30~58
风扇	30~68
食物搅拌器	65~80

4）建筑施工噪声

建筑施工噪声是指在建筑施工过程中产生的干扰周围生活环境的声音。随着我国城市建设的迅猛发展，建筑施工噪声的影响越来越普遍。工地施工初期打桩机、挖土机、切割机、电焊机、混凝土搅拌机的使用，大型运输车辆的进出、装卸以及建房过程中浇筑连续工作，都会产生尖锐刺耳的噪声；特别是夜间作业，使人们难以忍受，严重影响周围居民的休息。一般建筑施工的相关噪声级如表 5-3 和表 5-4 所示。

表 5-3 建筑施工机械噪声级　　　　　　　　　　（单位：dB）

机械名称	距离声源 10 m		距离声源 30 m	
	范围	平均	范围	平均
打桩机	93~112	105	84~103	91
地螺钻	68~82	75	57~70	63
铆钉枪	85~98	91	74~98	86
压缩机	82~98	88	78~80	78
破路机	80~92	85	74~80	76

表 5-4 建筑施工现场边界上的噪声级　　　　　　　（单位：dB）

场地类型	居民建筑	办公楼等	道路工程等
场地清理	84	84	84
挖土方	88	89	89
地基	81	78	88
安装	82	85	79
修整	88	89	84

4. 噪声的声学特征

噪声就是声音，因而它具有声音的一切声学特性和规律。噪声对环境的影响和它的强弱有关，噪声越强，影响越大。下面简单介绍几个与声音强弱有关的物理量及衡量噪声强弱的物理量——噪声级。

1）频率

一个物体每秒振动的次数就是该物体振动的频率。噪声发声体的振动频率就是噪声在介质中传播的声波频率，单位为 Hz。例如，某物体每秒振动 100 次，则该物体的振动频率就是 100 Hz，对应的声波频率就是 100 Hz。声波频率的高低，反映音调的高低，频率高、音调尖锐，频率低、音调低沉。人耳能听到的声波的频率范围为 20~20 000 Hz。20 Hz 以下的称为次声，20 000 Hz 以上的称为超声。人耳从 1000 Hz 起，随着频率的减小，听觉会逐渐迟钝。

2）声功率与声功率级

声源在单位时间内通过声波辐射出的声能量称为声功率，单位为瓦特（W）。声功率是表示声源特性的重要物理量，它的大小反映声源辐射声能的本领。

声功率级常用 L_W 表示，其定义为

$$L_W = 10 \lg \frac{W}{W_0} \tag{5-1}$$

式中，W 为被度量的声功率的平均值；W_0 为基准声功率，在空气中取 1×10^{-12} W。

3）声强与声强级

声强就是在单位时间（1 s）内，沿声波传播方向垂直通过单位面积（1 m²）的声能量，即单位面积上的声功率，用 I 表示，单位为 W/m²。声强 I 与声压（用 P 表示）的平方成正比，其关系式如下：

$$I = \frac{P^2}{\rho c} \tag{5-2}$$

式中，ρ 为介质的密度，kg/m³；c 为声音的传播速度，m/s。

声强的范围非常大，直接用声强作为量度声音强度的指标是不方便的，于是定义了一个新的物理量——声强级来代替声强，用 L_I 来表示，单位为 dB。声强级定义为

$$L_I = 10 \lg \frac{I}{I_0} \tag{5-3}$$

式中，I 为声强，W/m²；I_0 为频率为 1000 Hz 的基准声强值，在空气中取 1×10^{-12} W/m²。

4）声压与声压级

发声体在空气中振动，声波就是振动在媒介中的传播。声波振动使空气形成疏密相间的波动，并不断向四周传播，这就是声音能在空气中传播的原因。声压是指在声波传播过程中空间各处空气压强产生的起伏变化，通常用 P 表示，单位为 Pa。

声音变化范围很大，所以用声压来表示声音的强弱很不方便。因此，引出了一个成倍关系的对数量级，用以表示声音大小——声压级。

声压级 L_p 与声压 P 的数学表达式为

$$L_p = 10\lg \frac{P^2}{P_0^2} \tag{5-4}$$

由式（5-4）可得

$$L_p = 20\lg \frac{P}{P_0} \tag{5-5}$$

式中，L_p 为声压级，dB；P 为被测声压，Pa；P_0 为基准声压，取为 2×10^{-5} Pa，正常人耳刚好能听到 1000 Hz 纯音的声压值，称为"听阈"声压。

5）噪声级

声压级只反映了人们对声音强度的感觉，不能反映人们对频率的感觉，而且人耳对高频声音比对低频声音更敏感。表示噪声的强弱就必须同时考虑声压级和频率对人的作用，这种共同作用的强弱称为噪声级。

（1）A 声级 L_A。噪声级可借噪声计测量。噪声计中设有 A、B、C 三种计权网络，其中 A 网络可将声音的低频大部分滤掉，能较好地模拟人耳听觉特性。由 A 网络测出的噪声级称为 A 声级（L_A），单位为 dB，记作 dB（A）。A 声级越高，人们越觉吵闹，因此现在大都采用 A 声级来衡量噪声的强弱。

（2）等效连续 A 声级。许多地区的噪声是时有时无、时强时弱的。例如，道路两旁的噪声，当有车辆通过时，测得的 A 声级较大；当没有车辆行驶时，测得的 A 声级较小。这与从具有稳定噪声源的区域中测得的 A 声级数值不相同，后者随时间的变化甚小。为了较准确地评价噪声级不稳定的情况下人实际所能接受噪声能量的大小，1971 年国际标准化组织首次公布了等效连续 A 声级，记为 L_{eq}，单位为 dB（A）。它的定义是

$$L_{eq} = 10\lg \frac{1}{T_2 - T_1}\int_{T_1}^{T_2} 10^{0.1L_p}\,\mathrm{d}t\ \mathrm{dB(A)} \tag{5-6}$$

式中，T_1 为噪声测量的起始时刻；T_2 为噪声测量的终止时刻；L_p 为噪声级，一般为 A 声级；L_{ep} 为等效连续 A 声级。

等效连续 A 声级用噪声量按时间平均的方法来评价噪声对人的影响。此即用一个相同时间内声能与之相等的连续稳定的 A 声级来表示该段时间内非稳态噪声的大小，被认为是当前评价噪声的最佳方法之一。

不过由于式中 L_p 是时间的函数，不便于应用，所以在进行噪声测量时，一般都是以一定时间间隔来读数，如每隔 5 s 读一个数，因此公式可演变为

$$L_{eq} = 10\lg \frac{1}{n}\sum_{i=1}^{n} 10^{\frac{L_i}{10}}\mathrm{dB(A)} \tag{5-7}$$

式中，L_i 为等间隔时间 t 读得的噪声级；n 为读得的噪声级 L_i 的总个数。

（3）昼夜等效连续 A 声级 L_{dn}。昼夜等效连续 A 声级是考虑夜间噪声对人的干扰大于白天，而对夜间噪声增加 10 dB 加权的等效连续 A 声级，其计算公式如下：

$$L_{dn} = 10\lg\left\{\frac{1}{24}\left[15\times10^{0.1L_d} - 9\times10^{0.1(L_n+10)}\right]\right\}dB(A) \tag{5-8}$$

式中，L_d为白天（7:00～22:00）的等效连续 A 声级；L_n为夜间（22:00～7:00）的等效连续 A 声级。

（4）累积百分声级 L_n。L_n是用于评价测量时间段内噪声强度时间统计分布特征的指标，指占测量时间段一定比例的累积时间内 A 声级的最小值。常见的有 L_{10}、L_{50} 和 L_{90}。

L_{10}为测量时间段 10%的时间内 A 声级超过的值，相当于噪声的平均峰值。

L_{50}为测量时间段 50%的时间内 A 声级超过的值，相当于噪声的平均中值。

L_{90}为测量时间段 90%的时间内 A 声级超过的值，相当于噪声的平均本底值。

5.1.2 噪声危害

噪声的危害主要表现为以下几个方面。

1. 对人体健康的影响

1）损伤听力和视觉器官

噪声对人体生理的直接危害是损害人的听觉系统。如果接触较强噪声，会出现耳鸣、听力下降；但只要时间不长，一旦离开噪声环境后，很快就能恢复正常，称为听觉适应。但是如果长时间接触强噪声，听力就会减弱，进而导致听觉器官的器质性损伤，导致听力下降。如进一步发展，听力下降平均超过 25 dB（A）时，将出现语言听力异常，主观上感觉会话有困难，称为噪声性耳聋。此外，噪声还影响视力。长时间处于噪声环境中的人很容易发生眼疲劳、眼痛、眼花和视物流泪等眼损伤现象。

2）影响睡眠和休息

睡眠是人消除疲劳、恢复体力和维持健康的重要途径，但连续的噪声可以加快熟睡到轻睡的回转，使人多梦，熟睡的时间缩短（Yazdanirad et al., 2023）。突然的噪声可以使人惊醒。实验表明在 40～45 dB 的噪声刺激下，人睡眠的脑电波会出现觉醒反应；60 dB 的噪声可使 70%的人惊醒。噪声会影响人的睡眠质量，当睡眠受干扰而不能入睡时，人就会出现呼吸急促、神经兴奋等现象。

3）对人体的生理影响

一些实验表明，噪声会引起人体神经紧张的反应，刺激肾上腺素的分泌，引起心跳加快、心律不齐和血压升高。噪声还会使人的唾液、胃液分泌减少，胃酸降低，胃肠蠕动减慢，造成消化不良、食欲不振，从而易患胃溃疡和十二指肠溃疡。一些研究指出，某些吵闹的工业企业里，肠胃病的发病率比安静环境的高 5 倍。此外，噪声对人的内分泌机能也会产生影响。

4）对儿童和胎儿的影响

由于儿童发育尚未成熟，各组织器官都十分娇嫩和脆弱，所以噪声对儿童身心健康危害更大，更容易被噪声损伤听觉器官，使听力减退或丧失。长期暴露于噪声中的儿童比处于安静环境的儿童血压要高，智力发育略微迟缓。据调查表明，吵闹环境下的儿童智力发育比安静环境中的低20%。

噪声对胎儿也会产生许多不良的影响,主要表现在对胎儿发育、胎儿反应以及致畸作用等方面。有人对机场附近居民的一个初步研究发现,噪声可能增加胎儿发育迟缓的风险。

2. 对动物的影响

噪声对动物的影响十分广泛,这些影响包括听觉器官、内脏器官和中枢神经系统等的病变和损伤。根据测定,130~150 dB 的噪声能引起动物听觉器官的损伤和其他器官的病变;150 dB 以上的强噪声能造成动物内脏器官发生损伤,甚至死亡。例如,在20世纪60年代初期,美国F-104喷气式飞机在俄克拉荷马市上空作超音速飞行试验,飞行高度为10 000 m,每天飞越8次,共持续6个月,在飞机轰鸣声下,附近农场的10 000只鸡中因噪声而死亡的有6000只。

3. 对物质结构的影响

据实验,一块0.6 mm的铝板,在168 dB的无规则噪声作用下,只要暴露15 min就会断裂。曾报道,一架以亚音速飞行的飞机,在60 m的低空飞行时,噪声使地面的一幢楼房遭到破坏。150 dB以上的噪声声波的振动,会使金属结构产生裂纹和断裂现象,这种现象叫声疲劳。

5.1.3 噪声标准

从保护人的身心健康和工作生活环境角度出发,制定出的对噪声的允许限制,称为噪声标准。我国目前有关环境噪声与振动的标准分为"声环境质量标准"和"环境噪声排放标准"两大类。下面介绍几种现行常用标准。

1. 声环境质量标准

1)《声环境质量标准》

《声环境质量标准》(GB 3096—2008)规定了5类声环境功能区的环境噪声限值(表5-5)及测量方法,适用于声环境质量评价与管理。按照区域使用功能特点和环境质量的要求,分为5种类型的声环境功能区,分别对应不同的环境噪声限值。其中:

0类声环境功能区,指康复疗养区等特别需要安静的区域。

1类声环境功能区,指以居民住宅、医疗卫生、文化教育、科研设计、行政办公为主要功能,需要保持安静的区域。

2类声环境功能区,指以商业金融、集市贸易为主要功能,或者居住、商业、工业混杂,需要维护住宅安静的区域。

3类声环境功能区,指以工业生产、仓储物流为主要功能,需要防止工业噪声对周围环境产生严重影响的区域。

4类声环境功能区,指交通干线两侧一定距离之内,需要防止交通噪声对周围环境产生严重影响的区域,又分为4a类和4b类两种。4a类为高速公路、一级公路、二级公路、城市快速路、城市主干路、城市次干路、城市轨道交通（地面段）、内河航道两侧区域；4b 类为铁路干线两侧区域。

表 5-5 环境噪声限制　　　　　　　　　　　　　　[单位：dB（A）]

声环境功能区类别		时段	
		昼间	夜间
0 类		50	40
1 类		55	45
2 类		60	50
3 类		65	55
4 类	4a 类	70	55
	4b 类	70	60

2）《城市区域环境振动标准》

《城市区域环境振动标准》（GB 10070—1988）规定了城市各类区域铅垂向 Z 振级标准值，适用于连续发生的稳态振动、冲击振动和无规振动，标准同时配有监测方法。各适用地带在昼间和夜间的环境振动标准（单位为 dB）分别为：特殊住宅区 65、65；居民、文教区 70、67；混合区、商业中心区 75、72；工业集中区 75、72；交通干线道路两侧 75、72；铁路干线两侧 80、80。即规定了各地带环境振动限值，旨在保护居民身体健康和建筑物结构安全。

3）《机场周围飞机噪声环境标准》

《机场周围飞机噪声环境标准》（GB 9660—1988）规定了适用于机场周围受飞机通过所产生噪声影响的区域的噪声标准值。采用一昼夜的计权等效连续感觉噪声级作为评价量，单位为 dB。各适用区域的标准值为：特殊住宅区，居住、文教区≤70 dB；除一类区域以外的生活区≤75 dB；标准同时配有测量方法。

2. 环境噪声排放标准

1）《建筑施工场界环境噪声排放标准》

《建筑施工场界环境噪声排放标准》（GB 12523—2011）规定了建筑施工场界环境噪声排放限值及测量方法。该标准适用于周围有噪声敏感建筑物的建筑施工噪声排放的管理、评价及控制。市政、通信、交通、水利等其他类型的施工噪声排放可参照此标准执行。建筑施工场界环境噪声排放限值昼间不得高于 70 dB，夜间不得高于 55 dB。

2）《工业企业厂界环境噪声排放标准》

《工业企业厂界环境噪声排放标准》（GB 12348—2008）规定了工业企业和固定设备厂界环境噪声排放限值及其测量方法。该标准适用于工业企业噪声排放的管理、评价及控制。各类工业企业厂界噪声标准限值见表 5-6。

表 5-6 各类工业企业厂界噪声标准限值

厂界外声环境功能区类别	标准限值/dB（A）		备注
	昼间	夜间	
0 类	50	40	疗养区、高级别墅区、高级宾馆区等特别需要安静的区域
1 类	55	45	以居住、文教机关为主的区域
2 类	60	50	居住、商业、工业混杂区以及商业中心区
3 类	65	55	工业区
4 类	70	55	交通干线道路两侧区域

3）交通运输噪声限值标准

交通运输噪声限值标准有《汽车定置噪声限值》（GB 16170—1996）、《汽车加速行驶车外噪声限值及测量方法》（GB 1495—2002）、《摩托车和轻便摩托车 定置噪声限值及测量方法》（GB 4569—2005）、《拖拉机 噪声限值》（GB 6376—2008）、《城市轨道交通车站站台声学要求和测量方法》（GB 14227—2024）、《城市轨道交通列车噪声限值和测量方法》（GB 14892—2006）、《铁道机车辐射噪声限值》（GB 13669—1992）、《铁道机车和动车组司机室噪声限值及测量方法》（GB/T 3450—2006）、《铁路边界噪声限值及其测量方法》（GB 12525—1990）、《内河船舶噪声级规定》（GB 5980—2009）、《船用柴油机辐射的空气噪声限值》（GB 11871—2009）等。

4）其他噪声排放标准

《社会生活环境噪声排放标准》（GB 22337—2008）适用于营业性文化娱乐场所和商业经营活动的噪声设备及设施管理，规定了边界噪声排放限值和测量方法。《民用建筑隔声设计规范》（GB 50118—2010）明确了民用建筑室内噪声限值，其他还有《家用和类似用途电器噪声限值》（GB 19606—2004）、《土方机械 噪声限值》（GB 16710—2010）等标准。

5.1.4 噪声控制技术

噪声源、噪声的传播途径、接收者是发生噪声污染的三大要素。传播途径包括反射、衍射等形式的声波传播过程。控制噪声的原理，就是在噪声到达耳膜之前，采取阻尼、隔振、吸声、隔声、消声器、个人防护和建筑布局七大措施，尽力减弱声源的振动，或将传播中的声能吸收掉，或设置障碍使声音全部或部分反射出去，减弱噪声对耳膜的作用，达到控制噪声的目的。

1. 噪声源的控制

降低声源本身的噪声是控制噪声的根本方法，一般有两种方法：一是控制噪声源，如改进设备结构及操作程序，改变操作工艺方法，提高部件加工精度和装配质量等。二是采用隔振及消声措施，如在内燃机排气管上加装消声设备进行隔振或减振，用橡胶等软质材料制成垫片或利用弹簧部件垫在设备下面进行隔振或减振等。

2. 传播途径的控制

当从声源上难以实施噪声控制时,就需要从噪声传播途径上加以控制。具体方法为:通过合理区域规划与布局,优先合理安排居民、医院、学校等噪声敏感目标,合理布置交通干线等;进行区域声环境功能区划,即把工业区与居民区、高噪声的车间与低噪声的车间分开等;控制噪声的传播方向;对主要噪声源采用隔声技术,安装隔声窗,在立交桥、高速路等附近建立隔声屏障,或利用天然屏障(土坡、山丘),或利用其他隔声材料和隔声结构阻挡噪声的传播;采用吸声技术,应用吸声材料和吸声结构,将传播中的噪声声能吸收转化等。通过对噪声传播的具体情况进行分析后,综合应用这些措施,才能达到预期效果。

3. 个人防护

因条件限制不能从噪声源和传播途径控制噪声时,可采取个人防护的办法。个人防护是一种经济而有效的防噪措施。个人防护一是采用防护用具,如耳塞、防声棉、耳罩和头盔等;二是减少个人在噪声环境中的暴露时间,实行噪声作业与非噪声作业轮换制度,设置供专门作业用的隔声间或操作隔声罩等。

5.2 放射性污染及防控

5.2.1 放射性污染概述

某些物质的原子核能发生衰变,释放出我们肉眼看不见也感觉不到,只能用专门仪器才能探测到的射线(如 α、β、γ 射线),物质的这种性质称为放射性。凡能自发地放出射线特征的物质,即被定义为放射性物质,由放射性物质造成的污染,称为放射性污染。在自然状态下,来自宇宙的射线和地球环境本身的放射性元素一般不会给生物带来危害。20 世纪 50 年代以来,人类活动使得对人体健康带来危害的人工放射性污染大大增加,如核武器试验时产生的放射性物质、生产和使用放射性物质的企业排出的核废料;另外,医院、科研院所等单位用的 X 射线源及放射性物质镭和钴等,也都会产生一定的放射性污染。

5.2.2 放射性污染的来源

1. 原子能工业排放的废物

原子能工业中核燃料的提炼、精制和核燃料元件的制造,都会有放射性废弃物产生,以及废水和废气的排放。例如,铀矿的开采、冶炼、精制与加工过程中排放的含氡废气,含铀、镭、氡等的放射性废水,以及含镭、钍等的多种放射性固废(Ali et al., 2024)。这些放射性"三废"都有可能造成污染。尽管原子能工业生产过程的操作运行都采取了相应的安全防护措施,"三废"排放也受到严格控制,对环境的污染并不十分严重。但是当原子能工厂发生意外事故,污染还是相当严重的。国外就有因原子能工厂发生故障而被迫全厂封闭的实例。

2. 核试验的沉降物

全球频繁的核武器试验，是造成核放射性污染的主要来源。在进行大气层、地面或地下核试验时，排入大气中的放射性物质与大气中的飘尘相结合，通过重力作用或雨雪的冲刷，沉降于地球表面，这些物质称为放射性沉降物或放射性粉尘。放射性沉降物可随风扩散到广泛地区，对地表、海洋、人体及动植物造成污染。细小的放射性颗粒甚至可达到平流层并随大气环流运动，经过很长时间（甚至几年）才能回落到对流层，造成全球性污染，衰变则需上百年甚至上万年。

3. 医疗照射

由于照射在医学上的广泛应用，医用辐射已成为主要的环境人为污染源。在医疗检查、诊断和治疗过程中，患者身体都要受到一定剂量的放射性照射，如进行一次胸部 X 射线透视，将接受 $(4\sim20)\times0.0001$ Sv 的剂量（1 Sv 相当于每克物质吸收 0.001 J 的能量）；进行一次胃部透视，将接受 $0.015\sim0.03$ Sv 的剂量。

4. 其他来源

（1）科研中的放射性：除了原子能利用的研究单位外，金属冶炼、自动控制、生物工程、计量等研究部门几乎都有涉及放射性方面的应用研究和试验。在这些研究工作中，都有可能产生放射性污染。

（2）生活中的放射性：一般居民消费用品包括含有天然或人工放射性核素的产品，如含有微量放射性元素铀、钍、镭等的花岗岩，含有钍的瓷砖，含有铀的玻璃制品等；含有微量的放射性物质钋-210 和铅-210 的烟叶；含有微量放射性物质的化妆品，如含有铀的指甲油、含有钍的口红等；以及含有钍的手表、含有铀的玩具瓷娃娃等。

5.2.3 放射性的度量单位

1. 放射性活度

处于某一特定能态的放射性核素在给定时间内核衰变的次数称为放射性活度，以 A 表示，国际单位为"贝可勒尔"，简称"贝可"（Bq）。单位时间内放射性活度衰减到原来一半所需的时间，称为放射性元素的半衰期。

2. 放射性比活度

单位质量或单位体积的放射性物质的放射性活度。通常，固体放射性物质的放射性比活度用"贝可/千克"表示，记为"Bq/kg"；气体放射性物质和液体放射性物质的放射性比活度用"贝可/升"表示，记为"Bq/L"。

3. 照射量 X

照射量仅适用于 X 射线或 γ 射线，是描述 X 射线和 γ 射线在空气中电离能力的量。它的定义是在标准状态下 $1\ cm^3$ 的空气（1.293 mg 空气）中，X 射线或 γ 射线释放出的全部电子（负电子和正电子）在空气中全部被阻止时，形成的离子总电荷（负电子和正电子）的绝对量，即 $X=dQ/dm$，dQ 为总电荷量，dm 为空气质量。国际单位是库仑/千克（C/kg）。

4. 照射量率或照射率

照射量率或照射率表示单位时间内照射量的增量。照射量率的国际单位为库仑/（千克·秒），即 $C/(kg·s)$。

5. 吸收剂量 D

吸收剂量指单位质量物质平均吸收的辐射能量。吸收剂量的国际单位是焦耳/千克（J/kg），它相当于 1 kg 物质接受 1 J 的能量。

6. 吸收剂量率

吸收剂量率表示单位时间内吸收剂量的增量，国际单位为 $J/(kg·s)$。

7. 剂量当量 H

剂量当量是指在研究的组织内，某一点上的吸收剂量（D）、品质因素（Q）和其他修正因素（N）的乘积，即 $H=DQN$。剂量当量国际单位制（SI）的单位为 J/kg，并给定其专名为希沃特（Sv），1 Sv=1 J/kg。

5.2.4 放射性对人体的危害

随着放射性同位素及射线装置在工农业、医疗、科研等各个领域的广泛应用，放射性危害的可能性在不断增加，放射性物质可以通过空气、饮水和食物链等多种途径进入人体。放射性对人体的危害主要体现在以下 4 个方面。

1. 辐射疾病

高剂量的辐射会破坏人体细胞的结构和功能，导致辐射病，可分为急性放射病和慢性放射病。急性放射病的症状包括恶心、呕吐、腹泻、发热、血液凝固障碍等，可能会导致死亡。长期放射病的症状可能需要数年或数十年才能显现，包括白血病、甲状腺癌、肺癌、骨髓增生异常综合征等。

2. 遗传损伤

辐射能够损害人体细胞中的 DNA，从而导致基因突变和染色体异常，进而可能引起遗传性疾病和畸形。特别是胚胎和婴儿对辐射更加敏感，遭受辐射可能会导致其智力发育迟缓、畸形、死亡等。

3. 免疫系统抑制

长期接触辐射可能导致人体免疫系统功能下降，使人体更容易感染细菌和病毒，增加罹患疾病的风险。

4. 慢性放射性影响

长期接触低剂量的辐射可能会导致慢性放射性影响，如加速老化、增加癌症和心血管疾病的发病率等。

因此，人们需要采取措施减少接触放射性物质的可能性，如减少在放射性场所逗留时间、佩戴防护用品、避免食用污染的食品等。

5.2.5 放射性污染物的管理与处置

1. 放射性污染物的管理

放射性污染物的管理需要从多个方面进行，包括监测和评估、防范和控制、应急响应、法律法规和标准、公众参与以及国际合作等。只有通过全面、系统、科学的管理措施，才能有效地控制和减轻放射性污染物的危害。

1）监测和评估

对可能存在放射性污染的区域实施辐射监测和风险评估，及时发现和掌握放射性污染物的情况，制定相应的管理措施。

2）防范和控制

对于已知的放射性污染源，应采取措施进行防范和控制。例如，限制在污染源周围居住或进行农业生产等活动，对放射性废物进行安全存储和处理等。

3）应急响应

建立应急预案和应急机制，及时应对放射性事故和突发事件，采取必要的措施进行应急处理。

4）法律法规和标准

制定和实施相关的法律法规和标准，确保放射性污染物的管理和控制符合国家和国际标准。

5）公众参与

加强公众的参与和监督，提高公众对放射性污染物的认识和理解，增强公众的责任感和安全意识。

6）国际合作

加强国际合作，分享经验和技术，共同应对跨境放射性污染等全球性问题。

2. 放射性污染物的处理与处置

放射性污染物的处理与处置需要专业的技术和设备支持，并遵循科学、安全、可行的原则，以确保不会对人类健康和环境造成危害。

1）限制辐射范围

首先需要限制辐射范围，避免污染物向外扩散，可以采用建筑物、屏蔽材料、隔离区域等方法限制辐射范围。

2）选择适当的处理方式

根据污染物的特性，选择适当的处理方式。一般可以采用物理方法（如隔离、吸附、沉淀、过滤、蒸馏等）、化学方法（如酸碱中和、沉淀、萃取、氧化还原等）和生物方法（如微生物降解）等。

3）安全处理和处置

在处理和处置过程中，需要采取安全措施，如佩戴防护服、戴口罩、穿靴、手套等。处理过程中产生的废弃物也需要安全处置，可以采用隔离存储、封存、固化、深层地下封存等方式。

4）监测和评估

处理和处置过程中需要对辐射水平进行监测，确保辐射水平符合安全标准。同时，需要对处理和处置的效果进行评估，确保处理和处置达到预期效果。

5.3 光污染及防控

5.3.1 光污染分类及危害

光污染是指人为引起的不必要的或过度的光线辐射，对生态系统和人类健康造成负面影响的现象。根据光源的来源和光的属性，可以将光污染分为五类。

1. 照明污染

照明污染是指城市照明过度、路灯设置不当等造成的光污染，主要危害包括影响天文观测、生态系统的节律和物种分布等。

2. 光晕污染

光晕污染是指城市灯光辐射扩散到大气中形成光晕，造成污染。其主要危害包括影响夜间能见度、行车安全和天文观测。

3. 色温污染

色温污染是指白光 LED 照明等高色温光源对生物的影响，主要危害包括抑制褪黑素分泌、影响生物钟、使眼睛疲劳等。

4. 直接光污染

直接光污染是指强光源直接照射到视网膜上造成的视觉障碍，主要危害包括降低夜间视力、影响驾驶和机器操作安全等。

5. 溢出光污染

溢出光污染是指光源过强或方向设置不当造成的光污染,主要危害包括能见度降低、对生态系统的影响和对天文观测的干扰。

这些光污染对人类健康、生态环境和天文观测等造成了很大的危害。例如,它们可以扰乱动植物的生物钟,导致动植物繁殖和迁徙等生命活动受到干扰;对于人类,光污染会破坏睡眠,引起焦虑、抑郁等心理问题,甚至增加患上癌症等疾病的风险。

5.3.2 光污染防控

光污染防控需要全社会共同参与,从照明设计、使用习惯、政策管理等多方面入手,促进可持续发展和人与自然和谐共处。在防控光污染方面,我们可以采取以下5种措施。

1. 合理规划和使用照明设施

建筑物的照明设计应考虑人类生理、心理需求,避免过度、不必要的照明,合理利用自然光。例如,减少光线的散射和折射,同时改善光源的种类,对照明及反光材料的使用进行规划,从而减少光污染。

2. 控制灯光强度和照射时间

在城市中,特别是在夜间,灯光的强度和照射时间应当适当控制,避免浪费电能和造成光污染。同时,应尽量减少光源向上照射,减少光污染对天文观测的影响。

3. 宣传教育和引导公众正确使用光源

加强对光污染的宣传和教育,提高公众对光污染的认识和防控意识,引导公众正确使用照明设施,避免光污染。

4. 制定相关政策和法律法规

政府应制定相关政策和法律法规,对过度、不恰当使用光源进行规范和管理,促进绿色、低碳、环保的照明产业发展。

5. 加强科研和技术研发

加强光污染防控的科研和技术研发,探索新的防控措施和技术,提高光污染的防控水平。

5.4 电磁辐射污染及防控

电磁辐射是指在空间中传播的电场和磁场交替变化所产生的一种能量传播形式。它包括无线电波、微波、红外线、可见光、紫外线、X射线和γ射线等。电磁辐射不仅在自然界中广泛存在,还广泛应用于通信、医疗、科学研究、能源开发等领域。然而,电磁辐射对人体和环境都可能产生一定的危害，如电磁辐射对人体的危害效应、电磁辐射对电子设备的干扰等。因此，电磁辐射的安全控制和管理显得非常重要。

国家和国际上已经制定了一系列的电磁辐射标准和规定，以确保电磁辐射的安全性。例如，我国制定了《电磁环境控制限值》（GB 8702—2014）、《区域电磁环境调查与评估方法（试行）》（HJ 1349—2024）、《辐射环境保护管理导则 电磁辐射监测仪器和方法》（HJ/T 10.2—1996）、《辐射环境保护管理导则 电磁辐射环境影响评价方法与标准》（HJ/T 10.3—1996）、《移动通信基站电磁辐射环境监测方法》（HJ 972—2018）、《5G 移动通信基站电磁辐射环境监测方法（试行）》（HJ 1151—2020）等。在实际工作中，也需要进行电磁辐射的监测和评估，以确保其符合相关的标准和规定。

另外，由于电磁辐射的复杂性和多样性，电磁辐射的危害评估和控制也是一个复杂的问题，需要综合考虑电磁辐射源的类型、强度、频率、暴露时间、辐射路径等因素，并结合实际情况进行综合评估和控制。

5.4.1 电磁辐射的来源

电磁辐射污染包括自然源和人为源两种来源。

1. 自然源

1）太阳辐射

太阳以电磁波的形式不停地向外辐射能量。从波谱角度看，来自太阳的电磁波从波长小于 1×10^{-3} nm 的高能 γ 射线一直到波长大于 1×10^4 m 的低频无线电长波，几乎覆盖了全部电磁波谱，短波部分如紫外线、X 射线和 γ 射线虽然所占能量份额很小，但量值随太阳的活动而变化剧烈，对人类产生严重的影响。

2）地球辐射

地球本身就是一个大磁场，其表面的热辐射和雷电都可产生电磁辐射。雷电除了可能对电气设备、飞机、建筑物等直接造成危害外，可能还会在广泛的区域产生极宽频率范围的严重电磁干扰。火山喷发、地震和太阳黑子活动引起的磁爆等也会产生电磁干扰。天然的电磁辐射污染对短波通信的干扰极为严重。

2. 人为源

人为的电磁污染源主要有：

（1）人造电磁辐射。电子设备和通信技术产生了大量的人造电磁辐射，如电视、无线电、手机、微波炉、雷达和卫星等。

（2）人工光源。人造照明也会产生电磁辐射，如白炽灯、荧光灯、LED 等。

（3）医疗设备。医学成像设备，如 X 射线、CT 扫描和核磁共振成像等，都会产生电磁辐射。

5.4.2 电磁辐射的危害

1. 健康影响

长期暴露在某些电磁辐射下可能导致一些健康问题，如头痛、疲劳、失眠、焦虑、抑郁、癌症等。

2. 生殖问题

某些电磁辐射可能对男性和女性的生殖系统产生负面影响，可能导致生殖系统的发育异常、生育能力衰退等问题。

3. 神经系统影响

电磁辐射可能对人的神经系统产生影响，包括对脑功能和认知功能的影响。

4. 环境污染

某些电磁辐射可能对生态系统和环境产生污染，如对鸟类、蜜蜂和蝴蝶等生物的行为和导航能力产生影响（Balmori，2009）。

5. 安全问题

高强度电磁辐射可能对电子设备和电力系统产生干扰和损坏，也可能对航空和导航系统产生威胁。在具有可燃性油类或气体的特殊场所中，由于强电磁辐射能引起金属感应电压，当金属器材相互接触或碰撞时易发生金属打火现象，进而会发生了可燃性油类或气体的燃烧甚至爆炸。

需要注意的是，不同类型和强度的电磁辐射可能对人体和环境产生不同的影响，同时也存在许多争议和未知因素。因此，为了保护人类和环境，需要进行充分的科学研究和监测，以制定合理的安全标准和措施。

5.4.3 电磁辐射污染的防控

电磁辐射污染是指由于电磁场的存在而对人体、动植物、设备、环境等造成的影响。为了防止电磁辐射污染，需要采取以下措施。

（1）制定电磁辐射标准。制定适当的电磁辐射标准，限制电磁辐射强度的范围，保护人们的健康。

（2）加强监测和评估。对电磁辐射进行监测和评估，及时发现和解决电磁辐射问题。

（3）规范设备使用。使用符合标准的设备，并合理规划设备的布局和位置，降低电磁辐射强度。

（4）提高公众意识。加强对电磁辐射的科普宣传，提高公众的科学意识和知识水平，让公众了解电磁辐射对健康的影响。

（5）加强技术研究。加强电磁辐射的技术研究，探索新的减少电磁辐射的方法和技术。在电磁场传递的途径中，安装屏蔽装置，使有害的电磁辐射强度降低到容许范围内。

综上所述，电磁辐射污染防控需要从多个方面进行，包括制定标准、加强监测和评估、规范设备使用、提高公众意识和加强技术研究等方面。这样可以保护人们的健康，降低电磁辐射对环境的影响。

5.5 热污染及防控

热污染是指人类生产和生活中产生的废热排入环境，改变原环境的物理条件如温度、氧溶解度等变化，从而造成相应危害。热污染的实质是能量型污染。热污染主要分为两大类：水体热污染和大气热污染。

5.5.1 热污染的来源

热污染的主要来源包括以下 4 个方面。
（1）工业生产过程中的高温废气、废水和废热的排放。
（2）都市建设过程中大面积的混凝土、沥青等的建设，使城市变成了一个大型的"热岛"，导致周围环境温度升高。
（3）交通运输中车辆燃烧产生的废气。
（4）能源利用中的燃煤、燃油等燃烧排放废气产生的热能。

5.5.2 热污染的危害

热污染对环境和人类都会造成很大的危害，主要表现在 5 个方面。
（1）生态破坏。热污染会影响生物的生长和繁殖，改变生态系统的平衡，导致物种数量减少或灭绝。
（2）空气污染。热污染产生大量的热能，加剧了城市的空气污染，尤其是 $PM_{2.5}$ 等细颗粒物，会对人类健康产生很大的威胁，导致呼吸系统疾病和心血管疾病。
（3）水体污染。热污染会导致水体温度升高，影响水生生物的生长和繁殖，还会使水体富营养化，引起水藻暴发等现象。
（4）土壤污染。热污染会使土壤温度升高，降低土壤的肥力，破坏土壤生态系统，对土地资源的可持续利用造成很大的影响。
（5）能源浪费。热污染是能源的一种浪费方式，大量的热能被浪费掉，导致能源资源的浪费。

5.5.3 热污染的控制

为了控制热污染，可以采取以下措施。
（1）降低能源消耗。减少燃煤、燃油等化石能源的使用，采用清洁能源，如太阳能、风能等，减少对环境的影响。

（2）增加绿化覆盖。大面积的绿化可以吸收热量，起到遮阴降温的作用。同时，绿化也可以吸收大气中的污染物质，减少空气污染。

（3）控制工业废气排放。在工业生产过程中，控制废气的排放量和浓度，减少对环境的影响。

（4）建设"绿色建筑"。采用新型建筑材料、建筑设计和建筑技术，实现节能、减排和资源的有效利用。

（5）加强监管和执法。通过加强监管和执法，制定相关法律法规，规范企业和个人行为，确保环境的健康和可持续发展。

问题与习题

1. 相较于化学性与生物性污染，物理性污染具有哪些特征？
2. 什么是噪声污染？环境噪声的主要特征是什么？
3. 与声音强弱有关的物理量有哪些？分别是什么含义？
4. 什么是噪声级？常用的表示噪声级的方法有哪些？
5. 目前我国有关噪声与振动的标准有哪些？
6. 噪声控制技术有哪些？
7. 放射性污染的来源有哪些？什么是放射性活度？
8. 放射性污染物如何管理？
9. 什么是光污染？光污染主要有哪些类型？
10. 简述光污染的防控措施。
11. 什么是电磁辐射？其主要有哪些来源？
12. 简述电磁辐射的防控方法。
13. 什么是热污染？热污染形成的原因是什么？
14. 热污染的危害有哪些？
15. 如何控制热污染？

主要参考文献

何强, 井文涌, 王翊亭. 2004. 环境学导论. 3 版. 北京: 清华大学出版社.
胡筱敏, 王凯荣. 2020. 环境学概论. 2 版. 武汉: 华中科技大学出版社.
鞠美庭, 邵超峰, 李智. 2010. 环境学基础. 2 版. 北京: 化学工业出版社.
曲向荣. 2021. 环境学概论. 北京: 北京大学出版社.
邵超峰, 鞠美庭. 2021. 环境学基础. 3 版. 北京: 化学工业出版社.
苏志华, 王翊亭. 2018. 环境学概论. 北京: 科学出版社.
唐振波, 千叶. 2019. 电磁辐射的污染与防护. 资源节约与环保, (4): 106.
吴彩斌, 雷恒毅, 宁平. 2005. 环境学概论. 北京: 中国环境科学出版社.
左玉辉. 2010. 环境学. 2 版. 北京: 高等教育出版社.
Ali S, Baloch S B, Bernas J, et al. 2024. Phytotoxicity of radionuclides: A review of sources, impacts and

remediation strategies. Environmental Research, 240: 117479.

Balmori A. 2009. Electromagnetic pollution from phone masts. Effects on wildlife. Pathophysiology, 16: 191-199.

Yazdanirad S, Khoshakhlagh A H, Sulaie S A, et al. 2023. The effects of occupational noise on sleep: A systematic review. Sleep Medicine Reviews, 72: 101846.

第 6 章 固体废物与环境

《中华人民共和国固体废物污染环境防治法》最早于 1996 年施行，分别于 2004 年和 2020 年两次予以修订，最新修订版本自 2020 年 9 月 1 日起施行。最新修订的《中华人民共和国固体废物污染环境防治法》明确指出：固体废物，是指在生产、生活和其他活动中产生的丧失原有利用价值或者虽未丧失利用价值但被抛弃或者放弃的固态、半固态和置于容器中的气态的物品、物质以及法律、行政法规规定纳入固体废物管理的物品、物质。经无害化加工处理，并且符合强制性国家产品质量标准，不会危害公众健康和生态安全，或者根据固体废物鉴别标准和鉴别程序认定为不属于固体废物的除外。

具体而言，固体废物包括工业生产活动中产生的工业固体废物，日常生活中或者为日常生活提供服务的活动中产生的生活垃圾，以及法律、行政法规规定视为生活垃圾的固体废物，建设单位、施工单位新建、改建、扩建和拆除的各类建筑物、构筑物、管网等，居民装饰装修房屋过程中产生的弃土、弃料和其他建筑垃圾，农业生产活动中产生的农业固体废物，以及列入国家危险废物名录或者根据国家规定的危险废物鉴别标准和鉴别方法认定的具有危险特性的危险废物。固体废物具有以下特征：产生于生产建设、日常生活或其他活动中；不具有原使用价值；固态、半固态和置于容器中的气态物质；对环境有可能产生污染和危害。

需要认识到的是，固体废物的"废"具有时间和空间的相对性。随着认识和技术的发展，以前被认为是无价值的废物可能被重新认识并加以利用，在一些生产环节中需丢弃的废料也可能在其他的生产环节中被作为原料加以利用，从而延长相关物料的生命周期。因此，固体废物常被看作是放错地方的资源。最新修订的《中华人民共和国固体废物污染环境防治法》中指出：固体废物污染环境防治坚持减量化、资源化和无害化的原则。任何单位和个人都应当采取措施，减少固体废物的产生量，促进固体废物的综合利用，降低固体废物的危害性。

6.1 固体废物的来源与分类

6.1.1 固体废物的来源

固体废物来源于人类生产生活的许多环节，包含工业生产活动、农业生产活动、日常生活及消费过程、建筑施工及装饰装修等。随着社会经济的快速发展，人类消费结构和消费水平的不断提升，固体废物的来源更加多样，种类不断增多，数量也大幅增加。表 6-1 列举了各类固体废物的来源及主要组成物。

表 6-1 各类固体废物的来源及主要组成物

类别	来源	主要组成物
工业固体废物	矿山、选冶	废石、尾矿、煤矸石、金属、废木、砖瓦、灰石、水泥、砂石等
	冶金、交通、机械、有色金属行业	金属、矿渣、砂石、模具、边角料、涂料、管道、绝缘材料、废木、塑料、橡胶、陶瓷、烟尘等
	化学工业	金属填料、陶瓷、沥青、化学药剂、油毡、石棉、烟道灰、金属等
	石油化工	催化剂、沥青、还原剂、橡胶、炼制渣、塑料、油毡、石棉、涂料等
	橡胶、皮革、塑料等工业	橡胶、皮革、塑料、布、线、纤维、染料、金属等
	造纸、木材、印刷等工业	刨花、锯末、碎木、化学药剂、金属、塑料等
	建筑材料工业	金属、水泥、废木、黏土、陶瓷、石膏、石棉、砂石等
	电力工业	炉渣、粉煤灰、烟灰等
	食品加工工业	油脂、果蔬、谷物、金属、塑料、玻璃、纸、烟草等
生活垃圾	居民生活	厨余垃圾、纸屑、塑料袋、金属、玻璃、塑料餐盒、废旧衣物、废电池、废旧家电、电子垃圾、粪便、杂物等
	商业活动	餐厨垃圾、废汽车、金属管道、轮胎、废旧电器、办公杂物等
	市政维护、管理部门	园林垃圾、污泥、脏土等
建筑垃圾	建筑施工、室内装修业	渣土、碎石块、废砂浆、砖瓦碎块、混凝土块、沥青块、废塑料、废金属料、废竹木等
农业固体废物	农林畜牧业	作物秸秆、畜禽粪便、废弃农用薄膜、农药包装废弃物、稻草、尾菜、水果、果树枝条、落叶、废塑料、畜禽加工产生的污水污泥等
	水产养殖业	腐烂鱼、虾、贝壳,水产加工产生的污水污泥,水体富营养化生成并打捞获得的藻类

6.1.2 固体废物的分类

固体废物种类多样,性质差异巨大。将固体废物根据其性质进行分类,能够便于其处理、处置及管理。固体废物的分类方法较多,目前常根据固体废物的化学性质、污染特性或来源进行分类。

按照固体废物的化学性质,可分为有机固体废物和无机固体废物两大类。

按照污染特性可将固体废物分为一般固体废物、危险废物以及放射性固体废物三大类。一般固体废物是指不具有危险特性的固体废物。危险废物是指具有毒性、腐蚀性、易燃性、反应性或感染性中一种或几种危险特性的固体废物,或不排除具有危险性,可能对生态环境或人体健康造成有害影响,需要按照危险废物进行管理的固体废物。危险废物可依据《国家危险废物名录》进行判别,对不明确是否具有危险性的固体废物,应当按照国家规定的危险废物鉴别标准和鉴别方法予以认定。我国 2021 年 1 月 1 日实施的新版《国家危险废物名录》中规定了 50 类危险废物,该名录中规定的危险废物既包括固态废物，也包括液态及具有外包装的气态废物。由于放射性固体废物在管理方法和处置技术等方面与其他废物有较大差异，许多国家都不将其包含在危险废物范围中。最新修订的《中华人民共和国固体废物污染环境防治法》中也不涉及放射性固体废物的污染控制问题。

根据固体废物的来源可将其分为工业固体废物、生活垃圾、建筑垃圾、农业固体废物等（表6-1）。

工业固体废物指各种工矿企业生产或原料加工过程中所产生或排出的废物，其又可细分为矿冶、能源、钢铁、石油化工、有色金属、化学等的工业固体废物（宁平，2007）。矿冶工业固体废物包括矿业开采和矿石洗选过程中产生的废物，包括煤矸石、尾矿、废矿石等，以及矿物冶炼、成型等加工过程中排出的废物，如废渣、赤泥等。能源工业固体废物主要包括煤炭、电力等部门排出的固体废物，如煤矸石、粉煤灰、炉渣、烟尘等。钢铁工业固体废物主要包括冶金工业等部门在钢铁冶炼、轧钢、精炼等加工过程中排出的固体废物，如炉渣、非金属、废模具等。石油化学工业固体废物主要包括石油炼制、石油加工、石油化纤等生产过程中产生的固体废物，如废催化剂、废化学试剂、废底泥、废浮渣、污泥等。有色金属工业固体废物主要包括冶炼、稀有金属等生产过程中产生的固体废物，如浸出渣、炉渣、阳极泥、赤泥等。化学工业固体废物主要包括无机盐、染料等原料和材料生产过程中产生的固体废物，如废催化剂、废化学药品、废酸碱等。值得注意的是，各种工业固体废物的组成与其来源和产品生产工艺有密切关系，且不同的生产过程排出的固体废物量有很大区别。

生活垃圾是指在日常生活中或者为日常生活提供服务的活动中产生的固体废物，以及法律、行政法规视为生活垃圾的固体废物。城市生活垃圾也称为城市固体废物，主要由城市居民家庭、商业、餐饮业、旅馆业、旅游业、服务业以及市政环卫系统、城市交通运输、文教机关团体、行政事业、工矿企业等单位排出的固体废物。其主要组成物为餐厨垃圾、纸屑、塑料袋、金属、玻璃、塑料餐盒、废旧衣物、废电池、废旧家电、电子垃圾、粪便、杂物、园林垃圾、污泥等。城市生活垃圾的组成物、产生量及主要组分与居民生活水平、生活习性、季节气候及环境条件等因素有密切关系（胡筱敏和王凯荣，2020）。

建筑垃圾是指建设单位、施工单位新建、改建、扩建和拆除各类建筑物、构筑物、管网等，以及居民装饰装修房屋过程中产生的弃土、弃料和其他固体废物。近年来随着我国城市建设的快速发展和城市居民住宅面积及质量的提高，我国建筑垃圾的产生量大幅增加，主要包括渣土、碎石块、废砂浆、砖瓦碎块、混凝土块、沥青块、废塑料、废金属料、废竹木等。2020年9月1日施行的最新修订版《中华人民共和国固体废物污染环境防治法》将过往归为生活垃圾之一的建筑垃圾单独列出，突出了建筑垃圾管理和处理处置的重要性。

农业固体废物是指农业生产活动中产生的固体废物，包括作物秸秆、畜禽粪便、废弃农用薄膜、农药包装废弃物、稻草、尾菜、水果、果树枝条、落叶、废塑料、畜禽加工产生的污水污泥等。其中作物秸秆和畜禽粪便产生量巨大，若处理不当易污染环境。

6.1.3 我国固体废物的产生情况

随着经济不断增长，生产规模持续扩大，人类生活需求不断提升，生产和生活所产生的固体废物量也不断增加（杜祥琬，2019）。《中国生态环境统计年报》显示（表6-2），我国一般工业固体废物产生量从2011年的32.3亿t增长至2020年的36.8亿t，同期工业危险废物的产生量从2011年的3431.2万t增长至2020年的7281.8万t。这些数据显示，我国一般工业固体废物的年产生量增速较为缓慢，然而工业危险废物的年产生量呈现显著上升的趋势。

表6-2　2011~2020年我国一般工业固体废物和工业危险废物产生量

年份	一般工业固体废物/亿t	工业危险废物/万t
2011	32.3	3431.2
2012	32.9	3465.2
2013	32.8	3156.9
2014	32.6	3633.5
2015	32.7	3976.1
2016	37.1	5219.5
2017	38.7	6581.3
2018	40.8	7470.0
2019	44.1	8126.0
2020	36.8	7281.8

据统计，2020年我国固体废物产生量已达100多亿t，其中以餐厨垃圾、秸秆、畜禽粪便等为代表的有机固体废物，年产生量约60亿t；以尾矿、粉煤灰、煤矸石、冶炼废渣、炉渣和脱硫石膏为代表的大宗工业固废，年产生量约为25亿t；以废旧元器件、塑料、金属等为代表的可再生资源，年产生量超过3亿t；还有高污染风险的工业危险废物，产生量约8000万t（李朝林等，2022）。

6.2　固体废物的污染控制及管理

6.2.1　固体废物的污染特征

不同于废水和废气，固体废物有其独特的污染特征。

（1）"资源"与"废物"的相对性。固体废物的"废"具有时间和空间的相对性，它是在一定时间和空间被丢弃的物质，然而在其他的生产环节中可能被进一步利用，因此同时具备作为"资源"的潜力。所以，固体废物常被看作是放错地方的资源。

（2）成分的多样性和复杂性。固体废物组成成分复杂、种类多样，其中既有有机物又有无机物，既有非金属元素又有金属元素，既有无毒物质又有有毒物质，既有固态组分又有液态组分。这些特征使得固体废物的处理和处置工艺复杂、方法多样。

（3）危害的潜在性、长期性和灾难性。与废水、废气、噪声污染不同，固体废物对环境的污染具有呆滞性大、扩散性小的特点，主要通过污染相应的水、气和土壤扩大环境危害性。此外，固体废物引起的环境危害具有长期性的特点。例如，由于固体废物中的污染成分在土壤中迁移速度缓慢，危害可能在数年甚至数十年后才可能被发现。

（4）既是"终态物"又是污染"源头"。废气和废水处理过程中产生的粉尘、废渣、污泥等固体废物，富集了大量废气和废水中的污染物，因此这些固体废物是相应污染物的"终态物"。然而，这些以"终态物"存在的固体废物在长期的自然因素作用下，又会进入大气、水体以及土壤中，成为大气、水体和土壤环境污染的"源头"。因此，对这些"终态物"进行有效的处理和处置是控制固体废物形成污染"源头"的关键。

6.2.2 固体废物的污染危害

固体废物若处置不当，在环境中会发生化学、物理或生物转化，其中的有毒有害物质会进入大气、水体和土壤环境，并进一步通过食物链等途径危害人体健康。通常，工矿业固体废物所含有的化学物质能够形成化学物质型污染，如含有汞、砷、镉、铬、铅等的固体废物，可通过皮肤、食物、呼吸等途径危害人体健康。人畜粪便、污水污泥、生物垃圾等是各种病原微生物和抗生素抗性基因等生物污染物的滋生地和传播介质，能够形成病原体型污染（唐雪娇和沈伯雄，2018）。固体废物所引起的化学物质型污染和病原体型污染的污染途径可见图6-1和图6-2。

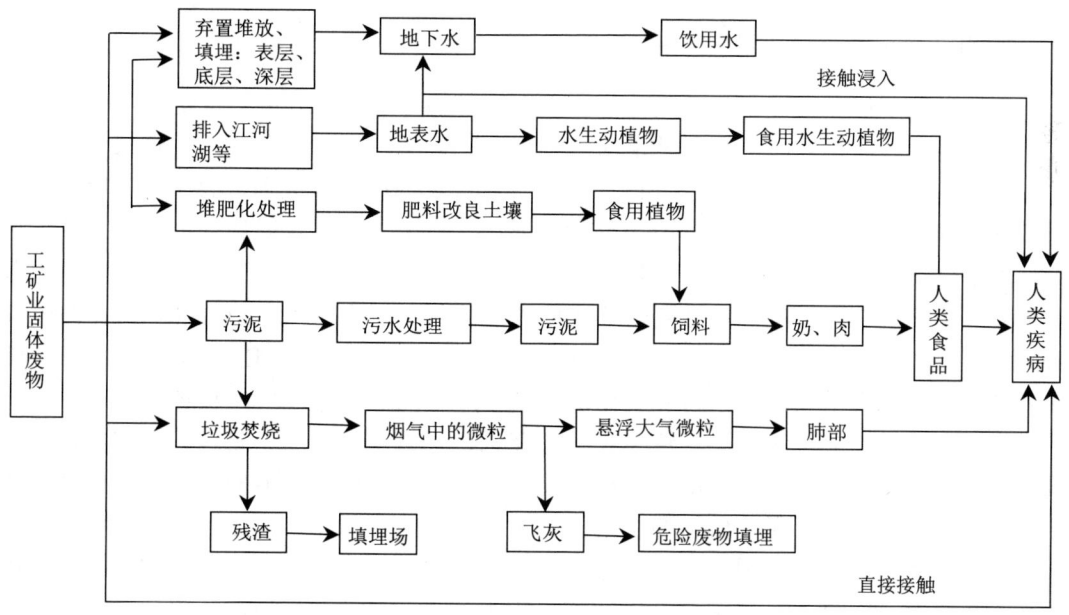

图6-1 化学物质型固体废物致病的途径

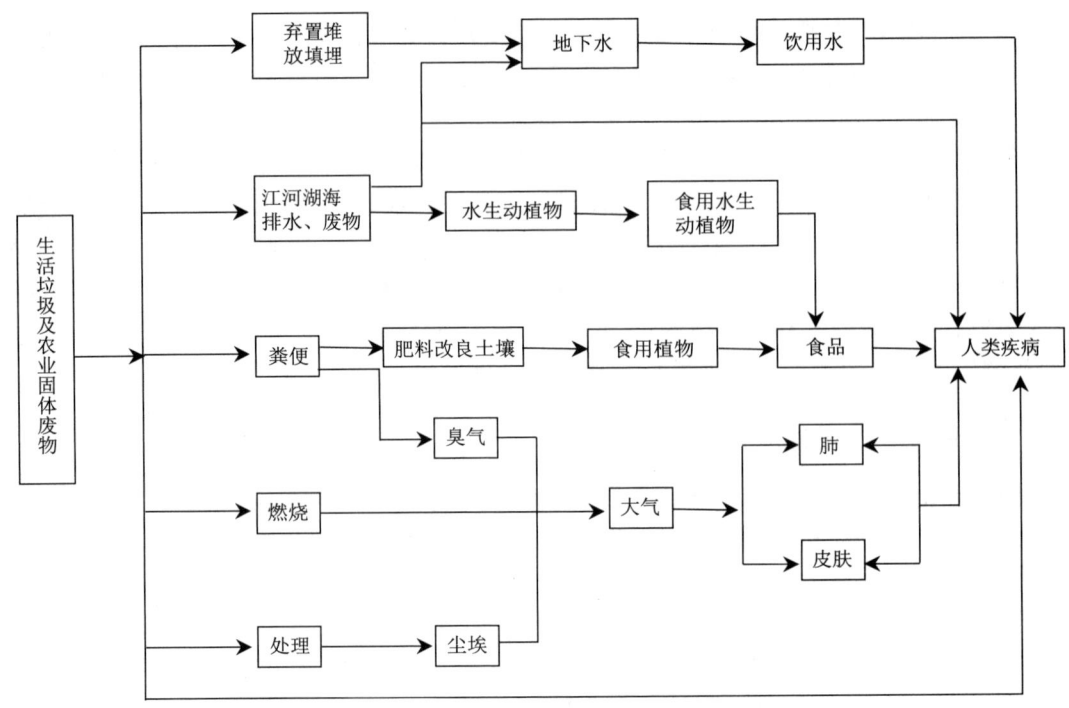

图 6-2　病原体型固体废物致病的途径

1. 固体废物对土壤环境的影响

固体废物不加以处理露天堆放，势必占用大量的土地资源。磷石膏是化学工业中排放量最大的固体废物之一。我国是全球第一大磷肥生产国，也是全球产生磷石膏量最大的国家。我国磷石膏堆存量已经达到 6 亿 t，每年仍然以约 7500 万 t 的速度递增，巨量磷石膏的堆存占用大量的土地资源，也对地下水、土壤、植被等周边环境有巨大环境风险。2022 年 4 月，中央第一生态环境保护督察组督察河北省发现，邢台市某牧业有限公司与多单位违规签订污泥处置合同，非法接收生活和工业污泥 8.8 万余吨，大量污泥非法倾倒堆放在耕地上，侵占耕地面积超过 226 亩①；且未采取任何防扬散、防流失、防渗漏措施，产生大量黑褐色、粉红色高浓度渗滤液进入土壤，造成严重环境污染。

固体废物及其淋洗液和渗滤液中含有的有机、无机及生物污染物进入土壤后，可影响土壤中微生物活性，改变土壤结构和性质，并具有在土壤中积累的风险。这些污染物在土壤中的积累，还会影响植物的正常生长并在植物体内蓄积，可进一步通过食物链影响动物和人体的健康。美国纽约州的拉夫运河是一条为修建水电站而挖成的运河，后由于干涸而废弃。1942 年，美国胡克化学公司购买了这条运河并先后向其中倾倒了 2 万多吨未经处理的工业废弃物。1954 年前后，当地政府先后在该填埋地上建造了社区和学校。几年后，肝病、哮喘、癫痫、免疫系统紊乱、出生缺陷和异常等病症在该地人群中频频发生，而且居住在此地附近的妇女流产率也明显偏高。1978 年 8 月，政府颁布了疏散令

---

① 1 亩 ≈ 667.667 m²。

并紧急疏散该地区居民,同年 10 月开始着手清理运河垃圾场。20 世纪 70 年代,美国密苏里州曾把混有四氯二苯二噁英的废渣当作沥青铺设路面,造成严重污染,土壤中污染深度达 60 cm,致使大批牲畜死亡,居民受多种疾病折磨,最后政府花 3300 万美元买下该镇全部地产,还赔偿了居民的损失(刘芃岩等,2018)。

2. 固体废物对水环境的影响

未合理处置的固体废物可随自然降水或地表径流进入河流、湖泊,或通过其渗滤液进入土壤,进一步污染地下水,废渣也可直接排入河流、湖泊或海洋,从而造成水体污染。需要指出的是,即使无害的固体废物排入河流或湖泊,也会造成水面减少,影响水利设施功能的正常运转。2021 年 8 月,中央第一生态环境保护督察组督察发现东北某地一砖厂取土坑中违规填埋生活垃圾,致使地下水中菌落总数超标近 1200 倍。2020 年 3 月 28 日,黑龙江省某矿业有限公司钼矿尾矿库溢流井发生倾斜,导致泄水量增多并伴有尾矿砂流出,对相关流域水环境造成污染,事件造成下游约 340 km 河道钼浓度超标,下游某地水厂受事件影响停止取水,其间约 6.8 万人用水受到一定影响。沿岸约 4312 亩农田和约 8789 亩林地受到一定程度污染。经核算,事件中尾矿库泄漏钼总量为 89.39~117.53 t。

3. 固体废物对大气环境的影响

露天堆放的固体废物中的细小颗粒可经风吹日晒形成扬尘,随风飘扬从而对大气环境造成污染。粉煤灰、尾矿堆放场表层直径小于 1.5 cm 的细小颗粒可在 4 级以上风力时出现剥离,扬尘飞扬高度可达 20~50 m,在多风季节平均视程可降低 30%~70%。煤矸石是煤炭开采与加工过程中产生和排放的固体废物,是一种在成煤过程中与煤层伴生的黑灰色岩石。煤矸石产量约占煤炭产量的 10%~15%。随着我国经济发展规模的扩大和对能源需求的不断增长,以及煤炭储量的逐年减少和产量的不断提高,煤矸石占煤炭产量的比例呈不断上升趋势,现已形成大小数千座煤矸石山。全国大约 1/3 的煤矸石山正在发生不同程度的自燃,自燃过程中排放的二氧化碳、二氧化硫、氮氧化物以及烟尘等会严重污染大气环境,危害矿区人民的身体健康。垃圾填埋场除产生恶臭外,也可产生甲烷、二氧化碳、非甲烷挥发性有机物、氧化亚氮等氮氧化物、一氧化碳等温室气体。据美国环境保护署的数据,垃圾填埋场是甲烷排放的第三大来源,造成了大约 5%的甲烷排放(朱书景和李灿华,2022)。

6.2.3 固体废物的污染控制

若对固体废物处理不当,势必造成环境污染问题。根据固体废物的污染特征,对其进行污染控制需从两个方面入手,一是减少固体废物的排放量,二是防治固体废物污染。具体措施涉及以下 4 个方面。

(1)采用清洁的生产工艺。对于生产过程而言,清洁生产包括节约原材料和能源,淘汰有毒有害的原材料,在全部排放物和废物离开生产过程前最大程度减少他们的排放量和毒性。对于产品而言,清洁生产旨在减少产品整个生命周期中从原料提取到产品最终处置对人类和环境的影响。

（2）发展物质循环利用工艺。传统的物质生产是原材料—产品—污染排放的过程，其特征是高开采、低利用、高排放，物质经一次生产过程就成为废物被抛弃并进入环境。然而，物质循环利用工艺要求生产过程组成一个原材料—产品—再生资源的反馈式流程。生产前一种产品所产生的废物，可在随后其他产品的生产过程中作为原料被资源化利用，经多个产品生产流程后，最终仅剩少量废物进入环境。因此，其特征是低开采、高利用、低排放。

（3）开发资源综合利用技术。既然固体废物是放错地方的资源，那么对其进行资源化利用就可以实现变废为宝。例如，市政污泥含有病原物、污染物等有害物质，对其进行填埋处理会占用大量土地资源并引起污染物的迁移，然而可通过好氧高温堆肥处理将其转化为土壤调理剂以促进植物的生长，从而实现污泥中氮、磷、有机质的循环利用。

（4）进行无害化处理与处置。有害固体废物可通过焚烧、热解、生物转化等技术改变废物中有害物质的性质，使之转化为无害物质或使有害物质含量达到国家规定的排放标准。

6.2.4 固体废物的管理

固体废物管理法规和标准为加强固体废物管理提供了法律的保障。《中华人民共和国固体废物污染环境防治法》确立了固体废物污染防治的"三化"原则和"全过程"管理原则。

1. 固体废物污染防治的"三化"原则

固体废物无害化的基本任务是将固体废物通过工程处理，达到不损害人体健康、不污染周围自然环境（包括原生环境与次生环境）的目标。目前，固体废物无害化处理工程已经发展成为一门独立的工程技术，指的是通过采用适当工程手段对固体废物进行处理，如卫生填埋、堆肥、热解、分离、焚烧、生化好氧或者厌氧，使其对环境不产生污染，不致对人体健康产生危害。在对固体废物进行无害化处理时，必须认识到各种无害化处理工程技术的通用性是有限的。以生活垃圾为例，焚烧处理确实不失为一种先进的无害化处理方法，但它必须以垃圾含有高热值和可能的经济投入为条件，否则便没有实用的意义（王攀和任连海，2021）。根据我国大多数城市垃圾平均可燃成分偏低的特点，发展卫生填埋和高温堆肥处理技术仍是适宜的。特别是卫生填埋具有处理量大、投资少、可以迅速提高生活垃圾处理效率的优势，对于解决我国多地的垃圾出路问题有重要价值。

固体废物减量化是指通过实施适当的技术，一方面减少固体废物的排出量（采取改革生产工艺、产品设计和改变物质能源消费结构等措施），另一方面减少固体废物容量（对固体废物进行分选、压缩、焚烧等）。其中，前者的实施主要在于清洁生产技术的开发与应用，从生产源头控制固体废物的产生；后者则包括分选、压缩、焚烧等方法，对固体废物进行处理和利用，从而达到减少固体废物容量的目的。减少固体废物的产生，属于物质生产过程的前端，需从资源的综合开发和生产过程物质资料综合利用着手。当今，从国际资源开发利用与环境保护的发展趋势看，世界各国为解决人类面临的资源、人口、环境三大问题，越来越注意资源的合理利用，其工作重点包括采用经济合理的综合利用工艺和技术，制定科学的资源消耗定额等（徐炎华，2009）。对固体废物进行处理利用，属于物质生产过程末端，即通常人们所理解的废弃物综合利用或固体废物资源化。

固体废物资源化指采取各种管理和技术措施，从固体废物中回收具有使用价值的物质和能源，作为新的原料或者能源再投入使用。广义的资源化包括物质回收、物质转换和能量转换三个部分。目前，世界多国出于资源危机和环境治理的考虑，已经把固体废物资源化纳入资源和能源开发利用。例如，欧洲各国把固体废物资源化作为解决固体废物污染和能源紧张的方式之一，并将其纳入国民经济政策的一部分，投入巨资进行开发。日本由于资源缺乏，将固体废物资源化列为国策。美国把固体废物列入资源范畴，将固体废物资源化当作固体废物处理的替代方案。经过多年发展，我国固体废物资源化综合利用率不断提高，2019年我国大宗固体废物综合利用率达到55%，比2015年提高5个百分点。其中，煤矸石、粉煤灰、工业副产石膏、秸秆的综合利用率已分别达到70%、78%、70%、86%（杜祥琬，2019）。"十三五"期间，累计综合利用各类大宗固体废物约130亿t，减少占用土地超过100万亩，提供了大量资源综合利用产品，促进了煤炭、化工、电力、钢铁、建材等行业高质量发展，资源环境和经济效益显著，对缓解我国部分原材料紧缺、改善生态环境质量发挥了重要作用。固体废物资源化应遵循的原则是：技术上可行，经济效益好，就地利用产品，不产生二次污染，符合国家相应产品的质量标准。

固体废物的"三化"处理是固体废物处理的最重要的技术政策，其中无害化是资源化的前提，无害化和减量化应以资源化为条件。

2. 固体废物污染防治的"全过程"管理原则

由于固体废物本身往往是污染的"源头"，故需对其产生、收集、运输、综合利用、处理、储存、处置实行全过程管理，在每一个环节都将其作为污染源进行严格控制。因此，解决固体废物污染控制问题的基本对策是避免产生（clean）、综合利用（cycle）、妥善处置（control），即"3C原则"，即通过对固体废物实施减少产生（reduce）、再利用（reuse）、再循环（recycle）策略实现节约资源、资源利用及降低环境污染的目的。依据上述原则，可以将固体废物从产生到处置的全过程分为五个连续或不连续的环节进行控制。其中，各种产业活动中的清洁生产是第一阶段。在这一阶段，通过改变原材料、改进生产工艺和更换产品等来减少或避免固体废物的产生。在此基础上，对生产过程中产生的固体废物，尽量进行系统内的回收利用，这是管理体系的第二阶段。对于已经产生的固体废物，则进行第三阶段（系统外的回收利用）、第四阶段（无害化、稳定化处理）以及第五阶段（固体废物的最终处置）的处理处置。

固体废物环境标准体系的建立是固体废物环境立法的一个组成部分，是对固体废物施行全面有效管理的必要条件。目前，我国的固体废物环境标准体系包含以下三个方面的内容：①鉴别分类标准，主要包括鉴别分类指标标准、监测方法标准、标准样品标准等；②污染控制标准，主要包括废物处置控制标准和设施控制标准两类；③综合利用标准，包括一系列有关固体废物综合利用的规范和标准。

1）监测方法标准

监测方法标准包括《生活垃圾采样和分析方法》(CJ/T 313—2009)、《生活垃圾卫生填埋场环境监测技术要求》(GB/T 18772—2017)、《危险废物鉴别标准 通则》(GB 5085.7—2019)、《危险废物鉴别标准 毒性物质含量鉴别》(GB 5085.6—2007)、《危险废物鉴别标准 反应性鉴别》(GB 5085.5—2007)、《危险废物鉴别标准 易燃性鉴别》(GB 5085.4—2007)、《危险废物鉴别标准 浸出毒性鉴别》(GB 5085.3—2007)、《危险废物鉴别标准 急性毒性初筛》(GB 5085.2—2007)、《危险废物鉴别标准 腐蚀性鉴别》(GB 5085.1—2007)、《工业固体废物采样制样技术规范》(HJ/T 20—1998)等。

2）污染控制标准

污染控制标准包括《含多氯联苯废物污染控制标准》(GB 13015—2017)、《生活垃圾焚烧污染控制标准》(GB 18485—2014)、《生活垃圾填埋场污染控制标准》(GB 16889—2024)、《危险废物贮存污染控制标准》(GB 18597—2023)、《一般工业固体废物贮存和填埋污染控制标准》(GB 18599—2020)、《危险废物填埋污染控制标准》(GB 18598—2019)、《危险废物焚烧污染控制标准》(GB 18484—2020)等。

3）综合利用标准

综合利用标准包括《农用污泥污染物控制标准》(GB 4284—2018)、《生活垃圾综合处理与资源利用技术要求》(GB/T 25180—2010)等。

4）处理处置标准

处理处置标准包括《生活垃圾填埋场污染控制标准》(GB 16889—2024)、《医疗废物焚烧炉技术要求（试行）》(GB 19218—2003)、《粪便无害化卫生要求》(GB 7959—2012)等。

6.3 固体废物处理与处置

在人们日常生活与工作过程中，不可避免出现各种固体废物，为确保社会经济的可持续发展，国家对固体废物的处理提出了更多并更为严格的要求，可见有效处理固体废物是极为重要的。固体废物的种类复杂，大小、形态、形状、性质千差万别，对固体废物进行处理以便于包装、运输与资源化利用。其处理过程主要包括对其进行预处理，预处理后的固体废物被运送到相应的处理站进行后续的处理。后续处理的主要手段包括一般的物化处理、生物处理、焚烧及热解处理、卫生填埋处理及固化处理等。通过对固体废物的处理，使固体废物达到无害化、减量化和资源化的目的。

6.3.1 一般固体废物的处理处置技术

20世纪60年代中期以后环保开始在国际上受到重视，污染治理技术迅速发展，从而形成一系列固体废物处理与处置的技术方法。20世纪70年代以来，一些工业发达国家在废物处置场地紧张，处理费用巨大，同时面临资源短缺的危机的背景下提出了"资源循环"口号，开始从固体废物中回收资源和能量，逐步使资源化发展成为控制固体废物污染的重要途径。

我国固体废物污染控制工作起步较晚，开始于20世纪80年代初期。根据《中华人民共和国固体废物污染环境防治法》，鼓励、支持开展清洁生产，减少固体废物的产生量，充分利用固体废物和无害化处理技术处理处置固体废物。21世纪以来，根据世界形势，我国已经把回收利用再生资源作为重要的发展战略。国家鼓励、支持采取有利于保护环境的集中处置固体废物的措施，促进固体废物污染环境防治产业发展。截至目前，固体废物处理技术包括预处理、物化处理、生物处理、焚烧热解处理、土地填埋处置等。

1. 固体废物的预处理技术

固体废物在处理之前需要进行预处理。固体废物预处理的主要技术包括压实、破碎、分选及脱水等工序。适当的预处理，有利于固体废物的收集运输，并且不易滋生鼠蝇和引发火灾。因此，预处理是重要且具有普遍意义的工序。

压实又称压缩，指利用机械方法增加固体废物聚集程度，增大容重和减少固体废物表观体积，提高运输与管理效率的操作技术。一方面，通过压实对废物进行减容，可以降低运输成本、延长填埋场寿命。另一方面，压实可以制取高密度惰性块料，便于储存、填埋或作为建筑材料使用。当对固体废物实施压实操作时，随压力的增大，空隙体积减小，表观体积也随之减少，而容重增大。当固体废物受到外界压力时，各颗粒间相互挤压、变形或破碎，达到重新组合的效果。压实技术适合处理如冰箱、洗衣机、纸箱、纸袋、纤维、废金属细丝等压缩性能大而复原性小的物质，但焦油、污泥等半固体废物不宜作压实处理。

破碎处理指利用外力克服固体废物的内聚力而使大块固体废物分裂成小块，使之质地均匀、孔隙率降低、容重增大的过程。通常用作运输、储存、资源化和最终处置的预处理。固体废物经破碎后直接进行填埋处置时，压实密度高而均匀，可加快填埋处置场的早期稳定化。破碎方法有很多，常见的主要有冲击破碎、剪切破碎、挤压破碎、摩擦破碎等。针对一些特殊的较难破碎的废物，还会采用低温破碎和湿式破碎。影响破碎过程的因素是物理机械强度及破碎力。物理机械强度是物料一系列力学性质所决定的综合指标，力学性质主要有硬度、韧性及物料的结构缺陷等。常用的破碎设备有颚式破碎机、锤式破碎机、冲击式破碎机、剪切式破碎机及粉磨机。

固体废物的分选就是将固体废物中各种可回收利用的废物或不利于后续处理工艺要求的废物组分采用适当技术分离出来的过程。固体废物的分选方法可概括为人工分选和机械分选。人工分选是最早采用的分选方法，适用于废物产生地、收集站、处理中心、转运站或者处置场。根据废物组分中各种物质的粒度、密度、磁性、电性、光电性、摩擦性及弹性的差异，将机械分选分为筛选（分）、重力分选、光电分选、磁力分选、电力分选和摩擦与弹跳分选。分选的基本原理是利用物料某些性质方面的差异，将其分选开。例如，利用废弃物中磁性和非磁性差别进行分离，利用粒径尺寸差别进行分离，利用固体废物中不同物质颗粒间密度差进行分离，利用固体废物中各种组分在高压电场中电压的差异而实现分选，利用固体废物中各个组分的摩擦系数和碰撞系数的差异等进行分离。

固体废物脱水主要用于污水处理厂排出的污泥，以及某些企业所排出的泥浆状固体废物的处理。这些污泥的含水率一般为96.0%～99.8%，脱水可以大大缩小污泥的体积，有利于运输。常用的脱水机械有真空过滤机、滚带压滤机、框板脱水机、离心脱水机和造粒脱水机等。机械脱水的原理在于利用具有许多毛细孔的物质作为过滤介质,以某种设备在过滤介质两侧产生压力差作为过滤动力,固体废物中的溶液穿过介质成为滤液,固体颗粒常被截留成为滤饼。机械脱水是应用最广泛的固液分离过程,常用的过滤介质包括织物介质、粒状介质、多孔固体介质三类,其选用原则是既满足生产要求,又经济实用。织物介质包括棉、毛、丝、麻等天然纤维和合成纤维制成的织物以及玻璃丝、金属丝等制成的网状物;粒状介质包括细沙、木炭、硅藻土及工业废物等颗粒物质;多孔固体介质是具有很多微细孔道的固体材料。

2. 固体废物的物化处理技术

固体废物的物化处理技术是利用物理化学反应过程对固体废物进行处理的方法。常见的固体废物物化处理方法有浮选、溶剂浸出、稳定化/固定化处理等。

浮选指在固体废物与水调制的料浆中,先加入浮选剂,并通入空气形成无数细小气泡,从而将预选物质黏附在气泡上,并使其随气泡上浮于料浆表面成为泡沫层;然后刮出回收,从而去除固体废物的技术。在浮选过程中,固体废物各组分对气泡黏附选择性的最主要影响因素是物质的表面疏水性。表面疏水性强,容易黏附在气泡上;表面亲水,不易黏附在气泡上。固体废物表面的亲水性、疏水性可以通过浮选剂的作用而加强。浮选剂可以分为捕收剂、起泡剂和调整剂三大类。浮选工艺主要包括调浆,即调节浮选前料浆浓度;调药,即调整浮选剂的过程;调泡,即调节浮选气泡的过程。浮选机是常见的浮选设备(王留成,2016)。

溶剂浸出是指溶剂选择性地溶解固体废物中某种目的组分,使该组分进入溶液中而达到与废物中其他组分相分离的工艺过程。浸出的目的是使物料中有用的或有害成分能选择性地最大限度从固相转入液相。浸出过程使用的药剂称为浸出剂,浸出后含目的组分的溶液称为浸出液,残渣称为浸出渣。

稳定化/固定化处理的目的是使固体废物中的污染组分呈现化学惰性或被包容在惰性固体基材中,减少其在储存或填埋处置过程中污染环境的潜在危险,并便于运输、利用和处置。固化产物应具有良好的机械特性、抗渗透性、抗浸出性、抗干湿和抗冻融特性,具备这些特性的固化产物不仅可直接在安全土地填埋场进行填埋,也可用作建筑的基础材料或道路路基材料。根据固化基材的不同可将固定化处理分为水泥固定化、沥青固定化、玻璃固定化、自胶质固定化等。

3. 固体废物的生物处理技术

固体废物的生物处理技术是指利用生物的作用使固体废物中的有机物降解,从而达到无害化或进行综合利用的目的,主要分为好氧生物处理和厌氧生物处理。其主要原理是利用微生物(细菌、放线菌、真菌)、动物(蚯蚓等)或植物的新陈代谢作用,将固体废物转换成有用的物质和能源(如提取各种有价金属、生产肥料、产生沼气、生产单细胞蛋白等)。采用生物处理技术既能实现固体废物的减量化、资源化和无害化,又能解决环境污染问题,具有深远的意义(赵由才等,2019)。

目前应用比较广泛的固体废物生物处理技术有堆肥化、沼气化、废纤维素糖化、废纤维素饲料化、生物浸出等。在此主要介绍固体废物的好氧堆肥处理、厌氧消化处理及微生物浸出三种生物处理技术。

1）固体废物的好氧堆肥处理

好氧堆肥是好氧微生物在与空气充分接触的条件下，使堆肥原料中的有机物发生一系列放热分解反应，最终使有机物转化为简单而稳定的腐殖质的过程。在堆肥过程中，微生物通过同化作用和异化作用，把一部分有机物氧化成简单的无机物，并释放出能量；把另一部分有机物转化合成新的细胞物质，供微生物生长繁殖。好氧堆肥可实现固体废物的减量化、资源化、无害化处理，最终产物主要是二氧化碳、水、热量和腐殖质。其基本原理如图 6-3 所示。

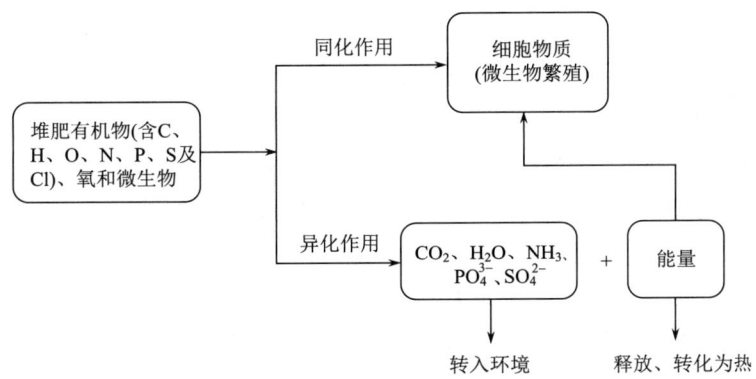

图 6-3 好氧堆肥基本原理示意图

好氧堆肥的过程包括以下 4 个阶段。①潜伏阶段，指堆肥开始时微生物适应新环境的过程，即驯化过程。②中温阶段，在此阶段，嗜温性细菌、酵母菌和放线菌等嗜温性微生物利用堆肥中最容易分解的可溶性物质，如淀粉、糖类等迅速增殖，并释放能量，使堆肥温度不断升高。③高温阶段，在此阶段，嗜热性微生物逐渐代替了嗜温性微生物的活动，堆肥中残留和新形成的可溶性有机物继续分解转化，复杂的有机化合物如半纤维素、纤维素和蛋白质等开始被强烈分解。④腐熟阶段，在此阶段，嗜温性微生物占优势，对残余的较难分解的有机物作进一步分解，腐殖质不断增多且稳定化，此时堆肥即进入腐熟阶段，堆肥可施用。

好氧堆肥工艺包括前处理、主发酵、后发酵、后处理、脱臭、储存 6 个过程。前处理是去除大块和非堆肥化物料如石块、金属物等；主发酵主要在发酵仓内进行，也可露天堆积，靠强制通风或翻堆搅拌来供给氧气；后发酵是将主发酵工序尚未分解的易分解有机物和较难分解的有机物进一步分解，使之变成腐殖酸、氨基酸等比较稳定的有机物，得到完全腐熟的堆肥制品；后处理是去除前处理工序中还没有完全去除的塑料、玻璃、金属、小石块等杂物；脱臭是指去除因微生物的分解而产生的臭味，常用方法是利用熟堆肥吸附的生物除臭法；储存是指堆肥产物的存放，可直接堆存在发酵池中或装袋后存放，但要求干燥透气，因为闭气和受潮会影响堆肥产品的质量。

固体废物好氧堆肥过程主要受以下 6 个因素的影响。

（1）可被降解有机物的含量要适宜。当有机物含量<20%时，降解产生的热能不能满足嗜热菌增殖对温度的要求，而当可被降解有机物含量>80%时，降解中容易供氧不足，甚至产生厌氧过程。

（2）含水率。含水率为 50%～60%时，细菌数量多，需氧量最大。当用生活垃圾好氧堆肥时，可拌以粪便，使其含水率达到最佳。

（3）通风量应满足氧的浓度。氧浓度在 14%～17%时为最适宜浓度，最低不少于 10%，否则会产生厌氧分解。

（4）满足营养比例关系。营养物料主要是有机物含量（以 C 计）和营养元素（以 N 计）的比值，应控制 C：N=26：1～35：1，当 N 不能满足比例（小于）要求时，应加入含 N 物，如化肥或粪便。

（5）温度要适宜。最佳温度为 35～55℃，此温度区间效果好，需时较短。35℃为中温发酵最佳温度平均值，55℃为高温发酵温度平均值。

（6）pH。好氧堆肥分两个阶段。初期为酸性阶段，pH 降到 5～6。第二阶段 pH 可达 8.5～9.0。最终产物略呈碱性，pH=7～8。但当采用化学调理方法进行污泥脱水时其 pH 可达 12，若对此污泥进行好氧堆肥时应首先降低其 pH。

2）固体废物的厌氧消化处理

厌氧消化指在无氧或者缺氧条件下，利用厌氧微生物使固体废物中可生物降解有机物转化为甲烷、二氧化碳和稳定物质的生物化学过程。参与厌氧分解的微生物可以分为两类，一类由复杂的水解细菌组成，在水解细菌的作用下将复杂的有机物水解，并进一步分解成以有机酸为主的简单产物。另一类微生物为绝对厌氧微生物，功能是将有机酸转化为甲烷，称为产甲烷菌。为了使产甲烷过程持续进行，必须提供和保持各种微生物生长所需的条件。产甲烷菌是完全厌氧的，少量的氧也会严重影响其生长繁殖。

厌氧消化技术适用于污泥、畜禽粪便、作物秸秆、餐厨垃圾等有机物含量较高的固体废物的处理，通过厌氧消化处理可实现能源回收及固体废物的减量化、稳定化及部分无害化。固体废物的厌氧消化处理特点在于：过程可控、降解快、生产过程全封闭；资源化效果好，可以将废弃有机物中的低品位生物能转化为可以直接利用的高品位沼气等；易操作，厌氧消化处理不需要通风动力，设施简单，运行成本低；产物可再利用，经厌氧消化后的固体废物基本得到稳定，可作农肥、饲料或堆肥化原料；可杀死部分传染性病原物；厌氧消化过程会产生硫化氢等恶臭气体；厌氧微生物生长速率慢，生物量小，常规厌氧消化方法处理效率低，设备体积大。

一个完整的厌氧消化系统包括预处理、厌氧消化反应器、消化气净化与储存、消化液与污泥的分离、处理和利用。根据消化温度，厌氧消化可分为高温厌氧消化工艺和自然消化工艺两种。根据投料运转方式，厌氧消化可分为连续消化、半连续消化、两步消化等。

3）固体废物的微生物浸出工艺

微生物浸出是利用微生物及其代谢产物氧化、溶浸矿石中目的组分的一种矿物处理新工艺。它是利用自然界存在的嗜酸性硫杆菌（*Acidithiobacillus* spp.）、铁氧化钩端螺旋菌（*Leptospirillum ferrooxidans*）以及其他与硫杆菌联合生长的兼性嗜酸异养菌所产生的氧化还原反应或酸化作用，将目的金属从混合体系中溶解和分离提取出来的一种技术。在这些微生物中，应用最广泛的是嗜酸性氧化亚铁硫杆菌、氧化硫硫杆菌和铁氧化钩端螺旋菌等。这些细菌广泛分布于金属硫化矿、煤矿的坑道酸性水中。这些细菌均属于严格好氧的化能自养细菌，它们不需要外加有机物作为能源，而以铁、硫氧化释放出的化学能作为能源，以大气中二氧化碳为唯一碳源，并吸收溶液中氮磷来合成自身细胞。它们通常生活于酸性（pH 1.5~3.0）环境，并能够耐受多种重金属离子。在嗜酸性氧化亚铁硫杆菌作用下，介质中的亚铁能被氧化成三价铁，还原性硫能被氧化成硫酸，难溶性的金属硫化物得以氧化而溶解。将难浸提矿石或贫矿中贵重或稀有金属（如金、铜、铀等）浸出的污泥生物沥浸（bioleaching）技术，是 20 世纪 50 年代起嗜酸性硫杆菌被人们有意识地应用于工业领域最为成功的典范。目前国内外的冶金企业采用该技术除从贫矿、尾矿废渣中回收 Cu 外，还能浸出 U、Zn、Mn、Ni、Co、Mo 等多种金属。

基于矿石的细菌浸出原理而研发出的污泥生物沥浸技术是一项由我国科学家研发的污泥处理新技术，已成为国内外继化学法调理、物理法调理后的第三种污泥调理技术。采用该技术处理污水污泥，可在有效浸出污泥中重金属的同时，通过微生物替代作用、生物酸化作用、微生物细胞裂解效应等作用大幅提高污泥脱水性能，并同时高效削减污泥中抗生素抗性基因、致病病毒等生物污染物，也可大幅提高污泥中疏水性有机污染物如多环芳烃等的生物有效性（周立祥，2012；Lu et al., 2019; Zheng et al., 2019）。通过生物沥浸技术处理后的污泥可通过机械脱水设备在不投加化学调理剂的前提下进行高效的泥水分离，获得含水率低于 60%的污泥饼。该污泥饼可进一步通过好氧堆肥处理生产污泥堆肥产物，从而有效实现污泥的减量化、无害化和资源化利用。该技术在实现污泥深度脱水以达到污泥减量化和高效去除重金属、抗生素抗性基因等各类化学及生物污染物以达到污泥无害化两个方面具有突出优势，并极大促进了污泥的资源化利用。因此，污泥生物沥浸技术已在我国多个省市的几十家污水处理厂得以工程化应用，并先后应用于畜禽粪污、餐厨沼液等污染介质的处理。

4）固体废物的其他生物处理技术

固体废物的蚯蚓分解处理是近十年来发展起来的一项主要针对畜禽粪污、城市生活垃圾或城镇污泥的生物处理技术。由于蚯蚓分布广、适应性强、繁殖快、抗病力强，可以大规模进行饲养与野外自然增殖，利用蚯蚓处理有机固体废物是一种投资少、见效快、简单易行且经济效益较高的固体废物处理技术。利用蚯蚓对固体废物进行处理的实质是蚯蚓和微生物共同作用的结果。二者构成了以蚯蚓为主导的蚯蚓-微生物处理系统。在此系统中，蚯蚓直接吞食固体废物，消化后将固体废物中有机物转化为可给态物质。这些物质同蚯蚓排出的钙盐与黏液结合形成蚯粪颗粒，蚯粪颗粒是微生物生长的理想基质。另外，微生物分解或半分解的有机质是蚯蚓的优质食物，二者构成了相互依存的关系，共同促进有机物的分解。固体废物经蚯蚓分解处理后，蚓体可用来提取蚓激酶和蛋白饲料添加剂，蚯粪可作为生物有机肥改良土壤。

4. 固体废物的焚烧处理技术

固体废物焚烧处理技术是将固体废物进行高温分解和深度氧化的处理过程。可燃性固体废物在充分供氧的条件下，发生燃烧反应，使其氧化分解，转化为气态物质和不可燃烧的固态残渣，从而达到减容、去除毒性和回收能源的目的。由于固体废物中可燃物质的比例逐渐增加，采用焚烧方法处理时，利用其热能已经成为未来的发展趋势。焚烧法具有占地少、处理量大、减量化效果显著、无害化程度高等优点。因此，焚烧法已经成为处理城市生活垃圾的基本方法，同时在其他固体废物处理中也得到越来越广泛的应用。欧洲国家较早采用焚烧法处理固体废物，焚烧厂多设在10万以上人口城市，并设有能量回收系统。

一般而言，有机废物均具有可燃性，因此都可以采用焚烧法进行处理，而不适合于焚烧处理的固体废物种类则是有机成分含量特别低的废物、易爆性废物、放射性废物等。适合采用焚烧法进行处理的固体废物种类包括废溶剂、废油、油乳化物、油混合物、废塑料、废橡胶、乳胶废物、医院废物、制药废物、农药废物、废脂肪、炼油废物、含蜡废物、含酚废物和含卤素、硫、磷、氮化合物的有机废物，以及被有害化学物质污染的固体废物（如土壤）或废液等和城市生活垃圾等。此外，具有以下一种或者几种特性的固体废物可以选定焚烧处理方法：具有生物毒性和危害性；不易被生物降解，能在环境中长期存在；易挥发或者易扩散；燃点较低；土地填埋处置不安全。

固体废物的焚烧处理主要受以下因素影响。

（1）温度。燃烧温度低会造成燃烧不完全，温度越高燃烧时间越短，同时固体废物分解得越完全，其中不可燃废物产生微量毒性有机物的机会也就越少。但是温度过高会引发炉体耐火材料、锅炉管道的耐热问题，因此当燃烧室温度过高时，要对其进行控制。

（2）停留时间。燃料在焚烧炉中燃烧完毕所需的停留时间包括燃烧室加热至起燃和物料燃尽时间之和。该时间与物料进入燃烧室时的粒径和密度相关。停留时间越长，分解越彻底，同时不可燃废物生成微量毒性有机物的机会也就越少。

（3）氧浓度。氧的供应量是固体废物分解完全与否和微量有机物生成量多少的决定性因素之一。为了达到固体废物的快速充分燃烧，必须向燃烧室内鼓入过量空气。但空气量过剩则会吸收过多的热量从而降低燃烧室的温度。焚烧炉的实际供氧量超过理论值大约一倍时，方可保证整个燃烧过程的氧化反应顺利进行。

（4）湍流度。指焚烧炉内温度处于均匀条件时，废物与空气中的氧相互结合的速度，当湍流度大或者混合程度均匀时，进入的空气顺畅，废物的燃烧分解就会比较完全。

（5）固体的粒度。一般来讲，加热时间近似与固体粒度的平方成正比，所以燃烧时间也与固体粒度及其平方成正比。在进行垃圾的焚烧处理时，需要将其破碎至一定粒度，以便加快焚烧速度，提高焚烧效率。

5. 固体废物的热解处理技术

区别于焚烧处理技术，热解处理技术是在氧分压较低的条件下，利用热能将大分子量的有机物裂解为分子量相对较小的易于处理的化合物、燃料气体、油和炭黑等物质。

热解处理技术适用于具有一定热值的有机固体废物。热解应考虑的主要影响因素有热解废物的组分、粒度、均匀性、含水率、反应温度及加热速率等。按照加热方式，热解可以分为直接加热法和间接加热法。按照热解反应系统的压力不同，热解可以分为常压热解法和真空（减压）热解法。按照热解温度，可以将热解分为高温热解、中温热解和低温热解三类。高温热解温度应该在1000℃以上，主要热解产物应为燃气。中温热解温度应在600～700℃，主要热解产物为类重油物质。低温热解温度应在600℃以下，主要热解产物为炭黑。热解产物经净化后进行分馏可获得燃料、燃气等产品。按照热解设备类型的不同，热解则可以分为固定床型热解、移动床型热解、回转窑热解、流化床热解、多段竖炉热解、管型炉瞬间热解、高温熔融炉热解等。

与焚烧处理相比，固体废物的热解处理是更有前途的处理方法，其显著优点在于可将固体废物中的有机物转化为以燃料气、燃料油和炭黑为主的储存性能源；由于是无氧或缺氧分解，排气量少，有利于减轻对大气环境的二次污染；固体废物中的硫、重金属等有害成分大部分被固定在炭黑中；由于保持还原条件，部分有毒有害重金属保持在低毒的还原态；氮氧化物等温室气体产生量少（赵由才等，2019）。

6. 固体废物的土地填埋处置

无论对固体废物采用何种减量化和资源化处理方法，如焚烧、热解等处理后，剩余下来的无再利用价值的残渣，都需要对其进行土地填埋处置。此外，土地填埋处置技术也是处理城市生活垃圾的主要技术之一。土地填埋处置是工艺简单、成本较低、适用于处理多种类型固体废物的最终处置方式之一。该法是利用工程手段，采用有效技术措施，防止渗滤液及有害气体污染水体、大气和土壤环境，使整个填埋作业及固体废物稳定过程对公共卫生安全及环境均无危害的一种土地处置固体废物方法。土地填埋处置投资少、简单易行，适于处置多种类型的固体废物，填埋后的土地可重新用作停车场、游乐场、高尔夫球场等。

填埋场防渗是现代填埋场区别于简易填埋场和堆放场的重要标志之一，也是选址、设计、施工、运行管理和终场维护中至关重要的内容。填埋场防渗的主要目的是阻止渗滤液和填埋气体外泄污染周围的土壤和地下水，同时还要防止外来水，包括地下水、地表水和降水等大量进入填埋场，增大渗滤液产生量。填埋场的主体工程包括地基处理工程、基底防渗层工程、衬层、渗滤液导排与处理系统、填埋气体的收集和利用工程、雨水导排系统、最后覆盖系统工程、填埋终场后的生态恢复系统。

6.3.2 危险废物的处理处置技术

危险废物具有毒性、腐蚀性、易燃性、反应性和感染性等一种或几种危害特性，对生态环境和人类健康构成严重危害，已经成为世界各国共同面临的重大环境问题。危险废物包括固态（如残渣）、半固态（如油状物质）、液体及具有外包装的气态物质等。已经产生的必须单独处理的危险废物，其处理程序首先是通过物理、化学或生物的方法，把危险废物中的有毒有害成分分离出来并加以利用，使之转化为无毒无害废物。其次是利用焚烧等措施尽可能减小危险废物体积。最后是把危险废物中的有毒有害成分通过稳定化及固定化，降低这些有毒有害成分的迁移能力，同时采取永久性措施加以储存。综上，危险废物的处置，是通过将危险废物进行预处理、稳定化及固定化、安全填埋、焚烧处置等手段以达到减少已产生的废物数量，缩小固体危险废物体积，减少或者消除其危险成分的活动。

对危险废物处置的目的是确保其中的有毒有害物质，无论是现在还是将来都不致对人类及环境造成不可接受的危害。其主要处理技术包括预处理、稳定化及固定化、填埋处置及焚烧处置技术。

1. 危险废物的预处理技术

危险废物的预处理技术包括压实处理、破碎分选、溶剂萃取、物理沉降、化学氧化还原及絮凝沉淀等。

压实处理不仅可以减小危险废物容积，便于装卸和运输，并且压实得到的高密度惰性块料也便于储存和处理处置。破碎分选指危险废物经过破碎过程成为小块或粉状颗粒，可促进有毒有害物质的后续分选。破碎方式可分为机械和物理破碎，可采用包括人工分选、筛分、风力分选、浮选、磁选、电选等方式，实现有毒有害物质的分离。溶剂萃取是利用两种溶剂间的溶解度差异或发生某种化学反应，使其中有害成分分离出来，在该过程中溶剂的选择至关重要，且萃取后的溶剂通常需要回收利用。物理沉降主要依靠重力，实现危险废物混合液中密度较大的有毒悬浮颗粒的去除，基本设备包括混合液提升或导入装置、液体沉降池、颗粒沉降去除装置，部分沉降池还配有撇油器。化学氧化还原处理可用于有毒物质的解毒，实现有毒物质的化学降解。絮凝沉淀指将液态介质中微小、不沉降的微粒凝聚成较大、更易沉降的颗粒，典型的絮凝剂有明矾、三氯化铁及有机絮凝剂等。

2. 危险废物的稳定化及固定化技术

稳定化及固定化技术是处理危险废物、易迁移的废物及不稳定的废物的重要手段。经过无害化、减量化处理的固体废物，都要经过稳定化及固定化处理后，才能进行最终处置或加以利用。其具体原理是将所有污染组分包起来，减少有害物质在储存或填埋处置过程中的潜在危险，以便储藏和运输、利用和处置，改变易燃易爆特性。稳定化过程是选用某种适当的添加剂与废物混合，以降低废物的毒性和减少污染物自废物到生态圈的迁移率，因而它是一种将污染物全部或部分固定于支持介质、黏结剂上的方法。固定化可以看成是一种特定的稳定化过程，可以理解为稳定化的一个部分。通常固定化处理的途径包括将污染物通过化学转化，引入到某种固体物质的晶格中去，以及通过物理过程把污染物直接渗入到惰性基材中去。

水泥是最常见的危险废物稳定剂。由于水泥是一种无机胶结材料，经过水化反应后可以生成坚硬的水泥固化体，所以在处理危险废物时最常用的是水泥固化技术。除此之外，还有石灰固化、药剂稳定化及熔融固化技术。

3. 危险废物的安全填埋处置技术

目前常用的危险废物填埋处置技术主要包括共处置、单组分处置、多组分处置及预处理后再处置四种。共处置是将难以处置的危险废物有意识地与生活垃圾或同类废物一起填埋，主要目的是利用生活垃圾或同类废物的特性，以减弱所处置的危险废物的组分所具有的污染性和潜在危害性，达到环境可承受的程度。单组分处置是指采用填埋场处置物理、化学形态相同的危险废物，废物处置后可以不保存原有的物理形态。多组分处置是指在处置混合危险废物时，应确保废物间不发生反应，从而不会产生毒性更强的危险废物，或造成更加严重的环境污染。预处理后再处置是将某些物理、化学性质不适于直接填埋的危险废物进行预处理，使其达到入场要求后再进行填埋处置。安全填埋是危险废物在陆地上的最终处置方式。

安全填埋场是一种将危险废物放置或储存在土壤中的处置设施，其目的是埋藏或改变危险废物的特性，适用于填埋处置不能回收利用其有用组分和能量的危险废物。安全填埋场的综合目标是尽可能将危险废物与环境隔离，通常技术要求设置防渗层，且渗透系数不得大于 8 cm/s，一般还要求最底层应高于地下水位，并设置渗滤液收集、处理和检测系统。安全填埋场多由若干填埋单元构成，单元之间采用工程措施相互隔离，通常隔离层用天然黏土构成，能有效限制有害组分在纵向和水平方向的迁移。

与其他处置方法相比，安全填埋处置技术的主要优点在于其是一种完全的、最终的处置方法，若有合适的土地可供利用，且最经济。此外，安全填埋处置技术不受废物的种类限制，且适合于处理大量的废物，填埋后的土地可重新用作停车场、游乐场、高尔夫球场等。安全填埋的缺点在于填埋场必须远离居民区，恢复的填埋场因沉降而需要不断地维修，填埋在地下的危险废物通过分解可能会产生易燃、易爆或毒性气体，需加以控制和处理等。

4. 危险废物的焚烧处置技术

焚烧处置技术是高温分解和深度氧化的综合过程。通过焚烧可以使可燃性的危险废物氧化分解，达到减少体积，去除毒性，回收能量及副产品的目的。危险废物的焚烧过程比较复杂。由于危险废物的物理性质和化学性质比较复杂，对于同一批危险废物而言，其组成、热值、形状和燃烧状态都会随着时间与燃烧区域的不同而有较大的变化，同时燃烧后所产生的废气组成和废渣性质也会随之改变。因此，危险废物的焚烧设备必须适应性强、操作弹性大，并具有在一定程度上自动调节操作参数的能力。一般来说，几乎所有的有机性危险废物都可用焚烧法处理，而且最好是采用焚烧法处理。而对于某些特殊的有机性危险废物，只适合用焚烧法处理，如石化工业生产中某些含毒性中间副产物等（王留成，2016）。焚烧法的优点在于能迅速且大幅度地减少可燃性危险废物的体积。此外，一些有害废物通过焚烧处理，可以破坏其组成结构或杀灭病原菌，达到解毒、除害的目的。焚烧处置的缺点是危险废物的焚烧会产生大量的酸性气体和未完全燃烧的有机组分及炉渣，如将其直接排入环境，必然会导致二次污染。另外，该技术的投资及运行管理费高，焚烧过程设有控制污染设施和复杂的测试仪表，进一步提高了处理费用。

6.4 典型固体废物资源化利用技术

6.4.1 典型城镇有机固体废物的资源化利用技术

1. 城镇污泥处理处置与资源化利用技术

污泥是污水处理过程中的产物，富集了污水中大量有机物、污染物质与营养物质，具有污染和资源的双重属性。一方面，污泥含有重金属、有机污染物、病原菌、抗生素抗性基因、微塑料等有毒有害物质，若不进行无害化处理处置，会对水体、大气和土壤造成二次污染；另一方面，污泥含有大量的蛋白质、脂肪、糖类等可生物降解的有机物，若不进行稳定化处理，其进入环境易腐化发臭，同时会导致污泥中有机物、氮、磷等资源的浪费（戴晓虎，2022）。近年来，随着我国城镇化进程加快，污水处理设施日益完善，城市污水处理量也逐年提高，由此产生的污泥量已经位居世界首位。我国住房和城乡建设部在 2021 年 11 月底发布的《2020 年城乡建设统计年鉴》显示，截至 2020 年底，全国累计建成城镇污水处理厂 4326 座，城镇污水日处理能力已达到 2.3 亿 m^3，污泥年产量超过 6600 万 t（以含水率 80%计），预计到 2025 年底污泥年产量将达到 8000 万 t。

污水处理厂污泥如果没有经过安全处理处置，将会造成环境污染和资源浪费。因此，污泥安全处理处置就是要实现污泥中有毒有害物质无害化处理处置，易腐化发臭的有机物稳定处理，资源物质能够得到循环利用。污泥处理处置的基本原则是无害化是目标，稳定化是基础，减量化是关键，资源化是手段。也就是说，在实现污泥无害化目标的同时，实现最大化的资源循环利用。

污泥减量化。污泥含水量高、体积大且呈流动性，给运输和处理处置均带来不便。因此污泥减量化是关键。污泥减量化的目的是减少污泥的体积、水分和有机物，其大致可分为生物法、物理法和热化学法。生物法通常利用微生物作用降解污泥中生物可降解有机物，减少污泥质量，如厌氧消化和好氧发酵；物理脱水通常利用机械方法实现污泥中水分的去除，如机械和重力浓缩、离心脱水、带式脱水、板框压滤脱水等；通过热化学法可实现污泥水分去除以及污泥中有机物降解，从而实现污泥减量，热化学法通常有干化、焚烧、湿式氧化、热解气化等。

污泥稳定化。污泥中有机物含量较高，且极易腐败产生恶臭，因此稳定化是基础。污泥稳定化是指运用一些物理、化学或生物方法使污泥不再出现或者在极其受限的范围内产生腐败。污泥稳定化通常通过好氧消化、好氧堆肥、厌氧消化等实现，利用微生物的代谢过程降低污泥中可生物降解的有机物含量。经稳定化处理后，污泥中固体物质含量减少，同时污泥中易腐败的部分有机物被分解转化。

污泥无害化。污泥中含有大量病原菌、致病病毒、抗生素抗性基因、重金属和持久性有机污染物等有毒有害物质，因此无害化处理能够有效减少污泥进入环境带来的二次污染。常见的无害化手段包括高温好氧堆肥、厌氧消化、干化焚烧、水热处理等。

污泥资源化利用。污泥中含大量有机物及氮、磷等营养物质，可通过提取污泥中的生物质能及回收营养物质等方式，实现污泥的资源化利用。城市污水处理厂对污泥传统的资源化利用途径主要包括土地利用和建材利用等。近年来，一些新的污泥资源化利用技术也迅速发展，如污泥低温制油、污泥制氢、污泥制吸附剂、污泥制聚羟基脂肪酸酯（polyhydroxyalkanoates, PHA）、污泥提取蛋白质、污泥定向生产短链、长链脂肪酸等（戴晓虎，2022）。

下面重点介绍污泥土地利用和建材利用这两种主要的污泥资源化利用技术。

土地利用是国内外最主要的污泥资源化利用方式之一。这主要是因为污泥中含有丰富的有机质和氮、磷、钾等营养元素，经过稳定化和无害化处理后的污泥可转化为植物易于吸收利用的营养成分，提高土壤肥力、改善土壤结构和性质、促进植物生长。因此，污泥可进行土地利用。美国污泥土地利用比例约为60%，丹麦、挪威污泥土地利用比例约为70%，而英国污泥土地利用比例高达79.1%，欧洲污泥土地利用比例整体在50%以上，欧盟成员国污泥土地利用的比例一直在持续增加。污泥土地利用主要包括以下4种方式：一是农业应用，城镇污水处理厂污泥中有机质含量丰富能改良土壤结构，在增加土壤有机质和矿质养料的同时可显著提高土壤微生物的数量和活性，促进土壤中的生物化学过程。因此，将城镇污水处理厂污泥应用于农作物的生产，可显著提高产量和品质。二是园林利用，将污泥用在农地上，存在有害物质进入食物链的风险，如果应用在园林绿化与生态恢复上，就能避免食物链污染风险，是极有前景的污泥土地利用途径。三是林地利用，由于林地很少像农用耕地那样大量施肥，土质条件差，区域种植的树木常因土壤贫瘠、缺乏营养而生长缓慢，若能有效利用污泥中营养物质补充树木所需养分，则是实现污泥资源化利用的重要途径。四是生态修复，污泥作为一种良好的有机肥源和土壤改良剂，还可被用于修复遭受污染、生态破坏、荒漠化和沙化的土地，包括各类矿区、垃圾填埋场、森林采伐场、沙漠、戈壁等。

污泥建材利用主要是利用污泥中二氧化硅等无机物质。具体方式主要包含干化污泥或焚烧灰渣用于制备水泥添加料、干化污泥用于制备陶粒等。污泥焚烧灰渣富含大量硅、铝、钙等元素，这与各类建材中的黏土质原料非常相似，故污泥焚烧灰渣经过处理后可用于各种建筑材料的制备。但是，由于污泥含有大量有机物，同时具有高含水特性，污泥建材利用首先需要实现有机物的降解、臭味的消除以及脱水减量。污泥建材利用的具体途径如下。

污泥制备水泥添加料。污泥制备水泥主要是通过水泥窑协同处置的方式，将满足入窑要求或者预处理后达到入窑标准的污泥以及焚烧灰渣投入水泥窑，利用水泥窑中的高温将污泥焚烧，并通过一系列物理化学反应使焚烧产物固化在水泥熟料的晶格中。在生产水泥熟料的同时实现对污泥的无害化和资源化处置。利用水泥窑协同处置干化或半干化后的污泥时，在窑尾分解炉加入外运来的污泥焚烧灰渣，可通过水泥原料配料系统处置。水泥回转窑内的高温环境实现污泥和灰渣在高温条件下与水泥其他组分的熔融，并在冷却后形成烧结水泥熟料。熟料经快速冷却后，研磨成细碎水泥粉，并添加石膏等添加剂改善其凝结性能，最终获得水泥成品。污泥焚烧灰渣等再生材料作为水泥生产的部分替代材料，一方面可降低水泥生产中碳酸钙分解产生CO_2的排放量，另一方面利用污泥或焚烧灰渣等废弃物代替了水泥生料中部分硅、铝、铁等元素，实现了污泥资源化。

污泥制备陶粒。污泥是一种黏土质资源，可以用作配料生产陶粒或轻质骨料混凝土等。由于污泥有机质含量相对较高，不宜作为单独原料烧制陶粒，需要根据不同类型污泥的化学成分与特性，通过与黏土、粉煤灰、页岩等其他原料混合配料。污泥焚烧灰渣还可以用于制备轻质骨料或混凝土混料的细填料，得到的产品可用于部分替代混凝土制作中所需要的轻质材料。污泥轻质材料的低密度、热绝缘性能、抗高温性能以及抗压强度完全可以与普通的轻质材料相媲美，甚至优于普通的轻质材料，完全能符合中等强度混凝土制作中对轻质材料性能的要求。

2. 餐厨垃圾资源化利用技术

餐厨垃圾俗称"泔脚""泔水"，是家庭、学校、餐饮业等抛弃的剩饭剩菜及在食堂加工、饮食服务等活动中产生的厨余垃圾和废弃食用油脂的统称，是人们在生活消费过程中形成的一种固体废物，也是城市生活垃圾的重要组成部分。根据其来源不同可以分为餐饮垃圾和家庭厨余垃圾，前者主要是饭店、食堂等聚集性餐饮单位所产生的剩饭剩菜；后者主要是居民日常生活废弃的下脚料和食物残渣。餐厨垃圾通常是米面、果皮、蔬菜、动植物油、骨头、废弃餐具、塑料、纸巾等多种物质的混合物。与其他垃圾相比，餐厨垃圾具有含水率高、有机物含量高、油脂含量高、盐分含量高、营养元素丰富等特点，具有良好的回收再利用价值（陈冠益，2018）。

我国伴随着人口数量迅速增长和经济水平与生活水平的提高，餐厨垃圾的产生量也在不断增加。据中国城市环境卫生协会资料显示，全国城市餐厨垃圾日均产量超过 50 t 的城市超过 500 个，而在北京、上海、广州和深圳等超大城市餐厨垃圾问题尤为严重，2016 年全国产生的餐厨垃圾约为 8865 万 t，目前我国餐厨垃圾年产生量已突破 12 000 万 t。餐厨垃圾若处理不当，造成的污染将会成为严重的环境问题；同时，"地沟油""垃圾猪"等安全隐患事件的出现也将会成为社会问题。2019 年，上海率先开始实施垃圾分类，餐厨垃圾资源化处理作为一种有效的手段，可以在垃圾分类后将餐厨垃圾变废为宝、化害为利，从源头上避免餐厨垃圾被直接作为养殖饲料，有效解决餐厨垃圾被直接填埋或焚烧而造成的资源浪费和环境污染问题，实现社会效益、经济效益和环境效益的有效统一。

餐厨垃圾的来源具有复杂性，与其他固体废物相比具备以下理化性质。

（1）含水率高。餐厨垃圾的含水率通常高达 70%～85%，热值很低，单位质量的餐厨垃圾热值为 2100～3100 kJ/kg，不利于直接混合在生活垃圾中焚烧处理，即使与其他垃圾一起进行焚烧发电，也只能降低垃圾的热值和总焚烧发电量。同时容易发生渗滤液的二次污染，不便于后续的收集、运输。

（2）有机质含量高。不同于其他生活垃圾，餐厨垃圾本身含有大量的淀粉、蛋白质和油脂等有机营养物质，营养元素丰富，含氮量约占干物质的 3%以上。

（3）盐分含量高。盐分含量为 0.5%～1%。

（4）易腐烂、易变质。由于餐厨垃圾有较高的含水率和有机质含量，本身极易腐烂变质，散发恶臭，容易滋长病原微生物等。

餐厨垃圾的主要处理方式包括填埋、焚烧、饲料化及生物处理。填埋和焚烧是传统的垃圾处理方式，目前已极少采用；而饲料化和生物处理可以产生高附加值产品，已成为目前应用较为广泛的新型餐厨垃圾处理技术，可以有效实现餐厨垃圾资源化利用。

1）饲料化

餐厨垃圾中含有大量的有机营养物质，使其饲料化具有相当大的优势。目前主要有干式饲料及蛋白饲料两类饲料化技术。其中干式饲料要求物料在95～120℃至少干燥2 h，含水率低于15%，杂质低于5%；蛋白饲料由微生物自身及其蛋白分泌物组成。但由于餐厨垃圾来源广泛、成分复杂，采用饲料化利用技术时存在很多安全隐患，如生物同源性、病原物、重金属、有毒有机物等。因此，在实际生产中需要遵循《餐厨垃圾处理技术规范》（CJJ 184—2012）中有关餐厨垃圾生产饲料的相关规范要求，生产合格的饲料。若将未经处理的餐厨垃圾直接喂养牲畜，则会带来巨大的安全隐患，使得有害物质回流餐桌。

2）好氧堆肥

餐厨垃圾中有机质含量高，营养元素全面，C/N值较低，是微生物的良好营养物质，适于采用好氧堆肥处理。目前好氧堆肥主要有传统好氧堆肥发酵和高温好氧堆肥发酵两种堆肥技术。还可以在好氧堆肥的基础上投入蚯蚓，利用蚯蚓自身丰富的酶系统，将餐厨垃圾有机质转化为其自身或其他生物易于利用的营养物质，加速堆肥的稳定化过程。但我国餐厨垃圾存在高盐分、高油脂问题，很大程度上限制了肥料化利用技术的推广与应用。

3）厌氧发酵

餐厨垃圾的厌氧发酵是指在无氧条件下，利用兼性微生物及厌氧微生物的代谢作用将复杂有机物分解为小分子有机物及无机物。在此过程中，会产生甲烷和氢气等能源物质。此外，利用厌氧发酵可获得各种有机酸和醇类，如乙醇、乙酸、丁酸、乳酸等，从而实现对餐厨垃圾的减容减量及资源化利用。厌氧工艺产生的沼气可转化为电能与燃气，厌氧消化罐中产出的沼渣可以进行二次发酵制肥处理。通常厌氧发酵产生的沼气中甲烷含量为60%～75%，经过净化、加压后可进入燃气管网，供给居民日常生活使用。然而，餐厨垃圾高油脂、高盐分会导致过度酸化并抑制菌体生长，不利于持续稳定地被降解，且相应的厌氧发酵设备成本较高。因此，寻找适合我国餐厨垃圾组分与特点的厌氧处理工艺，并保证厌氧消化系统的运行稳定，降低运行管理难度及费用仍是当前亟待解决的关键技术问题。

4）制备腐殖酸

通过高温复合微生物和酶转化技术、快速腐殖化集成装备及转化工艺精准控制技术，筛选自然界生命活力和增殖能力强的高温复合微生物菌种对餐厨垃圾等有机物进行高温好氧发酵，可使其得以快速降解并转化为生物腐殖酸肥料。腐殖酸肥料可以作为有机源土壤调理剂，用于提升土壤质量，进而起到降低化肥使用率、提高农产品产量和改善农产品品质的作用。该技术的优点是转化速度快、有机质利用率高、产品一致性高、可进入工业产品销售通路，但该处理工艺产生的液相进入污水处理系统会造成污水处理负荷增大和液相有机质的浪费。

5）制备生物柴油

餐厨垃圾中含有大量的油脂资源，通过回收处理可以加工制备生物柴油。餐厨垃圾经油水分离处理后的餐饮油脂生产生物柴油通常需要经过预处理工艺和酸碱催化酯交换反应工艺。预处理系统采用洁净水在水洗锅内对餐饮油脂进行水洗操作，经水洗后的餐饮油脂经加热后送入真空干燥器干燥脱水,便可获得较好的粗油脂。将粗油脂送至酸碱催化酯交换反应操作单元,粗油脂在酸、碱的催化条件下与甲醇进行酯交换反应,生产脂肪酸甲酯——粗甲酯。酯交换反应后的粗甲酯通过水洗将其中的酸碱液去除,以提高生物柴油的产品质量,最后粗甲酯经甲酯蒸馏塔负压闪蒸后即可获得生物柴油产品。

6) 制备生物可降解塑料

聚羟基脂肪酸酯(PHA)是由微生物在细胞内合成的酯类物质,可以合成塑料,具备可生物降解性,是天然的高分子材料。利用餐厨垃圾作为碳源,通过水解酸化作用生成乙酸、丙酸、丁酸和乳酸等小分子有机酸和醇类,在蜡样芽孢杆菌等发酵细菌的作用下生成PHA,降低合成PHA的生产成本。这对餐厨垃圾的资源化利用具有重要意义。

以上几种餐厨垃圾处理技术的优缺点可见表6-3。

表6-3 餐厨垃圾不同处理技术的优缺点

处理技术	优点	缺点
填埋	处理简单、处理量大	占地面积广、资源浪费
焚烧	减量化和无害化显著	添加辅助燃料、运营成本高
饲料化	技术简单、设备投资小	进料纯度要求高、存在二次污染问题、餐厨垃圾存放时间有限、生产耗能较高
好氧堆肥	制备高品质有机肥或者复合肥、减量化和资源化效果好、工艺简单、技术成熟	预处理除杂难度高、对有毒有害物质处理不彻底、容易产生恶臭气体、堆肥产品市场有限
厌氧发酵	经济价值高、耗能少、处理成本高、自动化程度高、恶臭气体少	运行工艺复杂、工艺参数难控制、投资成本高、设备安全性能要求高
制备腐殖酸	经济价值高、产品应用广	生产工艺要求高、产生废水需要进一步处理
制备生物柴油	生产高品质能源、资源化程度高	处理成本高、产品附加值低
制备生物可降解塑料	可生产降解材料、工艺过程不需要灭菌、经济收益高	技术发展尚不成熟,处于起步阶段

6.4.2 典型农业有机固体废物的资源化利用技术

农业固体废物是指在整个农业生产过程中被丢弃的有机类物质,包含农业生产和畜禽养殖业中产生的废弃物。农作物秸秆和畜禽粪便是我国农业固体废物中占比最大的两类。

1. 农作物秸秆资源化利用技术

农作物秸秆是各类农作物在收获主要农产品后剩余的地上部分茎叶或藤蔓,通常指小麦、水稻、玉米、薯类、油菜、棉花、甘蔗和其他农作物(通常为粗粮)在收获籽实后的剩余部分。农作物秸秆组成成分复杂,为多种复杂高分子有机化合物和少量矿物元素组成的复合体(谭小飞等,2022)。秸秆中有机质含量平均为15%,平均含碳44.22%、氮0.62%、磷0.25%、钾1.44%,还含有镁、钙、硫及其他重要的微量元素。秸秆中有机物成分主要有纤维素、半纤维素、木质素、蛋白质、脂肪、灰分等。秸秆中含有的碳水化合物、蛋白质、脂肪、木质素、醇类、醛和有机酸等，大部分都可以被微生物分解利用，经过处理后可以加工成饲料供动物食用。随着我国农业生产水平的持续提高，农作物秸秆总产量总体呈增长趋势。据统计，2015 年我国各类农作物秸秆产量达到 9.94 亿 t，其中大宗秸秆作物，如玉米、水稻和小麦等粮食作物秸秆占 73.5%、蔬菜残余物占 7.9%、棉秆占 5.2%、糖料副产物占 3.7%、豆类秸秆占 2.7%、其他占比 1.8%。至 2021 年，全国农作物秸秆利用量 6.47 亿 t，综合利用率达 88.1%，农作物秸秆具有良好的再利用价值。预计 2030 年我国农作物秸秆产量将达到 10.55 亿 t。

农作物秸秆的综合利用方式主要有五种，包括肥料化、饲料化、能源化、原料化和基料化，简称"五化作用"。

1）肥料化

农作物秸秆肥料化利用的主要形式为秸秆还田，一般分为直接还田和间接还田两种形式。

直接还田是以机械的方式将田间的农作物秸秆直接粉碎并抛撒于地表，随即翻耕入土，使之腐烂分解成为有机肥。直接还田的形式主要有三种，包括粉碎还田、覆盖还田和整秆还田。间接还田的形式主要包括堆沤还田、过腹还田、沼渣还田、菇渣还田及生化腐熟快速还田。秸秆还田的优点主要包括：①增加土壤有机质和速效养分含量，培肥地力，缓解氮、磷、钾肥比例失调的矛盾；②调节土壤物理性能，改造中低产田；③形成有机质覆盖，抗旱保墒；④降低病虫害的发生率；⑤增加作物产量，优化农田生态环境（马金霞等，2020）。

2）饲料化

农作物秸秆中含有动物需要的各种营养成分，这为其饲料化利用奠定了物质基础。秸秆饲料化技术主要包括青贮、微贮、氨化处理、碱化处理、热喷处理和压块饲料等。

青贮是指在厌氧条件下，利用秸秆本身所含有的乳酸菌等有益菌将饲料中的糖类物质分解产生乳酸，当乳酸达到一定程度（pH 为 3.8～4.2）后，可抑制或杀死其他各种有害微生物，如腐败菌、霉菌等，从而达到长期保存饲料的目的。微贮是指在青贮的基础上，加入木质素、纤维素发酵剂，促进秸秆纤维素、半纤维素和木质素的分解。氨化处理是在秸秆中加入一定比例的液氨或者尿素进行处理的技术。碱化处理是在一定浓度碱液（通常占秸秆干重的 3%～5%）的作用下，打破粗纤维中纤维素、半纤维素、木质素之间的醚键或酯键，并溶去大部分木质素和硅酸盐，从而增加秸秆饲料的营养价值。秸秆热喷处理是指在秸秆中混入饼粕、鸡粪等后转入饲料热喷机内，在一定压力的热饱和蒸气下，保持一段时间，然后突然降压，使物料从机内喷爆而出，从而改变其结构和某些化学成分，并消毒、除臭的一种热压力加工技术。秸秆制取压块饲料是将秸秆经机械铡切或揉搓粉碎，混配以必要的营养物质，经过高温高压轧制而成的高密度块状饲料。

3）能源化

农作物秸秆能源化利用技术主要包括秸秆发电技术、秸秆成型技术、秸秆制沼气技术、秸秆生产燃料乙醇技术、秸秆热解气化技术等（刘涛等，2019）。

秸秆发电技术分为秸秆直燃发电技术、秸秆气化发电技术和秸秆/煤混燃发电技术。秸秆成型技术是指通过将秸秆粉碎成松散细碎料，在一定条件下，挤压成质地致密、形状规则的成型燃料（俗称秸秆煤）。成型燃料可以替代木材、煤炭为农村居民提供炊事或取暖用能。秸秆制沼气技术是以农作物（小麦、玉米、花生、大豆等）秸秆为主要发酵原料，复配以畜禽粪便、污泥等在严格厌氧环境和适宜的温度、水分、酸碱度等的条件下，经过微生物的厌氧发酵产生沼气的技术。农作物秸秆生产燃料乙醇技术是指以农作物秸秆为原料，经过物理或化学方法预处理，利用酸解或酶解方法将秸秆中的纤维素和半纤维素降解为单糖，再经过发酵和脱水制取乙醇。秸秆热解气化技术是指秸秆原料在缺氧状态下发生热化学反应转化为气体燃料的能量转换过程。秸秆燃气经冷却、除尘、除焦等处理后，可供民用炊事、取暖、发电等使用。热解液体经过加工可用来制备生物柴油、生物汽油等有机化工产品。

4）原料化

农作物秸秆原料化是指以秸秆为原料进行清洁制浆、制造人造板材和复合材料等。

利用玉米秸秆、棉秆等进行无污染制浆，可以用来生产箱板纸，主要包括有机溶剂制浆技术、生物制浆技术和碳酸二甲酯（dimethyl carbonate，DMC）制浆技术。秸秆人造板是以秸秆为原料，经粉碎、干燥、分选、黏合、热压、砂光和检测等各道工序制成的一种板材（边炳鑫等，2018）。复合材料则是指以可再生秸秆纤维为主要原料，配混一定比例的高分子聚合物基料，经加工而成的一种可循环利用的多用途新型材料。

5）基料化

农作物秸秆基料化是指农作物秸秆经过适当处理后用作农业栽培的原料，主要是用来栽培食用菌，当作食用菌的培养基使用，如种植香菇、草菇、平菇和双孢菇等。秸秆用于栽培食用菌之后，废渣可以回用下田，作为良好的有机肥料，还可作为营养丰富的牲畜饲料，实现资源化处理，并促进农业生产的良性循环。

2. 畜禽粪便资源化利用技术

畜禽粪便是指牛、羊、猪、家禽等畜禽排出的粪便、尿及其与垫草的混合物，它是其他形态生物质（主要是粮食、农作物秸秆和牧草等）的转化形式。畜禽粪便中包含农作物所必需的 N、P、K 等多种营养成分，还含有 75%的挥发性有机物，其中蛋白质含量为 15.8%～23.5%，经过处理后可以作为饲料，具有很大的经济价值。将其施用于农田有助于改善土壤结构，提高土壤有机质含量，促进农作物增产。畜禽粪便中的含水量，随动物种类、年龄不同而不同。正常成年动物粪便的含水量分别为猪粪 81.5%、牛粪 83.3%、羊粪 65.5%、鸡粪 50.5%。另外，畜禽粪便中也含有病原微生物，青霉菌、黄曲霉菌和黑曲霉菌是畜禽粪便中常见的病原微生物。畜禽粪便中还存在少量的重金属类物质，这些物质在畜禽粪便资源化利用过程中需特别注意。随着我国养殖场的规模化、集约化程度不断提高，畜禽养殖业迅猛发展，畜禽养殖量每 10 年增加 1～2 倍，随之而来的是畜禽粪便排放量的剧增（朱荣生等，2019）。据统计，2015 年我国畜禽粪便排放实物量达到 41.01 亿 t，其中猪、牛、羊、马驴骡及家禽等分别产生 17.87 亿 t 干物质、16.80 亿 t 干物质、2.70 亿 t 干物质、0.87 亿 t 干物质和 2.78 亿 t 干物质，预计 2030 年畜禽粪便产生总量将达到 43.4 亿 t。畜禽粪便的资源化利用方式主要有肥料化、饲料化、能源化三种。

1）肥料化

粪便用于农田大多采用堆肥肥料化的方法，畜禽粪便是一种有价值的资源，包含农作物所必需的 N、P、K、有机物等多种营养成分。经过处理后的畜禽粪便可作为肥料，具有很大的经济价值。粪便用作肥料时，首先对其进行及时清除，并尽量做到干粪与冲洗水分离，对含固体粪便的污水要进行固液分离。干粪和通过固液分离出的畜禽粪便不能直接用作肥料还田，还需要进行无害化和资源化处理，通常有堆肥发酵、制作生物复合肥和蚯蚓资源化处理法。

2）饲料化

粪便经过处理后可作为饲料。饲料化利用的方法主要包括直接喂养法、青贮法、生物法和干燥法等。鸡的消化道短，饲料中大约 70%的营养物质没有被消化吸收就会排出体外，鸡粪可直接用作饲料，待加工处理后可用来饲喂猪、牛、羊等。鸡粪、鸭粪、猪粪等畜禽粪便中含有较为丰富的干物质、粗蛋白、粗纤维和钙、磷等营养元素，可在加工处理后用于水产养殖。青贮法是指把秸秆、饲草或其他粗饲料和畜禽粪便一起青贮，这样可以增加饲料利用率和适口性，减少粗蛋白的流失，并能杀死其中的微生物，让营养更均衡（牛斌等，2017）。生物法是利用蚯蚓、蝇、蛆处理畜禽粪便，这样既消耗了畜禽粪便又得到了动物蛋白。干燥法是利用人工干燥达到消毒、灭菌、消除臭味的目的，通过干燥也可杀灭有害微生物、虫卵等，使加工的畜禽粪便符合卫生标准，同时可以达到饲料商品的生产要求。

3）能源化

粪便转化为能源在草原上采用的是直接燃烧。目前对于集约化养殖场，大多是水冲式清除畜禽粪便。例如，养猪场采用漏缝地板、水冲猪粪系统，粪便含水量高，对这种高浓度的有机废水，主要采用厌氧消化产沼气技术进行处理。利用厌氧细菌的分解作用，将有机物经过厌氧消化作用转化为沼气和二氧化碳。产生的沼气可用于发电、生产天然气、燃烧锅炉、照明和日常生活用气；而沼渣可以被生产成有机肥，用作农作物基肥和追肥；沼液可以用来制作叶面肥。

另外，由于农作物秸秆含有大量的有机物，其来源广泛，易于收集，因此这些生物质可以成为制作生物炭的优良原料。畜禽粪便含有氮、磷等营养元素，含有的重金属会影响施用于土壤中的土壤肥力和地下水水质，因此也可以将其作为制作生物炭的原料，实现资源循环利用和修复环境污染的目的。生物炭是生物质在无氧或者缺氧条件下热处理得到的固体炭质材料，具有丰富的孔隙结构、较大的比表面积、种类丰富又稳定的官能团，它已经被广泛应用于土壤改良、作物增产、土壤修复、水污染治理、固碳等领域，并取得了良好的效果（谭小飞等，2022）。生物炭在实现农业固体废物有效处置的同时，也可应用到环境和能源领域以实现资源化利用。

6.4.3　工业固体废物的资源化利用技术

工业固体废物是工业生产活动中产生的固体废物，包括一般工业固体废物和工业危险废物。产生量较大的一般工业固体废物主要有尾矿、冶炼废渣、粉煤灰、炉渣、煤矸石、脱硫石膏、赤泥、磷石膏等。工业固体废物产生量与工业增加值通常保持正相关，目前我国工业固体废物的产生强度呈现减弱趋势。近年来，我国工业固体废物产生量已进入平台期，2030 年以后可将工业固体废物产生量控制在 30 亿 t 以下，之后实现总量逐步削减；到 2050 年将产生量控制在 30 亿 t 左右。工业固体废物中尾矿、冶炼废渣、废石、粉煤灰、工业副产石膏、工业报废装备是未来我国工业固体废物中产生量大、环境影响大、综合利用难度大的固体废物类别，其资源化利用是我国工业固体废物处理的长期任务。

一般工业固体废物的资源化利用途径主要包括建材化利用和资源回用两种途径。

1. 建材化利用

工业固体废物的建材化利用是指将固体废物作为制作建筑材料的部分原料，应用于砖、水泥、陶粒、活性炭、熔融轻质材料以及生化纤维板的制作等。固体废物建材化不但具有实用价值还兼具经济效益。固体废物中的重金属等有毒有害物质随建材制成后，一部分重金属会随灰渣进入建材而被固化其中，失去游离性，因此一般不会随浸出液进入环境造成危害。固体废物建材化的产品包括碎石、水泥、硅酸盐建筑制品、铸石、微晶玻璃、矿渣棉、轻质骨料、陶粒、耐火材料等。

矿业固体废物中最常见的是尾矿，而生产建筑材料是尾矿利用量最大、最容易利用、环保效益最显著的资源化途径。硅石、石英、长石、各类黏土或高岭土、白云石或石灰石、蛇纹石等许多尾矿含多种非金属矿物，都是较有价值的非金属矿物资源，可替代天然原料作为生产建筑材料的原料。例如，国内已成功地用铜尾矿、铁尾矿、石棉尾矿、高岭土尾矿、钾长石尾矿等生产出了质量合乎要求的微晶玻璃；利用煤矸石可制备出煤矸石砖、煤矸石骨料、煤矸石水泥、煤矸石砌块等建筑材料；利用高炉矿渣生产矿渣硅酸盐水泥、石膏矿渣水泥、矿渣混凝土、矿渣砖等；矿渣碎石制备矿渣碎石混凝土，用于地基工程、修筑道路等；利用钢渣生产钢渣水泥，作筑路或回填材料等；利用粉煤灰制备粉煤灰水泥、粉煤灰混凝土、粉煤灰砖、粉煤灰陶粒等。

2. 资源回用

把工业固体废物中有价值的各种组分提取出来再利用是固体废物资源化的重要途径之一。例如，有色金属冶炼渣中往往含有可提取的金、银、钴、锑、硒、铊、钯、铂等金属，有的金属含量甚至达到或超过工业矿床的品位，有些矿渣回收的稀有贵重金属的价值甚至超过主金属的价值；一些化工渣中也含有多种金属，如硫铁矿渣中除含有大量的铁外，还含有许多稀有贵重金属；粉煤灰和煤矸石中含有铁、钼、钪、钒、铝等具有回收价值的金属。因此，提取固体废物中的各种有价值的组分可避免资源的浪费，是固体废物资源化的优先考虑途径之一。

依据矿业固体废物中有色金属和稀有金属含量的差异，可采用不同的方式回收其中的有色金属和稀有金属；煤矸石中含有一定量的固定炭和挥发分，可以用来代替燃料、生产水泥；硫铁矿渣可制取精铁矿、铁粉、海绵铁等，还可以回收其他金属，对于含铁量较低或含硫量较高的难以直接用来炼铁的硫铁矿渣，还可以用于生产净水剂、颜料等化工产品。

 问题与习题

1. 简述固体废物的定义与内涵。
2. 简述固体废物的分类原则及分类方法。
3. 根据我国经济发展趋势，预测我国未来十年内固体废物的产生情况。
4. 简述固体废物的污染特征及其对环境的危害。
5. 简述固体废物污染控制的主要策略与原则。
6. 简述固体废物管理的"三化"原则和全过程管理原则。
7. 对比分析固体废物好氧堆肥处理与厌氧消化处理的差异及各自优缺点。
8. 简要介绍微生物浸出工艺的微生物学原理及其在固体废物处理中的应用。
9. 简述危险废物的主要处理技术。
10. 简论污泥减量化、稳定化和资源化三者间的关系。
11. 简述污泥土地利用的优点及主要途径。
12. 简述2~3种餐厨垃圾资源化利用技术，并说明其优缺点。
13. 根据当地实际情况，分析适合当地的农作物秸秆资源化利用技术并阐述原因。
14. 简述畜禽粪便资源化利用的主要技术及其优缺点。
15. 阐述农业固体废物处理与农田土壤环境间的关系。

主要参考文献

边炳鑫, 赵由才, 乔艳云. 2018. 农业固体废物的处理与综合利用. 2版. 北京: 化学工业出版社.
陈冠益. 2018. 餐厨垃圾废物资源综合利用. 北京: 化学工业出版社.
戴晓虎. 2022. 城镇污泥安全处理处置与资源化技术. 北京: 中国建筑工业出版社.
杜祥琬. 2019. 固体废物分类资源化利用战略研究. 北京: 科学出版社.
胡筱敏, 王凯荣. 2020. 环境学概论. 2版. 武汉: 华中科技大学出版社.
鞠美庭, 邵超峰, 李智. 2010. 环境学基础. 北京: 化学工业出版社.
李朝林, 王文辉, 罗海健. 2022. 固体废物管理与资源化处理技术. 哈尔滨: 哈尔滨工业大学出版社.
刘芃岩, 郭玉凤, 宁国辉, 等. 2018. 环境保护概论. 2版. 北京: 化学工业出版社.
刘涛, 刘静, 吴振美. 2019. 农作物秸秆与畜禽粪污资源化综合利用技术. 北京: 中国农业科学技术出版社.
马金霞, 关金菊, 刘芳珍. 2020. 秸秆综合利用技术. 北京: 中国农业科学技术出版社.
宁平. 2007. 固体废物处理与处置. 北京: 高等教育出版社.
牛斌, 王君, 任贵兴. 2017. 畜禽粪污与农业废弃物综合利用技术. 北京: 中国农业科学技术出版社.
谭小飞, 张辰, 叶淑静, 等. 2022. 农村和城市固体废物资源化: 生物炭的制备及应用. 北京: 科学出版社.
唐雪娇, 沈伯雄. 2018. 固体废物处理与处置. 2版. 北京: 化学工业出版社.
王留成. 2016. 化工环境保护概论. 北京: 化学工业出版社.
王攀, 任连海. 2021. 典型有机固体废弃物资源化利用技术. 北京: 化学工业出版社.
徐炎华. 2009. 环境保护概论. 2版. 北京: 中国水利水电出版社.

赵由才, 牛冬杰, 柴晓利, 等. 2019. 固体废物处理与资源化. 北京: 化学工业出版社.
周立祥. 2012. 污泥生物沥浸处理技术及其工程应用. 南京农业大学学报, 35(5): 154-166.
朱荣生, 成建国, 黄保华. 2019. 畜禽粪污减量与资源化利用技术. 北京: 中国农业出版社.
朱书景, 李灿华. 2022. 固体废物处理与资源化. 武汉: 武汉大学出版社.
Lu Y, Zheng G Y, Zhou W B, et al. 2019. Bioleaching conditioning increased the bioavailability of polycyclic aromatic hydrocarbons to promote their removal during co-composting of industrial and municipal sewage sludges. Science of the Total Environment, 665: 1073-1082.
Zheng G Y, Lu Y, Wang D Z, et al. 2019. Importance of sludge conditioning in attenuating antibiotic resistance: Removal of antibiotic resistance genes by bioleaching and chemical conditioning with Fe[Ⅲ]/CaO. Water Research, 152: 61-73.

第7章 人口、资源与环境

人口、资源与环境是世界可持续发展的主题,更是制约中国经济发展和民生的关键因素。人口、资源与环境存在着相互依赖而错综复杂的关系,并且是相互作用的整体。资源为人类的生产生活提供物质基础,环境容纳人类的活动并受到人类活动的影响而发生变化,人类对资源的永续利用和环境的承载能力造成关键性影响。人口的增长、资源的利用、环境的保护关系到人类社会的生存和发展。特别是在可持续发展背景下,人口、资源、环境和可持续发展的关系成为新时期人地关系研究的热点和重点话题。人口发展依赖于资源与环境,但同时人类活动又反作用于资源与环境,并体现资源与环境的属性特征。一个地区人口数量、质量、结构、分布以及人类的活动方式等都与资源与环境紧密相关。而人口数量增长对消费品需求的扩大是加重资源与环境压力的根本原因之一,人口数量如果快速增长,对各种资源的需求量将逐渐增加,对生态环境的负荷也将加大,又将致使人地关系更加紧张。人口、资源与环境是当代全球性的问题,该问题主要由人口过快增长引起,其结果又导致全球性环境恶化而影响人类社会的可持续发展(王开泳等,2017)。

7.1 人口与环境

人类既是环境的产物,也是环境的改造者,人类活动造成的环境问题最早可追溯到远古时期,不过,那个时期的环境问题并不突出。工业革命以后,随着科技的进步和经济发展水平的快速提高,人类活动对全球环境的影响更加明显。近几个世纪以来,世界人口出现了井喷式增长,大量的人口提供了丰富的劳动力资源。同时,人类又是资源的消费者,人类生产或生活中产生的各种污染物进入环境,增加了生态环境的负担。人类生活和生产活动的实质是人与自然之间进行的物质、能量和信息交换,这必然会对原生环境产生一定的干扰。在人口与环境的矛盾上,人口膨胀是核心问题。人类出现以后,其在为了生存而与自然界的斗争中,不断地改造自然、创造和改善自己的生存条件。同时,又把经过改造和使用的自然物和各种废物归还给自然界,使它们重新参与物质循环和能量流动。随着世界人口的剧增,人类对自然资源需求的规模及复杂性增大,返还给大自然的废物也急剧增加,改变了自然的物质能量循环,尤其是那些对各类生物有毒有害和生物降解缓慢的人工合成物质带来的影响更为显著。自然界的自身净化和调节能力存在着一个动态的范围和阈值,超过这个阈值就会威胁到自然系统的完整性和稳定性,影响人类和其他生物的生存和发展,从而产生环境问题。

7.1.1 世界和我国人口概况

1. 世界人口

人类在地球上生存了大约 250 万年。统计表明，近百年来世界人口的增长速度达到了人类历史上的高峰。1830 年总人口达到 10 亿；至 1930 年达到 20 亿，人口增加 10 亿，用了 100 年的时间；至 1960 年，世界人口增长到 30 亿只用了 30 年；增加第四个 10 亿仅用了 15 年的时间，1975 年世界人口达到 40.3 亿；1985 年、1990 年、1995 年、2000 年、2005 年、2010 年、2015 年、2020 年世界人口数分别为 48.4 亿、53 亿、57.4 亿、61.4 亿、65.4 亿、69.6 亿、73.8 亿、75.9 亿。2022 年 7 月 1 日，联合国发布的《世界人口展望 2022》报告显示，世界人口于 2022 年年底突破 80 亿（图 7-1）。据联合国的最新预测，世界人口将在 2030 年和 2050 年分别增长至约 85 亿和约 97 亿，到 21 世纪 80 年代将超过 100 亿，达到峰值，并可能在 21 世纪结束前一直维持这一水平。人口的不断增加，将给地球环境带来沉重负担（王建刚，2022）。

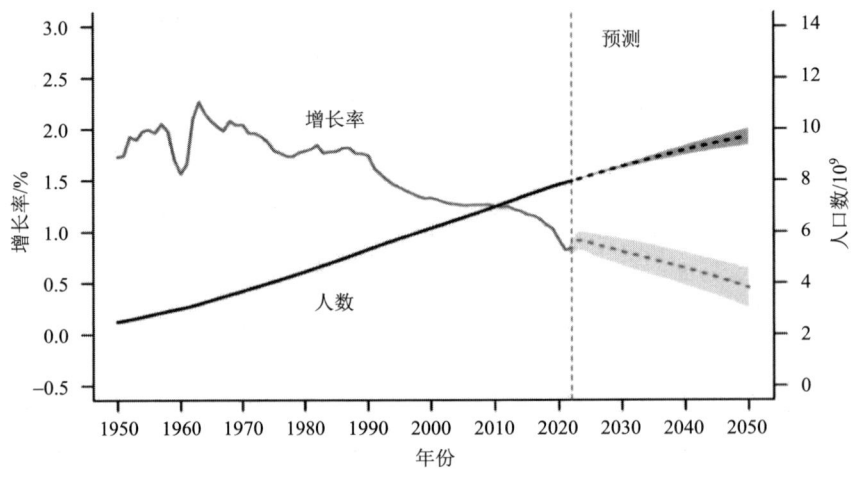

图 7-1　全球人口规模和年增长率

2022~2050 年为 95%预测区间的预估值

资料来源：联合国经济和社会事务部人口司，《世界人口展望 2022：结果摘要》

在世界人口迅速增加的情况下，世界发达国家与发展中国家的人口增加情况又极不相同。发展中国家的人口增长率更大，是发达国家的两倍以上（表 7-1）。世界人口的迅速增加，若不加控制，其影响范围将进一步扩大，势必会进一步破坏生态环境，耗竭自然资源，污染环境；反过来又会制约人类的生存与繁衍。

回顾人类历史的 1000 多年中人口数量发生的变化，可以发现，在前半段时间内人口增长缓慢，年平均增长率在 0.1%以下，总人口增加不到 2 倍。但在最后 300 年的时间内，年平均增长率不断提高，直至达到 2%以上，总人口数增加到 8 倍以上，同时倍增期越来越短，由 150 年缩短到 45 年（表 7-2）。

表 7-1 世界人口情况

指标	全世界平均数	发达国家（欧洲、北美）	发展中国家（亚、非、拉）
年出生率/%	3.3	1.6～1.8	3.7～4.6
年死亡率/%	1.3	0.8～1.0	1.0～2.0
年增长率/%	2.0	0.7～1.0	2.3～2.8
倍增期/年	35	70～100	25～30

表 7-2 世界人口增长的历史特征

时期	间隔时间/年	总人口/10^8	备注
1000 年	—	2.8	
1650 年	650	5.0	Td=700 年约相当于 r^*=0.1%×a^{-1}
1800 年	150	10.0	Td=150 年，r^*=0.67%×a^{-1}
1920 年	120	20.0	Td=120 年，r^*=0.83%×a^{-1}
1965 年	45	40.0	Td=45 年，r^*=2.2%×a^{-1}
1980 年	15	44.5	Td=15 年，r^*=0.69%×a^{-1}

注：Td 表示人口增长间隔时间，r^* 表示年增长率。

当前世界人口状况的另一问题是人口分布极不均衡。21 世纪之前，世界人口主要聚集在亚洲和欧洲，此后人口重心逐渐南移。1950～2020 年亚洲为世界人口主要增长极，增量占比为 61.5%。根据联合国《世界人口展望 2019》中方案预测，2020～2100 年 90%以上的世界人口增量在非洲。从人口占比看，1950 年亚洲、欧洲人口占世界人口的比重分别为 55.4%、21.7%，非洲人口占比仅 9%，世界十大人口大国有 8 个在亚欧大陆。进入 21 世纪以后，欧美发达国家的人口进入低增长阶段，人口出生率和死亡率均低于 13‰；而非洲处于高增长阶段，世界人口格局有较大调整。2020 年全世界有 60%左右的人口在亚洲国家，欧洲人口占比降低到不到 10%，而非洲占比却快速上升至 17.2%。非洲国家尼日利亚成为第七大人口大国，传统发达国家兼人口大国的德国、英国、意大利、日本均退出最新世界人口大国。从人口增量看，2020 年之前亚洲为世界人口主要增长极，1950～2020 年非洲、亚洲、欧洲、拉丁美洲、北美洲、大洋洲分别贡献世界人口增量的 21.2%、61.5%、3.8%、9.2%、3.7%、0.6%（数据来自《世界人口展望 2022》）。

从表 7-3 可以看出，亚洲是世界人口最集中的地区，占了世界人口的一半以上。近 200 年来其所占世界人口的比重有所下降，从 1800 年占 64.42%，不断下降到 1950 年的 54.88%，下降了约 10 个百分点。第二次世界大战以后，亚洲很多国家从原来的殖民地中获得独立，经济快速发展，人口不断增加，其所占全球总人口的比例有了较大提升。世界人口大国的中国、印度、印度尼西亚、巴基斯坦等都处于亚洲。欧洲人口的发展与亚洲正好相反。受工业革命影响，欧洲国家的社会、经济、文化均得到快速发展，其人口数量也增长迅速，其所占世界总人口的比重从 1750 年的 21.10%，不断上升到 1900 年的 26.06%，之后转向低增长阶段，到 1981 年下降到 16.79%。欧洲人口增长时期，正是非洲人口数量下降时期，它从 1750 年的 13.40%一直下降到 1900 年的 8.06%。这种情况与掠夺奴隶、迫害非洲黑人的种族主义密切相关。1900 年以后贩卖奴隶的贸易减少，非洲人口开始回升，到 1981 年增长到 48 600 万人，不到 100 年，人口增长了 2.65 倍，成为世界人口增长较快的地区。拉丁美洲、北美洲、大洋洲人口所占比重呈上升趋势，其中北美洲在 1800~1850 年有一较大飞跃，人口从 700 万猛增到 2600 万，1850~1900 年仍然保持高速增长，又增加了 2 倍多，平均起来 100 年间人口增长了 10 倍多，这主要是各洲向北美洲移民的结果。

表 7-3　世界各大洲人口变化表

地区	人口数/万人						各洲人口数占世界总人口的比例/%					
	1750 年	1800 年	1850 年	1900 年	1950 年	1981 年	1750 年	1800 年	1850 年	1900 年	1950 年	1981 年
亚洲	49 800	63 000	80 100	92 500	137 900	260 800	62.96	64.42	63.47	56.06	54.88	58.07
非洲	10 600	10 700	11 100	13 300	21 900	48 600	13.40	10.94	8.80	8.06	8.71	10.82
拉丁美洲	1600	2400	3800	7400	16 400	36 600	2.03	2.45	3.01	4.49	6.52	8.15
北美洲	200	700	2600	8200	16 600	25 400	0.25	0.72	2.06	4.97	6.60	5.66
欧洲	16 700	20 800	28 400	43 000	57 200	75 400	21.10	21.27	22.50	26.06	22.77	16.79
大洋洲	200	200	200	600	1300	2300	0.26	0.20	0.16	0.36	0.52	0.51
总计	79 100	97 800	126 200	165 000	251 300	449 100						

然而，需要注意的是，近年来部分国家的人口增长率和人口总数呈现负增长态势。2015~2021 年，俄罗斯、白俄罗斯、新加坡人口增长率由正增长变为负增长，而有些国家的人口增长率一直保持着负增长，如日本、乌克兰、塞尔维亚、希腊、匈牙利（图 7-2）。

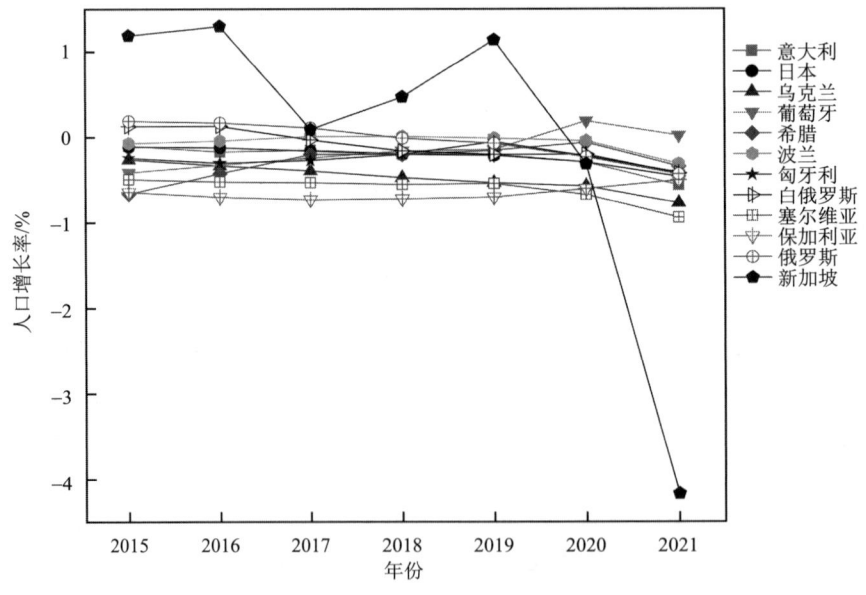

图 7-2　2015~2021 年部分国家人口增长率变化情况

资料来源：https://populationstat.com/

导致人口负增长的原因是多维度的，主要包括生育率下降、人口老龄化加剧和社会经济发展、政策导向以及环境变化等。特别是当前全球面临环境变化挑战，如全球气候变暖、生物多样性衰减、水资源短缺和环境污染等问题，对人类社会和地球生态系统构成了严重威胁。这些环境问题通过影响人类的生存条件、人体健康、农业生产等多个方面间接地导致人口呈现负增长态势。

2. 中国人口现状

截至 2024 年末，中国以 14.1 亿左右的人口成为世界第二人口大国，同时也是世界上人口密度较高的国家之一，平均人口密度为 133 人/km²。但我国的人口分布很不均衡，主要集中在东部地区和南部地区。以黑河至腾冲一线为界，此线以东、以南地区人口稠密，此线以西、以北地区人口稀疏。近 10 年来，我国人口保持低速增长态势，2021 年我国人口已经达到峰值，随后人口进入负增长，目前已经有不少省份人口自然增长率为负值。统计数据表明，中国人口有继续减少的趋势，但是作为世界上著名的人口大国，1949~1990 年我国人口增加较快，这段时期人口的快速增长引起了一系列环境问题。我国东部和南部一些省份人口数量偏多，资源承载力和环境承载力均已达到饱和。因此，人类应自觉、有计划地控制自身的发展，使人口增长与自然资源、生态环境协调一致，并与经济的发展相互适应。人口负增长是经济社会发展到一定阶段的结果，是现代化发展到一定阶段不可避免的人口过程。一方面，人口负增长对经济增长会产生一定的影响；另一方面，人口负增长有助于缓解资源环境压力。

根据第七次全国人口普查数据可以得知：2020 年末全国总人口为 141 178 万人，与 2010 年（第六次全国人口普查数据，下同）的 133 972 万人相比，增加 7206 万人，其中城镇人口为 90 199 万人，占 63.89%，乡村人口为 50 979 万人，占 36.11%。与 2010 年相比，城镇人口增加 23 642 万人，乡村人口减少 16 436 万人。2020 年出生人口 1200 万人，人口出生率为 8.52‰；死亡人口 998 万人，人口死亡率为 7.07‰；人口自然增长率为 1.45‰。2020 年末人口数及其年龄构成见表 7-4。目前我国人口现状呈现出以下一些特点。

表 7-4　2020 年末人口数及其年龄构成

年龄	人口数/人	占比/%
总计	1 411 778 724	100.00
0~14 岁	253 383 938	17.95
15~59 岁	894 376 020	63.35
60 岁及以上	264 018 766	18.70
其中：65 岁及以上	190 635 280	13.50

1）人口基数大

人口基数大、人口众多是我国的基本国情，目前我国人口与资源环境的关系依然紧张。中国是世界第二人口大国，人口总数为 14.1 亿人。即使最近几十年我国计划生育政策不断调整，有效控制了人口增长率，但由于过去人口基数大，短期内我国总人口仍将保持在较高水平，预计未来我国人口会有下降趋势。

2）人口增长速度减慢

20世纪70年代后期，由于我国实行了计划生育政策，并于1982年被确定为基本国策，人口过快增长的趋势得到有效抑制，由高峰期的20‰以上逐渐下降。根据2020年第七次全国人口普查的调查结果，与2010年第六次全国人口普查数据的133 972万人相比，增长5.38%，年平均增长率为0.53%，2000~2010年的年平均增长率为0.57%，2010~2020年比2000~2010年平均增长率下降0.04个百分点。2016年，放开二孩政策后，净人口增长达到了906万人，随后净增人口数开始一定程度的下滑，2017年779万人、2018年530万人、2019年467万人、2020年204万人，2021年人口净增长为48万人，2021年净增人口数创下了近60年来的新低。计划生育这项基本国策自制定以来，对控制我国人口数量和促进社会经济发展起到了积极作用。我国所推行的计划生育政策，控制了人口数量，提高了人口素质，在很大程度上减轻了人口对资源和环境的压力；但是，人口增长速度过慢，会导致老年人口比重增加、劳动力不足等问题。

3）人口老龄化

人口老龄化已经成为全球大趋势，是人类文明进步的体现。我国的老龄化有加重趋势，也将是今后较长一段时期我国的基本国情。2020年，中国0~14岁人口为25 338万人，占17.95%；15~59岁人口为89 438万人，占63.35%；60岁及以上人口为26 402万人，占18.70%（其中，65岁及以上人口为19 064万人，占13.50%）。与2010年相比，0~14岁、15~59岁、60岁及以上人口的比重分别上升1.35个百分点、下降6.79个百分点、上升5.44个百分点。我国少儿人口比重回升，生育政策调整取得了积极成效。同时，人口老龄化程度进一步加深，未来一段时期将持续面临人口长期不均衡发展的压力。

4）性别比例失调

第七次全国人口普查数据表明，我国男性人口为72 334万人，占51.24%；女性人口为68 844万人，占48.76%。总人口性别比（以女性为100，男性对女性的比例）为105.07，与2010年基本持平，略有降低。出生人口性别比为111.3，较2010年下降6.8，我国人口的性别结构持续改善。尽管男女比例失调情况有所好转，但仍值得关注。

5）人口流动加快、城市化速度加快

在城乡人口方面，2020年居住在城镇的人口为90 199万人，占63.89%；居住在乡村的人口为50 979万人，占36.11%。与2010年相比，城镇人口增加23 642万人，乡村人口减少16 436万人，城镇人口比重上升14.21%。流动人口方面，人户分离人口为49 276万人，其中，市辖区内人户分离人口为11 694万人，流动人口为37 582万人（其中，跨省流动人口为12 484万人）。与2010年相比，人户分离人口增长88.52%，市辖区内人户分离人口增长192.66%，流动人口增长69.73%。我国经济社会持续发展，为人口的迁移流动创造了条件，人口流动趋势更加明显，流动人口规模进一步扩大。农村人口向城市流动的速度在不断加快，越来越多的农村居民转变为城镇居民，这与户籍制度的改革有关。户籍制度的改革，在很大程度上预示着中国未来人口城镇化的速度将进一步加快。

农村人口流向城镇有助于中国城乡社会、经济的发展，但同时也会产生一些不利的影响，如城镇人口过度集中，会对城镇的基础设施、土地等造成巨大的压力，使城镇住房紧张、交通拥挤、工业集中，密集的人口会产生更多的垃圾，排放大量废弃物，造成空气污染、水污染、噪声污染、垃圾围城等问题。城镇人口过度增长超过了环境承载力，使人与城市环境的矛盾日益尖锐。

6）人口素质仍待提高

统计数据表明，2020 年具有大学文化程度的人口为 21 836 万人。与 2010 年相比，每 10 万人中具有大学文化程度的人口由 8930 人上升为 15 467 人，15 岁及以上人口的平均受教育年限由 9.08 年提高至 9.91 年，文盲率由 4.08% 下降为 2.67%。受教育状况的持续改善反映了 10 年来我国大力发展高等教育以及扫除青壮年文盲等措施取得了积极成效，人口素质不断提高。但是具有大学文化程度的人数仅为总人口数的 15%，低于发达国家。未来还需要不断提高我国的人口素质。

7）人口分布不均衡

2020 年，东部地区人口占 39.93%，中部地区人口占 25.83%，西部地区人口占 27.12%，东北地区人口占 6.98%（不含港澳台地区）。与 2010 年相比，东部地区人口所占比重上升 2.15 个百分点，中部地区人口下降 0.79 个百分点，西部地区人口上升 0.22 个百分点，东北地区人口下降 1.20 个百分点。中西部人口变化相对平稳，东部发达地区人口净流入，东北地区人口外流严重。人口向东部、南方经济发达区域、城市群进一步集聚。中国五大城市群集中了全国 38% 左右的城镇人口。在全国省份中，人口超过 1 亿的有两个省份，分别是广东省和山东省，近十年来，我国人口增长最多的五个省份分别是广东省、浙江省、江苏省、山东省和河南省。区域分布差距逐年加剧，东部人口密度不断增加，然而资源环境的承载力趋近临界点，从而产生了资源环境问题。

3. 解决我国人口问题的主要对策

人口是社会生产生活的主体，也是社会经济发展的基础。人口问题泛指影响人口生存和发展的各种问题，包括人口增长速度、人口数量及人口素质与物质资料的生产不相适应，阻碍了国民经济发展和人民生活水平的提高等问题。解决人口问题的途径是采取行之有效的政策，使人类自身的生产与物质资料的生产相适应，以求互成比例，协调发展。

1）严格控制人口增长，促进人口合理分布

人口迅速增长是造成资源枯竭与环境污染的主要原因。在 30 多年计划生育工作的努力下，中国人口迅速增长的势头终于得到有效遏制，既缓解了人口对资源环境的压力，又使经济、人民生活水平、人口素质得以提高。与此同时，今天的人口形势也发生了重大转变。生育率较低带来了人口老龄化加速、劳动力短缺、男女性别失衡等问题，家庭养老及抵御风险能力随之降低。针对人口形势发生的变化，综合多方面考虑，我国自 2021 年起全面实施三孩生育政策及配套支持措施。

人口合理分布要与开发建设布局和地域合理分布结合起来，以充分利用资源，促进人口合理分布，减轻资源、环境容量极限地区的负荷。目前我国大城市人口密集、污染源集中、环境问题突出。因此，必须严格控制大城市人口增长，鼓励和动员超负荷地区的人口向小城镇分流，有计划地引导超负荷人口向城镇的适宜区域转移，如通过发展城

2）提高人口素质，强化环保意识

人口对环境的压力既来源于其本身的规模，也来源于人口素质较低情况下对环境的破坏，人口素质的高低直接影响人口对环境的破坏程度。人口素质是人口本身所具有的认识世界、改造世界的条件和能力，主要包括三方面：人口身体素质、思想道德素质和科学文化素质。环境意识是人们对生存环境以及对人与环境关系能动的反映，是人口素质的重要内容。它一方面指人们对环境的认识水平，另一方面指人们采取保护环境的行动和协调人与自然关系的行为及自觉性。目前，我国人口文化素质已经有了一定的提高，但是相对于发达国家，仍然处于较低水平。劳动力的文化程度低，已成为影响中国经济持续发展的重要因素。

以经济建设为中心，促进社会、经济与环境协调发展，建设高度物质文明和高度精神文明的社会主义国家，必须大力普及科学文化教育事业，大幅度提高教育投资，积极发展职业教育、技术教育、科普教育，从而提高全民族的人口素质。只有提高全民族的人口素质，经济发展、环境保护才能成为现实。

3）完善法律法规，减小人口迁移对环境的影响

人口迁移流动是社会进步的表现（战乱或环境公害事件引起的难民移动除外）。人口迁移流动的适度发展是建设社会主义市场经济的必要条件，它能够使人力资源按照市场原则合理配置，不断推进各种生产要素在空间上实现最优配置，促进人口、资源和经济协调发展，缩小地区差异等。同时，人口迁移流动改变了人口的区域分布，使得迁入地人口规模迅速扩大，这不可避免地会加剧该地区的环境恶化。消除其对环境的负面影响不能通过完全限制人口迁移来实现，应该通过制定、完善法律政策，规范人口迁移流动，使其有序化。

为消除人口迁移流动带来的负面影响，应加强宏观调控。移民规划的实施应紧密结合区域土地利用管理和可持续发展，严格执行生态脆弱区的人口迁入政策，不遗余力地做好水土保持工作，严令禁止陡坡（超过25°）开荒。移民迁入区应适度发展低污染或无污染的城镇企业以及第二、第三产业。

我国西部是典型的生态脆弱区，虽然人口密度低，但自然条件恶劣，环境承载力小，生态破坏后难以恢复。因此，西部大开发要特别注意人口增长和资源开发中的环境保护，把环境保护和生态建设放在首位。西部地区人口控制应解决好两个问题：一是本地人口增长的控制；二是外来人口增长的控制。西部大开发在人口迁移方式上不宜进行大规模人口迁入，应着重于东部人才的西迁。

4）健全社会保障体系

社会保障作为人类社会不可或缺的一种基本稳定机制，是国家社会政策和经济政策的一项重要内容，对人口发展产生决定性的影响作用。社会保障制度模式除了与社会的经济发展水平、传统文化习俗紧密相关，还表现出与人口数量的多少、结构和变化以及素质的高低相适应的特征。因此，正确处理人口与社会保障之间的关系，要做到以下几点：提高认识，把人口与社会保障作为分析社会发展问题，制定社会政策，特别是研究

社会发展过程与现状的两个主要方面；全面、系统地分析人口与社会保障发展的基本过程与现状；科学地制定人口与社会保障发展战略。

7.1.2 人口与环境的关系

人口与环境的关系尤为密切，因为我们所称的环境为自然环境，是人类赖以生存、生活和生产必不可缺的条件。人类发展的历史就是人口与环境相互作用的历史。一方面，人类的生存和发展离不开环境，环境质量对人口的数量、质量和分布等有着重要影响；另一方面，人口的数量、质量和结构的变动对环境的影响和作用也很大，特别是人口数量长期持续的增长和科学技术的发展，已经引起了中国部分地区不同程度的环境恶化，开始危及人类自身的生存和发展。产生环境问题的原因是多方面的，但主要原因是人类的影响，是人们不适当的活动，包括生产活动和生活方式，特别是人口增长给环境带来的影响。

过去，人口增长对自然环境的影响过程十分复杂，既有人口增长对自然环境的直接影响，也有人类通过多种途径对自然环境的间接影响。例如，1949~1990 年，中国人口快速增长引起了一系列环境问题，包括资源开发过度、生态平衡破坏等。进入 21 世纪后，中国人口增长速度开始减慢，甚至开始出现负增长。这一变化趋势对环境压力的缓解具有潜在的积极意义。

1. 人口增长对水资源的影响

淡水是陆地上一切生命的源泉。充足、可靠的淡水供应对人体健康、粮食生产和社会经济发展至关重要。地球上的淡水资源并不丰富。虽然地球超过 2/3 的地表被水覆盖，但是人类能够利用的淡水只占 1%，可直接取用的仅占 0.01%。淡水资源主要来自大气降水，大陆每年总降水量为 1.1×10^{14} m^3，而被人类利用的只有 7.0×10^{12} m^3，即使加上通过修坝拦洪每年所控制的 2.0×10^{12} km^3，人类有可能利用的淡水量也不过 9.0×10^{12} km^3。

我国既是一个水资源大国，也是一个水资源贫国，我国水资源总量为 2.81×10^{12} m^3（约占全球年径流总量的 5.1%），仅次于巴西、加拿大、美国和印度尼西亚，居世界第五位，而人均水资源拥有量仅为 2.4×10^3 m^3，低于世界人均水资源拥有量 1.08×10^4 m^3，居世界第 109 位。尽管我国人口增长速度已经减缓，甚至出现负增长，但历史累积的人口基数大，依然存在人口对水资源的压力。我国人口增长对水资源的影响主要表现在以下三个方面。

1）人口压力对水土流失和水旱灾害的长期影响

我国历史上人口快速增长时期，对粮食等农产品的需求量大，为了缓解粮食生产的压力，从而大范围地毁林开荒，加剧了水土流失。由于大规模砍伐森林，黄河流域自 1972 年以来，除了原有的泥沙、洪涝灾害外，又增加了断流、干旱频繁等问题。洪涝灾害是破坏水资源平衡的毁灭性危害。长江中下游的洪涝灾害也是人口过度膨胀造成人地关系脆弱化的结果。

尽管我国人口已进入负增长阶段，但过去人口增长带来的生态环境影响具有长期性，仍需持续治理。为了解决滥伐森林、破坏生态环境等恶性循环的问题，政府除了采取各种措施保护森林和林地以维持土壤肥力和淡水供应外，最重要的就是优化人口分布，减轻环境负荷。

2）节水意识和节水技术水平低，加快了淡水资源短缺

我国人口总量大，部分人群节水意识淡薄，加上我国技术设备落后、生产力发展水平还有待进一步提高，水资源浪费严重。2007年全国总用水量为 5.82×10^{11} m³，农业用水占61.9%，但有效利用率不到45%，比发达国家70%～80%的有效利用率低25～35个百分点。据预计，如果中国农业用水的有效利用率提高10个百分点，那么每年可节水 4×10^{10} m³ 左右，这个数字已经相当于整个南水北调工程的输水量。

另外，由于我国部分人口环境意识较为薄弱，个别造纸、冶金、化工、采矿等行业从业人员为了追求高额利润，以牺牲社会利益、破坏生态、污染环境为代价，将环境成本转嫁于社会。水资源的过度消耗及污染，加剧了淡水资源紧缺、疾病蔓延的风险。

3）水资源的不合理利用，造成水质恶化

以黄河为例，黄河承担的生态用水、城乡居民生活用水和生产用水等早已超出其可供应的水量，造成黄河断流。黄河下游干旱严重的其中一个原因是黄河上游地区的农业灌溉采取最原始的大水浸灌方式，导致水资源浪费严重。

人口快速增长，水资源日益紧张，使地下水超采日益严重，有些地区甚至出现地下水漏斗，更为严重的是有的城市在漏斗中心边缘已经出现含水层疏干现象，这是地下水资源枯竭的明显征兆。水资源不合理的开采和分配方式将会进一步加剧资源性缺水问题。

2. 人口对土地资源的影响

土地资源是人类赖以生存的基础，大量的人口对粮食等农产品的需求巨大，粮食产量的增加速度赶不上人类多样化的需求，世界粮食供应日趋紧张。因此，大量人口对土地资源的压力较大。人口总量规模大，人均占有土地面积相当有限，这种矛盾主要体现在以下几个方面。

（1）随着社会经济的快速发展，大城市不断扩张，工矿企业建设和交通路线开辟等人类活动，占用大量的耕地资源。

（2）历史上为了增加耕地面积，过度开发利用森林、草原、湖泊等，破坏了生态平衡，最终导致土地荒漠化、沙漠化。近年来，我国人口零增长或负增长的趋势可以降低耕地使用强度，降低土壤表层侵蚀和肥力下降的风险。

（3）为了提高单位面积粮食产量，施用大量的化肥和农药。化肥和农药的过量使用会造成土壤板结、水体富营养化、环境污染、抗药性害虫种类与数量增加等不良后果，反而可能使农林牧渔业的总产量下降。

（4）人口增长减缓或负增长趋势为土地资源的合理规划和利用提供了空间，可以更有效地保护耕地，合理利用森林、草原和湿地等资源，同时促进生态恢复和生物多样性保护。

尽管人口增长减缓为土地资源管理带来了积极影响，但我国人口基数大，大量人口与土地资源减少之间的矛盾是长期积累的结果，其对土地资源的压力依然显著，土地退化和生态破坏问题仍然需要长期努力来解决。

3. 人口增长对能源的影响

能源是现代工农业生产的原动力。在过去 50 年里，全球能源需求的增长速度是人口增长速度的两倍，到 2050 年发展中国家因人口的增加和生活的改善，能源消耗将会更多。当前使用的能源多属于储量有限的不可再生资源，因此能源危机是世界性的、不可避免的难题。

人口增长使能源供应紧张，并且缩短化石燃料的消耗时间。生产和生活中燃烧煤炭、石油、天然气等化石燃料，加之热带雨林被大面积砍伐，大气中 CO_2 浓度从工业革命前的 315 μL/L 上升到 2022 年的 415 μL/L，引起温室效应，使全球变暖，产生异常气候，导致极地冰帽融化，甚至引起海平面上升。异常气候还会加速森林破坏，而发展中国家的燃料 90% 来自森林。

当人均能耗居高不下时，即使人口低速增长也可能对总的能源需求产生重大影响。例如，预计到 2050 年美国新增人口 7500 万，其能源需求约增加到目前非洲和拉丁美洲能耗量的总和。世界一次能源的消费量从 2012 年的 572.96 EJ 上升到 2022 年的 604.04 EJ，年均增长率为 1.4%。在未来 50 年中，能源需求量增幅最大的地区将是经济最活跃的地区。

虽然中国能源丰富，总量大，但人均占有量很少。随着我国国内生产总值的增加和人民生活水平的提高，能源需求量会大幅度上升。在现代社会中，要满足衣食住行和其他需要，人均能源消耗量不会低于 1.6 t 标准煤，虽然中国人均能源消耗有所提高，但仍远远低于发达国家。人口基数大必然导致我国能源供给长期不足。

4. 大量人口对森林、草原的影响

森林是陆地生态系统的主体，又是国民经济的基础产业之一。森林在向社会提供木材和大量林副产品的同时，还在调节气候、涵养水源、保持水土、净化大气、防风固沙、保护生物多样性、创造就业机会、促进农牧业及社会经济发展等方面发挥着不可替代的作用。由于我国人口基数大，森林一直承受着较大的负担。

1850 年以来，世界人口从 13 亿增长到 70 亿，增长幅度超过 5 倍，超过以往任何时期，而同期森林采伐的速度更快。近几十年内，毁林速度更高，人口增长幅度更大。自 1960 年，作为衡量森林资源压力的关键指标，人均可用森林面积下降了 50%，仅为 0.6 hm^2。到 2025 年，这一数字预计将下降到 0.4 hm^2。德国哥廷根大学森林经营研究所在 2000 年出版的《可持续的森林经营》一书中指出，全世界约 5 亿人口依靠森林谋生，森林工业、木材工业工人占很大比例。

对森林的大量砍伐和破坏，造成了严重的水土流失，给农牧业生产带来巨大损失。据联合国粮食及农业组织预言，如不采取措施，到 2100 年，土壤的退化和流失将使亚洲、欧洲和拉丁美洲的水浇地面积减少 65%。此外，在人口激增、粮食短缺的压力下，草原已成为开垦对象，而且世界范围内均存在对牧场管理不善的现象。不合理开垦、过度放牧等行为使草原生态系统遭到严重破坏，致使其生产力下降、产草减少和质量衰退，严重的则造成土地沙漠化。例如，我国东北西部和内蒙古中东部、北哈萨克斯坦以及美国中西部大平原为北半球温带三大肥沃草原，大规模农垦是这三大草原沙漠化的主要原因。

据国内专家估算，20世纪90年代初，由于人口压力，全国草原土地平均超载程度已达到84%。2018年中国国家林业和草原局公布的数据显示，中国草原资源占国土面积的40.9%，是耕地面积的2.91倍、森林面积的1.89倍，草原是我国最大的天然绿色生态屏障和抵御风沙的保护屏障。然而，目前我国90%的天然草原存在不同程度的退化状况，我国荒漠化面积达$2.61×10^6 km^2$，占国土面积的27.2%；现有沙漠化面积为$1.72×10^6 km^2$，占国土面积的17.9%。而且，土地沙化、退化面积还在增加。另外，气候也是影响草原生产力的一个重要因素，尤其是近年来全球气候异常，中国北方草原地区降水量减少，严重影响草原产草的质量。

5. 大量人口对气候变化的影响

近一个世纪以来，世界人口快速增长以及人民生活水平的提高，使得由生活和工业生产而排入大气的二氧化碳、氮氧化物、硫氧化物等增加，引起酸雨和光化学烟雾等区域大气环境问题以及温室效应、臭氧层破坏等全球性问题的出现。英美科学家对100年来的气候进行了回顾性调查，研究结果表明，19世纪90年代，全球平均气温为14.5℃；20世纪80年代，全球平均气温升高到15.2℃；估计到2030～2050年，全球平均气温将比近十几年高1.5～4.5℃，将比过去一个世纪高5～10℃。

1）人口增长过快使大气化学组成的变化日益突出

在满足人类快速增长的需求过程中，人类向大气层排放大量的温室气体和污染物质，改变了大气原有组成和性质。观测资料表明，近十年来大气中的二氧化碳、甲烷、一氧化二氮等含量增加，而平流层臭氧等含量减少。这同时也改变大气成分的性质，如二氧化硫和氮氧化物在大气中被氧化成为酸性物质，使大气中的水显酸性。

2）人口快速增长严重破坏下垫面的自然性质

世界上一些发展中国家因人口的急剧增加，迫切需要更多的耕地，这些新耕地的重要来源就是开垦森林和草地。据估计，目前热带雨林正以$50 hm^2/min$的速度消失，如果不阻止这种趋势，50年后热带雨林将不复存在。由于被大量破坏，森林从大气中吸收二氧化碳的能力将降低，增强大气的温室效应，使得气候日趋恶化。同时人口增长使部分地面植被遭到破坏。

3）人口快速增长使局部气候变化日益明显

随着世界人口的快速增长和经济的迅速发展，城市也以较快的速度发展。目前全球约有一半的人口居住在城市，从而给城市的基础设施和资源带来更大的压力。城市化的发展，物质和能源的大量消耗，城市建筑物、道路的大量增加，以及污染物的大量排放，均改变了原有的生态系统和生态平衡，使得城市热岛效应越来越严重。城市热岛效应主要由于市区人口稠密、建筑密集、植被稀少、工业集中，排放的人工热量影响局部气候，造成市区气温高于周围郊区。

城市热岛效应使城市的相对湿度减小，减少了城市的积雪频率和积雪时间。城市由于热岛效应和烟雾的作用，霜冻日数远比郊区少，无霜期比郊区长。城市热岛效应还会造成局部地区气候异常，冬季干燥、夏季燥热、春季风沙，北方一些地区夏季高温天气持续时间加长，高温日频繁出现。

6. 人口增长对环境的污染

随着人口增长，必然产生更多的生活和工业废物，排入江、河、湖、海的污染物将进一步增加，邻近城市和人口稠密地区的水体将进一步恶化。同时，固体废物也要占用更多的土地，生活垃圾处理压力也会增大，对人类生活产生不利影响。

虽然我国人口呈负增长趋势，但世界人口仍持续增长。要控制世界人口增长，就要做出更大的努力，控制出生率，特别要改变目前一些发展中国家高出生率的状况，打破人口增长—贫穷—环境退化的恶性循环。人口增长对资源可得性和资源质量的影响导致了贫困。适度的人口总量、优良的人口素质、合理的人口结构，是实现人口与社会协调发展的社会基础核心。

然而，一些国家人口增长率和人口总数呈现的负增长态势也不容忽视。人口增长率的降低与环境之间存在复杂的关系。一方面，人口增长率降低可能会减轻对自然资源的压力，从而对环境产生积极影响。例如，人口减少可能意味着资源消耗、二氧化碳排放和土地开发利用减少，这有助于缓解人口对资源环境的巨大压力，缓解人地矛盾，保护生态系统和减少生物多样性的丧失。另一方面，人口减少可能会对环境带来一些挑战，人口数量的减少可能会降低环境保护和可持续发展投资的动力和资源，增大环境保护的压力。值得注意的是，人口减少对环境的影响并不是单一的，它与其他因素如技术进步、消费模式、政策制定和社会经济发展紧密相关。

7.2 能源与环境

能源是实现国民经济现代化和提高人民生活水平的物质基础。各国的经济发展实践证明，在经济发展正常情况下，能源消耗总量和增长速度是与国民经济生产总值及其增长率呈正比关系的。能源消耗总量以及按人口平均的能源消耗量是衡量一个国家或地区经济发展水平的重要标志。但是，我们必须认识到，当人类使用这么多的能源时，环境也付出了巨大的代价。环境中不断增加的污染物质，导致环境质量严重恶化，甚至出现全球性环境问题。同时，由于能源消耗量与日俱增，地球上目前所拥有的能源到底能维持供应多久，成为当前全世界共同关心的问题。

7.2.1 能源概述

1. 能源的概念

能源是指可以被人类利用的含有高品位能量的物质，如太阳能、风力、水力、蒸汽、化石燃料、核能、潮汐能等。据测算，由能源不足引起的国民经济损失可达能源本身价值的 20~60 倍。因此，以便于利用的形式提供数量充足且价格合理的能源，是维持现代社会发展的必要条件。

2. 能源的分类

有关能源的分类主要从实用的角度来考虑。从能源物质来源和属性方面，一般将其分为矿质能源和非矿质能源；从能源利用形式上，分为一次能源和二次能源；从能源利用的永续性方面，分为可再生性能源和不可再生性能源；从能源利用技术的新颖性和复杂性上，分为常规能源和新能源；从能源利用对环境的影响方面，分为污染型能源和清洁型能源等。下面对各分类系统的定义做简要介绍。

矿质能源：又称化石能源，是指在地质成矿过程中形成的能源物质，主要有煤、石油和天然气。

非矿质能源：指矿质能源之外的其他能源物质，包括核能、生物质能、水能、太阳能、风能、地热能等。

一次能源：指存在于自然界的可以提供现成形式能量的能源物质，即直接来自自然界的未经加工转换的能源，主要有矿质能源、水能、太阳能、风能、地热能等。

二次能源：指由一次能源加工转换而来的能源，其中主要有电能、热能和机械能。电、蒸汽、煤气、汽油、焦炭等则是二次能源产品。

可再生性能源：指具有自然恢复能力，且其质量不会随自身的转化或人类的利用而日益减少的能源，如水能、风能、太阳能和生物质能等。

不可再生性能源：指在短期内不能自然再生，且其质量将随人类的开发利用而不断减少，直至枯竭的能源，如煤、石油、天然气、核燃料等。

常规能源：指开发利用的历史较长、利用技术较成熟、使用较普遍的能源，如原煤、石油、天然气。

新能源：指开发利用的历史较短、技术要求高、使用条件苛刻，或者仍在研发之中的能源，如核能、氢能、太阳能、风能、地热能等。新能源和常规能源都只是一个相对的概念，随着利用技术的日趋成熟和时代变迁，新能源将会逐渐成为常规能源，并取代现有的常规能源。

污染型能源：指一些在人类使用或消费后可造成明显的环境污染，尤其是对大气环境造成严重污染的能源，如煤和石油类能源。

清洁型能源：指在消费过程中不会对自然环境造成污染，或污染影响程度较小的能源，前者如水力、电力、地热能、生物质能和太阳能等，后者如天然气和核能等。清洁型能源和污染型能源也是一个相对的概念，清洁型能源使用不当也可能造成严重污染，如核能；反之，如果采用先进的能源利用和污染控制技术，污染型能源对环境的污染影响也可控制在一个可以接受的程度之内。

此外，根据能量的储存形式，还可将能源分为含能体能源和过程性能源。含能体能源的能量直接储存在物质体内，如矿质燃料、核燃料、地热能、高位水库等；过程性能源则不能大量地直接储存能量，如电能、风能、潮汐能等都属于过程性能源。

3. 主要能源的特性

1）矿质能源

煤：煤是远古的植物被埋在地下以后，由于压力和地热的作用，经历炭化过程形成的可燃性碳氢化合物。随着成煤年龄增加，其挥发物、氧和氢含量会逐渐减少，含碳量逐渐增加。按照炭化程度和煤中挥发物含量高低，可分成无烟煤、沥青煤、亚沥青煤、褐煤和泥煤等类型。其中，无烟煤和沥青煤为高品质煤，即狭义上的煤炭；亚沥青煤和褐煤等为低品质煤。在褐煤中常可以看到因炭化率低而残留的木质形态。需要指出的是，即使同一种煤，由于产地不同，其成分、发热值、含硫量、灰分含量和含水率等均存在较大差异。大多数的煤是在 2.86 亿～3.6 亿年前的石炭纪形成的。煤的形成需要很长时间，因此基本上是不可再生的资源。世界上煤的储量很大，总量估计达 1×10^{19} t，若所有煤矿均能被开采，煤的使用能持续几千年。以现在的消耗速率，那些已探明储量且经济上可行的煤可以维持开采 200 年左右。

石油：又称原油，主要由 C、H、O、S、N 5 种元素组成，其中 C、H 分别占 84%～87%和 12%～14%。一般认为，石油是海洋生物被埋在海底以后，通过微生物分解，在地热和压力的作用下形成的。根据其密度，可以分成超重质原油、重质原油、中质原油、轻质原油和超轻质原油。按烃类组成比例，又可分为石蜡基原油、环烷基原油和混合基原油。石蜡基原油含石蜡系烃类较多，适宜制造固体石蜡和优质润滑油。环烷基原油含环烷系烃类较多，蒸馏时有大量沥青产生，故又称沥青基石油，适宜生产燃料重油。混合基原油含有以上两种石油的混合成分，适宜制造润滑油、燃料重油。原油通过蒸馏、精炼，可生产出液化石油气、挥发油、汽油、航空汽油、煤油、柴油、重油和润滑油等石油制品。石油制品的产率是确定各种原油商品价值的重要指标。世界石油总储量估计为 4×10^{12} 桶（1 m³=6.29 桶），约 6×10^{11} t，其中一半可以被开采。

天然气：组分以甲烷为主，还含有乙烷、丙烷、丁烷和其他气态烃类。常常把以甲烷为主要成分的天然气称为干性天然气，而将戊烷以上重质碳氢化合物含有率较高的天然气称为湿性天然气。2006 年探明世界天然气剩余可采储量为 1.75×10^{14} m³，相当于 2.33×10^{14} t 标准煤。至于天然气的最终可采资源，一般看法是大约 3×10^{14} m³（折合原油 1.9×10^{12} 桶）。天然气燃烧产生的 CO_2 仅是等量煤燃烧所产生 CO_2 的一半，属于清洁型能源，用它取代煤可以减缓全球气候变暖。

2）水力

水力资源是由河流落差和流量大小决定的，水力发电是用作商业能源最多的可再生性能源。全球水力发电的潜力在 3×10^9 kW 左右，如果这个生产能力能满负荷运转的话，可以提供 8×10^9～1×10^{10} kW·h 电能。水力发电不涉及燃烧燃料，在运行过程中没有烟气排放，相较于矿质能源对环境的污染较小，是一种比较清洁的能源形式。但是水库和蓄水池是水力发电的重要组成部分，大型水库底部植物腐烂和蓄水池中有机质的分解，导致水库释放大量的温室气体，全球水库每年排放的温室气体不容忽略。

3）核能

核能（或称原子能）是通过核反应从原子核释放出来的能量。从现有科学技术水平看，可以从两个方面来开发利用核能：一是通过重元素裂变，如铀；二是利用轻元素聚变，如氘和氚。目前商用核电站采用的是核裂变技术，即热中子核反应堆技术。自然界中有两种铀（U）的同位素，一种是不能发生裂变反应的铀-238（^{238}U），另一种是可裂变的铀-235（^{235}U），^{238}U 丰度为 99.283%，^{235}U 仅为 0.711%，核电站用作核燃料的主要是 ^{235}U。与化学反应中的原子间电子转移不同，原子核反应是原子核中的核子转移。由于原子核内核子间的作用力要比原子内原子核与电子间的作用力大得多，所以核反应能也比化学能高得多。从理论上讲，1 g ^{235}U 发生核裂变反应可以得到 $8.2×10^{10}$ J 热量，相当于燃烧 3.3 t 标准煤的能量。据估计，全世界铀的可采储量约 $3.95×10^6$ t，可采年限为 66 年。但是，海水中溶解铀的数量可达 $4.5×10^9$ t，如果能够全部收集起来，可保证人类几万年的能源需要。不过海水中铀的浓度很低，千吨海水中只含有 3 g 铀。目前正在研究多种从海水中提取铀的办法，包括吸附法、共沉法、气泡分离法和藻类生物浓缩法等。

通常将进行核反应的装置称为核反应堆，核反应堆是一个将可控的核反应所产生的热量引出做功，或者直接利用其热能实现其他用途的系统，包括核燃料、中子减速材料、控制棒、获取热能的冷却材料。该过程涉及燃料元件内的导热过程、冷却剂中包括沸腾在内的对流传热过程，以及与之相关的流动过程的压降特性等问题。按照使用的减速和冷却材料分类，核反应堆可以分成石墨堆、轻水堆（LWR）、重水堆、液体金属冷却堆、气体堆等，目前世界上建成最多的是轻水堆，包括压水堆（PWR）和沸水堆（BWR）两种类型。在压水堆中，核反应堆内压力高达 150 atm（1 atm=101.325 kPa）左右，冷却水在高温下并不沸腾，冷却水加热到 320℃左右之后，被送入蒸汽发生器，变成蒸汽进到汽轮机中。在沸水堆中，流过核反应堆的冷却水在约 70 atm 的活性区内沸腾，然后蒸汽被送进汽轮机，驱动汽轮机发电。不论在哪种核反应堆中，都用 ^{235}U 含量为 3%～5%的低浓缩铀做燃料。

4）生物质能

植物的叶绿体在阳光的作用下，把水、二氧化碳、无机盐等转化为简单的小分子物质，再合成糖类、蛋白质、脂肪等较复杂的大分子，以三磷酸腺苷（ATP）的形式把能量储存起来，每摩尔 ATP 储存的能量约为 $5×10^4$ J。生物质能是世界上最广泛的可再生性资源。农作物、树木及其残体、畜禽粪便等有机废物都是生物质能源的原材料。生物质能源分布范围广，能源总储存量巨大。据估计，生长在地球上的生物总量每年高达 $2×10^{11}$ t，含能量 $4×10^{21}$ J，是世界能量消耗总量的 10 倍。生物质能燃料燃烧所释放的 CO_2 大体相当于生物生长时通过光合作用所吸收的 CO_2，生物质能燃烧过程几乎无 SO_2 排放，或仅产生少量的 SO_2。生物质能源的有效利用方法有直接燃烧或气化、通过干馏生成木炭、通过化学方法转变成乙醇或柴油等。其中，生物质能的直接燃烧在今后相当长的时间内仍将是我国生物质能利用的主要方式。

5）其他能源

风能：风是由空气流动引起的一种自然现象，风能直接来自太阳能。历史上，主要将风能转化为机械能利用，如利用风作动力行船、抽水灌溉等。19 世纪末人类发明风力发电机之后，赋予了风能现代新能源的意义。20 世纪中后期，风力发电大规模应用，是风力发电技术发展和应用的重要时期。据估计，太阳传给地球的辐射能约有 2%被转化成风能，在整个大气中，总的风能为 $3×10^{14}$ kW，相当于 $1×10^{12}$ t 标准煤的储能量。风能属于清洁绿色、取之不尽的可再生性能源。不过，风能具有分散、间歇、能源密度较低、风力不均匀等缺陷。因此，发展利用风能，需要解决储能技术问题，将风力高峰期发的电能储存起来于无风时期使用。风力发电的理论效率为 60%以上，在现场条件下的转换效率为 15%～30%。

地热能：指由于地壳或地幔上部的放射性元素裂变而产生的热量。不少研究估算得出,在地壳表面 3 km 以内,可利用地热能约为 8.4×10^{20} J,接近全世界煤储量的含热量。地热能来源有干蒸汽、湿蒸汽和热水三种形式。其中干蒸汽最好,温度在 150℃以上,属于高温地热田,可直接用来发电。湿蒸汽温度在 90~150℃,属于中温地热田,用前必须脱水,技术上比较困难。热水储量最大,温度在 90℃以下,属于低温地热田,只能直接用于取暖或供热,不能用来发电。由于地热与太阳能无关,能够保证其输出功率的稳定。国外对地热发电的大量开发应用始于 20 世纪 60 年代。截至 2024 年,全球地热发电总装机容量约 17.5 GW,较 2021 年增长了 9.3%,地热发电产能较大的国家有美国、印度尼西亚、菲律宾、土耳其和肯尼亚等。地热能以其储量大、分布范围广、稳定性好的特点,在现今清洁型能源供暖中脱颖而出。我国 336 个地级以上城市浅层地热资源年可开采量折合标准煤 7 亿 t;水热型地热资源年可开采量折合标准煤 19 亿 t;干热岩远景资源量折合标准煤 856 万亿 t。我国在"十三五"期间基本完成新增地热能供暖(制冷)面积 11 亿 m^2 的目标,在"十四五"期间提出因地制宜推动北方地区清洁取暖,在未来 5 年间地热能供暖(制冷)市场将会有很大空间。我国深部地热资源勘探开发、地热成井与热储改造关键技术储备还处于起步阶段,没有形成成熟的"找热"技术,缺乏系统的地热资源探测技术体系(钻井、循环液、测井、固井)与评价方法(参数、软件);缺乏规模化、可持续的地热资源提取技术(储层建造、井下换热),以及地面高效利用技术(发电装备、回灌、防腐防垢、梯级利用),多项技术亟须攻克(王贵玲等,2020)。

海洋能:指来自海洋的波浪能、潮汐能等,它们均属间接太阳能。波浪能是一种在风的作用下产生的,并以位能和动能形式由短周期波储存的机械能。潮汐能是地球旋转所产生的能量,其通过太阳和月亮的引力作用传递给海洋,并由长周期波储存。潮汐包括水平面的上升与下降的垂直运动和涨潮与退潮的潮汐浪水平运动。利用波浪能发电不消耗燃料资源和土地资源,对于沿海地区,尤其是对一些难以架设输电线路的小岛或者偏远海岛来说,具有良好的开发前途。

4. 能源消费与需求

1)世界能源消费情况

从 19 世纪 70 年代的产业革命以来,化石燃料的消费急剧增大。初期主要以煤炭为主,进入 20 世纪以后,特别是第二次世界大战以来,石油和天然气的开采与消费开始大幅度增加,并以每年 2 亿 t 的速度持续增长。在经历了 20 世纪 70 年代两次石油危机之后,即使石油价格高涨,石油消费量仍没有减少趋势,但世界能源消费结构发生了显著变化。核能、水能、地热能等其他形式的能源逐渐被开发和利用。特别是在第二次世界大战以后,核能发电不断得到发展,很多国家现已进入了原子能时代。例如,在日本 40%的发电来自核能。但是,从整体来看,目前世界上消耗最多的能源仍然是石油。中国行业研究报告网资料显示,根据 2024 年 6 月发布的《2024 年世界能源统计年鉴》,尽管很多国家都在推动能源转型,但 2023 年化石燃料仍占据全球能源结构的 81%。石油占全球能源消耗的 32%,其次是煤炭(26%)和天然气(23%),核能、水能和其他可再生性能源占一次能源消耗总量的 19%。

2）我国能源生产和消费情况

我国能源生产和消费具有以下主要特点。

能源资源总量丰富，人均拥有量较低。我国能源资源总量约 4×10^{12} t 标准煤，居世界第三位。煤炭占我国已探明化石能源资源总量的 97%左右，是最丰富的能源。煤炭保有储量为 1.0×10^{12} t，但可采储量只有 8.93×10^{10} t。石油和天然气的资源量分别为 9.30×10^{10} t 和 3.80×10^{11} m^3，已探明的石油和天然气储量约占资源量的 20%和 6%。煤层气资源量为 3.5×10^{13} m^3，相当于 4.50×10^{10} t 标准煤，排世界第三位，但尚未成规模开发利用。人均能源资源占有量不到世界平均水平的一半，人均石油资源占有量仅为世界的 1/10。

能源资源储存分布不均衡。煤炭资源 90%以上分布在秦岭—大别山以北、以西地区。煤炭储量中，山西占 25.9%，内蒙古占 22.4%，陕西占 16.1%，新疆占 9.4%，贵州占 5.2%，宁夏占 3.1%，安徽占 2.4%，这 7 个省（区）合计占总储量的 84.5%。水力资源 70%以上在西南，四川、重庆、云南、贵州四省（市），水力资源占全国一半以上。石油、天然气资源主要储存在东、中、西部地区和海域。而工业和人口集中的南方八省一市（占全国人口 36.5%）能源相当缺乏（煤炭仅占全国 2%，水力资源占 10%）。我国的主要能源消费地区集中在东南沿海经济发达地区，资源储存与能源消费地域存在明显差别。

能源生产和消费增长速度快（表 7-5 和表 7-6）。1949 年全国一次能源的生产总量只有 2.4×10^7 t 标准煤，到 1980 年，一次能源生产和消费总量分别达到了 6.37×10^8 t 标准煤和 6.03×10^8 t 标准煤。改革开放以后，我国能源工业无论从数量上还是质量上都取得了空前进步，我国进入了世界能源大国行列。

表 7-5 中国一次能源生产总量及构成

年份	一次能源生产总量 /万 t 标准煤	占一次能源生产总量的比重/%			
		原煤	原油	天然气	一次电力及其他能源
1980	63 735	69.4	23.8	3.0	3.8
1985	85 546	72.8	20.9	2.0	4.3
1990	103 922	74.2	19.0	2.0	4.8
1995	129 034	75.3	16.6	1.9	6.2
2000	138 570	72.9	16.8	2.6	7.7
2005	229 037	77.4	11.3	2.9	8.4
2010	312 125	76.2	9.3	4.1	10.4
2015	362 193	72.2	8.5	4.8	14.5
2016	345 964	69.8	8.3	5.2	16.7
2017	358 867	69.6	7.6	5.4	17.4
2018	378 859	69.2	7.2	5.4	18.2
2019	397 317	68.5	6.9	5.6	19.0
2020	408 000	67.6	6.8	6.0	19.6

注：电力折算标准煤的系数根据当年平均发电煤耗计算，据《中国统计年鉴 2021》（下表同）。

表 7-6　中国能源消费总量及构成

年份	能源消费总量/万 t 标准煤	占能源消费总量的比重/%			
		原煤	原油	天然气	一次电力及其他能源
1980	60 275	72.2	20.7	3.1	4.0
1985	76 682	75.8	17.1	2.2	4.9
1990	987.3	76.2	16.6	2.1	5.1
1995	131 176	74.6	17.5	1.8	6.1
2000	146 964	68.5	22.0	2.2	7.3
2005	261 369	72.4	17.8	2.4	7.4
2010	360 648	69.2	17.4	4.0	9.4
2015	434 113	63.8	18.4	5.8	12.0
2016	441 492	62.2	18.7	6.1	13.0
2017	455 827	60.6	18.9	6.9	13.6
2018	471 925	59.0	18.9	7.6	14.5
2019	487 488	57.7	19.0	8.0	15.3
2020	498 000	56.8	18.9	8.4	15.9

能源资源利用效率低，单位 GDP 能源消费强度大。近年来我国能效水平持续提升，但仍明显低于世界先进水平。最新统计数据显示，2023 年我国单位 GDP 能耗已降至 0.46 t 标准煤/万元，较 2015 年累计下降 26.2%，但仍为世界平均水平的 1.3 倍。在重点耗能行业方面，2022 年火力发电煤耗下降 1.2%，吨钢综合能耗下降 1.5%，电解铝生产能耗下降 2.0%，能效改进成效显著。碳排放方面，2023 年我国二氧化碳排放量达 11.4 亿 t，约占全球总量的 28%，碳排放强度降至 0.98 t/万元；人均碳排放量为 8.1 t，虽低于美国的 14.2 t，但仍面临减排压力。

5. 社会发展对能源的依赖

任何国家的经济发展都需要消耗能源，世界各国的能源消费量与其经济发展水平之间有着密切的关系。近 10 年来，中国能源消费总量由 2013 年的 41.7 亿 t 标准煤增长至 2023 年的 57.2 亿 t 标准煤，年均增长 3.2% 的能源消费增速支撑了年均近 6% 的国民经济增速。我国经济发展对能源的依赖程度仍然较大，为此，我国必须进一步优化能源结构，提高能源利用效率，减少环境污染，持续推进能源绿色低碳转型。

6. 能源安全

能源安全是指一个国家满足能源需求和抵御可能出现的不测事件时的能源保障能力。能源安全取决于能源生产与消费能力，与国家经济发展水平及外贸状况密切相关。能源需求可以从三个层面进行定义，即生存消费需求、生活消费需求和发展消费需求。生存消费需求是最基本的能源需求。据研究，维持人类生存的年人均能源消费量为 0.4 t 标准煤；当年人均能源消费量达到 1.2~1.4 t 标准煤时，可以满足基本的生活需要；在一个现代化的社会里，要满足衣食住行和其他需要，每人每年的能源消耗量不能低于 1.6 t 标准煤。目前，在进行社会发展能源消费需求预测时，常采用能源消费弹性系数作为衡量指标。所谓能源消费弹性系数，是指能源消费的年均增长率与 GDP 的年均增长率的比值。一般来说，在工业化初期，能源消费弹性系数大于 1；随着经济结构改善和管理水平提高，这个系数会逐步下降到小于 1。

我国是世界第二大经济体和第二大人口大国，经济和人口规模都决定着中国对能源需求量极大，而我国能源禀赋相对较差，"富煤、贫油、少气"的资源现状制约着我国能源自给能力，同时产业结构、城乡差异加剧了国内能源市场的供需不合理、不平衡、不协调问题，石油和天然气对外依存度逐年攀升，加大了我国能源安全受国际政治经济形势影响的风险。能源安全问题是国际关系、国际格局的重要变量。能源作为一种重要的战略资源，"获得能源成为 21 世纪压倒一切的任务"（保罗·罗伯茨，2008）。能源安全是大国的生命线，既是国内事务，也是全球议题，关乎一国的安全，也关乎全球的稳定，这是单个国家无法闭门解决的难题。

目前，我国能源安全形势总体上处于"基本安全"的状态，远未达到"安全"和"非常安全"的等级。我国的能源安全形势与国际环境、我国国情以及经济技术发展现状密切相关。我国能源消费随着经济发展呈持续增长态势，而国内供给的有限性造成能源对外依存度的不断攀升。例如，2006~2015 年 10 年间，我国人均能源生产量增加 0.87 t 标准煤，而人均能源消费量从 2006 年的 1.97 t 标准煤增加到了 2015 年的 3.14 t 标准煤，人均能源生产量与人均能源消费量之间呈现巨大差异。2017 年我国原煤进口 2.7×10^8 t，同比增长 6.1%；原油进口 4.2×10^8 t，同比增长 10.1%，对外依存度为 67.4%，较上年度上升 3%；天然气进口 6.9×10^7 t，同比增长 26.9%，对外依存度为 39%。

国际能源市场变化对我国能源供应的影响较大。我国原油进口中，83%集中在沙特阿拉伯、俄罗斯、阿联酋、伊拉克、安哥拉等 9 个石油大国，远远超出国际警戒线；石油运输高度依赖长途远洋运输，并且 80%以上要通过马六甲海峡，有一部分通过中亚国家，石油运输通道易受他国牵制，加剧了能源进口风险。

7.2.2 能源利用对环境的影响

环境污染和生态破坏问题与能源生产、消费活动有着密切联系。一方面，能源大量开采对地区生态环境造成严重污染和破坏；另一方面，在能源生产、供应和消费等环节，都会产生大量有害气体、废水和固体废物，严重影响生态环境和人体健康。

1. 矿质能源开发利用中的环境问题

最典型的是采煤过程中的环境影响。它包括两方面的内容：一是开采工人的事故与职业性伤亡；二是地表环境和生态系统破坏。前者以井下采煤最为严重，后者则以露天采矿最为明显。采煤过程会造成地表环境和生态系统破坏。井下开采破坏了地壳内部原有的力学平衡状态，容易引起地表沉陷，从而导致地面工程设施破坏和农田毁坏。在我国东部平原煤矿区，塌陷土地大面积受积水淹没，或出现次生盐碱化，不仅使区内耕地面积减少，而且加剧了人口与土地之间的矛盾，特别是煤炭开采和农业开发之间的矛盾。在西部矿区，地面塌陷导致水土流失和土地荒漠化加速。同时，采煤引起的地表塌陷还可能诱发山体滑坡、崩塌和泥石流等自然灾害，严重破坏矿区的土地资源和生态环境。

在煤炭开采过程中，会产生大量矿井水。这些矿井水中含有很多污染物，如悬浮物（SS）、化学需氧量（COD）、硫化物和生化需氧量（BOD_5）等，如果直接外排，将对矿区周围水环境造成严重污染。此外，抽排矿井水使矿区地下水位不断下降，在煤炭资源集中的干旱和半干旱地区，会直接影响矿区生态系统的景观结构与生态功能，以及工农业生产与居民生活用水的获得。煤矿水污染的另一个主要来源就是洗煤水。目前炼焦煤每洗选 1 t 原煤平均消耗 $0.2 \sim 0.4 \ m^3$ 水，动力煤每洗选 1 t 原煤平均消耗 $0.02 \sim 0.05 \ m^3$ 水。这些洗煤水含有大量煤泥和泥沙等悬浮物，以及石油类药剂、酚、甲醇和有害重金属（如 Cr、Pb、Hg 和 Mn 等）离子。

煤矿瓦斯是煤形成过程中生成的气体，主要成分是甲烷（占 94%以上）。它储存于煤层及其邻近岩层中，以自生自储式为主，吸附在煤的表面并存储在煤层中。在煤矿采煤时，卸压作用使煤层气解吸并泄出到采煤工作表面及巷道中，当空气中甲烷浓度超过 4%时，就有爆炸的危险，并可使人窒息死亡，严重威胁煤矿的安全生产。此外，排放出的甲烷是除 CO_2 以外目前最为主要的温室气体，其全球增温潜势（GWP）约为 CO_2 的 21 倍。

能源生产加工过程中的固体废物排放主要来源于煤炭行业。目前我国平均每生产 1 t 煤要产生约 0.13 t 煤矸石。煤矸石中的黄铁矿在空气中易氧化，放出的热量可聚集，使煤矸石中含碳物质自燃，释放出大量 SO_2、CO 等有毒有害气体，严重污染大气环境。

2. 水电开发利用中的环境问题

水电是一种经济、清洁、可再生的能源，产生的环境污染问题轻微，但是建设水电站或水利工程时会对生态环境有一定的不利影响。一般需要建设水库或蓄水池才能获得电能，水库建造过程中与建成之后，对环境的影响主要反映在以下四个方面。

1）自然方面的影响

大型水库可能引起地面沉降和地表活动，甚至诱发地震。例如，意大利的法恩特大坝于 1963 年坍塌，导致 2000 多人死亡，在大坝坍塌的前几年中，常常出现小的地震。此外，建造大坝还会引起流域水文环境改变，如坝体下游水位降低甚至断流，从而造成土壤碱化，或来自上游的泥沙减少，补偿不了海浪对河口一带的冲刷作用，使三角洲受到侵蚀。水库建成之后，由于蒸发量加大，库区气候将变得较为凉爽和稳定，降水量减少，小气候得到一定的改善。

2）地球化学方面的影响

流入和流出水库的水会在物理化学性质方面发生改变。水库中各层次水的密度、温度甚至溶解氧等也都会有所不同。深层水的水温低，沉积库底的有机物不能充分氧化而处于厌氧状态，水体的 CO_2 含量和向大气排放的 CH_4 都会显著增加。

3）生物方面的影响

这种影响与水库的地理位置和季节有关。水库建成之后，大量野生动植物将被淹没死亡，甚至全部灭绝，而且腐烂的动物尸体、植物残体会大量消耗水中的溶解氧，进一步造成水库内鱼类的死亡。与此同时，其他一些生物可能应运而生并且大量繁殖，使原有生态平衡被打破。最为明显的是，上游原来是陆地生态系统，建设水库后则变成水域生态系统，而下游则正好发生相反的变化。同时，上游水域面积扩大会使某些病原生物的栖息地增多，并为一些地区性疾病的蔓延创造条件。

4）社会经济方面的影响

修建大型水库需要大量居民搬迁并重新定居，会对社会结构产生影响。如果计划不周，安排不当，还会引起一系列社会经济问题。修建大型水库还可能淹没、破坏文物古迹，造成文化和经济上的损失。

3. 核能开发利用中的环境问题

核能开发利用中的环境问题主要表现在以下两个方面。

1）放射性废物的环境问题

由于需要换装燃料和清除放射性废物，反应堆大约每年应停车一次。因此，反应堆会定期排放出大量放射性物质。这些放射性主要来自两方面：裂变碎片产物和反应堆中的其他材料受堆芯强中子场作用产生的中子活化产物。在换装燃料时，从反应堆取出的具有强放射性的废燃料组件需要在堆址暂存一段时期，让大量短寿命的放射性核素衰变后，再用屏蔽运输车运送至指定地点进行后处理。后处理时，废燃料组件被切碎并溶于硝酸中，回收未反应的铀，并从中提取钚，其余一些核素仍留在浓缩液或固体中，等待最终处置。因此，在正常情况下，核能开发的主要问题是核废料的处置问题。

2）反应堆的安全问题

核电站发生事故的概率很低，加上人们的高度重视，通常采取一切措施加以预防，一般反应堆对环境的污染与危害比一些工业企业要小得多。但是，如果核电站发生重大事故，放射性伤害则非常大。1986年发生在苏联的切尔诺贝利核电站事故，可以说是原子能发展史上最严重的核失控事故。2011年日本东海岸发生了9级大地震，致使福岛第一核电站发生了日本史上最严重的核泄漏事件，酿成人类历史上最严重的核灾难之一，大量高浓度放射性物质迅速扩散到环境当中，直接对周围空气、水、土地产生辐射危害。

7.2.3 新能源开发与利用

我国可再生性能源的利用率一直较低，从维护能源安全和控制环境污染双重目标考虑，必须加大可再生清洁能源开发利用的力度。按照国家制定的可再生性能源长期发展战略，我国将重点发展水能、风能、生物质能和太阳能等可再生性能源，计划到2030年，可再生性能源利用占能源消费总量的比重达到30%。下面仅简要介绍生物质能和太阳能的开发利用问题。

1. 生物质能的开发利用

进入 21 世纪，面对严峻的资源与环境问题，生物质能日益成为国家能源发展战略的关注点。党的十八大以来，随着《生物质能发展"十二五"规划》《生物质能发展"十三五"规划》的出台，中国生物质能发展进入新阶段（钟兆真等，2022）。

生物质能被称为绿色能源，是指由生物质产生的固体、液体以及气体转化而来的能源。它是一种化学态能源，相较于风能、太阳能等物理态能量其稳定性和储能性较好，并且生物质能被认为是目前最容易进行商业开发的可再生能源资源（赵晴云等，2023）。

生物质转换技术可以分成三种基本类型：直接燃烧过程、热化学过程和生物化学过程。

1）生物质的直接燃烧

直接燃烧是目前把生物质转换成热能所通用的基本过程。采用传统的炉灶直接燃烧生物质，资源利用率低，对环境污染较大。现在已设计出各种适合烧木质废物和其他生物质的燃烧炉和锅炉。但由于生物质的含水量较高、组分复杂，生物质燃烧炉和锅炉的热效率仍不及常规锅炉。

2）生物质的热化学转化

热化学过程即高温分解过程，分解后通常形成混合气体（气化）、油状液体（液化）和纯焦炭（炭化）。这些产品的比例取决于原料、反应温度和压力、在反应区停留的时间和加热速度等。

气化是在高温状态（如 1000℃）下发生的热解过程。根据普林斯顿大学的研究结果，不管是在工业化国家还是在发展中国家，由集成式生物质气化器和蒸汽-喷射式燃气轮机构成的组合装置，都有希望与常规的煤炭发电、核能发电和水力发电竞争。

生物质炭化可以提高单位质量的能量密度，从而有效降低运输费用。生物质炭化指的是在隔绝空气或限制氧气的条件下，将生物质物料在 300～600℃条件下进行热分解，得到生物质炭，同时得到木醋液和甲烷、氢气等副产物的过程。生物质炭在障碍性土壤改良、大气碳库增汇和受污染土地环境修复等领域有一定的应用前景。

3）生物质的生物化学转化

生物质的生物化学转化是利用生物化学方法，将生物质进行发酵或水解获取甲烷和乙醇的过程。

沼气发酵。沼气是利用城市餐厨垃圾、人畜粪便、废弃果蔬、作物秸秆和杂草等有机废物，经过好氧分解和厌氧分解两个阶段而得到的混合气体。其中含 55%～65%的甲烷（CH_4）、35%～45%的 CO_2、0%～3%的 N_2，以及 H_2、O_2 和 H_2S（各 0%～1%）等气体。沼气的热值视其中的甲烷（CH_4）含量而定，一般为 $2×10^7$～$2.6×10^7$ J/m^3。

沼气的形成过程需要 4～30 d。其中好氧分解在产酸菌的作用下，把复杂的大分子有机物变成较简单的小分子物质，进而在甲烷菌的作用下经厌氧分解产生沼气。因此，要使沼气的产量高，就必须适时地从好氧分解转入厌氧分解，控制好产酸菌与甲烷菌的比例。实验测定，发酵系统的氧化还原电位低于 400 mV 时最有利于甲烷菌进行厌氧分解。

此外，沼气的产量还受其原材料的影响。表 7-7 列出了几种生物质的沼气产率。理论上，每吨湿纤维素可生产 400 m³ 沼气，但实际中一般只能达到理论产气量的 1/4 左右。

表 7-7　几种生物质的沼气产率的比较

生物质	沼气产量/(m³/kg 干粪)	温度/℃	甲烷含量/%
牛粪	0.85	34.6	58
鸡粪	0.31	37.3	60
家禽粪	0.46~0.54	32.6	58
猪粪	0.69~0.76	32.6	58~60
羊粪	0.37~0.61	—	64

资料来源：何强、井文通等编著的《环境学导论》(第三版)，清华大学出版社 2004 年出版。

我国沼气产业开始于 1980 年，其开发利用在国际上处于领先地位。目前我国沼气的利用不局限在点灯做饭，已经发展到乡村集中供气和沼气发电，形成了以沼气为纽带的生态家园富民工程，促进了林牧渔业的发展，增加了农民的收入，改善了农村地区的卫生环境和生态环境，为建设和谐美丽乡村提供了保障。

燃料乙醇。水解发酵制取乙醇的原料有三大类：一是富含糖类的生物质，如甘蔗、甜菜、菊芋、甜高粱等；二是富含纤维素类的生物质，如农作物秸秆、木材加工剩余物、速生纤维能源植物（如桉树、桤树、柳树、杨树、含羞草、乳草属植物、莎草、沼泽草等）；三是富含淀粉类的生物质，如禾谷类、甘薯、木薯、马铃薯等。上述生物质通过水解发酵得到乙醇溶液，然后经过简单的精馏即可得到 95% 的乙醇，或者利用共沸精馏方法获得无水乙醇（燃料乙醇）。燃料乙醇可以代替交通运输业所需要的液体燃料汽油，尽管它的热值（2.4×10^{10} J/m³）低于汽油（3.9×10^{10} J/m³），但它在燃烧方面的其他优越性能足以弥补其热值较低的不足。

巴西是利用能源甘蔗生产乙醇作为汽车燃料最为成功的国家。2006 年巴西生产的燃料乙醇已经取代了该国 40% 以上的汽油消费，成为世界上唯一不供应纯汽油的国家，其燃料乙醇在交通燃料中的使用量位居世界第一。

我国的燃料乙醇研发工作始于 20 世纪末期。"十五"期间，在河南、安徽、吉林三省建设了四套年产 3×10^5 t 的燃料乙醇生产装置，主要利用陈化粮等为原料生产燃料乙醇。我国是一个人口众多、人均耕地资源不足的国家，因此，燃料乙醇未来的发展必须坚持"不与人争粮，不与粮争地"的原则，充分利用非粮农林产品和废物资源，如富含纤维素的农作物秸秆（每年的资源量约 7×10^8 t）。还可通过引进栽植速生能源植物，如柳枝稷、象草、芒草、杨树等，将能源植物种植计划与生态工程林网建设和荒山荒地绿化相结合，扩大生物质来源，为我国能源乙醇的可持续健康发展提供物质保障。

生物柴油的开发利用。生物柴油的生产是一个化学精炼过程，其不是纯粹的生物技术产物。生物柴油最大的优点是可以直接使用，不需要改造发动机，并且可以同传统柴油以任何比例混合。研究表明，生物柴油燃烧时排放的有害物质少，特别是它所含的多环芳香化合物和亚硝酸多环芳香化合物比例很低。

制取得到生物柴油的原料有油菜、大豆、棕榈等油料植物及其他油脂物质。目前生物柴油的大型生产厂家主要集中在欧洲，利用的主要原料是油菜籽。美国生物柴油的商业应用始于 20 世纪 90 年代，生产原料主要是大豆。日本 1995 年开始研究生物柴油，主要以煎炸废油为原料。巴西以蓖麻、大豆、向日葵、油棕榈等油脂类作物为主要原料生产生物柴油。我国主要以废食用油和工业废油为原料。

自然界中另有一类富含类石油成分（烃类）的植物，这些植物油脂很容易被改造为生物柴油，是极具开发前景的能源植物。例如，大戟科植物麻风树（俗称膏桐），其种子含油量高达 33%～64%，种子油经改性制取得到的生物柴油的十六烷值为 44.81，与矿物柴油十分接近，可适用于各种柴油发动机，在关键技术指标上甚至优于国内零号柴油。类似的植物还有蓖麻、油楠、续随子、绿玉树等。发展和培育高产能源树种，对解决我国石油替代能源问题具有重要的战略意义。目前，科研人员正在积极研发利用黄连木、光皮树、油楠等木本油料植物制取生物柴油的技术。

2. 太阳能的开发利用

我国太阳能年总辐射量在 6×10^5 J/cm² 以上的地区占领土面积的 2/3，沿海、华北、东北地区能量密度相对较低，而内陆高原地区能量密度相对较高。西藏自治区的太阳能资源最为丰富，能量密度在 6.3×10^5～1×10^6 J/（cm²·a），其余地区为 4.6×10^5～5.9×10^5 J/（cm²·a）。

直接利用太阳能的主要设备有太阳能集热器、蓄热水箱、太阳灶、太阳房、太阳能热电转换系统和光电转换系统等。太阳炉、太阳灶、太阳房等已在我国能源短缺的某些地区获得较广泛应用。太阳能低温热水系统也在全国许多地方的食堂、住宅等场所应用。最简便的家用太阳能热水装置，使用更为普遍。未来太阳能的开发重点将是太阳能发电技术的规模化应用。

1）太阳能热电转换系统

它是将太阳能通过热转换生成电能的系统，核心部件是太阳能集热器。太阳能集热器一般由涂上黑色的金属板和金属管、玻璃盖，以及绝热材料保温的底层组成。固定式集热器能收集到的热能，温度最高可达 150℃，若再采用选择性表面涂层或聚光装置，可以获得更高的温度。其中，线性聚光集热器经聚焦后温度可达 300℃，而点聚焦集热器温度能达 600℃以上。将多个点聚焦集热器组合在一起，即可组成太阳能热电转换系统。一座典型的 1×10^5 kW 太阳能热电发电系统，大约由 12 500 个反射镜组成，每个反射镜的面积为 40 m²。在最佳条件下，50 hm² 的反射镜组可以产生 100 MW 电力。据专家测算，太阳能热电转换系统的运行成本低于核电厂或以石油为燃料的火电站。

2）太阳能光电转换系统

它是将太阳能直接转换成电能的系统，核心部件是光电池。太阳能光电转换系统的理论基础是光电效应。光电池俘获太阳能，通过将电子与其母体原子分离并使其加速通过由两种不同类型半导体材料连接形成的静电屏蔽通道，从而将太阳能直接转化为电流。光电池具有设备简单、维修成本小、不会产生污染、与传统化石燃料或核电厂的寿命相当等优点。目前光电池在野外获得太阳能的效率在 10%以上，实验室条件下则可达到 25%以上。

太阳能光电发电系统相对于其他发电系统而言，具有以下主要优点。第一，没有动力机械，太阳能是安静的清洁型能源。由于从光能到电能的转换应用的是半导体特有的能量效应，不用火力发电和原子能发电时必须具有的汽轮机、发电机等动力机械，因此，不存在噪声、放射性污染或爆炸的危险。第二，维修方便，容易自动化。因为没有动力机械和高温高压部分，也就不存在摩擦损耗，不需要润滑油。第三，不论规模大小，均按一定的效率发电。太阳能电池的转换效率，不论所用系统的规模大小，几乎是一定的。第四，由于采用模块结构，容易实现大批量生产，规模效益大。随着需求的扩大，可以通过连续自动化生产线降低生产成本。

3. 新能源利用技术研发

1）核聚变能

核聚变的主要原料是浩瀚的海水中所蕴藏的用之不竭的氘（^2H），其产物是惰性气体氦（He），因此，核聚变既无原料短缺问题亦无核废料或核泄漏等污染问题，有望成为未来的重要能源。

氘和氚都是氢的同位素。在一定条件下，它们的原子核可以互相碰撞而聚合成一种较重的原子核——氦核（^4He），同时把核中储存的巨大能量（核能）释放出来。一个碳原子完全燃烧生成二氧化碳时，只放出 4 eV 的能量，而氘-氚反应时能放出 $1.78×10^7$ eV 的能量。据计算，1 kg 氘燃料至少可以抵得上 4 kg 铀燃料或 $1×10^4$ t 优质煤燃料。地球上的氘是很丰富的，我们的蓝色星球最不缺的就是海水，地球表面 71%的部分都被海洋所覆盖，而每升海水之中就含有 0.03 g 的氘，算下来，地球海洋中的氘就多达 40 万亿 t，如果只是用来进行可控核聚变反应，那么可以说是取之不尽用之不竭。但实际上要把氘从海水中提取出来是非常困难，目前仅仅停留在对核聚变原理的概念验证，人类离用上核聚变能还有很长的路要走。

氘-氚的核聚变反应，需要在几千万度，甚至上亿度的高温条件下进行。目前，这样的反应，已经在氢弹爆炸过程中得以实现。用于生产目的的受控热核聚变在技术上还有许多难题。但是，随着科学技术的进步，这些难题都会被陆续攻克。1991 年 11 月 9 日，由 14 个欧洲国家合资，在欧洲联合环型核裂变装置上，成功地进行了首次氘-氚受控核聚变试验，反应时发出了 1.8 MW 电力的聚变能量，持续时间为 2 s，温度高达 $3×10^8$℃，比太阳内部的温度还高 20 倍。核聚变比核裂变产生的能量效率要高 600 倍，比煤高 1000 万倍。因此，科学家们认为，氘-氚受控核聚变试验的成功，是人类开发新能源历程中的一个里程碑。科学家预计，50 年后受控核聚变将为人类提供新型商业能源。

2）氢能

随着生态环境保护的呼声日益高涨，以及常规能源存储量减少，氢燃料的开发应用已被放在一个重要的战略地位上。目前在制取氢的工艺技术方面已取得新进展，并在航空（天）器、汽车、燃料电池等很多领域得到了成功应用。

氢之所以会引起人们的重视，是因为它具有以下四个方面的特性。第一，热值高。每千克氢的热值高达 $1.21×10^8$ J，是汽油热值的 3 倍。第二，效率高。氢气易于燃烧，燃烧速度非常快。第三，来源广。除空气中含有氢气外，氢主要是以化合物的形式储存于水中。第四,无污染。氢本身很纯净,燃烧后只生成水和少量的氮化氢,不会产生对人体有害的污染物;而且它燃烧后生成的水还可继续用于制氢,可循环使用。

目前制氢的原料主要是天然气,利用太阳能从水中获取氢应是今后的发展方向。当前研发的太阳能制氢新技术主要有五种。第一种为太阳能热化学分解水制氢。在水中加入催化剂,利用太阳能将水加热到 900~1200 K 的温度,使水反应生成氢和氧。第二种为太阳能电解水制氢。与常规的用直流电电解水制氢的原理相似,电能由太阳能转换而成(光伏发电或热发电)。第三种为太阳能光化学分解水制氢。在水中加入光敏物质如碘,用其帮助水吸收阳光中的长波光能,以保证高效连续利用太阳能制氢。第四种为太阳能光电化学电池分解水制氢。其构造一种光电化学电池,阳极在太阳光照射下处于激发状态,激发出电子空穴对,空穴扩散到阳极表面和水相互作用生成氧气,电子则转移到阴极(如铂极),在阴极表面和氢离子相互作用生成氢气。第五种为光合微生物制氢。其利用光合微生物,如小球藻、固氮蓝藻等的光合作用过程,将水分解成氢气。

7.3 矿产资源与环境

矿产资源是国民经济的重要基础,是人类社会发展的主要源泉。随着人口的急剧增加和经济的高速增长,人类对矿产资源的消耗也急剧增加。在矿产资源大规模开发利用中,不仅消耗了许多有限的、不可再生的资源,而且大大改变了生态系统的物质循环和能量流动,产生了严重的生态破坏和环境污染。矿产资源的大规模消耗,是酿成资源和环境危机的重要原因。

7.3.1 矿产资源概述

一般将矿产资源视为不可更新资源,它可分为矿物燃料(化石燃料)资源、金属矿物和非金属矿物。非金属矿物所包括的种类十分广泛,按重量计,量最大的一类是岩石、砂砾石、石膏和黏土类矿物,多作为建筑材料,来源较丰富,目前没有明显的短缺问题。非金属矿物中还包括含有氮、磷、钾三种元素的肥料矿物,对发展农业生产极为重要。金属矿物包括黑色金属、有色金属、稀土金属等。我国矿产资源的总体特征表现为以下 3 个方面。

1. 人均占有量少

中国矿产资源总量多,人均占有量少。中国已发现矿产资源种类比较齐全,配套程度高,总量比较丰富,居世界前列,但矿产资源的人均占有量不足世界平均水平的一半,居世界第 80 位。

中国矿产资源情况复杂,煤炭、稀土等资源较丰富,钴金属等比较稀缺,储量充足的矿产多半用量不大,大宗急需矿产又多半储量不足。

中国大宗矿产贫矿多、富矿少。现在虽已发现不少富矿,但对经济建设有重要意义的许多矿产资源,如铁、锰、铝、铜、金、硫、磷、铀等都以贫矿居多。

中国矿床规模有大有小,中小型矿床多,大型、超大型矿床少,且共生、伴生矿床多，单一矿种少。

中国矿产资源分布面广但不均衡，一些重要矿产的分布具有明显的地区差异。

近年来先后探明了一百多种矿产资源，大多得到了开发利用。作为世界重要矿业国，中国主要矿产品及加工产品量在世界上占有越来越重要的地位。同时，各种资源消耗量的增长速度大大超过国民收入增长速度。虽然人均矿产品消费量很低，但总体上中国目前已成为一个资源高消耗大国，单位国内生产总值的资源消耗量大大高于发达国家，铜、铅、锌、铝金属资源国民经济效益系数只有发达国家的 30%～50%，消耗强度则为发达国家的 2～3 倍。由此可见，中国资源浪费很大，提高资源利用效率的潜力也很大。

2. 矿产资源需求量大

中国从现在起到 22 世纪初，仍将处于矿产资源消耗量增长最快的时期，工业的快速增长对矿产资源构成强劲的需求压力，并成为诱发生态环境问题的重要社会经济根源。中国目前每年矿石采掘量已达 5×10^9 t，年人均约 5 t。虽然我国年人均矿石采掘量仍低于美国 14 t 的水平，但每年矿石采掘总量却已超过美国。由于人口总量大，中国在相对低的国民经济收入水平下，就承受了和美欧一些经济发达的资源大国相同甚至更为严重的对矿产资源的需求压力。

由于庞大的人口对矿产品及其加工产品的需求压力，中国在收入水平还较低的阶段，就形成了规模巨大的采矿业和原材料加工业。这些工业部门都是产生废气、废水和固体废物的重要污染源。如此庞大的污染产业群便注定使中国提前进入了污染高峰期。对比而言，当西方发达国家进入污染高峰期时，国民收入已达到很高的水平。收入低阶段就进入污染高峰期，使中国在解决环境问题时，又面临经济困难。

3. 资源浪费大

我国矿产资源流失现象非常严重。这不仅影响了矿产品的供给，加剧了矿产资源的短缺，还使许多矿山迅速贫化枯竭，加剧了未来矿产资源的紧张状态。主要表现为：

（1）一些地区乱采乱挖现象严重，破坏矿产资源的埋藏条件，大量宝贵矿产资源不断丢失，使许多矿山的开采寿命急剧缩短。

（2）矿产采掘回收率普遍很低，矿产资源利用率更低，使得大量资源在开采和使用过程中被浪费，我国铁矿采选业回收率为 65%～69%，若考虑储量设计利用率及钢铁加工时的利用率，则铁矿资源总利用率只有 36.7%，有色金属矿产资源总利用率只有 25% 左右，非金属矿综合回收率为 20%～60%。总的来说，中国矿产资源总利用率比发达国家低 10%～20%。

（3）矿产资源综合利用率低，许多共生、伴生矿产资源大量流失，回收困难。

由上所述可以看出，矿产资源在大量流失的过程中，均以废渣、废水、废气的形式排入环境，造成严重的固体废物危害、水污染和大气污染，严重威胁生态环境安全。

7.3.2 矿产资源利用对环境的影响

矿物资源在利用过程中主要带来的环境影响是工业"三废"的排放，下面以有色金属为例来具体说明。近年来,我国有色金属行业获得了长足的发展,主要有色金属如铅、锌、铜、铝等近 10 类,其产量更是一度位居世界前列,约占全球总量的 40%。有色金属生产能耗大,统计数据显示,仅 2009 年,我国有 8314 万 t 标准煤用于有色金属行业消耗,约占据全国全年范围内消耗总量的 4.3%,电力消耗量更是占据总量的 6.6%。2010 年,由有色金属行业排放的工业"三废",如固体废物、烟尘、粉尘、二氧化硫、废水及废气总量占据我国九大材料制造行业的近 40%,其中废气排放跃居第三。除此之外,每年有色金属行业产生的废石、尾砂分别达上亿吨、千万吨,需要占用大量土地资源,而且仅有极少部分能够经再处理而实现重复利用或排放(王明明和王静,2018)。

1. 废气的排放

有色金属工业排放的废气,成分复杂,治理难度大。采、选工业废气主要为工业粉尘;有色金属冶炼废气主要含 S、F、Cl 等;有色金属加工废气含酸、碱和油雾等,有的还含有 Hg、Cd、Pb、As 等,治理困难。有色金属工业企业排放的 SO_2 总量,与电力工业相比虽然要小得多,但有色金属工业排放的 SO_2 一般浓度较高。在有色金属大型企业的 50~100 km 范围内以及中小型企业的 1~2 km 范围内,人、畜、植被和土壤都会受到污染和影响。

2. 废水的排放

在有色金属工业所排放的废水中,存在着有害元素以及重金属。尽管在大多数工业生产过程中,相关企业都已经配备了废水处理设施来对这些废水进行处理,然而,每年有色金属工业废水外排 Hg、Cd、Cr、Pb、As 等有毒物的数量还是相当惊人,许多矿山周边的河流、湖泊都受到严重污染,水资源、水环境受到严重破坏,部分矿山甚至出现饮用水源受到污染,导致饮水困难。周边农田土壤污染严重,导致作物减产、农产品品质下降。生态环境整体质量下滑,部分矿山地区居民甚至出现地方病,恶性疾病发病率急剧上升。

3. 固废的排放

一般来说,有色金属在矿石中的含量相对较低,生产 1 t 有色金属可产生上百吨甚至几百吨固体废物,固体废物产量巨大。2018 年有色金属行业产生一般固体废物 4.8 亿 t,约占全国工业一般固体废物产生量的 14.7%,产生危险固体废物 721 万 t,占全国危险废物产生量的 10%以上,全国有色金属工业产生的固体废物数量触目惊心。而且,目前有色金属工业产生的固体废物利用率很低,约为 8%。固体废物不但占用土地资源,导致农田、耕地面积减少,植被破坏,而且其淋滤水中有毒有害元素超标,对环境的破坏异常严重。大量的固体废物往往还是泥石流的物源,直接威胁人民生命财产安全,如郴州柿竹园矿发生的尾砂流给人民生命财产造成严重损失。

7.3.3 矿产资源的利用与保护

我国矿产资源可持续利用的总体目标是在继续合理开发利用国内矿产资源的同时,适当利用国外资源,提高资源的优化配置和合理利用资源的水平,最大限度地保证国民经济建设对矿产资源的需要，努力减少矿产资源开发所造成的环境代价，全面提高资源效益、环境效益和社会效益。具体措施如下。

1. 加强矿产资源的管理，加强对矿产资源的国家所有权的保护

我国尚无完整的矿产资源保护法规，必须在《中华人民共和国矿产资源法》的基础上健全相应的矿产资源保护的法规、条例，建立有关矿产资源的规章制度；组织制定矿产资源开发战略、资源政策和资源规划；建立集中统一领导、分级管理的矿山资源执法监督组织体系；建立健全矿产资源核算制度、有偿占有开采制度和资产化管理制度。

2. 建立和健全矿山资源开发中的环境保护措施

制定矿山环境保护法规，依法保护矿山环境；制定适合矿山特点的环境影响评价办法，进行矿山环境质量检测，实施矿山开发的全过程环境管理；对当前矿山环境的情况进行认真的调查评价，制定保护恢复计划，采取经济手段、行政手段、法律手段鼓励和监督矿产企业对矿产资源的综合利用和废弃物的资源化再利用活动，鼓励推广矿产资源开发废弃物最小量化和清洁生产技术。

3. 努力开展矿产综合利用的研究，开展对采矿、选矿、冶炼等方面的科学研究

对分层赋存多种矿产的地区，研究综合开发利用的新工艺；对多组分矿物要研究对矿物中少量有用组分进行富集的新技术，提高矿物各组分的回收率；适当引进新技术，有计划地更新矿山设备，以尽量减少尾矿，最大限度地利用矿产资源；积极进行新矿床、新矿种、矿产新用途的探索科研工作。

4. 加强国际合作和交流

引进推广煤炭、石油、多金属和稀有金属等矿产的综合勘探和开发技术；在推进矿山"三废"资源化和矿产开采对周围环境影响的无害化方面加强国际合作，要提高对矿山"三废"的综合开发利用水平，以便更好地利用资源，尽量减轻矿产开采对周围环境的影响程度。

7.4 生物资源与环境

7.4.1 生物多样性与保护

1. 生物多样性概况

在生态系统多样性方面，中国具有地球陆地生态系统的各种类型，其中森林 212 类、竹林 36 类、灌丛 113 类、草甸 77 类、荒漠 52 类。中国淡水水域生态系统复杂，湿地有近海与海岸湿地、河流湿地、湖泊湿地、沼泽湿地和人工湿地 5 类，近海有黄海、东海、南海和黑潮流域 4 个大海洋生态系统，近岸海域分布滨海湿地、红树林、珊瑚礁、河口、海湾、潟湖、岛屿、上升流、海草床等典型海洋生态系统以及海底古森林、海蚀与海积

地貌等自然景观和自然遗迹。在人工生态系统方面，主要有农田生态系统、人工林生态系统、人工湿地生态系统、人工草地生态系统和城市生态系统等。

在物种多样性方面，中国拥有高等植物34 792种，其中苔藓植物2572种、蕨类2273种、裸子植物244种、被子植物29 703种。此外，中国几乎拥有温带的全部木本属。中国约有脊椎动物7516种，其中哺乳类562种、鸟类1269种、爬行类403种、两栖类346种、鱼类4936种。列入《国家重点保护野生动物名录》的珍稀濒危野生动物共420种，大熊猫、朱鹮、金丝猴、华南虎、扬子鳄等数百种动物为中国所特有。中国已查明真菌种类有10 000多种。

在遗传资源多样性方面，中国有栽培作物528类1339个栽培种，经济树种达1000种以上，中国原产的观赏植物种类达7000种，家养动物有576个品种。根据2019年数据表明，中华人民共和国成立70年来，我国建立了2750个自然保护区，其中国家级有474个，自然保护区的总面积达到147万 km^2，占我国陆域国土面积的15%。2021年我国正式设立三江源、大熊猫、东北虎豹、海南热带雨林、武夷山等第一批国家公园，总面积约23万 km^2，涵盖近30%的陆域国家重点保护野生动植物种类。

2. 生物多样性的价值

生物资源是人类赖以生存和发展的基础。目前，世界已知的物种有140万～170万种，其中有的生物被作为资源利用，而更多的生物尚未知其利用价值，属于潜在的生物资源。据估计，生物多样性每年为人类创造约330 000亿美元的价值，其中中国约46 000亿美元。对于生物多样性的价值估算尚未有统一的、可接受的定价体系。生物多样性价值分为直接价值和间接价值，其中直接价值是人们直接收获、使用生物资源所形成的价值，间接价值是生物多样性的环境作用和生态系统服务价值。

生物多样性是人类生存发展的基础。生物多样性为人类提供了食物多样性，粮食、蔬菜、水果、肉类、油类等均源自生物环境。据统计，人类已食用的植物大约5000种。生物多样性为工业提供丰富多样的原材料，如木材、纤维、橡胶、树脂、皮毛等。以木材产品为例，每年从自然界中获取的木材价值在750亿美元以上。生物多样性为医药发展提供基础，药物依靠大量植物、动物和微生物作为资源。据统计，发展中国家80%人口依靠传统药物治疗疾病，发达国家40%的药物来源于自然资源或其化学合成物。根据第四次全国中药资源普查汇总结果得出，我国中药资源有18 817种，包括药用植物15 321种，药用菌物826种，药用动物2517种，药用矿物153种。

1) 直接价值

生物多样性的直接价值包括消费使用价值和生产使用价值。消费使用价值是不经过市场直接消费的生物资源的价值。在一些发展中国家、民族地区和偏远山区，人们经常会利用周围环境中的动植物资源来维持生计和发展经济，如饲料、薪炭、野菜、野果、草药、食用菌等，甚至一些珍稀野生动植物，由于这些生物资源没有经过市场流通，在经济上对其评估比较困难。生产使用价值是从自然界获得，在国内外市场销售的生物资源的价值，如木材、药用植物、海鲜、动物皮毛、天然香料、蜂蜜、野生动物等。

2）间接价值

生物多样性的间接价值包括生态价值、选择价值、存在价值、科学价值、美学价值等。

生态价值。生物多样性可以为人类和其他生物带来生态效益。地球上的绿色植物通过光合作用固定太阳能，为人类和其他生物提供必需的物质和能量。绿色植物还能对区域性甚至是全球性的气候起到调节作用。例如，森林可以固定大气中的 CO_2，缓解温室效应，同时通过蒸腾作用，将植物体内的水分蒸腾到空气中，保持大气湿度，从而改善局部小气候。植物还利用树冠、枝干、根系拦截蓄积水分，减少地表径流对土壤的侵蚀，起到保持水土的功能。生物还通过自身的新陈代谢过程对环境中的污染物进行吸收、分解，不少超积累植物都有这种特点。例如，蜈蚣草对土壤环境中的砷具有很强的富集作用，可以用于修复被砷污染的土地。

选择价值。选择价值即潜在价值，现在人类所利用的生物资源只占已知物种的极少部分，绝大部分生物尚未被人类所利用，其价值尚不清楚，但随着技术的发展和需求的改变，这些物种的潜在利用价值也许在将来会被发现。生物多样性为人类提供丰富的物种资源以应对未来的不确定性，因此，自然界当中的每一种生物都应该被珍惜和保护。永续利用生物资源，对我国甚至对整个世界都有着不可估量的重要意义。

存在价值。存在价值指伦理或道德价值，每个物种都有其存在价值，不管这些物种有无经济价值，它们都是客观存在的。地球上丰富多样的生物种类和生态系统对于维持生命支持系统的功能和结构至关重要。存在价值常由保护自然环境和生物多样性的愿望来决定，反映出人们对自然的责任。一个物种的存在价值有多大，它的消失究竟带来多大的损失，目前人们还难以准确评估，正如人们不能评估一只恐龙的存在价值一样。

科学价值。生物多样性是人类认识自然、了解自然的基础，具有重要的科学研究价值，对人类的科学技术发展具有重大意义。例如，雷达发明的灵感来源于蝙蝠，蝙蝠定位物体依靠其特有的嘴、喉和耳朵组成的回声定位系统，蝙蝠飞行过程中不断发出超声波，同时接收障碍物反射回来的超声波，以此来精准定位物体。

美学价值。自然界中多姿多彩的生物资源为人类提供了审美对象，无论是野炊、露营、徒步、狩猎等都与生物资源分不开。人类从大自然中感受生物和自然景观的视觉美，上升到精神层面的愉悦，给人以美的享受，不仅开阔眼界、陶冶情操，而且对身心健康起到良好的促进作用。

3. 生物多样性保护

1）濒危物种等级的确定

目前，世界上许多物种的生存和繁衍受到了不同程度的威胁。为了保护生物多样性，世界各国开展了物种濒危等级划分工作，对物种濒危现状和生存前景给予客观评估，同时根据物种濒危状态，为开展物种保护及制定保护优先方案提供了依据。

物种濒危等级划分通常根据种群数量、大小、特征、分布格局、栖息地类型、栖息地质量、栖息地面积、致危原因、灭绝风险等定性指标，结合种群个体总数、亚种群数、亚种群个体数、分布或面积、分布地点数、栖息地面积、物种或种群灭绝概率等定量指标进行综合评估。20 世纪 60 年代，世界自然保护联盟（IUCN）将物种濒危等级分为 5

个：灭绝种、濒危种、易危种、稀有种和未定种。经过多年的不断修订，IUCN 现有物种濒危等级为 8 个。

灭绝：如果 1 个生物分类单元的最后一个个体已经死亡，则列为灭绝。

野生灭绝：如果 1 个生物分类单元的个体仅生活在人工栽培和人工圈养状态下，列为野生灭绝。

极危：野外状态下 1 个生物分类单元灭绝概率极高时（符合关于极危的标准），列为极危。

濒危：1 个生物分类单元，虽未达到极危，但在可预见的不久的将来，其野生状态下灭绝的概率很高（符合关于濒危的标准），列为濒危。

易危：1 个生物分类单元虽未达到极危或濒危的标准，但在未来一段时间内，其在野生状态下灭绝的概率较高（符合关于易危的标准），列为易危。

低危：1 个生物分类单元，经评估不符合列为极危、濒危或易危任一等级的标准，列为低危。列为低危的类群可分为 3 个亚等级。一是，依赖保护。该分类单元生存依赖对该分类类群的保护，若停止这种保护，将导致该分类单元数量下降，该分类单元 5 年内达到受威胁等级。二是，接近易危。该分类单元未达到依赖保护，但其种群数量接近易危类群。三是，略需关注。该分类单元未达到依赖保护，但其种群数量接近受危类群。

数据不足：对于 1 个生物分类单元，若无足够的资料对其灭绝风险进行直接或间接的评估时，可列为数据不足。

未评估：未应用有关 IUCN 濒危物种标准评估的分类单元列为未评估。

2）生物多样性保护的途径

生物多样性保护已成为全世界关注的焦点问题。根据保护的层次，可以从基因、物种和生态系统等层面开展生物多样性保护工作。长期以来，针对保护对象，国内外有两种观点。一是以物种为基础的保护方案。物种与基因、生态系统相比较，更容易计算和鉴别，并可以做出相应的保护计划。物种是基因的载体，也是生态系统的重要组成要素，因而保护物种即可对生物多样性开展保护。二是以栖息地或生态系统为基础的保护方案。生态系统中物种之间、物种与环境之间存在密切的联系，生物多样性的保护应从系统整体出发开展工作，只要栖息地或生态系统整体受到保护，物种多样性和基因多样性就会自动得到保护。无论是物种多样性保护还是栖息地或生态系统保护，都是为实现生物多样性保护这一目标。国内外围绕这一目标也开展了多种途径的保护，主要有以下几方面。

就地保护。就地保护是生物多样性保护最有效的措施，就是把有价值的自然生态系统和野生生物及其栖息地划分出来，给予保护和管理，以维持生物的繁衍与进化以及生态系统内物质能量流动与生态过程。这种方式的保护可以使被保护植物种群的全部遗传多样性与其生境的物理环境和其他生物一起得到保护，可以在生态系统、物种、遗传水平上保护生物多样性并使其得到全面、持久、可靠的保护。就地保护简便易行、费用相对低廉。但就地保护难以有效保护自然分布极其狭窄、种群和个体极少的极危物种，这类物种极易在突发的自然灾害和人为影响下迅速灭绝。就地保护通常以建立自然保护区、风景名胜区、森林公园、地质公园、自然遗产地等形式开展。保护区内划分核心区、缓冲区和实验区。其中核心区是保存完好的天然状态的生态系统及珍稀、濒危动植物的集中分布地，禁止任何单位和个人进入，严禁任何人为干扰。此外，一些特殊的自然历史遗迹也属于就地保护的对象。缓冲区是在核心区外围，允许人类进入从事科学研究观测活动。实验区在缓冲区的外围，人类可以进入从事科学实验，教学实习，参观考察，旅游及驯化、繁殖珍稀、濒危野生动植物等活动。截至 2019 年，我国共建成各类自然保护区 2750 个，其中国家级保护区 474 个，地方级（含省级和县市级）保护区 2267 个，保护区面积约占陆地国土面积的 15%。

迁地保护。迁地保护指的是将生物多样性的组成部分迁移到原有自然生境以外的地方进行保护。迁地保护的目的是将原栖息地由于自然或人为的强烈干扰，种群数量和质量不断衰退，栖息地不断萎缩，就地保护与补偿都存在一定困难的一些珍稀濒危物种，通过迁移到其他自然生境进行保护，使受到威胁的物种得以在人工帮助下繁衍生存。这是即将灭绝的生物最后的生存机会，也是保护物种的重要手段。迁地保护的生物集中保存在信息、设备、人才集中的地方，管理方法相对成熟，科研人员可对保护物种开展回归引种、遗传育种和可持续利用，可通过大量繁殖满足市场需求而减轻对野生物种资源的威胁，同时能够有效展示生物多样性保护成果，宣传、普及和提高公众的环境意识和生物保护意识，促进生物多样性保护事业。但迁地保护使物种脱离原有生态系统，中止或改变了物种演化进程，使其不能适应野生环境。迁地保护通常以建立动物园、植物园、水族馆等形式开展。目前全世界有大约 1600 个植物园或树木园，收集保存了 75 000～85 000 种植物，约占世界植物总数的 25%。

离体保护。离体保护是指利用现代技术，特别是低温技术，将生物体的一部分进行长期储存、保存物种种子的一种保护方式。目前离体保护主要以建立种子库、动物细胞库（基因库、花粉库、精子库、配种库、胚胎库、细胞库等）等方式实现。为应对未来风险，2008 年挪威政府出资在距离北极点约 1000 km 的斯瓦尔巴群岛的一处山洞中建造了世界末日种子库，收藏了来自世界 110 多个国家的 82.5 万个品种、约 1 亿粒农作物种子。种子库作为应对未来一系列威胁的"救命稻草"，对生物多样性保护乃至人类文明至关重要。

构建完善法律法规体系，加强生物多样性保护的国际合作。完善的法律法规体系对保护生物多样性具有极大促进作用。在法律法规颁布的同时，完善其实施机制，加强执法队伍建设，制定与之配套的各项管理制度，强化监督管理，使生物多样性保护走上法治化、规范化的道路。同时，开展生物多样性保护的国际合作，开展科学研究、技术转让及保护措施上的合作。我国自 1992 年加入《生物多样性公约》以来，已制定和颁布了《中国生物多样性保护战略与行动计划》《全国生态环境保护纲要》《中国水生生物资源养护行动纲要》《中国国家生物安全框架》等生物多样性保护法律、法规 20 多项，初步形成了生物多样性保护的法律法规体系。

7.4.2 生物资源与环境保护

生物与环境相互影响、相互作用。环境为生物的生存提供了物质、能量，以及栖息场所；生物又通过自身的生命活动影响环境。生物资源对解决环境问题具有重要意义。污染是环境问题中的重要组成部分，也是对人类影响最直接的一面，这里着重阐述植物对污染土壤的修复功能。

1. 植物修复

植物修复是以植物忍耐和超量积累某种或某些化学元素的理论为基础,利用植物和其根际圈微生物体系的吸收、挥发、降解和转化作用来消除或钝化环境中污染物质的一门环境污染修复技术。具体地说,植物修复就是利用植物本身特有的利用、分解和转化污染物的作用,植物根系特殊的生态条件加速根际圈微生态环境中微生物的生长繁殖,以及某些植物特殊的积累与固定能力,提高对环境中某些无机和有机污染物的脱毒和分解能力。植物修复的提出,使之前只利用微生物降解与转化机制来治理有机污染物的生物修复丰富为包括微生物修复和植物修复在内的广义生物修复。

广义的植物修复包括利用植物修复重金属污染的土壤、利用植物净化空气和水体、利用植物清除放射性核素和利用植物及其根际微生物共存体系净化土壤中的有机污染物。基于植物自身的特点,目前植物修复主要指利用植物及其根际圈微生物体系清洁污染土壤,其中利用重金属超积累植物的提取作用去除污染土壤中的重金属又是植物修复的核心技术。因此,狭义的植物修复技术主要指利用植物清除污染土壤中的重金属。

一般来说,植物对土壤中的无机污染物和有机污染物都有不同程度的吸收、挥发和降解等修复作用,有的植物甚至同时具有上述几种作用。根据修复植物在某一方面的修复功能和特点可将植物修复分为6种基本类型:植物净化空气、植物提取修复、植物挥发修复、植物降解修复、植物固定修复、根际圈微生物降解修复。

2. 植物修复技术

1)植物修复技术分类

根据植物修复的作用原理可以将植物修复技术分为植物提取、植物挥发、植物固定/稳定、植物降解、根际生物降解等类型,各类型的技术描述和适用性见表7-8。

表7-8 污染土壤的植物修复技术描述和适用性

	类型	技术描述	适用性
植物修复	植物提取	利用超积累植物从污染土壤中超量吸收、积累一种或几种污染物	适用于重金属污染的土壤,如Cd、Pb、Cu、Zn、Ni等
	植物挥发	利用植物吸收土壤中一些挥发性污染物,然后将其转化为气态物质释放到大气中	主要用于挥发性重金属污染的土壤,如汞和硒。有机污染物的挥发修复研究不多,但很有发展前景
	植物固定/稳定	利用耐性植物根系分泌物来积累和沉淀污染物,使之失去生物有效性,或利用耐性植物生长减少污染土壤的风蚀和水蚀,防止污染物向下迁移和扩散	主要用于对采矿和废弃矿区、冶炼厂污染的土壤、清淤污泥和污水处理厂污泥等重金属污染现场进行复垦
	植物降解	利用某些植物特有的转化和降解作用去除土壤中的有机污染物	适于中度憎水有机污染物,如BTEX(即苯、甲苯、乙苯和二甲苯的混合物)、氯代溶剂和短链脂肪族化合物等
	根际生物降解	利用植物根际圈菌根真菌、专性或非专性细菌等微生物的降解作用来转化有机污染物,降低或消除其生物毒性	应用范围广泛,可处理杀虫剂/除草剂、多环芳烃、多氯联苯、矿物油等有机污染物

植物修复技术是运用农业技术改善污染土壤对植物生长不利的化学和物理方面的限制条件，使之适于种植，并通过种植优选的植物及其根际微生物直接或间接地吸收、挥发、分离或降解污染物，恢复和重建自然生态环境和植被景观，使之不再威胁人类的健康和生存环境。研究人员可根据需要对所种植物、灌溉条件、施肥制度及耕作制度进行优化，使修复效果达到最好。植物修复是一个低耗费、多收益、对人类和生物环境都有利的技术。

植物修复对环境扰动少，一般属于原位处理。与物理的、化学的和微生物处理技术比较而言，植物修复技术在修复土壤的同时也净化和绿化了周围的环境。植物修复污染土壤的过程也是土壤有机质含量和土壤肥力增加的过程，被植物修复净化后的土壤适合多种农作物的生长。植物固化技术使地表长期稳定，可控制风蚀、水蚀，减少水土流失，有利于生态环境的改善和野生生物的繁衍。植物修复的成本较低，据美国 Cunningham 等的研究，用植物修复 1 hm^2 土地的种植及管理费用为 200～10 000 美元，即每年 1 m^2 土壤的处理费用仅 0.02～1.0 美元，比物理和化学处理费用低几个数量级。

2）植物修复技术可行性

植物修复在技术上是否可行，首先在于土壤中污染物与修复植物之间的相互作用是否有效，其先决条件是污染物必须具有生物可利用性，这主要包括无机污染物的水溶性和有机污染物的可生物降解性；其次，要有足够的植物资源以保障修复植物的多样性。有了众多满足修复要求的修复植物之后，还要有行之有效的栽培技术和其他辅助措施加以实施强化，以及技术实施后生物量的妥善处理等。

土壤中重金属的水溶性与生物有效性。重金属是污染土壤中最难修复的一类无机污染物，利用修复植物的提取和挥发作用可以永久性地将其从土壤中去除，其中利用重金属超积累植物去除土壤重金属污染被认为是最理想的修复技术。但超积累植物提取重金属的前提条件是重金属具有溶解性。首先，重金属在土壤中的溶解性大小受重金属的形态影响，如离子态，大多数硫酸盐、硝酸盐、氯化物及部分有机重金属化合物都易溶于水而被植物吸收。其次，当重金属进入土壤后，经过与土壤发生溶解-沉淀、吸附-解吸、络合-解离和氧化-还原等一系列物理、化学反应后，在某一时刻达到一种平衡状态，最终以水溶态、交换态、碳酸盐态、铁锰氧化物态和有机化合物态等形式存在。这些反应和平衡状态达成时间的长短、程度大小受土壤理化性质、重金属种类、土壤温度、通气情况和水分状况等因素影响。其中水溶态、交换态和部分有机结合态重金属可以被超积累植物吸收而除去。难溶态重金属如碳酸盐态、铁锰氧化物态等经过许多复杂的途径后也可以转化为水溶态重金属而被超积累植物吸收。难溶态转化为水溶态最普遍的方式是当水溶态重金属因植物吸收而减少时，水溶态和难溶态之间的平衡被打破，使平衡向着水溶态方向移动，从而促进植物吸收。只有那些被土壤晶格结构牢固缚住的重金属才暂时可能被释放出来，这也是制定污染土壤修复标准时，通常要以土壤中重金属总量降低到一定值，才达到修复标准的主要原因。此外，也可以通过向土壤中施加有机酸或金属螯合剂等方法促进难溶态重金属的溶解，还可以通过生物技术手段使超积累植物释放专一性活化重金属的物质，促进难溶态重金属的溶解。

土壤中有机污染物的可生物降解性。植物也可以吸收和挥发土壤中的有机污染物质，这是因为绝对不溶于水的有机化合物是不存在的，只不过是水溶性大小差别很大而已。植物根也可以分解许多结构简单的有机污染物质，但对于那些结构复杂的有机分子则在大多数情况下无能为力。因此，植物修复难降解的有机污染物质主要是依靠根际圈真菌及细菌等微生物的降解作用。有机污染物质不同于重金属等无机污染物质，它们有着多条降解途径，如光分解、热分解、化学分解和生物降解等。一般来说，有机污染物质从进入土壤的那一刻起，就经历着光分解、热分解、化学分解和生物降解等复杂而又交织发生的过程，其中生物降解往往是最彻底的一步。生物降解是指通过生物的新陈代谢活动将污染物质分解成简单化合物的过程。这些生物虽然包括动物和植物，但通常是指微生物，其在有机污染物质降解过程中起到重要的作用。可生物降解性是指有机化合物在微生物作用下转变为简单小分子化合物的可能性。有机化合物包括天然的有机物质和人工合成的有机化学物质，天然形成的有机物质几乎可以完全被微生物分解掉，而人工合成的有机化学物质的降解则很复杂。有机污染物质是有机化合物中的一大类，根据微生物对有机污染物质降解的难易程度，将其大致可以分为以下三种情况：第一，较容易降解物质，如醇、酚类化合物；第二，较难降解物质，这类物质虽能被微生物降解，但需要经过较长的时间，如一些农药和石油烃类化合物；第三，不可降解物质，如尼龙、不可降解塑料等一些高分子合成化合物。

植物与微生物的资源潜力。世界上植物多种多样，已知植物种的总数有50多万种，其中种子植物有20多万种。它们从水生到陆生、由低等到高等、由简单到复杂，形成了丰富多彩的植物资源库。目前修复植物主要涉及藻类植物、蕨类植物、裸子植物和被子植物，既有草本植物，也有木本植物。其中来自种子植物的修复植物因生活适应性方面的优势而容易直接被利用；蕨类植物因生殖条件要求很高，对环境的适应能力较差，在有些地区难以直接利用。细菌、真菌等微生物资源也十分丰富，据估计其种类有100多万种，而且人们对微生物的研究历史也很悠久，已经分离出许多可降解、转化有机污染物质的菌株，这为植物根际圈生物降解修复的应用提供了广阔的前景。目前科学家们对植物与微生物共生关系的研究比较深入，在根瘤细菌和菌根真菌等方面都取得了长足进展，现已探明共生体吸收、降解及屏障污染物质的一些机理，发现了许多可用于污染土壤修复的共生关系。此外，植物生理学、作物栽培学与育种学、植物保护学、分子生物学和转基因技术等方面的发展，也为植物修复的实施提供了技术保障和学科储备。

3. 植物修复技术应用

植物修复是以植物为载体的修复过程，无论修复植物是一年生草本植物还是多年生草本或木本植物，最终都需要将修复植物积累的干物质（即生物量）从修复过的污染土壤上移走。植物修复技术仍处于起步阶段，许多技术还不成熟，其中生物量处理就是十分棘手的问题，通常采用的办法是将植物生物量焚烧，再将植物灰堆放存集或直接利用堆肥技术通过微生物的新陈代谢作用来降解生物量。

植物修复技术成本低廉、操作简单、安全清洁、环境友好，是当前重金属污染土壤治理的热点研究内容。应用植物修复时，可根据现场污染情况，在不同的污染带种植具有不同修复功能（吸收、降解、挥发等）的植物，以协同发挥修复作用，达到最佳修复效果。苜蓿根系深，具有固氮能力；杨树和柳树分布范围广，且具有耐涝和生长迅速的特点；黑麦和一些野草则具有生长茂密和覆盖力强等特点，可以根据植物的不同特点加以搭配使用。由于污染土壤生态修复容易受到许多因素的影响，在实际的应用中采用单一的生物修复并不容易实施。在实际的修复案例中，通常先采用物理、化学、工程等措施，改良基础环境条件，再进行以植物为中心的生物修复。

1）案例 1

位于美国康涅狄格州的锡姆斯伯里地区有一块面积约 0.95 hm^2 的 Pb 污染土壤。调查发现该地土壤为粉砂壤土，pH 为 6.5～7.5。每年的 4～10 月为作物生长季节，土壤含水量饱和，其平均的总 Pb 浓度为 635 mg/kg，个别地点 Pb 浓度高达 1000～4000 mg/kg。1998 年，美国 Edenspace Systems 公司以植物提取为主，通过种植芥菜（*Brassica juncea*）和向日葵（*Helianthus annuus*）的模式，结合施肥、施加石灰以及建立喷灌系统等辅助措施，实现了植物、物理、工程等方法的有机结合。采取的措施主要有：增施氮、磷、钾肥提高土壤肥力，采用白云石石灰调节土壤 pH，石灰和肥料施加深度为 15～20 cm；建立喷灌系统使土壤保持湿润；通过喷灌系统增施叶肥。6 个月后发现，土壤中总 Pb 浓度下降到 478 mg/kg，种植的芥菜和向日葵干重中 Pb 的平均积累量达到 100 mg/kg。最终成功实现了对 Pb 污染土壤的修复。

2）案例 2

项目区位于湖南省石门县白云乡，由于长期开采雄黄，冶炼砒霜，炼砒过程产生的砒灰飘尘和二氧化硫未经处理直接排放，周边环境污染非常严重。2012 年，中国科学院地理科学与资源所开展雄黄矿区土壤环境质量调查，以原炼砒车间为中心，在半径 10 km 的 11 个方向放射状布设 380 点位。调查结果显示，雄黄矿区及其周边土壤砷超标率达到 66.1%，其中 17.9%调查样点属于重度砷污染，8.7%和 13.2%的样点砷含量属于中度、轻度污染；石门雄黄矿区及其周边蔬菜砷超标率高达 40.43%。鹤山村区域地表径流砷超标率为 35.09%，每年近 1600 万 m^3 的含砷超标径流进入溇水。

2014 年 4 月 22 日，中国科学院地理科学与资源所开展示范区建设。截至 2016 年 6 月 30 日，中国科学院在石门污染土壤修复完成示范区建设 200 亩，主要示范工程包括：蜈蚣草工厂化育苗和设施建设；修复种植与工程示范，建设规模 200 亩，包括强化植物萃取、间作修复、植物阻隔、钝化修复等修复模式；修复植物安全处理和资源利用技术装备的工程化。

针对项目土壤污染现状，建立了防-控-治相结合的土壤环境保护模式。第一，针对高污染区，提出了关键技术参数，蜈蚣草萃取修复的种苗繁育、田间管护、超富集植物刈割及收获物安全处理等。建立超富集植物育苗工厂 1 座，可满足 100 亩植物萃取修复规模的用苗需求。经过 2 年修复，土壤砷含量降低了 13.6%。第二，结合项目区种植结构，建立了蜈蚣草-柑橘间作修复模式，实现边修复边生产的修复目标。第三，针对低污染区，开展低积累玉米、水稻钝化修复的安全利用模式示范。经过钝化修复，土壤水溶性砷下降了 65%以上，玉米合格率达到 95%以上。

 问题与习题

1. 我国人口的现状和特点是什么？
2. 如何解决我国人口问题？
3. 人口、资源与环境之间有什么相互关系？
4. 能源包括哪些类型？
5. 能源利用过程中会对环境产生哪些影响？
6. 面对能源利用造成的环境问题，主要有哪些解决策略？
7. 什么是新能源及清洁型能源？
8. 新能源利用和开发前景如何？
9. 矿产资源在利用过程中产生了哪些环境问题？
10. 我国在保护矿产资源方面做出了哪些努力？
11. 如何理解生物多样性的概念？
12. 生物多样性具有哪些价值？
13. 植物修复的基本原理是什么，在生产实践中有哪些应用？
14. 我国为保护生物资源与环境做出了哪些努力？
15. 在我国资源开发利用中，应该采取什么样的战略对策？

主要参考文献

保罗·罗伯茨. 2008. 石油恐慌. 2 版. 吴文忠, 译. 北京: 中信出版社.
方淑荣. 2011. 环境科学概论. 北京: 清华大学出版社.
胡筱敏, 王凯荣. 2020. 环境学概论. 2 版. 武汉: 华中科技大学出版社.
鞠美庭, 邵超峰, 李智. 2010. 环境学基础. 2 版. 北京: 化学工业出版社.
李国亭, 刘秉涛. 2016. 环境学概论. 哈尔滨: 哈尔滨工业大学出版社.
刘培桐. 1995. 环境学概论. 北京: 高等教育出版社.
曲向荣. 2015. 环境学概论. 2 版. 北京: 科学出版社.
邵超峰, 鞠美庭. 2021. 环境学基础. 3 版. 北京: 化学工业出版社.
苏志华. 2018. 环境学概论. 北京: 科学出版社.
陶涛, 金光照, 张现苓. 2020. 世界人口负增长: 特征、趋势和应对. 人口研究, 44(4): 46-61.
王丙烁, 黄益宗, 王农, 等. 2018. 镍污染土壤修复技术研究进展. 农业环境科学学报, 37(11): 2392-2402.
王贵玲, 刘彦广, 朱喜, 等. 2020. 中国地热资源现状及发展趋势. 地学前缘, 27(1): 1-9.
王建刚. 2022-7-12. 世界人口预计今年 11 月突破 80 亿. 人民日报, 17.
王开泳, 李苑溪, 丁俊, 等. 2017. 全面放开二孩政策背景下人口增长对资源环境的影响和需求分析. 中国人口·资源与环境, 27(2): 160-169.
王明明, 王静. 2018. 有色金属行业污染防治及减排之路探析. 中国资源综合利用, 36(5): 104-105, 109.
王玉梅. 2010. 环境学基础. 北京: 科学出版社.

杨滨娟, 黄国勤. 2022. 植物种植修复土壤重金属污染的模式、技术与效果综述. 生态科学, 41(4): 251-256.

杨永杰. 2016. 环境学基础. 2 版. 北京: 化学工业出版社.

杨志峰. 2010. 环境科学概论. 2 版. 北京: 高等教育出版社.

张乃明. 2013. 环境土壤学. 北京: 中国农业大学出版社.

赵景联, 刘萍萍. 2020. 环境修复工程. 北京: 机械工业出版社.

赵晴云, 马若婧, 周璐芸, 等. 2023. 北方农村清洁供暖先行区农业废弃物的生物质能潜力及减排效应评估. 农业资源与环境学报, 40(3): 667-679, 745.

钟兆真, 刘丽娜, 张亚鹏, 等. 2022. 中国生物质能政策变迁研究: 2000—2019 年. 中国人口·资源与环境, 32(1): 77-88.

周北海. 2017. 环境学导论. 北京: 化学工业出版社.

朱端卫, 万小琼, 崔理华. 2017. 环境生态工程. 北京: 化学工业出版社.

United Nations, Department of Economic and Social Affairs, Popuation Division . 2022. World Population Prospects 2022: Summary of Results. UN DESA/POP/2022/DC/No.9. New York: United Nations.

第8章 环境管理与可持续发展

环境管理是从环境保护实践中产生，又在环境保护实践中发展起来的，其体系包括一系列的环境标准、法规及规划等。环境管理是环境保护事业发展的客观需要，对环境保护工作起指导作用。21世纪环境管理的背景和前提是可持续发展战略。可持续发展是人类在漫长的发展过程中对走过的道路不断反思的结果，是人类为克服由于社会经济发展造成的环境失衡问题，特别是全球性环境污染、生态破坏问题所做出的理性追求。可持续发展思想及模式已被世界不同经济水平和文化背景的国家、地区普遍接受，成为指导人类社会、经济、环境协调发展的战略抉择。

8.1 环 境 管 理

8.1.1 环境管理概述

1. 环境管理的定义

1972年，《联合国人类环境会议宣言》（以下简称人类环境宣言）提出，保护和改善人类环境是关系到全世界各国人民的幸福和经济发展的重要问题，也是全世界各国人民的迫切希望和各国政府的责任。人类环境宣言还提出了环境管理的原则，包括制定适当的国家机关管理环境资源，应用科学和技术控制环境恶化和解决环境问题，开展环境教育和发展环境科学研究，确保各国际组织在环境保护方面的有效和有力的协调作用等。

1974年，在联合国环境规划署、联合国贸易和发展会议联合召开的资源利用、环境与发展战略方针专题讨论会上，与会专家达成了三点共识，即全人类的一切基本需要应得到满足；要发展以满足需要，但又不能超出生物圈的容许极限；协调这些目标的方法，即环境管理。同年，美国学者休威尔（Granville H. Sewell）编写的《环境管理》一书指出，环境管理是对损害人类自然环境质量的人的活动施加影响，特别是对损害大气、水和地貌质量的人的活动施加影响。

1987年，我国刘天齐主编的《环境技术与管理工程概论》中对环境管理的含义进行了如下论述：通过全面规划，协调发展与环境的关系；运用经济、法律、技术、行政、教育等手段，限制人类损害环境质量的活动；达到既要发展经济满足人类的基本需要，又不超出环境的容许极限。

1992年，英国学者赖斯（Bhaskar Nath）对环境管理的定义为：通过在有组织的群体里建立一个有利于人们发挥其成绩的环境，以实现既定的目标。

《中华人民共和国环境保护法》第十条规定：国务院环境保护主管部门，对全国环境保护工作实施统一监督管理；县级以上地方人民政府环境保护主管部门，对本行政区域环境保护工作实施统一监督管理。县级以上人民政府有关部门和军队环境保护部门，依照有关法律的规定对资源保护和污染防治等环境保护工作实施监督管理。广义的环境管理是指在环境容量的允许下，以环境科学的理论为基础，运用行政、法律、经济、教育和科学技术手段，协调社会经济发展同环境保护之间的关系，处理国民经济各部门、各社会集团和个人有关环境问题的相互关系，使社会经济发展在满足人们物质和文化生活需要的同时，防止环境污染和维护生态平衡。环境管理的核心是实现社会经济与环境的协调发展，它涉及人类社会经济和生活的方方面面，既关系到人民群众现实的生活质量和身体健康，又关系到人类长远的生存与发展。

2. 环境管理的基本内容

环境管理的内容涉及水、大气、土壤、生物等各种环境因素，以及经济、社会、政治、科学技术等方面，所以环境管理具有高度的综合性。

按照环境管理范围可将环境管理的内容分为资源环境管理、区域环境管理和部门环境管理。资源环境管理包括可再生资源的恢复和扩大再生产，以及不可再生资源的合理利用。资源环境管理当前遇到的危机主要是资源使用不合理和浪费。资源的不合理使用是由于没有谨慎选择资源使用的方法和目的。浪费是不合理使用资源的一种特殊形式，资源的不合理使用可导致不可再生资源的提早枯竭，以及可再生资源的锐减。因此，必须采取一切可能采用的管理措施，保护资源，做到资源的合理开发和利用。这些管理措施主要是确定资源的承载力，优化资源开发时空条件，建立资源管理的指标体系、规划目标、标准、体制、政策法规和机构等。区域环境管理主要是协调区域的经济发展目标与环境目标，进行环境影响预测，制定区域环境规划，进行环境质量管理与技术管理，按阶段实现环境目标。区域包括行政区域，如省、自治区、直辖市以及整个国土，也包括水域、工业开发区、经济协作区等。部门环境管理是以具体的单位和部门为管理对象，以解决该单位或部门内的环境问题为内容的一种环境管理。部门环境管理包括能源、工农业、交通运输、商业医疗等部门的环境管理以及企业环境管理。

按照环境管理性质可将环境管理的内容分为环境计划管理、环境质量管理、环境技术管理。环境计划管理是通过计划协调发展与环境的关系，对环境保护加强计划指导是环境管理的重要组成部分。环境计划管理首先是制定好环境规划，使环境规划成为整个经济发展规划的必要组成部分，用规划内容指导环境保护工作，并在实践中根据情况不断调整和完善规划。环境计划管理包括工业交通污染防治计划、城市污染控制计划、流域污染控制计划、自然环境保护计划、基础区域环境计划等，适用于调查、评价特定区域的环境状况。环境质量的好坏直接影响人类的生存和健康，对环境质量进行直接的管理有其特殊的意义。环境质量管理既包括对环境质量现状进行管理，也包括对未来环境质量进行管理。对环境质量的现状进行监测和评价，对环境质量的未来进行预测和评价，是环境质量管理的重要手段。环境质量管理包括组织实施各种质量标准、各类污染物排放标准和监督检查工作，组织调查、监测和评价环境质量状况以及预测环境质量变化趋势。环境技术管理指以可持续发展为指导思想，通过制定技术发展方向、技术路线、技术政策，清洁生产工艺和污染防治技术，以及制定技术标准、技术规程等以协调技术经济发展与环境保护的关系，使科学技术的发展既能促进经济不断发展，又能保证环境质量不断得到改善。

3. 环境管理的基本原则

环境管理应该遵循以下九条基本原则：共生互动与协调适应原则、环境价值化原则、环境管理慎重性原则、环境管理重要性原则、环境管理客观性原则、环境管理系统性原则、环境管理动态性原则、环境管理人本化原则和环境管理全民化原则（田良，2014）。

共生互动与协调适应原则。人和环境系统是共生、密不可分的整体，人一定要适应当前的生态环境，与环境协调适应。

环境价值化原则。人类破坏环境的最终结果是破坏了自己的资源和根本利益，动摇了自己的生存基础。市场经济条件下保护环境应遵循环境资源化、价值化原则，环境只有被资源化、价值化了，才有可能受到有效保护。

环境管理慎重性原则。环境是异常复杂的系统，远远超出人类的认识能力，人类难以对其进行测算，更没有能力再造一个适宜生存的环境，所以在进行环境管理时一定要慎之又慎，敬畏自然，不能轻易做出违背自然规律的事情。

环境管理重要性原则。地球是人类生存唯一的依托，环境是人类一切社会行为的基础，具有不可替代的重要地位，任何破坏环境的行为都是愚不可及的，而管理环境是一切人类行为的基础。

环境管理客观性原则。环境是自然界长期发展的产物，是客观存在的，不以人的意志为转移。自然环境的演化有其客观规律，所以保护环境一定按自然的客观规律来进行。

环境管理系统性原则。环境中各种因素相互制衡、普遍联系，任何改变局部环境的行为一定会导致连锁反应，因此环境管理一定要遵循系统性原则。

环境管理动态性原则。自然环境处于不断变迁和演化中，环境生态系统是不断变化的动态系统，所以对环境的管理应遵循动态性原则。

环境管理人本化原则。人本化即以人为本，人是万物的本源，是事物运动的主体，环境管理的目的正是在于保护人类赖以生存和发展的空间。因此，对环境的管理要遵循人本化原则，本着对人类生存、发展有利的原则来管理环境。

环境管理全民化原则。每个人都生存于环境之中，环境属于最大的公共利益，环境管理是全民的事，每个人都应该具有环境意识并积极参与环境管理。环境管理应走上全民化之路。

8.1.2 环境管理的基本职能

环境管理的职责与功能贯穿于环境管理工作的全过程。环境管理的基本职能包括：统筹规划、组织、协调和监督。另外，为了正确处理经济建设与环境保护的对立统一关系，环境管理还具有指导与服务两个辅助职能，保证在推进经济建设的同时，控制污染，促进生态良性循环，不断改善环境质量。

统筹规划是环境管理中一项战略性的工作，通过统筹规划，实现人口、经济、资源和环境之间关系的相互协调平衡。环境规划既对国家发展模式和方式、发展速度和发展重点、产业结构等产生积极影响，又为环保部门开展环保工作提供纲领和依据，主要包括环境保护战略的制定、环境预测、环境保护综合规划和专项规划等内容。

环境管理的组织职能是指为了实现环境管理目标，对人们的环境保护活动进行合理的分工和组织，合理配备和使用各种资源，协调和动员社会各方面的力量，正确处理人际关系和调整社会各阶层的经济利益关系的职能。为了实现环境管理目标和计划，必须要有组织保证，必须对管理活动中的各种要素和人们在管理活动中的相互关系进行合理的组织。

环境管理的协调职能是指在实现管理目标的过程中协调各种横向和纵向关系及联系的职能，是环境管理的一个重要职能。协调职能与监督职能的关系非常密切，强化监督管理离不开协调。从宏观上讲，环境管理就是要协调环境保护与经济建设和社会发展的关系，实现国家的可持续发展。从微观上讲，环境管理就是要协调社会各个领域、各个部门、不同层次人们的各种需求和经济利益关系，减少相互脱节和相互矛盾，避免重复，建立一种上下左右的正常关系，以便沟通联系，分工合作，统一步调，积极做好各自的环境保护工作，带动整个环境保护事业的发展。环境管理涉及范围广、综合性强，需要各部门分工合作，各尽其责。因此，协调已成为环境管理者的重要任务。不论是环境机构的组织内部管理，还是环境机构组织的外部管理，都需要协调。

环境管理的监督职能是环境管理活动中一项最基本、最主要的职能，也是环境保护行政主管部门的一种基本管理职能。环境保护行政主管部门实施有效的监督，把一切环境保护的方针、政策、规划等变为人们的实际行动，是一种健康、强有力的环境管理。在方式上有联合监督检查、专项监督检查、日常现场监督检查、环境监测等，通过这些方式才能对环境保护法律法规的执行、环保规划的落实、环境标准的实施、环境管理制度的执行等情况进行检查。

环境管理的指导职能是指环境管理者在实现管理目标的过程中对有关部门开展业务指导的职能。指导职能包括纵向指导和横向指导两个方面：纵向指导是指上级环境管理部门对下级环境管理部门的业务指导；横向指导是指在同一政府领导下的环境管理部门对同级相关部门开展环境保护工作的业务指导。

环境管理的服务职能是为经济建设和实现环境目标创造条件，提供服务，在服务中强化监督，在监督中搞好服务。从广义上讲，"管理就是服务"，环境管理工作要服务于经济建设的大局。从狭义上讲，环境管理中有许多需要为经济部门和企业提供服务的内容，包括：污染防治技术咨询服务，环境法律、政策咨询服务，清洁生产咨询服务，ISO14000 环境管理体系咨询服务等（刘立忠，2015）。对于环境管理者而言，指导职能比服务职能具有更大责任和义务，是管理者必须履行的责任和义务。而服务职能是以服务需求的存在为前提，没有客体的需求，就没有主体的服务。

8.1.3 环境管理的基本手段

环境管理是一个具有对象性、目的性的管理过程。为了实现管理目标，需要运用一定的手段对管理对象施以控制和管理。环境管理手段是指为实现环境保护目标，管理主体针对客体所采取的必需的、有效的手段。各种手段在环境管理中可分为法律手段、行政手段、经济手段、宣传教育手段和科学技术手段。由于环境管理主体与客体的多元化，环境管理的策略亦具有多样性的特点。

1. 法律手段

法律手段是指管理者代表国家和政府，依据国家环境法律、法规所赋予的，并受国家强制力保证实施的，对人们的行为进行管理以保护环境的手段。法律手段是环境管理的一个最基本的手段，是其他手段的保障和支撑，通常亦称为"最终手段"。目前，在中国已初步形成了由国家宪法、环境保护基本法、环境保护单行法、环境保护相关法、环保行政法规、地方环境法律法规、环境保护标准以及环境保护国际公约协定等组成的环境保护法律体系，这是强化环境监督管理的根本保证。

我国宪法对环境保护的规定是制定其他环境保护法律法规的基础。《中华人民共和国宪法》规定：国家保护和改善生活环境和生态环境，防治污染和其他公害。国家保障自然资源的合理利用，保护珍贵的动物和植物。禁止任何组织或者个人用任何手段侵占或者破坏自然资源。

《中华人民共和国环境保护法》是为保护和改善环境，防治污染和其他公害，保障公众健康，推进生态文明建设，促进经济社会可持续发展制定的国家法律，是环保的"母法"。该法确立了经济建设、社会发展与环境保护协调发展的基本方针，规定了各级政府、一切单位和个人保护环境的权利和义务。

我国针对特定的环境保护对象或特定环境要素制定颁布了多项环境保护专门法以及与环境保护相关的资源法。环境保护方面的法律包括《中华人民共和国水污染防治法》《中华人民共和国大气污染防治法》《中华人民共和国土壤污染防治法》《中华人民共和国固体废物污染环境防治法》《中华人民共和国海洋环境保护法》等。保护环境资源的法律包括《中华人民共和国环境保护法》《中华人民共和国森林法》《中华人民共和国草原法》《中华人民共和国矿产资源法》《中华人民共和国野生动物保护法》等。

环境保护条例和部门规章是为了贯彻落实环境保护基本法、环境保护单行法而由国务院及国务院各部门制定的。例如，国务院颁布的《中华人民共和国自然保护区条例》《排污许可管理条例》《危险化学品安全管理条例》等；原国家环境保护总局（现已升格为生态环境部）制定的《电子废物污染环境防治管理办法》《病原微生物实验室生物安全环境管理办法》《废弃危险化学品污染环境防治办法》等。

国际公约是指国际有关政治、经济、文化、技术等方面的多边条约，如《保护臭氧层维也纳公约》（1985年）、《核事故或辐射紧急情况援助公约》（1986年）、《控制危险废物越境转移及其处置的巴塞尔公约》（1989年）、《关于持久性有机污染物的斯德哥尔摩公约》（2001年）、《防止倾倒废物及其他物质污染海洋公约》（1972年）、《国际干预公海油污事故公约》（1969年）等。

2. 行政手段

行政手段是指在国家法律监督之下，各级行政管理机构运用国家和地方政府授予的行政权限开展环境管理的手段。例如，对那些违反环境保护法律和法规的行为进行警告，对擅自拆除或闲置环境保护设施的行为责令重新安装使用，对污染严重又难以治理的企业，责令停业、关闭、拆迁或限期整改等。行政手段包括环境标准制订、行政审批或许可证、环境监测和环境影响评价。

环境标准是为了防治环境污染、维持环境资源、保护人类健康、维持生态平衡而由有关国家机关或者组织依照法律规定的程序和职权，在综合分析自然环境现状和当前科学技术水平的基础上所做出的，能够在全国范围内或者一定地域范围内实施的，具有强制力或指导意义的，有关污染因素的容许程度和污染源释放污染因素的允许程度等技术规范的总称。

行政许可是现代国家管理的重要手段，已被世界各国广泛地运用于经济、文化、环境等各个领域，环境许可的书面形式是环境行政许可证。环境行政许可证制度规定了环境行政许可证的申请、审查、颁发和监督管理的规则。环境行政许可证适用于不同环境要素的保护和一个环境要素的不同开发利用阶段的保护。

环境监测是指运用物理、化学、生物等科技方法，间断地或连续地对环境化学污染物及物理和生物污染等因素进行现场的监测和测定，做出正确的环境质量评价。环境监测的目的是准确、及时、全面地反映环境质量现状及发展趋势，为环境管理、污染源控制、环境规划等提供科学依据。

环境影响评价是指对规划和建设项目实施后可能造成的环境影响进行分析、预测和评估，提出预防或者减轻不良环境影响的对策和措施并进行跟踪监测的方法与制度。

3. 经济手段

经济手段是指管理者依据国家的环境经济政策和经济法规，运用经济杠杆和市场经济理论来调节各方面的经济利益关系，规范人们各类行为的手段。环境管理的经济手段可分为宏观经济手段和微观经济手段两种。宏观经济手段是指国家运用价格、税收、信贷、保险等经济政策来引导和规范各种经济行为主体的微观经济活动，以满足环境保护要求，把微观经济活动纳入到国家宏观经济可持续发展的轨道上来的手段。微观经济手段是指管理者运用征收排污费、污染赔款罚款、押金制等经济措施来规范经济行为主体的经济活动，引导和强化企业内部的自主管理，以促进污染防治和生态保护的手段。

环境管理经济手段的核心作用是贯彻物质利益原则，将对环境有害活动的外部影响综合到经济核算中去，即把各种经济行为的外部不经济性内化到生产成本中。运用经济手段，从一定意义上说，就是在国家宏观指导下，通过各种具体的经济措施不断调整各方面的经济利益关系，限制损害环境的经济行为，奖励保护环境的经济活动，把企业的局部利益同全社会的共同利益有机地结合起来。常见的经济手段包括排污权交易、排污收费和投入收费、财政补贴等。

排污权交易是环境管理的经济手段之一，其主要思想是在满足环境要求的条件下，建立合法的污染物排放权利，即通常以排污许可证的形式表现排污权，并允许排污权像商品一样被交易，以此来进行污染物的排放控制。排污权交易的一般做法是，首先由政府部门确定出一定区域的环境质量目标，并据此评估该地区的环境容量。然后推算出污染物的最大允许排放量，并将最大允许排放量分割成若干规定的排放量，即若干排污权。政府可以选择不同的方式分配这些权利，如公开竞价拍卖、定价出售或无偿分配等，并通过建立排污权交易市场使这种权利能被合法地买卖。排污权交易其实是通过模拟市场来建立排污权交易市场。

排污收费和投入收费是环境管理收费的主要手段。排污收费旨在削减污染，是对单位污染物征收的费用。经济效率要求排污企业支付的单位排放污染量税费等于单位排放污染量造成的损失，理想状态下的收费应反映污染造成的边际损失，并以区域的损失变量为依据。排污收费面临的一个重要的现实问题是很难对众多的污染者进行监测，为解决这个问题，环境监管部门设计了诸如投入收费等其他收费手段。投入收费是比较容易监测的收费手段，如很多国家都征收的如燃油税、润滑油税等都属于投入收费。而一些国家对含铅和不含铅的汽油实行差别税率，也取得了很好的保护城市环境的效果。

财政补贴是另一个重要的环境保护的经济手段。如果向生产者支付削减污染的费用，只要治理污染的成本小于得到的补贴，生产者就会投资进行污染削减。这个效果与排污收费的效果一致。在有些情况下，补贴可能会使污染削减行为发生得比排污收费更加迅速。当然，不管什么情况下，这种补贴都会通过产品的较高价格转嫁给消费者。

4. 宣传教育手段

环境宣传教育手段指开展各种形式的环境保护宣传教育，以增强人们的自我环境保护意识和环境保护专业知识。宣传教育是环境管理不可缺少的手段，是奠定环境保护思想基础的重要工具。没有全民环境保护意识的提高，其他环保手段的运用都会事倍功半，甚至无法进行。环境教育包括学历或专业环境教育、基础环境教育、公众环境教育和成人环境教育四种形式。

例如，以高等院校为主体培养专业环境保护人才的教育就是学历或专业环境教育。各类大、中、小学所开展的环境保护科普宣传教育就是基础环境教育。结合世界环境日、世界地球日、世界水日等重大节日，以及国家重大环境保护行动，通过新闻报道和社会舆论宣传等形式开展的面向社会公众的环境宣传教育就是公众环境教育。环境保护在职岗位培训教育或继续教育就是成人环境教育。这四者相互补充、相互促进，构成了环境教育的全部内容。其中，公众环境教育是环境教育中的主要内容和任务。开展这类环境教育活动除了利用传统的主题讲座、座谈会，以及报纸、广播、宣传栏等宣传方式之外，还可以通过微博、微信、短视频、新闻客户端、手机APP等网络新媒体来开展宣传教育活动。

公众环境保护意识是国民素质的重要组成部分，是监督国家和政府环境行为的社会基础。开展环境保护工作，决策者的环境保护意识很重要，但社会公众的环境保护意识更为重要。实践证明，社会公众环境保护意识对政府决策机构及决策者的影响是一种群体对个体、自下而上的影响，具有极强的"后发效应"。各级地方政府决策者在进行环境决策时，都是围绕本地区的重点环境问题而展开的，而这些重点环境问题就是社会公众所关心的环境热点和焦点问题。因此，提高公众的环境保护意识尤为重要，在四种环境教育中，公众环境教育是必须放在首位的。

5. 科学技术手段

环境科学技术手段是指借助于既能提高生产率，又能把对环境污染和生态破坏控制到最低限度的技术以及先进的污染治理技术等来达到保护环境目的的手段。运用科学技术手段，实现环境管理的科学化，包括制定环境质量标准，通过环境监测、环境统计方法，根据环境监管资料以及有关的其他资料对本地区、本部门、本行业污染状况进行调查，编写环境报告书和环境公报，组织开展环境影响评价工作，交流推广无污染、少污染的清洁生产工艺及先进治理技术，组织环境科研成果和环境科技情报的交流等。许多环境政策、法律、法规的制定和实施都涉及科学技术问题，所以环境问题解决得好坏，在极大程度上取决于科学技术。因此，科学技术手段是奠定环境保护物质基础的重要工具，环境科学技术的进步可以增强环境保护的生产力，加快环保进程，降低环保成本。

8.2 环境标准与法规体系

8.2.1 环境标准内涵及作用

环境标准（environmental standard）是为了保护人群健康、防治环境污染、促使生态良性循环、合理利用资源、实现社会经济发展目标，依据环境保护法和有关政策，由权威部门对有关环境的各项工作所做的规定。环境标准是对某些环境要素所做的统一的、法定的和技术的规定，是环境保护工作中最重要的工具之一。环境标准用来规定环境保护技术工作，考核环境保护和污染防治的效果。

环境标准需严格按照科学的方法和程序制定。环境标准的制定还要参考国家和地区在一定时期的自然环境特征、科学技术水平和社会经济发展状况。环境标准过于严格，不符合实际，将会限制社会和经济的发展；过于宽松，又不能达到保护环境的基本要求，造成人体危害和生态破坏（陈喜红，2007）。因此，制定出一套切实可行的环境标准对保护环境、发展经济都具有现实和长远的意义。

环境标准在国家环境管理中起着重要作用。具体作用体现为以下三点：

（1）环境标准是制定国家环境计划和规划的主要依据。国家在制定环境计划和规划时，必须有一个明确的环境目标和一系列环境指标。它需要在综合考虑国家的经济、技术水平的基础上，使环境质量控制在一个适宜的水平，也就是说要符合相应环境标准的要求。环境标准因此成为制定环境计划与规划的主要依据。

（2）环境标准是制定与实施环境法律法规的重要基础与依据。在各种单行环境法律法规中，通常只规定污染物的排放必须符合排放标准，或者造成环境污染者应承担何种法律责任等。然而，怎样才算造成污染？排放污染物的具体标准是什么？这需要通过制定环境标准来确定。环境法的实施，尤其是确定有关排污行为行政合法与违法性的界限和确定具体的法律责任，往往依据环境标准。因此，环境标准是制定与实施环境法律法规的重要依据。

（3）环境标准是国家环境管理的技术基础。国家环境管理如环境规划与政策的制定、环境立法、环境监测与评价、日常的环境监督与管理等都需要遵循和依据环境标准。环境标准的完善程度反映一个国家环境管理的科学性及其管理水平和效率。

8.2.2 我国环境标准体系

为加强环境管理，我国发布了一系列具有规范性的国家环境保护标准，包括环境质量标准、污染物排放（控制）标准、环境基础标准、环境方法标准、环境标准物质标准五类。根据适用范围的不同，环境标准分为国家标准、地方标准和行业标准三级。

1. 环境质量标准

环境质量标准是指以保护人类健康、维持生态良性平衡和保障社会物质财富为目标，对环境中各类有害物质和因素在一定时间和空间内所做的限制性规定。制定环境质量标准除以环境基准为主要科学依据外，还要考虑国家在经济和技术上的可能性，即在经济上合理，技术上可行，在一定时期内可以实现。也就是说，它必须是一个既遵循自然规律，又遵循社会经济规律的切实可行的环境质量标准。目前，我国已发布的主要环境质量标准包括《地表水环境质量标准》（GB 3838—2002）、《农田灌溉水质标准》（GB 5084—2021）、《海水水质标准》（GB 3097—1997）、《渔业水质标准》（GB 11607—1989）、《环境空气质量标准》（GB 3095—2012）、《声环境质量标准》（GB 3096—2008）、《室内空气质量标准》（GB/T 18883—2022）、《乘用车内空气质量评价指南》（GB/T 27630—2011）、《土壤环境质量 农用地土壤污染风险管控标准（试行）》（GB 15618—2018）等。

2. 污染物排放（控制）标准

污染物排放（控制）标准是指为了实现国家的环境目标和环境质量标准，对污染源排放到环境中的污染物的浓度或数量所做的限制规定。污染物排放（控制）标准主要以实现环境质量标准为目标，从而保护人类健康和生态良性循环。同时也要根据我国的工艺设备和技术水平，在经济上合理的情况下，达到技术上的先进性。目前，我国发布了很多污染物排放（控制）标准，主要包括《污水综合排放标准》（GB 8978—1996）、《医疗机构水污染物排放标准》（GB 18466—2005）、《制浆造纸工业水污染物排放标准》（GB 3544—2008）、《大气污染物综合排放标准》（GB 16297—1996）、《储油库大气污染物排放标准》（GB 20950—2020）、《恶臭污染物排放标准》（GB 14554—1993）、《生活垃圾填埋场污染控制标准》（GB 16889—2024）、《畜禽养殖业污染物排放标准》（GB 18596—2001）、《危险废物焚烧污染控制标准》（GB 18484—2020）、《危险废物填埋污染控制标准》（GB 18598—2019）等。

3. 环境基础标准

环境基础标准是在环境保护工作范围内，对有指导意义的名词、术语、符号、代号（代码）、图形、指南、导则等所做的统一规定，是制定各类环境标准和进行环境管理的基础。例如，《制订地方水污染物排放标准的技术原则与方法》（GB/T 3839—1983）是水环境保护标准编制的基础；《制定地方大气污染物排放标准的技术方法》（GB/T 3840—

1991）是大气环境保护标准编制的基础。此外，我国还发布了《环境监测分析方法标准制订技术导则》（HJ 168—2020）、《排污单位编码规则》（HJ 608—2017）、《土壤质量 词汇》（GB/T 18834—2002）等环境基础标准。

4. 环境方法标准

环境方法标准是在环境保护工作范围内以全国普遍适用的试验、检查、分析、抽样、统计、计算环境影响评价等方法为对象而制定的标准，是制定和执行环境质量标准和污染物排放标准实现统一管理的基础。有统一的环境方法标准，才能提高监测数据的准确性，保证环境监测质量。目前，我国发布了很多环境方法标准，主要包括《水质 化学需氧量的测定 重铬酸盐法》（HJ 828—2017）、《水质 硫化物的测定 亚甲基蓝分光光度法》（HJ 1226—2021）、《生活饮用水标准检验方法》（GB/T 5750—2023）、《环境空气气态污染物（SO_2、NO_2、O_3、CO）连续自动监测系统技术要求及检测方法》（HJ 654—2013）、《固定污染源废气 低浓度颗粒物的测定 重量法》（HJ 836—2017）、《土壤和沉积物 铜、锌、铅、镍、铬的测定 火焰原子吸收分光光度法》（HJ 491—2019）等。

5. 环境标准物质标准

环境标准物质标准是在环境保护工作中，对用来标定仪器、验证测量方法，进行量值传递或质量控制的材料或物质必须达到的要求所做的规定。它是检验方法标准是否准确的主要手段。目前，我国已发布的主要环境标准物质标准包括《氮气中乙烷气体标准样品》（GSB 07-3900—2021）、《多环芳烃（16 种）混合质量控制标准样品》、《水质六种阴离子混合质量控制用标准样品》、《水质硼分析校准标准样品》、《土壤中有机碳标准样品》（GSB 07-3838—2021）、《农用地土壤中多环芳烃标准样品》（GSB 07-3905—2021）、《土壤中全磷检测能力验证样品》、《土壤中有机质检测能力验证样品》等。

国家环境标准包括上述五类标准，其在全国范围内适用。

地方环境标准包括地方环境质量标准和地方污染物排放（控制）标准，在本辖区内执行。国家环境标准中又分为强制性标准（代号"GB"）和推荐性标准（代号"GB/T"）两类。为保障人体健康、人身、财产安全的环境质量标准，污染物排放（控制）标准和法律、法规规定必须执行的其他标准等属于强制性标准。强制性标准以外的环境标准属于推荐性标准，国家鼓励采用推荐性标准。推荐性标准在被国家法律和强制性标准引用时也具有强制性。

8.2.3 我国环境法概述

1. 环境法定义、目的及作用

环境法（environmental protection act）是由国家制定或认可，并由国家强制力保证执行的关于利用、保护、改善环境以及防治污染和其他公害的法律规范的总称。环境法狭义地讲就是污染防治法，广义地讲是指包括除了污染防治法外对作为环境要素的各种自然资源的保护和合理开发利用，达到对自然环境保护目的的各种法律。环境法的适用范围是指国家管辖范围内的人类生存环境。我国的环境法是以宪法中关于环境与资源保护的规定为基础，并由环境与资源保护基本法，保护自然资源和环境、防止污染和破坏的一系列单行法规和具有规范性的环境标准等所组成的完整的体系（金瑞林，2012）。我国现行的主要环境法见表 8-1。

表 8-1 我国现行的主要环境法

类别	法律名称
主要环境保护法律法规	《中华人民共和国环境保护法》（1989 年制定，2014 年修订）
	《中华人民共和国水污染防治法》（1984 年制定，2017 年修正）
	《中华人民共和国大气污染防治法》（1987 年制定，2018 年修正）
	《中华人民共和国固体废物污染环境防治法》（1995 年制定，2020 年修订）
	《中华人民共和国海洋环境保护法》（1982 年制定，2023 年修订）
	《中华人民共和国噪声污染防治法》（2021 年制定）
	《中华人民共和国环境影响评价法》（2002 年制定，2018 年修正）
	《中华人民共和国清洁生产促进法》（2002 年制定，2012 年修正）
保护生态环境和自然资源的主要法律法规	《中华人民共和国水土保持法》（1991 年制定，2010 年修订）
	《中华人民共和国草原法》（1985 年制定，2021 年修正）
	《中华人民共和国渔业法》（1986 年制定，2013 年修订）
	《中华人民共和国森林法》（1984 年制定，2019 年修订）
	《中华人民共和国土地管理法》（1986 年制定，2019 年修正）
	《中华人民共和国矿产资源法》（1986 年制定，2009 年修正）
	《中华人民共和国野生动物保护法》（1988 年制定，2022 年修订）
	《中华人民共和国煤炭法》（1996 年制定，2016 年修改）
环境管理方面的主要法规	《排污费征收标准管理办法》（2003 年制定）
	《生态环境标准管理办法》（2020 年制定）
	《环境监测管理办法》（2007 年制定）
	《建设项目环境保护管理条例》（1998 年制定，2017 年修订）
	《污染源自动监控管理办法》（2005 年制定）
	《病原微生物实验室生物安全环境管理办法》（2006 年制定）
	《外来入侵物种管理办法》（2022 年制定）

我国环境立法的根本目的在《中华人民共和国环境保护法》中做了概括：为保护和改善环境，防治污染和其他公害，保障人体健康，推进生态文明建设，促进经济社会可持续发展。其含义是：合理地利用环境和资源，防治环境污染和维持生态平衡；建设清洁优美的生活环境，保护人民健康；保障经济和社会的持续发展。

法律的作用在于其规范性，即规范有关主体的行为。在环境保护领域立法，意味着把环境管理纳入制度化、规范化和科学化的轨道，确立国家环境管理的权威性。其作用体现在以下三个方面。

1）确立环境管理体制

环境管理具有广泛性、综合性和复杂性的特点，这就需要建立高效的环境管理机构来指导和协调任务。为了确保环境管理机构及其人员不滥用职权，有必要在环境法中明确规定有关机构的设置、分工、职责和权限以及行使职权的程序。

2）建立环境管理制度和措施

在环境管理中，必须依据客观的自然规律和经济规律制定各种具有可操作性的环境管理制度和措施，通过国家强制力保证其有效地贯彻执行。

3）确定有关主体的权利、义务和违法责任

在环境法中，有关主体是指依法享有权利和承担义务的单位或个人，主要包括国家、国家机关、企事业单位、其他社会组织和公民个人。通过法律明确规定有关主体在环境保护方面享有的权利和承担的义务，是实现环境立法目的的需求，也体现了环境法作为法律规范的基本属性。而要保障有关主体在环境保护方面所享有的权利，并依法承担相应的义务，还必须明确规定违法者应负的法律责任，包括行政责任、民事责任和刑事责任等。因此，环境法的实施在环境法制中起着决定性作用。

2. 我国环境法体系

环境法的体系，是指环境法的内部层次和结构，是由有关保护环境、防止污染的各种规范性文件所组成的相互联系、协调一致的整体。它对外应与其他法律相协调，以保证整个法律体系的和谐统一；对内则应是环境法的各种法律规范之间的协调互补，以发挥环境法的整体功效，维系环境法的独立存在。环境法体系的完善与否，反映了一个国家环境法治建设的成熟度。

我国的环境法体系是以宪法关于环境与资源保护的规定为基础，并由环境基本法，保护自然资源和环境、防止污染与破坏的一系列单行法规和具有规范性的环境标准等组成的完整体系。根据我国环境立法现状，有关环境保护的法律规范主要包括以下几种类型。

1）宪法

《中华人民共和国宪法》（简称宪法）是国家的根本大法。宪法中有关环境保护的规定是环境法的基础。包括我国在内的许多国家在宪法中都对环境保护做了原则性规定。这就为国家和社会的环境活动奠定了宪法基础，赋予了最高的法律效力和立法依据。宪法对环境保护做了一系列的规定，其中最重要的是第二十六条第一款规定：国家保护和改善生活环境和生态环境，防治污染和其他公害。这一规定明确了国家的环境保护职责。

此外，宪法第九条第一款规定：矿藏、水流、森林、山岭、草原、荒地、滩涂等自然资源，都属于国家所有，即全民所有；由法律规定属于集体所有的森林和山岭、草原、荒地、滩涂除外。第十条第一、二款规定：城市的土地属于国家所有。农村和城市郊区的土地，除由法律规定属于国家所有的以外，属于集体所有；宅基地和自留地、自留山，也属于集体所有。这些规定，把自然资源和某些重要的环境要素宣布为国家所有即全民所有。全民所有的公共财产是神圣不可侵犯的，这就从所有权方面为自然环境和资源的保护提供了保证。第九条第二款还规定：国家保障自然资源的合理利用，保护珍贵的动物和植物。禁止任何组织或者个人用任何手段侵占或者破坏自然资源。第十条第五款规定：一切使用土地的组织和个人必须合理地利用土地。这些规定强调了对自然资源的严格保护和合理利用，以防止因自然资源的不合理开发导致环境破坏。宪法第二十二条第二款对名胜古迹、珍贵文物和其他重要历史文化遗产的保护也作了规定。宪法第五十一条还规定：中华人民共和国公民在行使自由和权利的时候，不得损害国家的、社会的、集体的利益和其他公民的合法的自由和权利。该规定是对公民行使个人权利不得损害公共利益的原则规定，其中当然也包括防止个人滥用权利而造成对环境的污染与破坏。

宪法的上述各项规定，为中国的环境保护活动和环境立法提供了指导原则和立法依据。

2）环境基本法

环境基本法在环境法体系中，占有除宪法之外的最高核心地位。它是一种综合性的实体法，即对环境保护方面的重大问题，如环境保护的目的、范围、方针政策、基本原则、重要措施、管理制度、组织机构、法律责任等做出原则性规定。这种立法常常成为一个国家的其他单行环境法规的立法依据，因此它是一个国家在环境保护方面的基本法。

1989年颁布，2014年修订的《中华人民共和国环境保护法》是中国现行的环境基本法。该法的前身是1979年制定的《环境保护法（试行）》。作为一部综合性的基本法，它对环境保护的重要问题作了全面的规定：

一是，规定了环境法的任务是为了保护和改善环境，防治污染和其他公害，保障公众健康，推进生态文明建设，促进经济社会可持续发展。

二是，环境保护的对象是那些直接或间接地影响人类生存和发展的各种天然的和经过人工改造的自然因素的总体，包括大气、水、海洋、土地、矿藏、森林、草原、湿地、野生生物、自然遗迹、人文遗迹、自然保护区、风景名胜区、城市和乡村等。这样的概括加列举的规定把生活环境和生态环境全部纳入了保护范围，从而确定了环境保护的完整对象。

三是，规定了中国的环境保护应采用的基本原则和制度。例如，确立保护环境是国家的基本国策，将环境保护工作纳入国民经济和社会发展规划，使经济社会发展与环境保护相协调；确立环境保护坚持保护优先、预防为主、综合治理、公众参与、损害担责的原则，以及实施环境监测制度、环境影响评价制度、环境保护目标责任制、考核评价制度、生态保护补偿制度、重点污染物排放总量控制制度、排污许可管理制度等。

四是，规定了保护自然环境的基本要求和开发利用环境资源者的法律义务。例如，规定国家在重点生态功能区、生态环境敏感区和脆弱区等区域划定生态保护红线，实行严格保护。对具有代表性的各种类型的自然生态系统区域，珍稀、濒危的野生动植物自然分布区域，重要的水源涵养区域，具有重大科学文化价值的地质构造、著名溶洞、化石分布区、冰川、火山、温泉等自然遗迹，以及人文遗迹、古树名木，要采取有效保护措施，严禁破坏。加强对农业环境的保护，防止土壤污染、沙化和水土流失等。

五是，规定了防治环境污染的基本要求和相应的义务。例如，排放污染物的企业事业单位，应当建立环境保护责任制度，明确单位负责人和相关人员的责任，采取有效措施防治在生产建设或者其他活动中产生的废气、废水、废渣、医疗废物、粉尘、恶臭气体、放射性物质以及噪声、振动、光辐射、电磁辐射等对环境的污染和危害；对未达到国家环境质量标准的重点区域、流域的有关地方人民政府，应当制订限期达标规划，并采取措施按期达标；企业应当优先使用清洁能源，采用资源利用率高、污染物排放量少的工艺、设备以及废弃物综合利用技术和污染物无害化处理技术，减少污染物的产生等。

六是，规定了中央和地方环境保护主管部门对环境监督管理的权限和任务。

七是，规定了公民、法人和其他组织发现任何单位和个人有污染环境和破坏生态行为的，有权向环境保护主管部门或者其他负有环境保护监督管理职责的部门举报，公民、法人和其他组织发现地方各级人民政府、县级以上人民政府环境保护主管部门和其他负有环境保护监督管理职责的部门不依法履行职责的，有权向其上级机关或者监察机关举报。

八是，规定了违反环境法的法律责任，即行政责任、民事责任和刑事责任。

《中华人民共和国环境保护法》的颁布和修订，对促进中国环境法体系的完备化和加强中国的环境管理起了重要作用。

3）环境保护单行法

环境保护单行法是针对特定的环境保护对象（如某种环境要素）或特定的人类活动（如基本建设项目）而制定的专项法律法规。这些专项法律法规通常以宪法和环境基本法为依据，是宪法和环境基本法的具体化。因此，环境保护单行法的有关规定比较具体细致，是进行环境管理、处理环境纠纷的直接依据。在环境法体系中，环境保护单行法的数量最多。

在我国，按照其所调整的社会关系，环境保护单行法大体分为以下四个类型：土地利用规划法、污染防治法、自然资源保护法、环境管理行政法。例如，土地利用规划法包括国土整治、城市规划、村镇规划等法律法规，目前我国已颁布的有关法律法规有《城市规划法》《村庄和集镇规划建设管理条例》等；自然资源保护法以保护某一自然环境为核心，《中华人民共和国渔业法》《中华人民共和国土地管理法》和《中华人民共和国草原法》就属于自然资源保护法的范畴（吕忠梅，2010）。

4）环境标准

环境标准是环境法体系中特殊又不可缺少的组成部分，是国家为了保护人体健康、增进社会福利、维护生态平衡而制定的具有法律效力的各种技术规范的总称。关于环境标准的内涵、作用、制定原则以及我国环境标准体系等已在 8.2.1 节和 8.2.2 节中做了详细介绍。经过 40 年的实践，中国的环境标准趋于完善，已经形成了以环境质量标准、污染物排放（控制）标准为主体，以环境基础标准、环境方法标准、环境标准物质标准为辅助的环境标准体系。据生态环境部统计，截至 2025 年初，我国累计发行发布国家环境标准 2873 项，废止标准 522 项，现行标准 2357 项。在现行标准中，环境质量标准 15 项，污染物排放（控制）标准 187 项，环境基础类标准 54 项，环境监测类标准 843 项，管理规范类标准 778 项。在环境法体系中，环境标准的重要性主要体现在为环境法的实施提供了数量化基础。

5）其他法中关于环境保护的法律规定

由于环境问题的广泛性和复杂性，环境保护的公共利益属性使得环境法涉及社会关系的各个领域。环境法调整"人-自然-人"之间关系的基本内容以及沟通与协调的方法最终需要以各种制度形式表现出来。其最基本的表现方式就是环境法理念与原则向各个相关部门法的渗透，与相关法律制度结合发展成为新的制度。在实践中，这方面的立法大量存在，如民事立法中有关相邻关系、自然资源权属、无过错责任制度的规定，刑事立法中有关破坏环境资源犯罪的规定；行政立法中有关国家环境管理的规定，诉讼法中有关环境诉讼的规定等。这些规定也是环境法体系的重要组成部分。

8.3 环境规划

生态文明建设历来是关系民生的重大社会问题。党的十八届三中全会以来，以习近平同志为核心的党中央始终把生态文明建设摆在治国理政的突出位置，生态环境保护工作成为生态文明建设的主阵地。"十二五"时期，我国环境规划进入加速上升期，各领域都取得了长足发展。《国家环境保护"十二五"规划》体现了"在发展中保护，在保护中发展"的战略思想，紧扣科学发展的主题和加快转变经济发展方式的主线，努力提高生态文明水平，切实解决影响社会经济发展和损害人民群众健康的突出环境问题，体现了以环境保护优化经济发展的历史定位。"十三五"时期，习近平总书记提出"绿水青山就是金山银山"，指明了环境规划的新方向，坚持生态环境质量改善、统筹山水林田湖草沙的生态环境空间管控成为生态环境保护新要求。在此背景下，《生态环境保护"十三五"规划》统筹了生态与环境，全面贯彻了环境质量改善、生态空间管控的理念。与此同时，在生态文明、"两山"理念等纲领性思想引领下，可持续发展理论、生态学理论、环境承载力理论、生态产业理论、人地系统理论、空间结构理论等环境规划的基础理论，以及循环经济、绿色经济、共享经济、包容性增长等理论都在实践中获得长足发展。党的十九大报告不仅对生态文明建设提出了一系列新思想、新目标、新要求和新部署，并首次把美丽中国作为全面建成社会主义现代化强国的重要目标。近年来，国家又提出了高质量发展、健康中国等建设理念，这对生态环境规划的思想和理论提出了"与时俱进"的要求（毕军等，2021）。

8.3.1 环境规划内涵及作用

1. 环境规划的内涵

从 20 世纪 70 年代初，人们逐步认识到要想解决一个地区的环境问题，首先应该从全局出发采取综合性的预防措施。环境规划就是在这种情况下逐步发展起来的，并逐步被纳入国民经济和社会发展规划之中。历史经验证明，人与自然必须和谐共处。人类的经济和社会活动必须既遵循经济规律，又遵循生态规律，否则终将受到大自然的惩罚。环境规划就是人类为协调人与自然的关系，使人与自然达到和谐而采取的主要行动之一。

1972 年联合国人类环境会议上世界各国共同探讨了保护全球环境战略，一致认识到各国社会经济发展规划中缺乏环境规划是导致环境问题产生的重要原因，在《人类环境宣言》中明确指出："合理的计划不仅是协调发展的需要，同时也是保护与改善环境的需要"，"人的定居和城市化工作需加以规划"，"避免对环境的不良影响"，"取得社会、经济和环境三方面的最大利益"，"必须委托适当的国家机关对国家的环境资源进行规划、管理或监督，以期提高环境质量"。根据会议所提出的环境规划原则，各国开始编制环境规划。

《中华人民共和国环境保护法》第四条规定，保护环境是国家的基本国策。国家采取有利于节约和循环利用资源、保护和改善环境、促进人与自然和谐的经济、技术政策和措施，使经济社会发展与环境保护相协调。第十九条规定，编制有关开发利用规划，建设对环境有影响的项目，应当依法进行环境影响评价。未依法进行环境影响评价的开发利用规划，不得组织实施；未依法进行环境影响评价的建设项目，不得开工建设。

环境规划是人类为使环境与经济社会协调发展而对自身活动和环境所做的时间和空间上的合理安排。其目的在于指导人们进行各项环境保护活动，按既定的目标和措施合理分配排污削减量，约束排污者的行为，改善生态环境，防止资源破坏，保障环境保护活动纳入国民经济和社会发展计划，以最小的投资获取最佳的环境效益，促进环境、经济和社会的可持续发展。

为实现环境规划的目标，环境规划必须涵盖对人类自身活动以及环境状况的相关规定。人类活动方面包括环境保护活动的目标、指标、项目、措施、资金需求及其筹集渠道的规定，以及环境保护对经济和社会发展活动的规模、速度、结构、布局、科学技术的反馈要求；环境方面包括环境质量和生态状况的规定。人类的经济社会发展活动、环境保护与建设活动和环境状况形成了一个有机的整体，相互作用与反馈。环境规划实质上是一种克服人类经济社会活动和环境保护活动盲目性和主观随意性的科学决策活动，以保障整个人类社会的可持续发展。

环境规划的内涵如下：第一，环境规划是与时俱进的，它必须符合特定历史时期的技术、经济发展水平和能力；第二，环境规划的主要内容是合理安排人类自身活动与所处环境的协调发展，其中包括对人类经济社会活动提出符合环境保护需求的约束要求，也包括对环境保护和建设做出的安排和部署；第三，环境规划依据系统论原理、生态学原理、环境经济学理论和可持续发展等理论，充分体现其交叉性、边缘性等特点；第四，环境规划的研究对象是"社会-经济-环境"这一大的复合生态系统，它可能指整个国家，也可能指一个区域（城市、省区、流域）。

2. 环境规划的作用

环境规划的目的在于调控人类自身的活动，减少污染，防止资源破坏，从而保护人类生存、经济和社会持续稳定发展所依赖的基础——环境。编制和实施环境规划对于协调人与环境、经济与环境的关系，以及保证国家长治久安、可持续发展具有深远的意义。

1）促进环境与经济、社会持续发展

环境问题与经济发展之间的关系密切，经济受环境的制约，又对环境有着巨大的影响。环境问题的解决必须以预防为主，否则损失重大，环境规划的重要作用就在于协调人类活动与环境的关系，预防环境问题的发生，促进环境与经济、社会的持续发展。

2）保障环境保护活动纳入国民经济和社会发展计划

制订规划、实施宏观调控是我国政府的重要职能，中长期计划在我国国民经济中仍起着十分重要的作用。环境保护与经济、社会活动有着密切联系，必须将环境保护活动纳入国民经济和社会发展计划之中，进行综合平衡，才能得以顺利进行。环境规划就是环境保护的行动计划。在环境规划中，环境保护的目标、指标、项目、资金等方面都需经过科学论证和精心规划,以保障其可以纳入国民经济和社会发展计划之中。

3)以最小的投资获取最佳的环境效益

环境是人类生存的基本要素,又是经济发展的物质源泉。在有限的资源条件下,如何用最少的资金实现经济和环境的协调显得非常重要。环境规划正是运用科学的方法,保障在发展经济的同时,提出以最小的投资获得最佳的环境效益的有效措施。

4)合理分配排污削减量,约束排污者的行为

根据环境的纳污容量以及谁污染谁承担削减责任的基本原则,公平地规定各排污者的允许排污量和应削减量,为合理地、指令性地约束排污者的排污行为、消除污染提供科学依据。

5)环境规划是各国各级政府环境保护部门开展环境保护工作的依据

环境规划是一个区域在一定时期做出的关于环境保护的总体设计和实施方案,为各级政府环保部门提出了明确方向和工作任务。规划中制定的功能区划、质量目标、控制指标和各种措施以及工程项目为环境保护工作提出了具体要求。我国现行的各项环境管理制度都要以环境规划为基础和先导。

8.3.2 环境规划的类型

环境规划按性质可分为生态规划、污染综合防治规划和自然保护规划;按经济-环境的制约关系可分为经济制约型规划、协调发展型规划、环境制约型规划;按环境要素可分为污染防治规划和生态规划;按行政区划和管理层次可分为国家环境规划、区域环境规划和部门环境规划等;按规划期可分为长远环境规划、中期环境规划以及短期环境规划(年度环境保护计划)。各种规划组成了我国现阶段的环境规划体系,是整个国家总体发展规划中的一部分,相对于国家总的规划体系来说,是一个多层次、多要素、多时段的专项规划体系。整个环境规划体系指导着我国的环境保护工作和当前的任务及发展方向。

1. 从性质上划分

1)生态规划

生态规划主要是对规划区域的地球物理系统、生态系统和社会经济系统进行综合考虑,使国家或区域的经济发展能够符合生态规律。

2)污染综合防治规划

污染综合防治规划也称污染控制规划,是当前我国环境规划的重点。根据范围和性质不同又可分为区域污染综合防治规划和部门(或行业)污染综合防治规划。区域污染综合防治规划主要是针对经济协作区、能源基地、城市、水域等的污染进行综合防治规划,它在调查评价的基础上对环境质量状况进行了预测,然后提出恰当的环境目标,根据环境目标进行各种污染防治规划的设计,并提出规划实施和保证措施。部门(或行业)污染综合防治规划主要有工业系统污染防治规划、农业污染防治规划、商业污染防治规划和企业污染防治规划等。这种类型的规划主要是根据各部门的经济发展,提出恰当的环境目标、污染控制指标、产品标准和工艺标准。

3）自然保护规划

保护自然环境的工作范围很广，主要是保护生物资源和其他可更新资源，另外还有文物古迹、有特殊价值的水源地、地貌景观等。

2. 按经济-环境的制约关系划分

环境与经济存在着相互依赖、相互制约的双向联系，但在特定的条件下，有时以经济发展为主，有时以保护环境为先。

1）经济制约型规划

经济制约型规划是为了满足经济发展的需要，环境保护只服从于经济发展的要求。一般是在确定了社会发展目标、产业结构的前提下，预测污染物的产生量，根据环境质量要求和环境容量大小，规划去除污染物的数量和方式，即为解决已经发生的环境污染和生态破坏，制订相应的环境保护规划。

2）协调发展型规划

协调发展型规划是将环境与经济作为一个大系统来规划，既考虑经济对环境的影响，又要考虑环境对经济发展的制约关系，以实现经济与环境的协调发展。这类规划是协调发展理论的产物，是环境规划发展的方向。

3）环境制约型规划

环境制约型规划是在某些特殊环境下，环境保护成了环境与经济关系的主要矛盾方面，经济发展要服从环境质量的要求，如饮用水源保护区、重点风景游览区、历史遗迹等的环境规划。

3. 按环境要素划分

环境规划按环境要素可分为污染防治规划和生态规划两大类，前者可细分为水环境、大气环境、固体废物、噪声及物理污染防治规划，后者可细分为森林、草原、土地、水资源、生物多样性、农业生态规划等。

4. 按行政区划和管理层次划分

按行政区划和管理层次可分为国家环境规划、省（自治区、直辖市）环境规划、部门环境规划、市（县）环境规划、农村环境规划、自然保护区环境规划、城市环境综合整治规划和重点污染源（企业）污染防治规划。国家环境规划范围比较广，涉及整个国家，是全国发展规划的重要组成部分，其目的是协调全国经济社会发展与环境保护之间的关系。国家环境规划对全国的环境保护工作起指导性作用，省（区）、市（地）各级政府和环境保护部门都要依据国家环境规划提出的奋斗目标和要求，结合实际情况制定本地区的环境规划，并加以贯彻和落实。区域环境规划的"区域"我们习惯上认为是省或相当于（或大于）省的经济协作区，如珠江三角洲环境保护规划。区域环境规划的综合性和地区性很强，它是国家环境规划的基础，也是制定城市环境规划和工矿区环境规划的前提。部门环境规划包括工业部门环境规划、农业部门环境规划和交通运输部门环境规划等。

5. 按规划期划分

按规划期可将环境规划分为长远环境规划、中期环境规划以及年度环境保护计划。长远环境规划一般跨越时间为 10 年以上；中期环境规划一般跨越时间为 5~10 年，其中 5 年中期环境规划一般称为五年计划。这些环境规划的内容也有所不同，一般跨越时间越长越宏观。长远环境规划着重于对长远环境目标和战略措施的制定，而年度环境保护计划则是每一个措施、工程、项目以及任务的具体安排。由于我国国民经济计划体系是以五年计划为核心的计划体系，所以 5 年中期环境规划也是各种中期环境规划的核心，要正式纳入国民经济社会和发展计划之中。

8.3.3 环境规划的原则

制订环境规划的基本目的，在于不断改善和保护人类赖以生存和发展的自然环境，合理开发和利用各种资源，维护自然环境的生态平衡。因此制订环境规划应遵循下述 6 条原则。

1. 保障环境与经济、社会持续发展的原则

环境、经济、社会三者之间相互联系、不可分割，只注重经济而忽视环境只能带来暂时的繁荣，因为环境问题的恶化必将对人类造成危害，如资源的枯竭，进而抑制经济的发展。因此，环境规划必须把环境、经济、社会三者作为一个大系统来规划，协调它们之间的关系，以保障三者持续、稳定发展。

2. 遵循经济规律，符合国民经济计划总要求的原则

环境与经济存在着互相依赖、互相制约的密切联系。经济发展要消耗环境资源，向环境中排放污染物，并产生环境问题。自然生态环境的保护和污染防治需要的资金、人力、技术、资源和能源，受到经济发展水平和国力的制约。在经济与环境的双向关系中，经济起着主导的作用。因此，说到底，环境问题是一个经济问题，环境规划必须遵循经济规律，符合国民经济计划的总要求。

3. 遵循生态规律，合理利用环境资源的原则

在制订环境规划时，必须遵循生态规律，利用生态规律为社会主义建设服务。对环境资源的开发利用要遵循开发利用与保护增值并重的原则，防止开发过度造成恶性循环。对环境承载力的利用要根据环境功能的要求，适度利用、合理布局，减轻污染防治对经济投资的需求；坚持以提高经济效益、社会效益、环境效益为核心的原则，促进生态系统良性循环，使有限的资金发挥最大的效益。

4. 系统原则

环境规划对象是一个综合体，用系统论方法进行环境规划有更强的实用性，只有把环境规划研究作为一个子系统，与更高层次大系统建立广泛联系和协调关系，即用系统的观点才能对子系统进行调控，才能达到保护和改善环境质量的目的。

5. 预防为主、防治结合的原则

"防患于未然"是环境规划的根本目的之一。在环境污染和生态破坏发生之前，予以杜绝和防范，减少其带来的危害和损失是环境保护的宗旨。预防为主、防治结合是环境规划的重要原则之一。

6. 因地制宜原则

环境规划和其他规划一样，都必须遵守实事求是、因地制宜、突出重点、兼顾一般的原则。环境问题的地域性十分突出，不同地区的环境问题解决的方法和手段也不尽相同。因此要特别注意地域差异，才能使环境规划符合客观实际，具有可操作性。

8.3.4 环境规划的实施

环境规划的实施是环境规划的重要工作，环境规划的编制、实施与管理是一个动态追踪的发展过程。编写的环境规划最终要服务于国民经济建设、生态环境保护、民生福祉建设。

1. 环境规划实施的基本条件

1）环境规划纳入总体规划

环境规划的编制、审批和下达只是规划工作的一部分，而重要的工作是组织规划的实施。

经过审批的环境规划，在一定程度上代表了国家对环境保护前景的意愿，体现了人民的根本利益。环境规划按照法定程序下达后，在环境保护部门的监督管理下，各实施单位根据规划中对本地区、本部门或本单位的要求，有责任组织各方面的力量，促使规划付诸实施。

把环境保护纳入经济和社会发展规划是人类认识客观规律的进步。多年来，我国的环境问题之所以日趋严重，其中一个主要的原因就是过去的环境保护没有在国民经济中占有一定的比例，违背了社会主义市场经济这一客观规律，以致造成了严重的环境污染和生态破坏。因此，为保证环境规划的顺利实施，各级政府在制定国民经济和社会发展计划时，必须把环境保护作为综合平衡的重要内容。

2）全面落实环境保护资金

为解决环境问题、防治环境污染和改善生态环境，达到环境规划所确定的目标，可以通过制定有关的环境保护政策强化环境管理和依靠科技进步等措施使环境污染和生态破坏得到一定程度的缓解。但是，一个国家的未来环境，不仅取决于目前的环境基础，更取决于一个国家的财力和物力，也就是取决于一个国家的经济发展水平。尤其是对于我国环境污染欠账较多和自然生态破坏严重的情况来说，要想从根本上解决环境问题，没有或缺少一定比例的环境保护投资是不行的。

环境保护投资比例问题是协调环境保护与经济和社会发展的一个重要问题。比例多少与规划目标相关，是实现规划目标全部措施中最根本的一环；同时，又是制约规划目标的主要因素之一。

3）编制年度环境保护计划

环境规划的分类，按跨越时间分为：长远环境规划（即长期规划）、中期环境规划（如五年计划）和年度环境保护计划。编制的时间顺序为一般先编制长远环境规划，接着编制五年计划，然后在五年计划的基础上，再编制出年度环境保护计划。

中期环境规划的实施，必须靠年度环境保护计划层层分解，具体落实到各地区、各部门和各单位逐步实施。否则制定的规划再好也将会成为一纸空文。因此，各级政府在制定年度国民经济和社会发展计划的同时，要把编制年度环境保护计划作为一项重要的内容。

4）实行环境保护目标管理

为了实现环境保护的规划目标，仅靠一般化的行政管理模式已经不能适应目前环境保护工作的需要。把环境保护规划目标和任务与责任制紧密结合起来，实行各级领导的环境保护目标责任制的管理制度，是顺利实现规划目标和任务的重要措施。

环境保护目标责任制是以签订责任书的形式，从各级领导的职责范围出发，具体规定他们在任期内的环境保护目标和任务，从而理顺各地区、各部门和各单位在保护环境方面的关系，使改善环境质量的规划目标和任务得到层层落实。实行环境保护目标责任制，有利于将纳入国民经济和社会发展计划中的环境保护计划目标和任务具体化，有利于调动各地区、各部门和各单位的力量共同保护和改善环境。

2. 环境规划实施的基本措施

1）采取协调和审议的措施

区域经济、资源、环境协调发展规划包括多方面、多层次的内容，同时也涉及各地区、各团体的局部利益。因此，对于这样一个庞大的规划应有一个反复磋商、质疑、调整的过程。调整阶段是十分重要的，调整的目的是协调各方面的关系，突出中心问题和亟待解决的问题，满足各层次、多样化、复杂化的要求，使各方对环境规划达成一致意见。

规划部门内部的协调和调整。在规划部门内部有各专项规划单位，因此环境规划应首先和这些专项规划单位相协调。

与有关部门进行协调和调整。环境规划涉及的部门，包括规划实施部门、政策法令制定部门及投资部门等，要根据本部门的需要对规划提出调整意见。

与区域周围邻近地区间的协调和调整。环境规划的地域性决定了其在实施过程中，必须对环境功能相近或不同的行政区划范围的规划内容进行协调。

与国家办事机构的协调和调整。与这个层次协调的目的在于和国家的规划相统一，以便使国家对该区域的资源分配、经济发展速度和环境质量目标有统筹的安排。

2）组织管理方面的措施

制定资源利用开发标准。国家标准化管理委员会同有关部委合作负责有关环境保护和资源利用的规划标准制定以及名词解释的工作，使资源利用有章可循及资源管理规范化，提高资源综合利用率，或减少排放量，利于环境规划目标的实现。

统计报表制度。对污染物治理和生产废物的综合利用实行统计报表制度。表格和指标统一规定，为次年的规划提供了依据，并奠定了基础，也可使国家及时掌握资源和环境污染物治理的变动情况。

依法控制保证规划的实施。环境法规的实施，使协调发展的体系得到了充分的保障，为环境规划的实施铺平了道路。

3）科学研究方面的措施

协调发展规划方法的研究。环境规划过程中采用的计算机模拟技术，为规划方法的开拓提供了广阔的前景。为了保证环境规划的有效实施，应采用综合集成技术把大规模系统优化理论应用于环境协调发展规划，使环境规划更切合实际。

生态工程、工艺的研究。生态工程、工艺方面的研究是制定和实施环境协调发展规划必不可少的基础工作之一。

3. 环境规划的技术方法

不同类型的环境规划使用的方法也不尽相同。常用的环境规划技术有环境系统分析方法和环境规划决策方法。

1）环境系统分析方法

所谓环境系统分析方法，就是有目的、有步骤地搜索、分析和决策的过程，即为了给决策者提供决策信息和资料，规划人员使用现代的科学方法、手段和工具对环境目标、环境功能、费用和效益进行调研和分析，处理有关数据资料，据此建立系统模型或若干替代方案，并进行优化、模拟、分析、评价，从中选出一个或几个最佳方案供决策者选择，用来对环境系统进行最佳控制。

采用环境系统分析方法的目的在于通过比较各种替代方案的费用、效益、功能和可靠性等各项经济和环境指标，得出达到系统目的的最佳方案的科学决策。

环境系统分析方法的内容要素包括环境目标、费用和效益、模型、替代方案、最佳方案等。

环境目标。环境目标是进行环境规划的目的，也是系统分析、模型化和环境规划的出发点。通常，环境目标不止一个。

费用和效益。建成一个系统，需要大量的投资费用，系统运行后，又要一定的运行费用，同时可获得一定的效益，我们可以把费用和效益都折合成货币的形式，一次性作为对替代方案进行评价的标准之一。

模型。根据需要建立的模型，可以用来预测各种替代方案的性能、费用和效益，对各种替代方案进行分析、比较，最后有效地求得系统设计的最佳参数。建立模型是环境系统分析方法的一个重要环节。

替代方案。对于具有连续性控制变量的系统，意味着替代方案有无穷多，建立的数学模型中就包含无穷多个替代方案，求解过程即是方案的分析和比较过程。

最佳方案。通过对系统的分析给出若干个替代方案，然后对这些方案进行分析、比较，找出最佳方案。最佳方案是通过替代方案的分析、比较得出的满足环境目标的方案，是整个系统设计的输出。

2）环境规划决策方法

环境规划是环境决策在空间和时间上的具体安排，规划过程也是环境规划的决策过程。下面介绍几种常用的环境规划决策方法。

线性规划。线性规划是数学规划中理论完整、方法成熟、应用广泛的一个分支。它可以用来解决科学研究、活动安排、经济规划、环境规划、经营管理等许多方面提出的大量问题。线性规划模型是一种最优化的模型。它可以用于求解非常大的问题，模型中可以包含上千个变量和约束，这个特性为解决一些复杂的环境问题提供了重要的方法和手段。标准线性规划模型包括目标函数、约束条件和非负条件。线性规划问题可能有各种不同的表现形式，如目标函数有的要求实现最大化，有的要求实现最小化；约束条件可以是"≤"形式的不等式，也可以是"≥"形式的不等式，还可以是等式。一旦一个线性规划模型被明确表达，就能迅速而容易地通过计算机求解。

动态规划。线性规划模型虽然应用方便，但有严格的限制条件，即数学模型是线性的或转化为线性的。而动态规划对线性模型和非线性模型都能运用，对不连续的变量和函数，动态模型也能求解。

动态规划是解决多阶段决策最优化的一种方法。动态规划与线性规划最显著的区别在于，线性规划模型都可以用统一有效的方法求解，而每个动态规划模型没有统一的求解方法，必须根据每一个模型的特点加以处理。

投入产出分析法。投入产出分析法是研究现代活动的一种方法。这项技术是经济学家里昂惕夫在20世纪30年代的一项研究成果，投入产出用于一个经济系统时，能阐明该地区各工业部门所有生产环节的相互关系，确定各部门的投入产出量，当考虑到环境因素后，又可以定义环境系统中的各种联系。环境中的物质（如水、原料和能源等）进入生产过程，生产过程中产生的废弃物（如废气、废水和废渣等）排入环境。通过建立它们之间的投入产出模型与污染物传播模型，就可以分析废弃物在环境中的扩散，研究它们对环境质量的影响，达到协调经济目标和环境目标的目的，得出可行性结论。

多目标规划。在环境规划中，大量的问题可以描述为一个多目标决策的问题。因为在进行环境污染控制规划时，不只是满足某些环境标准，而往往还要提出一连串的目标，这些目标既有先后缓急之分，彼此间又可能相互联系、影响和制约，但是无法以共同的尺度进行度量。人们在考虑一个污染控制方案时，都在自觉和不自觉地考虑和权衡这些目标，如对一个区域的水资源和水污染控制系统进行综合规划时，这一区域的水污染控制不仅应考虑有效的综合治理手段，还必须同时考虑水资源的合理分配，满足用水需要及保护水资源、节约能源和尽可能降低污染治理费用等问题。因此，一个污染控制规划就必须在代表不同利益的社会集团之间进行协调，并在最终决策中反映出权衡后的结果。多目标规划为解决这类问题提供了理论和方法，在一系列的非劣解中寻求一个最满意的解。

整数规划。在一些环境问题中，非整数的决策变量值意义不大。在线性规划中，若规定变量只能取整数值，这类规划问题就称作整数线性规划，简称整数规划。

4. 实施环境规划应完成的功能

1）完成综合机能

根据区域性环境规划，为综合地、系统地、有力地推动各项事业的发展，要建立综合、合理的推行体制，同时也应考虑建立与市、省、国家有关机关协作的推行环境规划的机能。

2）完成诱导机能

区域性环境规划，作为政府进行环境保护的指导方针，应进行广泛的宣传，指导并得到广大居民、企业家的参与和协助,努力贯彻实施环境规划的目标和任务。

3)完成科学的、合理的机能

为迅速准确地掌握区域环境的现状、特征和变化趋势,要积极引进和充分利用先进技术和手段。

4)完成调整环境的机能

当规划区域实施个别开发项目时,为实现环境规划的内容,根据环境影响评价制度,充分利用内部调整的条件,从环境方面求得适当的控制。同时,根据大量确凿的事实,对其他的规划,从环境方面进行充分调整是极其重要的。

5)完成确保实行机能

为保证区域环境质量,掌握各种实施政策执行状况及规划进展状况,必须确保各种实施政策的必要资金。但是,为了推行更具体的、个别的实施政策,制定个别实施规划是必要的。

5. 实施环境规划的形式

1)综合型

这种类型的规划是综合地、系统地完成了环境规划的实施政策,谋求实施政策相互间适当的调整及有效的执行。这种类型的规划立足于综合的、长期的展望,指出推行实施政策的目标,同时,进一步制定详细的中短期实施规划用以补充完善综合型的规划。

但是,环境部门要明确地推进实施政策,因为其他政府部门制定的规划(利用环境规划)、企业和居民制定的各种规划(开发规划等),还不能适应环境要求。为解决这一点,有必要建立各部门能获取充分的联系、建议和调整的体制。

2)指导方针型

指导方针型适用于环境实施政策的进行。在指导人们进行与环境有关活动的规划中,将实施政策调整为指导方针型。

这种类型的环境规划,为如何调控人们行动以适应管理环境的问题提供指南。为此,实施综合型政策时,要特别重视诱导机能和调整机能,因而环境规划首先要明确环境的基本概念、理论、目标及指导方针,在这些区域的多种情况下发挥环境规划专业知识,制定宜居宜业的良好生态环境策略。

3)公害防治规划型及特定项目实施规划型

这类规划是防治公害的项目,也是区域比较重要的规划,以及区域环境特定项目实施政策的规划。另外,这种规划抓住当前特定的课题中要解决的重点,是具有预见性的中长期规划。因而容易掌握规划实行中的情况,并不断对规划进行重新评价。

作为进行管理的方针政策,这种规划大体上是推行行政主导的规划,与前两种规划相比较是被限定的,主要确保综合机能和调整机能,在较小的范围内容易实施。另外,这种类型的规划限定的环境项目,大部分实施定量目标的政策。

6. 环境规划的管理

环境规划的编制、实施与管理是一个动态追踪的发展过程。环境规划实施与管理要适应区域社会经济发展，规划通过对区域经济社会发展规律和环境质量演化规律的揭示，引导区域社会和经济向更适合人类生产生活需要的方向发展。环境规划既是区域未来预期状态的模拟设想和预先协调行动纲领，又是一个不断积累的追踪决策过程。

1) 环境规划实施的动态追踪过程

动态追踪管理。在环境规划实施与管理过程中，在区域内部各组成要素的协同作用下，通过动态追踪监控行为使规划适应区域经济社会发展的动态变化要求，并在区域发展的某些未曾预测到的环境突发性事件发生的情况下，仍能保证环境规划目标得到顺利实现。

动态追踪干扰因素作用管理。在环境规划实施与管理过程中，在各种干扰因素的作用下，环境规划不仅能适应区域经济社会发展的需求，而且能通过会诊、会鉴、检讨、纠错、置换等追踪控制行为，使其本身仍能保持完整的科学性和合理性，在发挥环境规划功能与作用的同时，使环境规划本身不断得到更新、完善和发展。

环境追踪技术的可操作管理。在环境规划实施与管理过程中，在充分考虑规划实施准则及技术可操作性的前提下，通过动态追踪监控过程，可及时掌握地方政府和规划部门对规划实施的承受能力（可接受能力）和控制能力。根据承受能力和控制能力的动态变化特点，调控规划实施的追踪监控强度，进而调控、修编和校正已编成的环境规划方案，使规划方案得以实施。

动态追踪的定量化管理。在环境规划实施与管理的过程中，在规划的战略纲要与宏伟蓝图的指导下，为便于环境规划实施追踪监控行为的顺利进行，要求规划对实施的指导应该落到实处。力求能够从量上予以确定，但这种量的规定性，不能全都是固定且唯一的，应有适当的弹性和较强的适应性，能适应不同环境功能区不同时间和社会、经济、自然环境条件的变化。

2) 环境规划实施的动态全过程控制管理

环境规划实施的动态全过程控制管理，是使环境规划实施与管理相结合，使规划目标及其变化方向符合社会经济发展规律、环境质量变化特点和人们的预期目标，并沿正常的轨道运行。

环境规划的空间控制。环境规划实施的全过程是由一个集中控制机构来执行的。在集中控制基础上，建立相对独立的几个二级控制机构，对环境规划的数量指标、质量指标进行评估和决策。各个相对独立的二级控制机构之间通过信息传递与反馈行为实现横向协调控制；环境规划的二级控制机构与总控制机构之间通过环境规划信息的传递与反馈实现纵向控制；纵向控制最后通过信息交叉反馈，实现环境规划实施的动态全过程控制管理。

环境规划的时间控制。环境规划的时间控制是指环境规划信息反馈时间和反馈回路控制。其一为闭路控制，指在规划实施与管理中具有完整反馈回路的时间控制。规划管理者根据环境规划实施者反馈的情报信息，有效控制和改善规划实施过程。其二为规划过程中呈现出不完整反馈回路的半闭路控制。考虑到环境规划实施会受大量随机因素干扰，因而需要借助信息反馈适时调节控制。其三为开路控制，即环境规划实施与管理中不具备反馈回路控制。在环境规划的时间控制中，一般要用开、闭路结合控制，闭路、半闭路和开路控制信息反馈实施协调控制管理。

时空耦合的全过程控制。在环境规划实施的空间和时间控制管理无法沟通的情况下，在二者之间架起一座信息桥梁，通过信息反馈、资源共享等协调途径，化解时空控制管理的冲突，达到环境规划实施的动态控制管理。

3）环境规划的组织管理

建立与完善环境规划管理的组织机构。环境规划的实施与管理主要依靠现已建立的环境规划管理组织系统，也可根据需要建立专门的机构来负责规划的组织实施。例如，按规划的管理范围来设立某流域或某区域的专门环境管理委员会等。专门成立的规划管理机构应由当地分管环境保护的最高行政领导牵头，由环境保护部门和政府有关部门及产业部门有关领导共同组成，下设具体办事机构（如办公室），负责处理日常事务。规划管理机构负责规划的分解、执行、检查、考核、协调和调整。这种机构亦可设在各级环境保护委员会中。

第一，环境规划的行政管理。在环境规划实施过程中，行政组织系统要按层次和职能，做到各司其职、各尽其责、密切配合、共同管理。各级人民政府是规划实施的主要领导者、组织者和责任承担者，各产业部门和企事业单位是规划的具体执行者。国家政府领导下的环境委员会，是环境规划实施的主要协调机构，协调规划执行过程中出现的各种跨域问题。生态环境部及地方生态环境局是政府的职能部门，也是各级环境保护委员会的办事机构，是对规划实施行使监督检查和进行各种组织、沟通、协调和服务的机构。各级人民代表大会是对本地区环境规划行使决策与监督管理的最高权力机构。人民代表大会下设的资源环境工作委员会，将负责组织和拟定有关环境保护的议案和法规，审议现有规划和各种环境保护的命令、法规；审议经费预算；调查重大环境问题和环境案件，并提出建议和意见；监督政府对环境规划和其他环境保护计划的执行情况等。

第二，环境规划的协调管理。由于环境规划的广泛性和跨域性特点，规划实施过程中必须注重各部门、各地区间的行动协调，以解决规划执行过程中上下之间和横向关系中出现的矛盾和冲突。在任务分配、资金筹集与投放、环境保护设施的建设与运行等方面，都有很多协调工作需要做好。协调的手段包括经济手段、行政手段、法律手段以及必不可少的思想协调工作，要依靠各级环境保护委员会进行组织协调，其总的目的是保证规划目标的实现。此外，由于事物本身的不断变化和发展，以及人们认识的深化，任何规划在实施过程中都会出现规划与实际情况不符的现象，都会发现规划的不足，因此，对规划做出必要的修正、补充是不可避免的。在规划实施过程中及时调整规划，是保证规划目标圆满实现的重要工作措施。

4）环境规划的制度管理

20世纪80年代形成的8项环境管理制度，即环境保护目标责任制、城市环境综合整治定量考核制度、环境影响评价制度、"三同时"制度、排污收费制度、限期治理制度、污染集中控制制度、排污申报登记与排污许可证制度，构成以控制新污染源为主、兼顾老污染源治理的环境管理体系。8项制度围绕着一个中心，并用一根主线串起来，形成一个有机整体。一个中心就是环境保护规划目标，一根主线就是环境规划。因此，环境规划是8项制度的先导和依据，而8项制度是环境规划的实施措施和手段。

我国现行的管理制度是一个分层次、有重点的结构体系。其中环境保护目标责任制是由国情、政体决定的体现决策层管理作用的根本制度，处于管理结构的最高层。城市环境综合整治是这个体系的主体。其他制度构成了整个管理体系的基础。这些制度之间存在着相互补充、各有侧重以及系统和包含关系，形成一种网络结构。正确运用这些制度，为环境保护管理机构提供环境规划监督管理的法规支持。

综上所述，我国环境规划的理论体系和工作程序尚未统一，但其编制的基本内容有许多相近之处。主要应有：调查研究、环境规划区域预测、环境规划目标确定、环境规划指标体系建立、环境规划功能区划、环境规划方案优化、环境规划方案协调决策、环境规划方案审批、环境规划实施与管理，详见图 8-1。当然，在编制具体环境规划时，可以依据其特点设计编制的基本程序。

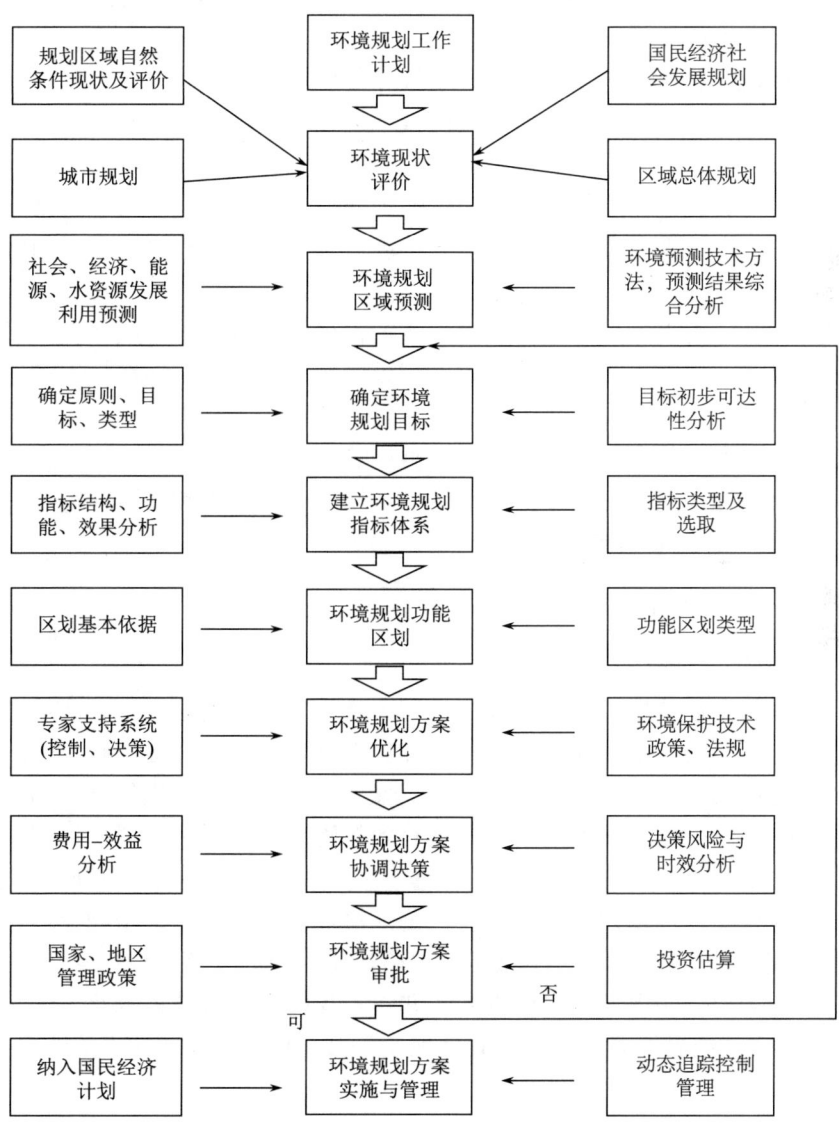

图 8-1 环境规划编制流程图

8.4 环境风险及评价

8.4.1 环境风险

1. 环境风险源

环境风险源是指对环境造成潜在或实际危害的物质、活动或事件。这些风险源可以是自然的（如地震、洪水等），也可以是人为的（如化学品泄漏、核能事故等）。

以下是一些常见的环境风险源。

（1）工业活动：包括化学品、废水、废气等排放。

（2）城市化和基础设施建设：如大规模城市建设和道路建设会破坏生态环境和动植物栖息地。

（3）矿业和采石业：这些行业的活动可能会导致土地破坏、地下水污染等。

（4）污水处理和垃圾处理：污水处理和垃圾处理设施的运营可能会对周围环境产生负面影响。

（5）自然灾害：地震、洪水、台风等自然灾害可能会对环境造成严重的损害。

（6）核能事故：核能事故可能会导致大规模的辐射泄漏，对环境和人类健康造成极大的威胁。

（7）其他污染源：如农业化学品、交通污染等。

这些环境风险源可能会对人类健康和生态环境产生负面影响，因此需要加强监管和管理，减少或消除这些风险源的影响。

2. 环境污染风险评估

1）环境污染风险评估概述

环境污染风险评估是指对环境中存在的污染物质对人类健康和生态环境的潜在影响进行评估的过程，旨在识别并量化风险，为环境保护和健康管理提供科学依据和决策支持。其包括对污染物质的来源、暴露途径、毒性效应等多个因素进行分析和综合评估，以确定风险大小、可能性和严重性，为制定有效的管理和控制措施提供依据。环境污染风险评估通常包括四个步骤：危害鉴定、剂量-效应评估、暴露评估、风险特征评估。通过环境污染风险评估，可以为政府、企业、公众等提供风险信息，帮助他们做出合理的决策和管理措施，以保护环境和人类健康。但需要注意的是，环境污染风险评估具有一定的不确定性和局限性，评估结果仅供参考和决策支持，不应被视为绝对的真相和确定性结论。同时，评估结果的可靠性和准确性取决于数据的质量、评估方法的选择和应用、模型的合理性等多种因素。

2）环境污染风险评估方法

（1）危害鉴定。危害鉴定是对潜在的环境风险和对人类健康、生态系统的可能危害进行的定性危害评估。它要回答是否有证据表明受评化学物质会对暴露人群的健康产生危害的问题。流行病学研究、病例报告、临床研究以及动物实验研究可提供这方面的信息。暴露于不同剂量的化学物质后，机体会出现从死亡到轻微的生化、生理或病理改变等不同程度和类型的毒性反应。在进行定性危险度评价时，应重点评价能给出最低无效剂量（NOAEL）的效应。一般来说，一个受评化学物质在定性分析中被认为是人类致癌物或很可能的人类致癌物后，应继续对其进行剂量-效应评估以及危险特征分析等定量危险度评价。

（2）剂量-效应评估。剂量-效应评估是通过人群研究或动物实验的资料，确定适合于人的剂量-效应曲线，并由此计算出评估危险人群在某种暴露剂量下的危险度的基准值。非致癌和非致突变物的剂量-效应评估一般采用 NOAEL 法推导出参考剂量或可接受的日摄入量，而致癌物的剂量-效应评估的关键是通过一些数学模型外推低剂量范围内的剂量-效应关系，并由此推算出终生暴露于一个单位剂量的化学物质中导致的超额危险度。

（3）暴露评价。暴露评价的目的是确定暴露情况的特点（有害物质的性质，暴露时间、频度、强度等）及危险人群（患者、接触人群、易患者）的特征（年龄、性别、职业、生活习惯、行为等），重点确定是人群暴露水平（均值、范围及峰值）。暴露评价是环境污染风险评估中的一个重要步骤，暴露水平通常以计量表示。例如，每日每单位体重物质的剂量$[mg/(kg·d)]$。暴露量就是在机体可视交换界面（口、鼻、皮肤或损伤表面）的接触量，通常以一生中平均每日暴露量表示，即终身日均剂量表达$[LADD, mg/(kg·d)]$。

（4）风险特征评估。风险特征评估是定量危险度评价的最后一步，也是危险管理的第一步。它通过综合暴露评价和剂量-效应评估结果，分析判断人群受到某种危害的可能性大小，并对其可信程度或不确定性加以阐述，最终以正规的文件形式提供给危险管理人员，作为他们进行管理决策的依据。风险特征分析包括对前三阶段的结果进行综合分析、危险度分析以及评定结果的书面总结等步骤。

8.4.2 环境质量评价概述

环境质量评价是一种定量或定性评价方法，用于评估环境中存在的污染物、噪声、辐射等因素对人类健康和自然生态系统的影响程度，以及确定需要采取的控制措施。环境质量评价涉及多个方面，包括大气、水、土壤、噪声等环境媒介，以及影响因素、环境容量和环境质量标准等。

1. 环境质量评价类型

环境质量评价根据评价环境要素的不同可以分为：大气环境质量评价、水环境质量评价、土壤环境质量评价、噪声环境质量评价、生态环境质量评价，以及社会经济环境质量评价。根据需要评价的时间段不同，环境质量评价可分为回顾评价、现状评价和预测评价三种。回顾评价可以分析当地环境的演变过程和变化规律，找出影响环境的因素；现状评价可以了解环境质量的现实状况，评定污染源的分布和污染范围；预测评价可以了解环境状况的发展趋势、环境容量的情况，为制定发展规划提供依据。根据时间尺度的不同，可以将环境质量评价分为短期评价、中期评价、长期评价等不同类型。根据评价区域的不同，可以将环境质量评价分为：城市环境质量评价、农村环境质量评价、区域环境质量评价、海洋环境质量评价、矿区环境质量评价等。实际应用中根据具体情况选择合适的分类方法进行评价，能够更好地为环境保护和可持续发展提供支持。

2. 环境质量评价方法

环境质量评价方法的基本原理是通过采集环境数据、建立模型、制定标准和指标体系等方式，对环境质量进行综合评估和分析，从而得出环境质量状况和污染物对环境和人体健康的影响程度。常用的环境质量评价方法有以下类型。

（1）层次分析法：通过将评价因素分层次，建立判断矩阵，确定权重，进行综合评价。

（2）模糊综合评价法：在评价过程中考虑评价指标间的模糊性和不确定性，采用模糊数学的方法进行综合评价。

（3）灰色综合评价法：将评价对象看作灰色系统，通过建立灰色关联度函数，评估各因素对评价对象的影响。

（4）主成分分析法：通过将多个评价指标降维为少数几个主成分，减少指标间的相关性，简化评价过程。

（5）神经网络模型：模拟人脑神经元的运作原理，通过学习建立多层神经网络模型，进行综合评价。

环境质量综合分析法是一个不断发展的领域，近年来，深度学习在环境质量评价中的应用逐渐受到重视，相关研究成果也逐渐涌现。例如，利用卷积神经网络（convolutional neural network, CNN）和循环神经网络（recurrent neural network, RNN）对环境监测数据进行处理和分析，可以实现对环境质量的准确预测和诊断。同时，也有研究使用支持向量机（support vector machine, SVM）等机器学习算法进行环境质量评价和预测。

此外，随着信息技术的快速发展和物联网的普及，基于传感器网络和大数据分析的环境质量评价方法也逐渐成为研究热点。通过构建传感器网络采集环境监测数据，利用大数据分析技术进行综合分析，可以实现对环境质量的精细化监测和预测。

8.4.3 环境质量现状评价

1. 环境质量现状评价的概念

环境质量现状评价是对一个特定区域的环境状况进行全面、客观、科学地评估和描述的过程。它包括对大气、水、土壤、噪声等环境要素的质量状况进行评价，以及对各种环境污染物的污染状况进行评价。环境质量现状评价的目的是了解目前该区域环境的质量现状，为环境保护和管理提供科学依据和决策支持。

2. 环境质量现状评价的基本程序

环境质量现状评价的基本程序一般包括以下几个步骤。

（1）确定评价对象和评价目的：确定要评价的环境质量对象和目的，明确评价的范围、内容、时间和空间等。

（2）收集环境质量数据：收集与评价对象相关的环境质量数据，包括监测数据、文献资料、专家意见等。

（3）制定评价指标和标准：制定科学合理的评价指标和标准，以及评价方法和分析技术，根据评价对象的不同确定不同的评价指标和标准。

（4）环境质量现状评价：对收集到的环境质量数据进行评价，分析环境质量现状、污染物排放状况和污染来源等，评估环境质量与污染对人体健康、生态环境等的影响。

（5）结论和建议：根据评价结果，总结评价结论和问题，提出相应的环境治理建议和措施，为环境保护和管理提供科学依据和决策支持。

（6）编写评价报告：将评价结果进行综合分析和归纳总结，形成评价报告，报告中包括对现状的描述、优缺点分析、问题和挑战的分析、发展趋势的预测以及对现状改进的建议等。

环境质量现状评价是一个全面、客观、科学的评价过程，需要根据评价对象的不同采用不同的评价方法和技术，同时需要充分考虑评价的可操作性和实用性，为环境治理提供科学依据和决策支持。

3. 环境质量现状评价的方法

1）单因子指数法

环境污染评价方法经常使用的是污染指数法。单因子指数法是一种简单的环境质量评价方法，适用于评价单一环境因子对环境质量的影响程度，如大气中的 $PM_{2.5}$、SO_2、NO_2 浓度等，以及水体中的 COD、$NH_3\text{-}N$、总磷浓度等。将污染指数按照一定的划分标准，划分为不同的污染等级，如优、良、轻度污染、中度污染、重度污染等。单因子指数法的基本思想是将环境因子的浓度与相应的环境质量标准进行比较，计算出一个相对数值，表示该环境因子对环境质量的影响程度。

单因子污染指数计算公式见式（8-1）：

$$P_i = \frac{C_i}{S_i} \qquad (8\text{-}1)$$

式中，P_i 为第 i 种污染物的环境质量指数；C_i 为第 i 种污染物在环境中的浓度；S_i 为第 i 种污染物的环境质量评价标准。

单因子指数法具有操作简单、易于理解、计算方便等优点，但也存在一些局限性，如未考虑不同因子之间的相互作用，评价结果可能存在局限性等。

2）综合指数法

通常一个具体的环境质量评价问题涉及的不仅是单个因子的问题。当多个因子参与评价时，用多因子环境质量指数进行评价；当参与评价的是多个环境要素时，用环境质量综合指数进行评价。综合指数有以下几种形式。

$$\text{叠加型指数：} I = \sum_{i=1}^{n} \frac{C_i}{S_i} \qquad (8\text{-}2)$$

均值型指数：$I = \dfrac{1}{n}\sum_{i=1}^{n}\dfrac{C_i}{S_i}$ （8-3）

加权均值型指数：$I = \dfrac{1}{n}\sum_{i=1}^{n}W_i P_i$ （8-4）

式中，I 为综合指数；n 为评价因子数；W_i 为污染物 i 的权系数。

环境质量指数（EQI）通常包括空气质量、水质、土壤质量、噪声、辐射等多个方面的指标，通过对这些指标的测量和分析，得出一个综合评价的结果。这个结果可以用来比较不同地区、不同时期的环境质量，也可以用来制定环境保护政策和规划。EQI 计算方法比较复杂，需要对各项指标进行加权平均，同时考虑指标之间的相互影响。不同的国家和地区可能会采用不同的计算方法和指标体系来计算 EQI，但是基本的思路是一致的，即将各项环境指标进行综合评价，得出一个综合的环境质量指数。

8.4.4 环境影响评价

环境影响评价（environmental impact assessment，EIA）是评估人类活动对环境造成的潜在影响的一种方法，它是一种对环境影响进行全面、系统和科学评估的过程，旨在确保决策者和公众能够对规划和开发项目的环境影响有充分的认识和理解，并为决策提供必要的信息和建议，以制定适当的控制措施，从而减少或消除这些影响，保护环境和生态系统。

1. 环境影响评价类型

环境影响评价的分类有许多，常见的类型有以下几种。

根据环境评价的要素，可将环境影响评价划分为：大气环境影响评价、水环境影响评价、土壤环境影响评价、噪声环境影响评价、生态环境影响评价、社会环境影响评价等。

根据环境评价的层次，可将环境影响评价划分为：建设项目环境影响评价、战略环境影响评价、区域环境影响评价等。

根据评价时间的不同，可将环境影响评价划分为：质量现状评价、环境影响预测评价、规划环境影响跟踪评价、建设项目环境影响后评价。

2. 环境影响评价制度

环境影响评价制度是指一个国家或地区为了保护环境和可持续发展而实行的一套评价和管理环境影响的规定和制度。环境影响评价制度主要包括环境影响评价的法律、法规、标准、技术指南、评价程序、评价结果的审核、公示和监督管理等方面的内容。

环境影响评价制度的主要目的是在项目实施之前对其可能对环境产生的影响进行评价和预测，并在评价结果的基础上采取必要的环保措施，以减少环境污染和生态破坏，保护生态环境和生物多样性，促进可持续发展。

环境影响评价制度通常适用于建设项目、开发区域、政策措施、重大决策等领域。

在制度实施过程中，需要各级政府、项目投资者、社会组织等相关方的积极参与和监督，以确保环境影响评价工作的科学性、公正性和透明度。

3. 环境影响评价的主要内容

环境影响评价的主要内容包括以下几个方面。

（1）总则：包括编制环境影响报告书的目的、依据、评价标准、评价工作等级和评价范围，以及评价重点和保护环境的目标。

（2）项目概况：包括建设项目的背景、目的、规模、产品方案和主要工艺方法、土地利用情况和发展规划、职工人数和生活区布置等。

（3）工程分析：对产生的主要污染物排放量和排放特点、建设过程和运营过程中的主要环境问题等进行分析。工程分析的主要目的是找出排污节点和排放的主要污染因子。

（4）环境基础资料：对建设项目所在区域的自然环境、社会经济情况和环境质量进行调查和分析。

（5）建设项目对环境的影响预测和评价：对建设项目可能对环境产生的影响进行预测和评价，包括对空气、水、土壤、噪声、生态等方面可能产生的环境风险进行评估和分析。

（6）提出相应的环境保护措施：包括技术措施、管理措施、监测措施等。

（7）环境保护措施评述及技术经济论证，提出各项措施的投资估算。

（8）环境管理与环境监测的建议：包括建立环境管理机构、制定环境管理制度、明确环境管理职责等。

（9）公众参与和听证：公布环境影响评价报告，听取公众和相关部门的意见和建议，对公众的疑问和问题进行回应和解答。

（10）后评价和监测：对建设项目的运行过程进行监测，评价环境影响评价报告中预测的环境影响情况与实际环境影响情况是否一致，并及时采取必要的调整措施。

8.5 可持续发展

可持续发展是全人类共同的理想和追求。人类社会经历了漫长的奋斗过程，从远古渔猎文明到近古农业文明，再到当今工业文明，人类在改造自然和发展经济方面取得了辉煌的成就。但与此同时，也为此付出了惨重的代价，如全球性污染、气候异常、灾害频发、生态破坏等。人类逐渐意识到通过高消耗获得的经济增长和"先污染后治理"的发展模式已不再适用于当下和未来，必须努力寻求一种社会、经济、资源和环境相互协调，既能满足当代人的需要，又不对后代人满足其需要的能力构成危害的可持续发展模式。可持续发展作为一种崭新的发展思路和模式，在提出伊始，就被全世界不同经济水平和文化背景的国家（地区）广泛接受，成为指导人类社会、经济、资源和环境协调发展的共同战略选择。

8.5.1 可持续发展的概念及原则

1. 可持续发展的由来

朴素的可持续发展思想古已有之。春秋时期齐国名相管仲的《管子·轻重甲》中认为"故为人君而不能谨守其山林菹泽草莱，不可以立为天下王"。战国时期杰出思想家荀况的《王制》中说"草木荣华滋硕之时，则斧斤不入山林，不夭其生，不绝其长也"和"斩伐养长不失其时，故山林不童，而百姓有馀材也"。这些语句都是自然资源可持续利用思想的反映，而这一思想后续在历代统治者的法制中都得到了继承。在西方，一些著名学者，如经济学家Malthus、Ricardo和Mill等也较早认识到人类消费的物质限制，即人类的经济活动范围存在着生态边界。

现代可持续发展源于人们对环境问题认识的逐步深入和热切关注。19世纪70年代以后，随着"公害"的出现与逐渐加剧以及能源危机的冲击，在全球范围内开始了"增长的极限"(the limits to growth)的讨论。把经济、社会、资源和环境割裂开来，只谋求自身的、局部的、暂时的经济性，带来的只能是他人的、全局的、后代的不经济性，甚至是灾难。人们认识到，全球性的环境问题都是超越国界、民族、文化、宗教和社会制度的，任何一个国家和地区都无法单独解决全球性问题。因此，正是在这种探索环境与发展的过程中逐渐形成了现代可持续发展思想。在这一过程中以下事件的发生具有历史性意义。

20世纪50年代末，美国海洋生物学家蕾切尔·卡逊在潜心研究DDT和其他杀虫剂所产生的种种危害之后，于1962年发表了环境保护科普著作——《寂静的春天》。她向人类呼吁，我们长期以来一直行驶的这条发展道路容易使人错认为是一条舒适、平坦的超级公路，而实际上，在这条道路的终点却有灾难在等待着我们，这条路的"另一条岔路"——一条"很少有人走过的"路，为我们提供了最后的、唯一的机会以保住我们的地球。但这"另一条岔路"究竟是什么道路，卡逊没有确切地提出，但作为环境保护的先行者，卡逊的思想在世界范围内引发了人类对自身行为和观念的深入反思，同时也标志着人类开始关心生态环境问题。随后受罗马俱乐部(the Club of Rome)的委托，以麻省理工学院D·梅多斯(Dennis L. Meadows)为首的研究小组于1972年提交了一份研究报告——《增长的极限》。报告认为：由于基于世界人口增长、粮食生产、工业发展、资源消耗和环境污染这五项基本因素的运行方式呈指数增长而非线性增长，如果目前人口和资本的快速增长模式继续下去，世界将会面临一场"灾难性的崩溃"。尽管由于种种因素局限，《增长的极限》所表达的结论和观点过于悲观，但其传播的"要与自然和谐相处，并且在发展的过程中不能过度消耗资源、破坏环境，人类要注意经济增长与资源环境间的相互协调"等观点无疑给人类开出了一服清醒剂，为可持续发展思想的产生奠定了基础。

1972年，联合国人类环境会议在斯德哥尔摩召开。这是人类第一次将环境问题纳入世界各国政府和国际政治的事务议程。大会通过的《人类环境宣言》宣布了37个共同观点和26项共同原则。大会正式吹响了人类共同向环境问题挑战的号角，使各国政府和公众的环境意识，无论是在广度上还是在深度上都向前大大地迈进了一步。20世纪80年代伊始，以挪威首相布伦特兰（G. H. Brundland）为主席的世界环境与发展委员会于1987年向联合国大会提交了一份经过充分论证的研究报告——《我们共同的未来》。报告正式提出了"可持续发展"的模式。这实际上就是卡逊在《寂静的春天》里没能提供答案的"另一条岔路"。布伦特兰鲜明、创新的科学观点，把人们从单纯考虑环境保护引导到环境保护与人类发展相结合，体现了人类在可持续发展思想认识上的重要飞跃。

1992年6月，联合国环境与发展大会在巴西里约热内卢召开，共有183个国家的代表团和70个国际组织的代表出席了会议，102位国家元首或政府首脑到会讲话。会议通过了《里约环境与发展宣言》和《21世纪议程》两个纲领性文件。前者提出了实现可持续发展的27条基本原则，后者旨在针对21世纪世界各国不同人类活动会对环境产生影响的各方面建立行动规则，其是涉及世界范围内可持续发展各个方面的行动计划。此外，各国政府代表还签署了《联合国气候变化框架公约》等国际文件及有关国际公约。大会为人类的可持续发展矗立了一座重要的里程碑。

2002年8月，可持续发展世界首脑会议于南非约翰内斯堡召开，共有192个国家、104位首脑、6.5万名代表参会。会议通过了关于可持续发展的《约翰内斯堡可持续发展宣言》和《可持续发展世界首脑会议实施计划》。与里约会议通过的《21世纪议程》相比，这次首脑会议设立的目标更加明确，并在多数项目上确定了行动时间表，其中包括：到2005年开始实施下一代人资源保护战略；到2010年大幅度降低生物多样性消失的速度；在2015年之前，将全球无法得到足够卫生设施的人口降低一半；到2015年将全球绝大多数受损渔业资源恢复到可持续利用的最高水平；到2020年最大限度地减少有毒化学物质的危害等。这次会议是人类关于环境与发展问题思考的又一个里程碑。

2012年6月，在巴西里约热内卢召开了联合国可持续发展大会。会议通过成果文件《我们憧憬的未来》。本次会议重申了"共同但有区别的责任"原则；决定启动可持续发展目标讨论进程；强调可持续发展和消除贫困背景下的绿色经济是实现可持续发展的重要工具之一；敦促发达国家履行官方发展援助承诺，以优惠条件向发展中国家转让环境友好技术，帮助发展中国家提高可持续能力。

2. 可持续发展的概念

可持续发展一词源于生态学，最早出现于由世界自然保护联盟（IUCN）在1980年制定发布的《世界自然保护战略》中。随着可持续发展理论的逐步完善，不同学科从各自的角度对可持续发展的定义进行了不同的阐述。目前，在国际上认同度较高的可持续发展定义为：既满足当代人的需要，又不对后代人满足其需要的能力构成危害的发展（WCED，《我们共同的未来》）。其中"持续"即"维持下去"或"保持继续提高"，对资源与环境而言，则应理解为使自然资源能够永远为人类所利用，不至于因其过度消耗而影响后代人的生产与生活。"发展"则是一个很广泛的概念，它不仅表现为经济的增长、GDP的提高、人民生活水平的改善，还体现在文学、艺术、科学、技术的昌盛，道德水平的提高，社会秩序的和谐，国民素质的提升等诸多方面，其既要有量的增长，还应有质的提高。

可持续发展的概念鲜明地表达了两个观点：一是人类要发展，尤其是发展中国家要发展；二是发展要有限度，不能危及后代人的发展能力。这既是对传统发展模式的反思和否定，也是对可持续发展模式的理性设计。

3. 可持续发展的基本思想

可持续发展的现实意义是帮助人类找到一条促使人口、社会、经济、文化、资源以及环境相互协调的发展之路。它是一种立足于环境和自然资源角度提出的关乎人类长期发展的战略和模式。这并不是一般意义上所指的在时间和空间上的连续，而是特别强调环境承载能力和资源的永续利用对发展进程的重要性和必要性。可持续发展把发展与环境作为一个有机的整体，它的基本思想主要包括以下三个方面。

1）可持续发展鼓励经济增长

强调经济增长的必要性，必须通过经济增长提高当代人的福利水平，增强国家实力和社会财富。但可持续发展不仅要重视经济增长的数量，更要追求经济增长的质量，两者均为经济发展的重要部分。因此，可持续发展要求重新审视如何实现经济增长，只有采取科学的、良性的发展模式，才能解决人类当前面临的各种问题，求得人类自身全面发展。

2）可持续发展的标志是资源的永续利用和良好的生态环境

生态环境与社会发展是紧密联系的，可持续发展以自然资源为基础，同生态环境相协调。它要求在严格控制人口增长、提高人口素质和保护环境、资源永续利用的条件下进行经济建设，保证以可持续的方式使用自然资源和环境成本，使人类的发展控制在地球承载力之内。可持续发展强调发展是有限制条件的，没有限制就没有可持续发展。可持续性可以通过适当的经济手段、技术措施和政府干预得以实现，要求自然资源的耗竭速率低于资源的再生速率，必须通过转变发展模式，从根本上解决环境问题。

3）可持续发展的目标是谋求社会的全面进步

发展不仅仅是经济问题，单纯追求产值的经济增长不能体现发展的内涵。可持续发展强调的是发展的整体性、协调性和综合性，寻求的是经济、社会、资源、环境和人口的全面进步。表明在人类可持续发展过程中，经济发展是基础，自然生态保护是条件，社会进步是目的；三者是一个互相影响的综合体，只要社会在每一时间段内都能保持与经济、资源和环境的相互协调，则其就符合可持续发展的要求。

4. 可持续发展的基本原则

可持续发展并不意味着人类生存在"刚刚能活"的生活质量上，而是一种要提高生活质量的生活方式。这不仅体现在以资源利用和环境保护为主的环境生活领域，还体现于作为发展源头的经济生活和社会生活中。贯彻可持续发展战略必须遵循以下基本原则。

1）公平性原则

可持续发展强调发展应该追求两方面的公平：一是本代人的公平，即代内平等。可持续发展要满足全体人民的基本需求和给全体人民机会以满足他们要求较好生活的愿望。当今世界由于历史原因与经济发展水平的差异，各个国家、地区之间的发展是极其不平等的,从而产生富者恒富、穷者愈穷的两极分化现象。公平性原则认为,发达国家应该约束自己大量消耗和浪费自然资源的行为,还应帮助发展中国家摆脱贫困,实现经济增长和社会进步。二是代际间的公平,即世代平等。要认识到人类赖以生存的自然资源是有限的。本代人不能因为自己的发展与需求而损害人类世世代代满足需求的条件——自然资源与环境,要给世世代代以公平利用自然资源的权利。

2)持续性原则

持续性原则的核心思想是人类的经济建设和社会发展不能超越自然资源与生态环境的承载能力。这意味着可持续发展不仅要求人与人之间公平,还要顾及人与自然之间的公平。资源和环境是人类生存与发展的重要基础。可持续发展主张在保护地球自然系统的基础上进行发展,因此发展必须有一定的限制因素。人类发展对自然资源的消耗应充分顾及资源的临界性,应以不损害维持地球生命的大气、水、土壤、生物等自然系统为前提。换句话说,人类需要根据持续性原则调整自己的生活方式、确定自己的消耗标准,而不是过度生产和过度消费。发展一旦破坏了人类生存的物质基础,发展本身也就衰退了。

3)共同性原则

鉴于世界各国历史、经济、文化和发展水平的差异,可持续发展的具体目标、政策和实施步骤也有所不同。但是,可持续发展作为全球发展的总目标,所体现的公平性原则和持续性原则最为基础,各国应共同遵守。要实现可持续发展的总目标,就必须采取全球联合行动,认识到人类命运共同体的整体性和相互依赖性。从根本上说,贯彻可持续发展就是要促进人类之间以及人类与自然之间的和谐。如果每个人都能真诚地按共同性原则办事,那么人类内部以及人与自然之间就能保持互惠共生的关系,从而实现可持续发展。

8.5.2 可持续发展的理论及指标体系

1. 可持续发展理论的基本内容

可持续发展理论以人与自然的关系、人与人的关系作为研究的基础,探讨人类活动对生态环境的影响和反馈、人类对自身活动的理性调控、人与自然的演化规律、人类社会的伦理道德规范,最终实现人与自然之间的协调一致以及人与人之间的和谐统一。基本内容主要涉及经济可持续发展、社会可持续发展和生态环境可持续发展三个方面。三个方面要协调统一,要求在发展中讲究经济效益、关注生态和谐和追求社会公平,最终达到人类的全面发展。由此可见,可持续发展虽然起源于环境保护问题,但作为一个指导人类走向 21 世纪的发展理论,其已经超越了单纯的环境保护,而是将环境问题与发展问题相结合,成为一个有关社会经济发展的全面性战略。

1)经济可持续发展

经济发展是国家实力和社会财富的基础,也是人类社会发展的保障。而经济的可持续发展必须与环境相协调,不仅要追求经济增长的数量,更要追求经济发展的质量。也就是说,在保持自然资源的质量和其所提供服务的前提下,使经济发展的净利润效益达到最大。从某种角度上,可以说集约型的经济增长方式就是可持续发展在经济方面的体现。

2) 社会可持续发展

社会发展的实际意义是人类社会的进步、人类生活水平和生活质量的提高。发展应以提高人类整体生活质量为重点。当今世界上大部分人处于温饱水平和半温饱水平,所以《21世纪议程》中提出:持续发展必须消除贫困问题,缩小不同地区生活水平的差距,通过使贫穷的人们更容易获得他们赖以生存的各种资源,达到消除贫困的目的。使发达国家和发展中国家的发展保持平衡,是实现社会可持续发展的必要条件。

3) 生态环境可持续发展

发展离不开环境与资源,发展的可持续性取决于环境与资源的可持续性。可持续发展强调经济建设和社会发展要与自然承载力相协调,特别是在经济高速增长的情况下,必须对不可再生资源合理利用,对可再生资源永续利用。要树立正确的生态观,彻底改变认为自然界是可以任意盘剥和索取的错误观念,要掌握自然界的变化规律,知晓其环境容量和自净能力,才能使人与自然和谐相处,使人类社会可持续发展。

2. 可持续发展的指标体系

在当今国际社会中,可持续发展战略已经被多数国家和地区采用和实施,为了经济、社会和环境的可持续发展,我们需要在观察或预测到相关影响的基础上做出科学合理的政策选择,这需要用指标体系来衡量。可持续发展指标体系主要涵盖以下方面:社会系统,主要有科学、文化、人群福利水平或生活质量等社会发展指标,体现在衣、食、住、行等方面;经济系统,包括经济发展水平以及经济结构、规模和效应等;环境系统,包括资源存量、消耗、环境质量等;制度安排,包括政策、规划、计划等。

1) 可持续发展指标体系的功能

通过建立可持续发展指标体系,构建评估信息系统,检测区域发展过程中的社会经济问题和环境问题,分析各种结果的原因,评价可持续发展水平,以引导国家管理者更好地贯彻实施可持续发展战略。可持续发展的指标体系主要有以下几个功能:表征发展的现状、反映发展的变化、体现发展各方面的协调程度。

2) 可持续发展指标体系的设置原则

建立可持续发展指标体系应该遵循科学性、层次性、相关性、简明性等基本原则。其中,科学性原则是指该体系必须严格按照可持续发展的科学理论来构建,注重经济、社会与环境间的协调,能客观反映影响区域可持续发展的各种因素、决策、管理水平等。层次性原则是指该指标体系主要是为各级政府的决策提供信息,实现可持续发展也需要各级政府在各个层次上的协调和合作。因此,在不同的层次上应该采用不同的可持续发展指标。相关性原则是指根据可持续发展的内容,可持续发展的任何指标都应该与其他指标存在内在相关。简明性原则表示指标体系中的指标内容都应简洁明了,同时具有较强的可比性,且易于获取。

3) 可持续发展指标体系的分类

可持续发展指标体系大致可分为单项指标评价方法与指标体系评价方法两类。单项指标评价是用某一单一的评价指标对可持续发展进行状态评估。指标体系评价是由一系列相互联系的指标组成一个整体,从不同角度反映可持续发展的各个层面及其相互联系。详细指标体系分类如表 8-2 所示。

表 8-2　可持续发展指标体系类型（龚胜生和敖荣军，2009）

单项指标评价		指标体系评价	
类型	描述	类型	描述
立足于经济的评价指标	绿色 GDP、国家财富、真实储蓄	系统型指标体系	表述社会经济活动与环境之间的关系,如 UNSCD 可持续发展指标体系
立足于生态的评价指标	生态足迹法率、能值分析法	菜单型指标体系	以菜单的形式列出各领域中重要的描述和评价,如中国一些研究机构（如中国科学院）设计的指标体系
立足于社会的评价指标	人类发展指数、社会进步指数、物质生活质量指数	专题型指标体系	按照可持续发展的战略目标、关键领域和关键问题等来设计指标体系,如英国政府的可持续发展指标体系

8.5.3　经济活动与可持续发展

经济活动是指在一定的社会组织与秩序下,人类为求生存而经由劳动过程或支付适当代价以取得及利用各种生活资料的一切活动。经济活动是人类社会活动的重要组成部分,也是实施可持续发展战略的重要途径之一。经济活动的常见方式有清洁生产、低碳经济和循环经济等。

1. 清洁生产与可持续发展

清洁生产是一种创新思维,从生态系统整体性优化出发,将整体预防的环境战略应用到产品生产过程中,以提高生产物料及能源的利用率、降低能源的过度消耗、减少环境和人类自身风险。这正好与可持续发展的基本要求——能源的永续利用和环境容量的持续承载相符合,这同时也是实现资源环境和经济发展双赢的可靠选择。

1) 清洁生产的概述

自从人类社会开启工业化时代后,随着科技的不断进步,人类征服自然和改造自然的能力显著增强,其日常生活也发生了巨大的变化,极大地推动了人类文明的进步。但是,人类在充分利用自然资源创造物质财富的同时,也过度消耗了自然资源,造成了严重的资源短缺和环境污染问题。在 20 世纪中后期,发生了一系列震惊世界的环境公害事件,给人类健康和经济发展带来了威胁,所以西方工业国家开始关注环境问题,并陆续开展污染环境治理。这种"先污染后治理"的末端治理模式虽然也取得了一定的成就,但不是长久之计。因此,这些国家后续又开始探索如何在生产过程中减少污染的发生,并逐步形成了废物最小量化、源头消减、少废工艺和污染防治等新的污染防治策略。在此背景下,清洁生产应运而生。清洁生产的概念最早可以追溯至 1976 年,这一年欧洲共同体在巴黎举行了无废公益和无废生产的国际研讨会。此后,该概念陆续在多个地区性、全国性及国际性等不同规模研讨会上出现。1990 年,第一次国际清洁生产高级研讨会上,清洁生产的定义被正式提出，随后该定义被正式写入《21 世纪议程》。自此，清洁生产在全球范围内逐步推行。

联合国环境规划署与环境规划中心综合各种说法，对清洁生产给出了如下定义：清洁生产是将综合性预防的环境战略持续应用于生产过程、产品和服务中，以提高生态效率，降低人类及环境的风险。针对生产过程，要通过节约能源和资源，淘汰有害原料，减少废物和有害物质的产生和排放；针对产品，要降低从原材料提炼到产品最终处置全生命周期中涉及的不利影响；针对服务，要将环境因素纳入设计与所提供的服务中。2003 年，我国颁布了《中华人民共和国清洁生产促进法》，将清洁生产定义为：清洁生产是指不断采取改进设计、使用清洁的能源和原料、采用先进的工艺技术和设备、改善管理、综合利用等措施，从源头消减污染，提高资源利用率，减少和避免生产、服务和产品在使用中的污染物产生和排放，以减轻或消除其对人类健康和环境的危害。清洁生产在不同国家和地区还有一些相似的提法，如欧洲国家的少废无废工艺、美国的废料最小化和日本的无公害工艺等。

2）清洁生产的实施

清洁生产是实现可持续发展的重要手段，因此，越来越受到世界各国的重视。清洁生产的实施，在宏观上，需要国家法律法规、政策以及相应环境管理手段的支持。在微观上，企业在实施清洁生产的途径和方法上要做到以下几个方面：合理布局，调整产品结构，解决"结构性"环境污染；进行绿色设计，生产清洁产品；改革生产工艺，开发清洁生产工艺；建立生产闭合圈，实现废物的资源化利用；节约能源，实现资源综合利用；推行科学、合理、有效的管理措施等。与此同时，还要加强宣传教育，利用宣传媒介，逐步提高社会各界对清洁生产的认识；要加强国际合作与交流，抓住国际倡导推行清洁生产的有利时机，学习其有关清洁生产的先进经验，博采众长，为我所用，促进清洁生产的发展。

3）清洁生产的审核

清洁生产审核是实施清洁生产的重要工作内容和有效途径。2004 年，国家发布的《清洁生产审核暂行办法》中给出了关于其的准确定义：按照一定程序，对生产和服务过程进行调查与诊断，找出能耗高、物耗高、污染重的原因，提出减少有毒有害物料使用、产生，降低能耗、物耗以及废物产生的方案，最终选定技术经济且环境可行的清洁生产方案的过程。

清洁生产的总体思路可以用一句话来概括，即判明废弃物产生的部位，分析废弃物产生的原因，提出方案以减少和消除废弃物。清洁生产审核程序包括审核准备、预审核、审核、方案产生与筛选、可行性分析、方案实施、持续清洁生产 7 个阶段。清洁生产审核首先是对现在与计划进行的产品和服务实行预防污染的分析和评估。在实行预防污染分析和评估的过程中，以减少能源、资源和原材料的使用，消除或减少产品和生产过程中有毒有害物质的产生，降低各种废弃物的排放量以及毒性为目的，制定相关方案并实施。

2. 低碳经济与可持续发展

低碳经济是近年来为应对气候变化和温室气体减排而提出的一种新经济模式,现已成为全球关注的热点。可持续发展和低碳经济是目标导向、共同进步的,前者是后者的理论基础,后者则是前者的有效途径。通过结合可持续发展理念,积极实行低碳经济,可以改变传统的能源结构,在节约能耗的同时也能进一步节约成本,不仅增加了效益,还保护了生态环境,这也是面对能源危机时改变全球战略形势的重要途径。

1) 低碳经济的概述

低碳经济最早见于英国政府能源白皮书——《我们能源的未来:创建低碳经济》(2003年),其计划于2050年将温室气体的排放量减排至1990年水平的60%,并把该国转变为一个低碳经济的国家。2007年,在印度尼西亚巴厘岛举行的联合国气候变化大会上确定了用以应对气候变化的巴厘岛路线图。该路线图为全球进一步迈向低碳经济起到了积极作用,具有里程碑意义。2008年,联合国环境规划署把世界环境日的主题定为"转变传统观念,推行低碳经济"。2009年6月,美国众议院通过了《美国清洁能源与安全法案》,设定了美国主要碳排放源的排放总额限制,相对于2005年的标准,要求到2020年减排17%,到2050年减排83%。同年9月,日本发布了《建设低碳社会研究开发战略》,旨在把日本打造成世界上第一个低碳社会。发展低碳经济作为协调社会经济发展、保障能源安全和应对气候变化的重要途径,已经得到世界各国的普遍认可,许多国家已采取相应措施推进低碳经济发展。

低碳经济是指在一个经济系统的经济活动中尽可能减少高碳能源消耗,同时仅排放很少或不排放温室气体,以低能耗、低污染、低排放为特征的经济模式。低碳经济是经济发展方式、能源消费方式、人类生活方式的一次变革,低碳经济的发展将导致人类社会从化石燃料基础上的现代工业文明走向生态文明。

2) 低碳经济的发展与实现

低碳经济主要有两个表现形式:一是低碳生产,二是低碳消费。低碳经济的发展方式将社会、经济和生态这3个子系统纳入到一个更大的人类复合生态系统中,组建成一个开放的系统,在实践中运用低碳经济理论组织经济活动,将传统经济发展方式改变为低碳型的新发展方式。具体来说,低碳经济发展方式就是以低能耗、低污染、低排放和高效能、高效率、高效益为基础,以低碳为发展方向,以节能减排为发展方式,以碳中和技术为发展方法的一种绿色经济发展方式。低碳经济的内容十分广泛,从能源生产到终端消费,碳的排放存在于产业发展的不同领域与各个环节。低碳经济不仅仅是能源结构、产业发展和社会形式的改变,其更是涉及技术创新、消费观念和生活变革的一种复杂系统工程。它的实现方式包括低碳能源体系、低碳产业结构、低碳技术创新、低碳城市建设、低碳交易市场、低碳政策保障和森林碳汇等。

3. 循环经济与可持续发展

循环经济倡导在物质不断循环利用的基础上发展经济,是符合可持续发展战略的一种全新发展方式。它可以从根本上消除经济发展对自然资源的消耗和对环境的胁迫,实现"人类-经济-自然"复合生态系统在整体上的可持续发展,这与可持续发展的战略思想高度吻合,是可持续发展战略思想在经济领域的重要体现和实践。

1) 循环经济的概述

循环经济的思想萌芽可以追溯到环境保护兴起的 20 世纪 60 年代。循环经济一词,首先由美国经济学家博尔丁(K. E. Boulding)提出,主要是指在人、自然资源和科学技术的大系统内,在资源投入、企业生产、产品消费及其废弃的过程中,把传统依赖资源消耗的线性增长经济,转变为依靠生态资源循环发展的经济。1967 年,美国制定了最早的循环经济方面的法律法规——《固体废物处置法》。1987 年,《我们共同的未来》中提出通过管理来实现资源的高效利用、再生和循环。此后,循环经济被广泛推行。1996 年,德国颁布施行《物质闭路循环和废物处理法》,提出了著名的 3R 法则[减少资源利用量及废物排放量(reduce)、实施物料的循环利用(recycle)、回收利用废弃物(reuse)]。这一法令是德国发展循环经济的重要标志,真正地将废弃物的管理提高到循环经济的高度上。2000 年,日本在《促进循环型社会形成基本法》原则的指导下,开始尝试纸容器包装回收,目前纸品的总回收量达 3 万 t,回收率在 60%以上。2001 年,莱斯特·布朗(Lester R. Brown)在《生态经济》一文中系统、详细地概述了循环经济理论框架。

循环经济是对物质闭环流动性的简称,其本质是生态经济。2008 年,中国通过的《中华人民共和国循环经济促进法》中,将循环经济定义为:在生产、流通和消费等过程中进行的减量化、再利用、资源化活动的总称。循环经济倡导通过资源的循环利用和节约,实现以最小的资源消耗、最小的环境污染获得最大的发展效益。其核心是资源的循环利用和节约,最大限度地提高资源的使用效益;其结果是节约资源、提高效益、减少环境污染。循环经济的根本就是保护日益稀缺的环境资源,提高环境资源的配置效率。

2) 循环经济的实施

循环经济在经济活动方面的实施形式有 4 个层面,通过运用 3R 原则实现这些层面内物质的闭环流动,依次为:针对企业层面内的小循环,着力推进企业资源节约、清洁生产和污染减排;通过企业内部各工艺之间的物料能量循环,减少物料能量的使用,达到少排放甚至"零排放"的目标;大力推进生态设计,从源头上减少资源能源投入;按照清洁生产促进法的要求,对位于国家和地方严格管理的流域及地区的企业进行强制性清洁生产审核,支持建设一批推行清洁生产、发展循环经济和"零排放"的示范企业。

针对产业间或工业园区层面内的中循环,要建设生态工业园区,着力推进产业园区循环经济体系建立;按照资源循环利用、规模经济效益、专业化分工的原则,合理构建循环经济产业链,形成各具特色、优势互补、互利共赢的生态产业网络,实现资源共享和副产品互换的产业共生组合。

针对废物回收和综合利用层面内的较大循环,着力推进重点领域资源循环利用体系;按照市场规范、竞争有序、合理布局、环境友好的原则,积极建设废弃物的回收和循环利用体系,同时,坚决防止资源循环利用产业产生二次污染。

针对全社会层面内的大循环,着力构建社会循环经济体系;以建设生态文明为目标,支持和推动一批试点城市、地区逐步形成节约能源资源和保护生态环境的产业结构、增长方式、消费模式;把工业和农业、城市和农村、生产和消费、理念和实践有机结合起来，从不同范围、不同区域构建社会循环经济体系，提高全社会资源产出、循环利用和废物减排水平。

8.5.4 中国可持续发展战略

可持续发展对中国的发展具有十分重要的现实意义和深远的历史意义。我国人口众多，人均资源少，生态系统脆弱，只有实施可持续发展战略才能实现中华民族伟大复兴。中国政府把可持续发展既看作是挑战，更看作是机遇，十分重视对可持续发展战略的研究和实施，希望走出一条具有中国特色的可持续发展道路。

1. 中国可持续发展的历程

我国的可持续发展始于20世纪90年代。1992年，我国政府向联合国环境与发展大会提交《中华人民共和国环境与发展研究报告》，同年8月，制定"中国环境与发展十大对策"，提出了走可持续发展道路是中国当代以及未来的选择。1994年，我国政府通过了《中国21世纪议程——中国21世纪人口、环境与发展白皮书》，确立了21世纪可持续发展的总体战略框架和各个领域的主要目标。1996年，第八届全国人大第四次会议批准了《中华人民共和国国民经济和社会发展"九五"计划和2010年远景目标纲要》，把可持续发展作为了一条重要的指导方针和战略目标，并明确做出了中国今后在经济和社会发展中实施可持续发展战略的重大决策。2001年，第九届全国人大第四次会议通过《国民经济和社会发展第十个五年计划纲要》，将实施可持续发展战略置于重要地位，完成了从确立到全面推进可持续发展的历史性进程。随后在2003年，国务院颁布《中国可持续发展行动纲要》，确定了21世纪初中国可持续发展的重点领域和行动计划。在全国范围内，建立了58个国家级可持续发展实验区和77个省级实验区，遍及全国90%的省、自治区、直辖市。实验区自建立以来取得了良好的示范效果和广泛的社会反响，已成为贯彻《中国21世纪议程》和可持续发展战略的重要基地。

2. 实施可持续发展的意义

实施可持续发展战略，是关系中华民族生存和发展的长远大计。中国只有坚定不移地实施可持续发展战略，正确处理经济发展与人口、资源、环境的关系，促进人与自然间的和谐共生，努力开创生产发展、生活富裕、生态良好的文明发展之路，才能顺利实现社会主义现代化建设的宏伟目标，才能为中华民族世世代代的生存发展创造良好条件。

可持续发展战略为中国社会主义现代化建设指明了正确方向。我国人口数量庞大，人均资源有限，必须始终坚持把控制人口数量、节约资源、保护环境放在重要的战略位置。能不能坚持做好人口、资源和环境工作，关系到我国经济稳定和社会安全，关系到我国人民的生活质量，关系到中华民族生存和发展的长远大计。可持续发展战略反映了经济发展与人口、资源、环境间的相互协调，当前发展与未来发展间的相互协调，体现了均衡持续发展的思想。可持续发展思想揭示了中国特色社会主义建设的客观规律，是建设中国特色社会主义的重要组成部分。

《中国 21 世纪议程》是中国实施可持续发展战略的行动纲领，是制定国民经济和社会发展长期计划的指导性文件，表明了中国政府在解决环境与发展问题上的决心和信心，同时也为中国 21 世纪的发展描绘了一幅宏伟蓝图。

制定和实施《中国 21 世纪议程》，走可持续发展道路，是中国 21 世纪发展的需要和必然选择。中国是发展中国家，应毫不动摇地把发展国民经济放在第一位；同时，中国在人口基数大、人均资源少、经济和科技水平都比较落后的条件下实现了经济的快速发展，这使得本来就短缺的资源和脆弱的环境不堪重负。基于此，我国政府认识到只有实行可持续发展战略，从国家层面高度协调和组织各部门、地方、社会阶层和全体人民的行动，才能顺利完成预期的经济发展目标，才能保护好自然环境和永续利用自然资源，实现国家长期、稳定的发展。

《中国 21 世纪议程》共 20 章，78 个方案领域，主要内容可以分为 4 个部分：

第一部分，可持续发展总体战略与政策。论述了推行中国可持续发展战略的背景和必要性，提出了中国可持续发展的战略目标、战略重点和重大行动，介绍了可持续发展的立法和实施，制定了促进可持续发展的经济政策，阐明了参与国际环境与发展领域合作的原则立场和主要行动领域。

第二部分，社会可持续发展。包括人口、居民消费与社会服务、消除贫困、卫生与健康、人类住区和防灾减灾等。其中最重要的是实行计划生育、控制人口数量和提高人口素质。

第三部分，经济可持续发展。《中国 21 世纪议程》把促进经济快速增长作为消除贫困、提高人民生活水平、增强综合国力的首要条件。

第四部分，资源的合理利用与环境保护。包括水、土等自然资源保护与可持续利用，以及保护生物多样性、防治土地荒漠化和防灾减灾等。

同时，《中国 21 世纪议程》具有独到之处，如突出体现了新的发展观、注重处理人口与发展的关系、充分认识到我国资源所面临的困境和积极承担了国际责任与义务等。

3. 中国 21 世纪初可持续发展行动纲要

2003 年，国家计委会协同有关部门制定了《中国 21 世纪初可持续发展行动纲要》（以下简称纲要），提出了我国可持续发展的目标、重点领域和保障措施，这是进一步推进我国可持续发展战略的重要政策文件。纲要的总体目标是：可持续发展能力不断增强，经济结构调整取得显著成效，人口总量得到有效控制，生态环境明显改善，资源利用率显著提高，促进人与自然的和谐，推动整个社会走上生产发展、生活富裕、生态良好的文明发展道路。纲要同时提出我国将在 6 个重点领域推行可持续发展。

1）经济发展

必须按照"在发展中调整，在调整中发展"的动态调整原则，通过调整产业结构、区域结构和城乡结构，积极参与全球经济一体化，全方位逐步推进国民经济的战略性调整，初步形成资源消耗低、环境污染少的可持续发展国民经济体系。

2）社会发展

必须建立完善的人口综合管理与优生优育体系，控制人口总量，提高人口素质；建立与经济发展水平相适应的医疗卫生体系、劳动就业体系和社会保障体系；大幅度提高公共服务水平；建立、健全灾害监测预警、应急救助体系，全面提高防灾减灾能力。

3）资源优化配置、合理利用与保护

必须合理使用、节约和保护资源，提高资源利用率和综合利用水平；建立重要资源安全供应体系和战略资源储备制度，最大限度地保障国民经济建设对资源的需要。

4）生态保护和建设

必须建立科学、完善的生态环境监测、管理体系，形成类型齐全、分布合理、面积适宜的自然保护区；建立沙漠化防治体系，强化重点水土流失区的治理，改善农业生态环境，加强城市绿地建设，逐步改善生态环境质量。

5）环境保护与污染防治

必须实施污染物排放总量控制，开展流域水质污染防治，强化重点城市大气污染防治工作，加强重点海域的环境综合整治；加强环境保护法规建设和监督执法，修改完善环境保护技术标准，大力推进清洁生产和环保产业发展；积极参与区域和全球环境合作，在改善我国环境质量的同时，为保护全球环境做出贡献。

6）能力建设

必须建立完善人口、资源和环境的法律制度，加大执法力度，充分利用各种宣传教育媒体，全面提高全民可持续发展意识，建立可持续发展指标体系与监测评价系统，建立面向政府咨询、社会大众、科学研究的信息共享体系。

为了纲要中各项指标的顺利完成，必须采取切实有效的保障措施。一是运用行政手段，提高可持续发展的综合决策水平；二是运用经济手段，建立有利于可持续发展的投入机制；三是运用科教手段，为推进可持续发展提供强有力的支撑；四是运用法律手段，提高实施可持续发展战略的法治化水平；五是运用示范手段，做好重点区域和领域的试点示范工作；六是加强国际合作，为可持续发展创造良好的国际环境。

4. 中国可持续发展的成就

中国是世界上最大的发展中国家，也是落实 2030 年可持续发展议程的积极践行者，在消除贫困、保护海洋、能源利用、应对气候变化、保护陆地生态系统等多个可持续发展目标上进展显著。

1）经济发展方面

提出并贯彻新发展理念，着力推进高质量发展，推动构建新发展格局，制定一系列具有全局性意义的区域重大战略，我国经济实力实现历史性跃升。截至 2022 年，国内生产总值增长到 114 万亿元，我国经济总量占世界经济的比重达 18.5%，稳居世界第二位；人均国内生产总值增加到 8.1 万元。制造业规模、外汇储备稳居世界第一（《党的二十大报告》）。人民物质生活水平和生活质量有了较大幅度的提高，经济增长模式正在由粗放型向集约型转变，经济结构逐步优化。

2）社会发展方面

中国坚持以人为本，坚定推进消除贫困。经过接续奋斗，实现了全面小康这个中华民族的千年梦想，打赢了人类历史上规模最大的脱贫攻坚战，全国 832 个贫困县全部摘帽，近一亿农村贫困人口实现脱贫，960 多万贫困人口实现易地搬迁，历史性地解决了绝对贫困问题，为全球减贫事业做出了重大贡献，同时也提前 10 年实现 2030 年可持续发展议程减贫目标。科技教育事业取得积极进展，社会保障体系建设、防灾减灾、医疗卫生、缩小地区发展差距等方面也取得了显著成效。

3）生态建设、环境保护和资源合理开发利用方面

中国坚持"绿水青山就是金山银山"的理念，坚持山水林田湖草沙一体化保护和系统治理，全方位、全地域、全过程加强生态环境保护。我国生态环境保护方面发生历史性、转折性、全局性变化，祖国的天更蓝、山更绿、水更清。坚持人与自然和谐共生，坚定推进绿色低碳发展。将"固碳减排"纳入经济社会发展和生态文明建设整体布局，建成了全球最大的清洁能源系统。国家用于生态建设、环境治理的投入明显增加，能源消费结构逐步优化，重点江河水域的水污染综合治理得到加强，大气污染防治有所突破，资源综合利用水平明显提高，通过开展退耕还林、还湖、还草工作，生态环境的恢复与重建取得了一定的成效。

4）可持续发展能力建设方面

各地区各部门已将可持续发展战略纳入了各级各类规划和计划之中，全民可持续发展意识有了明显提高，与可持续发展相关的法律法规相继出台并正在得到不断完善与落实。

问题与习题

1. 简述环境管理的内涵及其基本职能。
2. 简述环境管理的主要手段。
3. 简要介绍我国环境标准体系和环境法体系。
4. 简述环境规划的内涵。
5. 环境规划有何作用？
6. 环境规划有哪些分类？
7. 简述环境规划的原则。
8. 如何实施环境规划？
9. 什么是可持续发展？它的基本思想与基本原则有哪些？
10. 可持续发展的基本内容有哪些？
11. 可持续发展指标体系的设置应遵守哪些基本原则？
12. 何谓清洁生产？实施清洁生产的途径有哪些？
13. 低碳经济与循环经济的定义分别是什么？
14. 《中国21世纪初可持续发展行动纲要》的总体目标是什么？
15. 结合自己的理解和见闻，谈谈我国应如何实现可持续发展。

主要参考文献

毕军, 马宗伟, 刘蓓蓓, 等. 2021. 中国环境规划学科发展: 现状与展望. 中国环境管理, 13(5): 159-169.
陈喜红. 2007. 环境法规与标准. 北京: 高等教育出版社.
龚胜生, 敖荣军. 2009. 可持续发展基础. 北京: 科学出版社.
金瑞林. 2012. 环境法学. 北京: 北京大学出版社.
刘立忠. 2015. 环境规划与管理. 北京: 中国建材工业出版社.
吕忠梅. 2010. 环境法导论. 2版. 北京: 北京大学出版社.
田良. 2014. 环境规划与管理教程. 合肥: 中国科学技术大学出版社.
Department of Trade and Industry, U K. 2003. Energy White Paper: Our energy future-creating a low carbon economy. Norwich: The Stationery Office.